Andreas Nachama

„Erneuere unsere Tage“

Jüdisches aus Berlin

Andreas Nachama

„Erneuere unsere Tage“
Jüdisches aus Berlin

PHILO

Umschlaggestaltung: Nach Entwürfen von Gunter Rambow, Berlin
Umschlagfoto: Margit Schmidt, Berlin
Satz: Gwendolin Butter, Berlin
Druck und Bindung: Schaltungsdienst Lange o. H. G., Berlin
Printed in Germany

ISBN 3-8257-0225-1

Inhalt

Vorwort

So dunkel wie die Nacht,
so hell ist der Tag.

Meinem Eto
Sein Andenken sei zum Segen,
der als Vater und Ratgeber,
zuweilen als Tröster
und immer als Vorbeter
ein leuchtendes Vorbild war und bleibt,
in dankbarer Erinnerung
gewidmet und zugeeignet.

Seit 1460 Tagen etwa sitze ich auf dem Stuhl, auf dem Heinz Galinski 42 Jahre ausharrte. 1992, kurz nach seinem Ableben, habe ich ihn beschrieben (Siehe Beitrag S. 161). Nach 1460 Tagen kann ich nicht mehr nur beschreiben, sondern verstehen, ja bewundern. „... Erneuere unsere Tage ...", das ist es, was man nach vier Jahren der Entäußerung erbittet. Kein Tag, an dem man nicht die Zeitung aufschlägt und angesichts der Nachrichtenlage die Wände hochgehen wollte: Rechtsradikale Schläger hier, internationaler Terrorismus dort, und immer öfter: schlecht recherchierte Beiträge über das Innenleben Jüdischer Gemeinden in der Bundesrepublik. Die fast völlige Fremdbestimmung des Lebens; diejenigen, die den Kalender verwalten und diejenigen, die durch Anschläge oder andere politische Aktionen plötzlich alle Zeitpläne über den Haufen werfen, stehen damit in keiner Weise der wohl größten Einschränkung des Lebens nach, die mich mit Mann und Maus auf Schritt und Tritt begleiteten. Leben reduziert sich dann auf den jeweiligen Transfer zwischen zwei Punkten. Alles ordnet sich ein in die Logistik eines Personenschutzes. „... Erneuere unsere Tage ..."

Als im Kontext der Vorbereitung für die Ausstellung „Jüdische Lebenswelten" offenbar wurde, daß diese keinen Schwerpunkt zum Thema Holocaust enthalten würden, rieben sich einige Journalisten die Augen, ja, es kam eine gewisse Ungläubigkeit auf. „Darf man so etwas?" – „Ist das nicht Verrat?" In einem Gespräch mit dem Magazin der Frankfurter Allgemeinen Zeitung gab ich im Februar 1992 zu Protokoll: Der Holocaust hat theologische Züge angenommen. Sie werden in den USA nahezu keine Jüdische Gemeinde finden, die nicht ein Holocaust-Memorial unterhält. Die damalige Trennung, hier Ausstellung der „Jüdischen Lebenswelten" im schönsten Ausstellungsgebäude Berlins und dort, vor der Tür, im bescheidensten Ausstellungspavillon der Stadt, die Welt der Täter an der schrecklichsten Adresse der Reichshauptstadt, hielte auch heute noch stand. Dort, wo das scheinbare Gedenken an die Opfer jüdisches Leben ersetzt, haben selbst fern von Berlin und Europa die Nationalsozialisten noch einen späten Sieg errungen. „JISKOR" – Erinnere Dich! Jener kategorische Imperativ, der allen Juden zur Erinnerung an ihre nächsten Verwandten zutiefst ins Herz gebrannt ist, heißt nicht: Erinnere Dich der Mörder Deiner Großeltern. „Schreibe es zum Andenken in ein Buch" (2.Moses 17,14) ist zwar ein biblischer Imperativ, setzt aber dem biblischen Bösewicht, Amalek, keinen Gedenkstein, sondern gebietet den Israeliten, ihrer ihnen gebotenen Pflichten nachzukommen, denn die Abrechnung mit Amalek behält sich Gott selbst vor. Wir sind also noch immer weit entfernt von einer jüdischen Erinnerungskultur, die der Jüdischkeit Raum läßt, sich zu entfalten.

„... Erneuere unsere Tage ..." Bei der Vorbereitung eben jener Ausstellung „Jüdische Lebenswelten" kam ich durch viele amerikanische Städte und damit auch in unterschiedlichste Jüdische Gemeinden. Hier eine Reformgemeinde, in der am Freitagabend beim Schlußgebet die heilige Lade auf Knopfdruck des Rabbiners illuminiert und geöffnet wurde, da konservative Gemeinden, die ihres Namens zum Trotz mit der Jahrtausende währenden Tradition gebrochen haben, und dem Zug der Zeit entsprechend Männer und Frauen gleichzustellen, aber doch dem traditionellen Gebetbuch folgen. Daneben orthodoxe Synagogen, in denen die Torarolle nach der Lesung vom Rabbiner seiner Frau übergeben wurde, damit sie diese durch die durch eine Sichtblende getrennte Frauenabteilung der Synagoge trägt. Wieder daneben jene Welten in Brooklyn und Monsey, in denen der Versuch unternommen wird, Jüdischkeit so zu leben, wie dies in einem größtmöglichen Gleichklang zwischen biblischen Gesetzen, entwickelter Tradition und Anforderungen des modernen Alltags überhaupt möglich ist. Natürlich macht es hilflos, wenn ein orthodoxer Berliner Synagogenbesucher und Gemeindeaktivist sagt, ganz selbstverständlich fahre er mit dem Auto in die Synagoge, ganz natürlich habe er keinerlei Verständnis für eine liberale Synagoge, in der am Schabbat die Orgel gespielt wird, und ohne Zweifel wäre er orthodox, wenn er dafür Zeit hätte. Von seinem Rabbiner verlange er natürlich ein traditionelles Aussehen, d. h. statt eines gewöhnlichen Straßenanzuges einen fin de siècle Gehrock des 19. Jahrhunderts, einen breitkrempigen Hut, ein gepflegtes *Jiddisch* als Umgangssprache und ganz selbstverständlich, daß er den Schabbat liebevoll hüte und strikt koscher lebe. Ich wünsche mir immer, daß jede dieser jüdischen Lebenswelten dazu beitrage, die Tage der jeweils in und mit ihr Lebenden zu erneuern.

„... Erneuere unsere Tage wie ehedem ...“ Mit diesen Worten endet der Schriftvorlesungsteil des Schabbatgottesdienstes. Die heilige Lade wird wieder geschlossen, der Toravorhang vor den geschlossenen Schrank gezogen. In der Synagoge Pestalozzistraße singt der Chor diesen Vers aus Klageliedern 5, 21 und wiederholt die Worte mehrmals, in den Wiederholungen immer leiser werdend, so leise, daß das Geräusch der in ihrer Schiene scharrenden Rollen beim Schließen des Toravorhanges deutlich zu vernehmen ist. Die Vorbeter pflegen, von der Lade zu ihrem Vorbetertisch zurückkehrend, diese Worte nochmals als Falsett zu wiederholen und quasi geflüstert zum Himmel zu senden.

Als ich noch nicht lesen konnte, hat mein Vater mir am Samstagnachmittag erzählt, was er am Vormittag in der Synagoge vorgelesen hat. Nicht erst als ich in den siebziger Jahren Judaistik oder im letzten Jahrzehnt bei verschiedenen Rabbinern studierte, sondern schon in jener Zeit, als ich noch nicht *Barmizwa*, also 13 Jahre alt, den Lesungsgottesdienst in der von Peter Levinson in den fünfziger Jahren herausgegebenen Kinderbibel verfolgte, habe ich mich oft gefragt, wieso lesen wir immer die gleichen Passagen, die 52 Wochenabschnitte der fünf Bücher Moses, die damit korrespondierenden Abschnitte der Propheten. Es gibt doch so viele andere Bibelstellen, die durch diese Leseweise nie ins Zentrum der Wahrnehmung gelangen. Die oft gestellte Frage wird meist wie folgt beantwortet: Das Lesen der Wochenabschnitte ist der Versuch, sie jedes Jahr etwas besser zu verstehen, dem eigentlichen Inhalt näher zu kommen, zu begreifen, was dort nicht nur schwarz auf weiß steht, sondern auch zu begreifen, was dort zwischen den Zeilen steht, nicht nur das Schwarze vorzulesen, sondern auch das Weiße, auf dem es geschrieben steht, mit Sinn zu füllen, das erneuert unsere Tage, das hat Israel zu allen Zeiten Kraft und Ausdauer gewährt, deshalb hat das jüdische Volk die Geschichte überlebt, und deshalb flehen wir am Ende der Schriftlesung „Erneuere unsere Tage.“ Vielleicht sind diese Impressionen und Gedanken zu Jüdischem aus Berlin auch ein kleiner Anstoß, um unsere Tage ein wenig zu erneuern ...

Andreas Nachama
Berlin, im Februar 2001

Danken möchte ich an dieser Stelle meinen Freunden und Mitstreitern, die mich mit Anregungen, Kritik und viel Geduld begleiten, namentlich Elisa Klapheck, Hendrik Kosche, Sibylle Marx und Ute Spangenberg.

Glauben und Geschichte

Die Bedeutung der Bibel im Jüdischen Leben

> Und es geschah, als die Lade aufbrach
> Da sprach Mosche:
> „Erhebe dich, Ewiger,
> Daß sich zerstreuen deine Feinde
> Und deine Hasser fliehen vor deinem Angesicht“

Diesen Vers singen wir zu Beginn unserer Lesungsgottesdienste, vor dem Ausheben der Tora.

Und am Ende der Lesung, beim Rückstellen in die heilige Lade, singen wir:

> Und wenn sie, die Lade, sich niederließ, sprach er:
> „Laß dich nieder, Ewiger, bei den Scharen der
> Tausendschaften Israels!“

Nicht selten werden die Juden als das „Volk des Buches“ bezeichnet. Dieser Ausspruch kann in mehrerlei Hinsicht verstanden werden: Als Volk des Buches in dem Sinn, daß jüdische Frömmigkeit eine unübersehbare Bibliothek religiöser Literatur geschaffen hat, von den Gebetbüchern über den Talmud bis hin zu modernen Autoren, die gute und traurige Erfahrungen zwischen die Deckel von Büchern gossen. Aber wohl richtiger ist diese Bezeichnung verstanden, wenn man sie auf das Buch bezieht, das dann freilich nicht mehr als hebräische Bibel, sondern als „Altes Testament“ über die christlichen Kirchen bis in die entferntesten Winkel dieser Welt gedrungen ist. Sicherlich gibt es kaum einen jüdischen Haushalt, in dem nicht wenigstens eine Bibel steht. All diejenigen, die aktiv am jüdischen Leben partizipieren, werden ständig mit der hebräischen Bibel konfrontiert.

Im Mittelpunkt des Schabbatmorgengottesdienstes steht als Höhepunkt der gesamten wöchentlichen Liturgie die Lesung aus den fünf Büchern Moses, die im Laufe eines jüdischen Jahres, in Wochenabschnitte eingeteilt, einmal durchgelesen werden. Jeder Schabbat hat, meist nach den Anfangsworten dieser Abschnitte, einen Namen. Der Lesungsgottesdienst, der außer an Schabbat und Feiertagen auch Montags und Donnerstags stattfindet, erfolgt aus Schriftrollen, die auf Pergament nach festgelegten jahrtausendealten Regeln von Spezialisten handschriftlich in bester, nach einem strengen Schriftmuster, ohne jede Verzierung, in Kalligraphie kopiert werden und in kunsthandwerklich reich verzierten Hüllen oder Kästen auf eine Stirnseite der Synagoge – oft mit reichem Silberschmuck dekoriert –

aufbewahrt werden und in einen liturgisch genau festgelegtem Zeremoniell ‚ausgehoben' werden. Zur Schriftlesung werden mindestens acht Personen, acht religionsgesetzmündige Personen – in orthodoxen und konservativen Gemeinden ausschließlich Männer – aufgerufen, um die Vorleser durch einen, von der Gemeinde beauftragten, Vortragsspezialisten durch Segenssprüche ein-und auszuleiten, sowie inhaltlich zu überwachen oder bei entsprechendem Können selbst die Lesung vorzunehmen. Für diese mindestens acht Personen bedeutet es eine große Ehre, zur Schriftlesung aufgerufen zu werden, was zuweilen an Feiertagen dazu führt, daß hohe Geldbeträge für wohltätige Zwecke gespendet werden, um in den Genuß einer solchen Ehre zu gelangen. Verbunden mit der Lesung aus den fünf Büchern Moses, also aus den Torarollen, ist für jeden Schabbat ein, dem Abschnitt aus den fünf Büchern Moses von alters her zugeordneter, kürzerer Abschnitt aus einzelnen Prophetenbüchern, der immer in einem inhaltlichen Bezug zum Toraabschnitt steht. Für die Schriftlesung aus den fünf Büchern Moses gibt es ein Kantilationssystem, das allerdings nicht in den handschriftlichen Rollen eingetragen ist, sondern lediglich in den, für die Vorbereitung der Schriftlesung oder für die die Lesung verfolgenden Gemeindemitglieder, benutzten Büchern abgedruckt ist. Es ist eine erste Interpretation des Textes und deshalb legen Jüdische Gemeinden größtes Gewicht darauf, einen wirklich sachkundigen Vorleser *(Baal Koreh)* zu haben. Hingegen werden die Lesungen aus den Prophetenbüchern in aller Regel von allen Gemeindemitgliedern direkt, aus gedruckten, mit dem Kantilationssystem versehenen Büchern, vorgetragen. Der Vortrag erfolgt in hebräischer Sprache, wobei in orthodoxen und konservativen Gemeinden davon ausgegangen wird, daß hebräisch vorgetragene Gebete auch von denjenigen erfolgreich dargebracht werden, die die Sprache nicht verstehen, und daß die Schriftlesung in hebräischer Sprache die Grundlage aller Schriftinterpretationen ist. Die Gemeinde verfolgt die Schriftlesung in gedruckten Büchern, die neben den bereits erwähnten Akzenten für die Kantilation oft hebräische Kommentare und Übersetzungen beinhalten, oft, indem sie sich in gebührendem Abstand – aber doch möglichst nah – um das Vorlesepult herum gruppiert. Die der Schriftlesung Kundigen begleiten die Lesung gegebenenfalls durch Zurufe von Vorlesungsfehlern oder anerkennende Beifallskundgebungen, etwa vergleichbar mit den Fans eines Fußballclubs, die in größter Sachkunde die Bewegungen ihres Teams verfolgen und kommentieren. Da in der orthodoxen Synagoge die Frauen entweder auf der Empore oder hinter einer Sichtblende abgetrennt sitzen, bleibt es hier, mit Ausnahme der in den USA errichteten Neubauten, meist dabei, daß dieses Privileg des ganz nahe Verfolgens der Schriftlesung den Männern vorbehalten ist. Auch zu den jüdischen Feiertagen gibt es ein festgelegtes Programm der den einzelnen Feiertagen zugeordneten Texte aus den fünf Büchern Moses und den Propheten. Hier werden verschiedene Textstellen vorgetragen. Müßten sie aus einer Rolle gelesen werden, so wäre diese nach dem Vortrag, während des Gottesdienstes, auf die Position zu rollen, auf der sich dann die zweite Textstelle befindet. Dies ist, anders als bei einem gebundenen Buch, zeitraubend. Deshalb wird dann aus dem an der Stirnseite der Synagoge angebrachten Schrank mehr als eine Torarolle ‚ausgehoben'.

Es gibt zuweilen auch Schabbate, die mit Feiertagen zusammenfallen, was dann ebenfalls zur Erhöhung der Zahl der zu benutzenden Torarollen führt. Zu dem Zeremoniell des ‚Aus-und Einhebens' der Torarolle gehört, daß die Rolle vom Vorbeter in einer Prozession durch die Synagoge getragen wird, wobei die Gemeindemitglieder sich beim Eintreffen auf ihrer Höhe verneigen und versuchen, soweit ihnen dies durch ihren Standort möglich ist, die Rolle mit den Quasten eines von Männern in allen Lesungsgottesdiensten getragenen Gebetsschals *(Tallit)* zu berühren und diese nach der Berührung zu küssen. Auch ist es üblich, denjenigen, von einem Aufruf zur Schriftlesungsüberwachung auf seinen Sitzplatz Zurückkehrenden anerkennend die Hand zu schütteln, um damit in direkte Berührung mit demjenigen zu kommen, der die Schriftrolle an den beiden Handgriffen beim Aufsagen seines Segensspruches angefaßt hat. Vor dem Aufsagen dieses Segensspruches wickelt der zur Tora Aufgerufene die Quasten seines Gebetschals um seinen Zeigefinger und berührt damit die Stelle, an der die Schriftlesung fortgeführt wird.

In vielen Gemeinden ist es ebenfalls üblich, nach dem überwachten Abschnitt der Schriftlesung ein spezielles Gebet für denjenigen und all die, die er genannt haben will, zu sagen, wobei hier der Vorbeter mit einer Hand die Schriftrolle und mit der anderen die Person berührt, die die Schriftlesung gerade überwacht hat.

Der Torarolle kommt also eine nahezu heilige Bedeutung zu, die bereits durch Begegnung (bei der Prozession bzw. durch Berühren) positive Wirkung hat. An hohen Feiertagen wird bei wichtigen Gebeten der Toraschrank geöffnet, um auf diese Weise durch die Ausstrahlung der Rollen den Gebeten ein höheres Gewicht zu geben, ja durch die Hinwendung nach Jerusalem (deshalb sind Synagogen und Kirchen hierzulande geostet) auf der Skala der Heiligkeit, die auf dem Tempelberg in Jerusalem am höchsten und von dort aus abnehmend ist, möglichst ein Stück höher zu kommen.

Sehr beliebt ist das Spenden einer Torarolle, wobei angemerkt sein soll, daß ein Exemplar etwa ein Jahr Entstehungszeit hat und ca. 40-50.000 Dollar kostet. Ebenfalls gerne gespendet werden die in der europäischen Tradition aus Samt oder Seide gefertigten Toramäntel, die zu den Schabbaten blau, grün oder rot sind und wie der Vorhang vor dem Toraschrank und die Pultdecken nach Möglichkeit in einer Farbe sein sollten. Zu den Wallfahrtsfesten und den Hohen Feiertagen sollen diese Textilien weiß sein. Es gibt also für die Gemeinde zahlreiche Möglichkeiten der Spende, wobei angemerkt sein soll, daß der Spender und der Spendenanlaß oftmals durch hebräische Inschriften auf diesen Textilien verewigt ist. Zusammengehalten werden die Schriftrollen durch ein Wimpel genanntes Textilband, das meist von jungverheirateten Frauen aus den Windeln gefertigt wird, die ihr erstgeborener Sohn nach der Beschneidung getragen hat. Es wird oftmals mit piktogrammähnlichen Bildergeschichten bestickt.

Die Rollen sind oft mit prächtigem Silber geschmückt. Torakronen versinnbildlichen das Königtum Gottes, eine dem priesterlichen Brustschilde nachempfundene Schmuckplatte und eine zur Lesung benötige Zeigehand gehören zu den im Okzident üblichen Toraschmuck. Auch dieser wird in aller Regel gespendet und auch hier wissen wir oft durch die Dedikationsanschrift von den Mäzenen, wobei angemerkt sein soll, daß die silbernen Gerätschaften ein wesentlich höheres Lebensalter haben als die Textilien.

Die Lesung der Heiligen Schrift innerhalb des Lesungszyklus findet kein wirkliches Ende, denn an *Simchat Tora*, dem Torafreudenfest, im Anschluß an die Herbstfeiertage, werden die letzten Abschnitte 5. Moses 33 und 34 zugleich mit 1. Moses 1 bis 1. Moses 2, 3 gelesen. Hier kommt demjenigen, der die letzten Verse begleitet, als *Chatan Tora* (Bräutigam der Tora) und demjenigen, der die ersten Verse überwacht, als *Chatan Berechit* (Bräutigam des Schöfpungskapitels) eine besondere Bedeutung zu. Beide sind gehalten, sich durch die Spende eines *Kiddusch* (Speisen und Umtrunk) für die gesamte Gemeinde hervorzutun.

Dieser *Simchat-Tora*-Gottesdienst an eben diesem Lesezyklusende, das zugleich ein Neuanfang ist, wird gefeiert und gibt zu ausgiebiger Freude und großen Prozessionen innerhalb der Synagoge Anlaß. Es werden alle in der Synagoge vorhandenen Torarollen mit Blumenkränzen geschmückt ‚ausgehoben' und sieben Mal durch die Synagoge getragen, wobei die Kinder dieser Prozession folgen und von denen, die mit den Torarollen durch die Synagoge gehen, entweder mit Süßigkeiten beschenkt oder von der Galerie damit beworfen werden. Die der Prozession folgenden Kinder sammeln diese auf und tragen sie wie Trophäen nach Hause. Oft werden auch folkloristische Lieder gesungen und ringelreihenähnliche Freudentänze getanzt.

Die inhaltliche Auseinandersetzung mit der hebräischen Bibel ist so alt wie der Text selber. In der altfrommen Tradition heißt lesen immer laut-oder vorlesen. Deshalb wird an einer Talmudhochschule *(Jeschiwa)* das Bibelstudium mindestens immer von zwei Studenten vorgenommen, die sich die Texte meist mit den Kantilationsakzenten gegenseitig vorsingen. In der jüdischen Überlieferung gibt es im Kontext des Talmud die erzählende Literatur*(Midrasch)*, die mit Hilfe von Beispielen und Vergleichen den Text punktuell erschließt.

Die älteste zusammenhängende Interpretation ist wahrscheinlich der Targun Onkelus, eine Übersetzung ins Aramäische, die im 2. Jahrhundert erstellt wurde und noch heute in allen Rabbinerbibeln abgedruckt wird. Grundlage aller traditionellen Bibelinterpretationen ist, daß die Tora mit ihren 304 805 Buchstaben keinen Fehler in der Überlieferung enthält. Auch dort, wo Widersprüche, Wiederholungen, Namensabweichungen oder scheinbar grammatikalische Fehler auftreten, werden diese durch Interpretationen aufgehoben. Auch gibt es in den fünf Büchern Moses keine historische Dimension im Sinne eines früher oder später.

Daraus ergeben sich zahlreiche, über die Jahrhunderte bis heute entstandene Interpretationen. Grundmuster dieser traditionellen Interpretationstechnik ist das sogenannte PaRDeS.

Pa	*Pschat*	gemeiner Wortsinn
R	*Remmes*	Interpretation durch Zahlenwerte der hebräischen Buchstaben, (z. B. „Abraham" entspricht dem Zahlenwert aller Körperteile des Menschen nach der biblischen Überlieferung)
De	*Drasch*	erzählende Interpretation
S	*Sod*	Geheimnis.

Sod, Geheimnis, heißt der Anfangs-und Schlußbuchstabe der Worte eines Verses, aus denen sich dann neue Wortkombinationen ergeben; z. B.: 5. Moses 6,4 „Höre Israel der Ewige ist unser Gott, der Ewige ist einzig." Das Wort „höre" *(schma)* endet mit dem hebräischen Buchstaben *ajin* und das letzte Wort dieses Bibelverses endet mit dem hebräischen Wort „einzig" (*echad*), dessen letzter Buchstabe *daled* ist. Nun zieht die mystische Interpretation diese beiden Buchstaben zum hebräischen Wort *ed* zusammen, was mit „Zeuge" übersetzt werden könnte. Daraus schließt die Interpretation, wer diesen Satz spricht, bezeugt die Einzigkeit Gottes.[1]

Über die Jahrtausende ist eine nahezu unübersehbare Exegese zur hebräischen Bibel entstanden Der wohl bedeutendste Kommentar stammt von Raschi[2], das ist Rabbi Schlomo Ben Jizchak, der im 11. Jahrhundert in Trois lebte, kurzzeitig auch in Worms war. Raschi kommentierte die gesamte Bibel und hatte den Anspruch, nach Möglichkeit seine Interpretation so anzulegen, daß er mit seinen Kommentaren etwa entstehende Widersprüche zwischen einzelnen Textstellen aufzuheben versuchte. Er bevorzugte den gemeinen Wortsinn *(Pschat)*, verwendete keine Zahlenhinweise *(Remmes)*, erwähnte nur gelegentlich erzählende Interpretationen *(Drasch)* und an ganz wenigen Stellen der *Sod*, die mystischen Interpretationen. Sein Kommentar wird noch heute in allen gängigen kommentierten Bibeleditionen gedruckt und gilt als Standardwerk der jüdischen Exegese.

Raschi interpretiert z. B. die berühmte Textstelle „Auge für Auge" 2. Moses 21, 24 folgendermaßen: Hat er das Auge eines anderen zerstört, so soll er ihm den Wert seines Auges erstatten. Der Wert ist auf dem Markt zu ermitteln, indem man feststellt, um wieviel ein Sklave im Preis verliert, wenn er nur ein Auge hat. So soll man in allen diesen Fällen verfahren, aber „nicht, daß man ihm wörtlich das Glied nimmt."[3]

Im 20. christlichen Jahrhundert sind zwei nahezu in jedes jüdische Haus gelangte Kommentare zu den fünf Büchern Moses und den Schabbaten zugeordnete Prophetenabschnitte zu nennen. Zum einen der von Joseph Herman Hertz, Oberrabbiner Großbritanniens, zusammengestellte *Pentateuch*[4] und zum anderen der von W. Gunther Plaut, der gegenwärtig gerade ins Deutsche übertragen wird[5]. Das besondere an diesen beiden Ausgaben ist, daß sie zumindest teilweise auf die wissenschaftliche Bibelkritik des 19. und 20. Jahrhunderts eingehen und durch die Kommentare in den Landessprachen, also auf englisch oder deutsch, auch für diejenigen nachvollziehbar sind, die des Hebräischen nur wenig kundig sind. Hertz bemerkt in seinem Vorwort: „Jüdische und nichtjüdische Kommentatoren – des Altertums, des Mittelalters und der Neuzeit – habe ich weitgehend herangezogen. ‚Nimm das Wahre an, aus welcher Quelle es auch stammen mag', lautet eine richtige rabbinische Lehre; zu der ich hinzufügen möchte: ‚Nimm auch das Schöne an, aus welcher Quelle es auch kommen mag' – selbst wenn es aus den Werken eines frommen christlichen Kommentators oder eines radikalen jüdischen oder nichtjüdischen Gelehrten stammen sollte."[6]

In der Wirklichkeit des gelebten jüdischen Lebens des 20. Jahrhunderts hat sich auch die Predigt, die oft im Anschluß an den Lesungsgottesdienst erfolgt, etabliert. Selbstredend, daß sich hierzu eine umfangreiche Literatur entwickelt hat, an deren Spitze das über hundertbändige Werk des chassidischen Rabbiners Menachem M. Schneerson[7] steht. Er verstand es, in Predigten und in als ‚Verbringen' genannten Zusammenkünften seiner Schüler, die mystischen und traditionellen Inhalte der jüdischen Überlieferung des 20. Jahrhunderts zu vereinen und so eine neue Bewegung im traditionellen Judentum zu etablieren, die sich bemüht, jüdische Inhalte mit missionarischem Eifer zu verbreiten. Zum Wochenabschnitt *Balak*, das ist 4. Moses 22, 2 bis 4. Moses 25, 9 wird von Rav Schneerson überliefert: „Unsere Weisen lehren, daß Bilams Prophezeihung auf das Ende der Tage und die schließliche Erlösung anspielt, die eintrifft, wenn *Moschiach* [Messias] kommt. ‚Es wird ein Stern aus Jakob aufgehen und ein Zepter aus Israel aufkommen', beginnt Bilam. Maimonides erklärte, daß sich Bilams Prophezeihung auf die beiden gesalbten Könige bezieht – König David, der Israel vor seinen Feinden rettete, und der letzte gesalbte jüdische König Moschiach [Messias], der aufstehen und Israel am Ende der Tage retten wird. Der Toraabschnitt *Balak* fällt gewöhnlich mit dem Fasten des 17. [des hebräischen Monats] *Tammus* zusammen, das ist das Gedenken an den Fall der Jerusalemer Stadtmauer und den Beginn der Zerstörung des Heiligen Tempels, und mit dem eine dreiwöchige Trauerzeit beginnt, die am 9. [des hebräischen Monats] *Av* mit einem Fasttag ihren Höhepunkt findet. Nach Maimonides werden jedoch im Zeitalter der Erlösung ‚alle Fasten nichtig ... und werden in Fest und Freudentage verwandelt' (vgl. Anm. 7).

„Wenn der Messias kommt, wird die gesamte Erfahrung des Exils in einem anderen Licht gesehen werden. Das innere Gute des Exils wird offenbart und als positive Seite geschätzt werden."

In den Reformsynagogen Amerikas wird die Predigt zuweilen als Dialog mit der Gemeinde gehalten, wobei dann einzelne Gemeindemitglieder aufgefordert werden, ihre Meinung zu einzelnen Textpassagen als Wortbeiträge einzubringen. Auch die *Barmizwa*, also der erste Aufruf eines 13jährigen zur Toralesung, wird zwischenzeitlich so gehandhabt, daß eine Schriftauslegung durch den Jugendlichen in Form einer Ansprache zum Standardprogramm gehört.

Abgesehen von der Schriftlesung werden Psalmen in großer Zahl in den liturgischen Ablauf nach einem festen Muster in nahezu allen Gottesdiensten rezitiert und teilweise neu vertont. Einzelne Bücher der hebräischen Bibel werden zu verschiedenen Feiertagen komplett vorgelesen. So z. B. an *Purim*, dem Losfest, wird das gesamte Buch Ester, an *Jom Kippur* das gesamte Buch Jona und an *Schawuot*, dem Wochenfest, das gesamte Buch Rut vorgetragen.

In der Tradition der drei Wallfahrtsfeste *Pessach, Schawuot* und *Sukkot* hat das Wochenfest *Schawuot* auch die Bedeutung als „Zeit der Übergabe der Tora" am Berg Sinai. Der biblischen Erzählung zufolge erreichten die Israeliten auf ihrer Wüstenwanderung am Neumondstag, also am 1. des hebräischen Monats *Siwan*, den Berg Sinai. Am 2. des Monats bestieg Moses den Berg, am 3. erhielt er die Antwort des Volkes, am 4. unternahm er den zweiten Aufstieg und erhielt die Weisung, drei Vorbereitungstage anzuordnen, nach deren Abschluß die Offenbarung stattfand. Dies ist zugleich der 2. Tag des Wochenfestes.

Am Ende des Lesungsgottesdienstes wird die Tora von einem Beter emporgehalten und die Gemeinde ruft aus: „Dies ist die Lehre, die

Moses den Israeliten auf Befehl des Ewigen vorgelegt hat." In der jüdischen Schriftauslegungstradition wird darauf hingewiesen, daß in 2. Moses, Kapitel 19, Vers 2 von der die Offenbarung erwartenden Menge gesagt wird, „es lagerte" am Fuß des Berges Sinai. Nach der hebräischen Grammatik müßte es aber heißen „sie lagerten". Die wissenschaftliche Bibelkritik hält dies für einen Abschreibfehler. Die gängige traditionelle Bibelinterpretation hingegen führt aus, daß der Singular deshalb angewendet wurde, weil das Volk vollständig eines Sinnes war und deshalb alle die Offenbarung wie Einer empfangen habe.

Der Schriftlesung in der Synagoge kommt also größte Bedeutung dafür zu, daß die Bibel im gelebten Judentum im wahrsten Sinn des Wortes ein Volksbuch ist und auch am Ende des 20. Jahrhunderts das wohl meist gelesene und zitierte Werk der gesamten jüdischen Überlieferung ist. Man kann also feststellen, daß die hebräische Bibel, ihre Lesung und Interpretation, das Rückgrat der gelebten jüdischen Wirklichkeit ist.

Die Juden sind ein singendes Volk

„Die Juden sind ein singendes Volk“. Mit diesen Worten eröffnete Ende der 60er Jahre Rabbiner Dr. Ödem Singer ein Synagogenkonzert im Friedenstempel in Berlin (Ost).

Eine Jüdische Gemeinde kann gewiß auf vieles verzichten, aber sicherlich nicht auf eine Synagoge, den Ort, wo sie ihre Glaubensgesänge zur Andacht formt, und nicht auf einen guten *Chasan*, einen guten Vorbeter. Das ist ein Charakteristikum jüdischer Gemeinschaften überall in der Welt.

Die Mündigkeit erlangt ein Jude durch das Vorsingen ausgewählter Texte der hebräischen Bibel vor seiner Gemeinde, wie überhaupt die Lesung und die Reflexion der analog zur Anzahl der Wochen eingeteilten fünf Bücher Moses (aber auch ausgewählter Abschnitte der Prophetenbücher) singend erfolgt. Aber damit erschöpft sich der Anwendungsbereich des gesungenen Gebetes keinesfalls. Auch die häuslichen Gebete, *Kiddusch* (das Weinsegnungsgebet) oder *Birkathamason* (das Tischgebet) und ebenso die Vorlesung aus der *Pessachhaggadah*, die den Auszug der Israeliten aus Ägypten erzählt, werden gesungen.

Dafür gibt es Traditionen. Letztlich waren die Psalmen, jenes Medium der Verkündigung der göttlichen Heilsbotschaft, zu allen Zeiten nicht nur religiöse Literatur, sondern wurden gesungen. Auch vom Tempelgottesdienst im biblischen Jerusalem ist uns überliefert, daß die Leviten, also die Tempeldiener, diesen mit Musikinstrumenten gestalteten und die Gebete dazu sangen. So stößt der Satz „Die Juden sind ein singendes Volk“ schon für das Altertum auf keinerlei Widerspruch eines Musikhistorikers, obwohl die Vertonung der Psalmen in ihrer antiken Gestalt nur mit Mühe und Gewalt zu rekonstruieren ist. Beim jetzigen Stand der musikwissenschaftlichen Forschung läßt sich allenfalls erahnen, wie diese Verse wohl geklungen haben mögen, als sie König David sang.

Für den Historiker, der von der Auswertung handfester Überreste der Vergangenheit lebt, stellt sich natürlich die Frage, wo und an welcher Stelle sich nun konkret Kompositionen jüdischen Gebetsgesanges festmachen lassen.

Etwa für das 9. Jahrhundert lassen sich systematische Vertonungen der zentralen Texte der hebräischen Bibel durch die Masoreten belegen. Interessanterweise bildet deren Werk in Abwandlungen noch heute das Grundmuster für die Vorlesung der heiligen Schriften in der Synagoge. Rabbi Ascher formulierte im Jahre 895 das Manifest dieser Gruppe mit den Worten: „Wer liest, soll gehört werden – und wer hört, soll verstehen!“

Das erste Programm, das der Berliner Konzert-Chor und Estrongo Nachama zur Eröffnung der Sommerkonzerte der Berliner Festwochen 1975 gestalteten, stand unter dem Titel „1000 Jahre Synagogalmusik“. Es wurden unter anderem auch einstimmige Hymnodien aus dem 11. Jahrhundert vorgetragen, die von jüdischen Komponisten für den Gottesdienst geschrieben worden waren.

Unzählige Nachrichten aus dem Mittelalter berichten uns, daß die Kirche immer wieder Synagogenbesuchsverbote für Christen aussprach. Man kann davon ausgehen, daß die Gebete und Lesungen, die auch hebräisch erfolgten, für den christlichen Besucher in aller Regel unverständlich waren, sicher unverständlicher als die lateinisch vorgetragene Liturgie, an die man sich wenigstens stückweise gewöhnte. Was also machte für einen mittelalterlichen Nichtjuden einen jüdischen Gottesdienst attraktiv? Sicherlich war in der an kulturellen Ereignissen so armen mittelalterlichen Stadt die Schönheit und die Kunst der jüdischen *Chasanin* (Kantoren) ein Anlaß und eine entscheidende Motivation für die Nichtjuden, jüdische Gottesdienste zu besuchen, möglicherweise wirkten auch die Predigten anziehend.

Zahlreiche Texte der hebräischen Gebetspoesie, die in den *Siddur*, dem seit dem hohen Mittelalter geordneten Gebetbuch, Eingang gefunden haben, waren von Anfang an vertont. Beispiel dafür bieten etwa das von Shlomo Alkabez Malewi um 1500 verfaßte *Lecha dodi*, eine Begrüßungshymne für den Schabbat, oder das von Daniel Ben Juda Hadajan um 1300 geschriebene *Jigdal*, eine im Morgengebet gesungene poetische Form der 13 Glaubensgrundsätze (Maimonides 1135–1204).

Faßt man die musikalischen Zeugnisse des jüdischen Lebens im Mittelalter zusammen, so kann man für diese Zeitperiode durchaus festhalten: „Die Juden sind ein singendes Volk!“

Gesellschaftlicher Mittelpunkt der Juden im Alten Europa war auch zu Beginn der Neuzeit die Synagoge. Sie waren aber ausgeschlossen vom höfischen Leben des Adels und von den frühbürgerlichen Vereinigungen der Stadt. Ausgeschlossen aus Zünften, Gilden, Bruderschaften und anderen Vereinigungen entwickelte sich das jüdische Musikleben vorwiegend um die Synagoge. Es blieb aber nicht auf deren vier Wände beschränkt. Beispiel hierfür liefert 1678 der feierliche Empfang Leopold I. in Prag. Die jüdische Gemeinde begrüßte den Kaiser mit allen ihr zur Verfügung stehenden Musikern: Fünf Gruppen von Spielleuten, stets drei Mann, ein Cymbelspieler und zwei Fiedeln, ein Claviacymbel, drei Chöre von *Chasanin* (Kantoren) und Solist war der *Chasan ha rosche* (Oberkantor) – Asserl Hasachasan.

Eine Orgel hatte die Synagoge in Venedig schon im 17. Jahrhundert; sie wurde allerdings nur bei Hochzeiten und Konzerten verwendet, also nicht im Gottesdienst.

Die Einführung der Orgel als Begleitinstrument des Gottesdienstes blieb der Reform des Judentums im 19. Jahrhundert vorbehalten.

Diese Neuerung ist nicht zu trennen von der Emanzipation der Juden und der damit einhergehenden Assimilation.

Judentum sollte für die, die jahrhundertelang vom gesellschaftlichen Leben ausgeschlossen gewesen waren, gewissermaßen als ein Weg zu Gott gelten, der gleichberechtigt neben Protestantismus und Katholizismus steht: Judentum sollte zur Konfession werden. Also wurde auch der Gottesdienst mit seinen, wie es einigen Zeitgenossen schien, nun nicht mehr zeitgemäßen Formen reformiert, denn die Synagoge wollte und sollte auch dem sich durch Assimilation emanzipierenden Juden Mittelpunkt bleiben können. Das Resultat war ein Bruch mit der Tradition. Der jüdische Gottesdienst wurde verkirchlicht. So wurden gemischte Chöre eingeführt, eine wahrlich revolutionäre Angelegenheit, die sich bis heute noch nicht überall in den jüdischen Gemeinschaften durchgesetzt hat, denn nach der jüdischen Tradition war die aktive Mitwirkung am Gottesdienst bis zum Ende des 20. Jahrhunderts ein Monopol des Mannes gewesen.

Eine weitere Innovation waren Gebete in der Landessprache sowie das Orgelspiel auch im Schabbatgottesdienst, der bis dahin allein durch Vokalmusik, eben durch Gesang, bestimmt gewesen war. Allerdings, wie bei allen radikalen und gewaltsamen Veränderungen, erfolgte auch hier eine Reaktion, die das Pendel zurückschlagen ließ.

Die Zeit dieser Neuerungen war die Stunde der großen Klassiker des jüdischen Gebetsgesanges: Louis Lewandowski in Berlin (1821–1894) und sein großes Vorbild Salomon Sulzer in Wien (1804–1891). Sie sammelten die alten, durch Jahrhunderte entstandenen, halborientalischen Melodien, harmonisierten sie und versahen sie teilweise mit Orgelbegleitung sowie Chorsätzen im Geschmack ihrer Zeit. Ihr Kompositonsprinzip ist eine Mischung aus altem traditionellen jüdischen Gebetsstil *(Niggun)* und Harmonisierung gemäß den Regeln der klassischen europäischen Musik.

Die Entwicklung des jüdischen Gebetsgesanges im 20. Jahrhundert ist geprägt durch die Auswirkung der technischen Mittler, insbesondere durch die Schallplatte. Waren früher die Kompositionen mehr oder weniger lokal begrenzt, was sich an den beträchtlichen Unterschieden zwischen askenasischen und sephardischen (mittel-osteuropäischen und mediterranen) jüdischen Gebetsgesängen festmachen läßt, so sind sie heute interkontinental. Dabei gibt es zwei Richtungen:

Die eine, man könnte sie die avantgardistisch-intellektuelle Richtung nennen, umfaßt Kompositionen auf der Basis der Zwölfton-Musik, etwa Maurice Ravels *Kaddisch* oder Ernst Blochs *Avodat Hakodesch.*

Die zweite Richtung ist folkloristischer Art. Ihr liegen alte chassidisch-osteuropäische oder auch orientalisch-nordafrikanische Weisen zugrunde, und diese sind für die Formationen der Rockmusik orchestriert bzw. entsprechend heutigem Gebrauchsmusikverständnis bearbeitet. Sie erfreuen sich besonders in Israel größter Popularität – ja, sie haben dort die Funktion und Verbreitung von Schlagern, wozu z. B. ein jährlich abgehaltenes „Festival for chassidic songs" kräftig beiträgt; aber sie haben auch in den Diasporagemeinden Eingang in den Gottesdienst gefunden.

Abschließend ein zusammenfassender Versuch, den Stellenwert jüdischen Gebetsgesanges zu bestimmen. Lange Zeit hindurch, etwa von der Mitte des vorigen Jahrhunderts an bis in die Tage meiner Generation, war es fast unmöglich, neben der allgemeinen bürgerlichen Schulbildung auch noch auf jüdisch-religiösem Gebiet einen Bildungsstand zu erreichen, der es der Mehrzahl der Gemeindemitglieder ermöglicht hätte, die auf hebräisch gesungenen Gebete vom Inhalt her tatsächlich zu verstehen. Erst die Möglichkeit, hebräisch in Schnellkursen und im Land, also in Israel, zu lernen, brachte wieder das Erleben der alten Gebete vom Inhalt her. In der Zwischenzeit bildete die Melodie des *Kiddusch* (Weinsegnungsgebet) oder des *El male Rachamim* (Gedenkode) die Grundlage für jüdisches Empfinden. Zumindest bis zur Gründung des Staates Israel war für die jüdische Identität, für die religiöse Identität gilt das allemal, jüdischer Gebetsgesang eine der wichtigsten Gemeinsamkeiten, welche die Juden, soweit sie sich überhaupt noch zum Judentum bekennen, verbindet.

Und so kann man tatsächlich sagen: „Die Juden sind ein singendes Volk!"

Religion als Grundlage jeder Ethik

Bevor ich mit der Niederschrift dieses Versuches begann, jüdische Grundlagen der Ethik[8] zu formulieren, wollte ich noch einen Blick in das unlängst erschienene *Neue Lexikon des Judentums* unter dem Stichwort ‚Ethik' werfen. Ergebnis: Fehlanzeige. Nicht viel anders verhält es sich bei den in den 30er Jahren erschienenen mehrbändigen Enzyklopädien[9]. War ich bei der Neuerscheinung noch der Meinung, daß es eine Unterlassung sei, so wurde mir schließlich klar, daß es sich um eine grundlegende Struktur handelt, die hier eingangs dargestellt werden muß.

Wie in einem Brennglas werden die Grundlagen einer Ethik aus jüdischer Sicht in einem Gelehrtenstreit deutlich, der sich zwischen dem heute in Vergessenheit geratenen 1903 verstorbenen Berliner Professor Moritz Lazarus und dem Marburger Neukantianer Hermann Cohen vor der Jahrhundertwende abspielte. Hatte Lazarus den Versuch unternommen, eine „Ethik des Judentums" zu publizieren, so stieß nicht nur „seine" Ethik auf Ablehnung, sondern das ganze Unterfangen wurde grundsätzlich in Frage gestellt.

Es beginnt mit der Terminologie. Cohen legt dar, daß eine „Ethik des Judentums"[10] eine große Herausforderung für einen Gelehrten bedeuten könne, aber methodologisch ein schwieriges Problem darstelle. In der christlichen Wissenschaft sei der analoge Titel durchgängig gebräuchlich „als christliche Ethik; nicht als Ethik des Christentums."[11] Doch nach dieser eher äußeren Kritik am Lazarusschen Werk kommt er zum Kern der Sache. Cohen definiert: „Die Sittlichkeit des Judentums ist in seiner Religion enthalten."[12] Er legt dar, daß in den biblischen Quellen die Glaubenslehre und die Ethik nicht nur mit gottesdienstlichen Verordnungen, sondern zugleich mit Gesetzen des israelitischen Staatsrechts, des bürgerlichen und des öffentlichen Rechts sowie mit Sagen und Poesie durchmischt seien. Cohen ergänzt ferner, daß dies auch für die im Talmud niedergelegte mündliche Lehre gelte. Er fragt, warum die epochemachenden Werke der mittelalterlichen und neueren jüdischen Religionsphilosophie das System der Glaubenslehre und nicht ein System der Ethik sich zum Ziel gesetzt haben und meint, daß im Christentum das Dogma zum Konflikt mit den Wissenschaften führe. Aus diesem Konflikt wäre die Notwendigkeit entstanden, neben der Glaubenslehre eine „christliche Sittenlehre" zu entwickeln. Dagegen hätten die jüdischen Philosophen des Mittelalters postuliert: „*Der Gott ihres Glaubens ist der Gott ihrer Sittenlehre.* Darum haben sie keine besondere Ethik verfaßt, weil sie einen Gegensatz zu ihrer Dogmatik nicht aufkommen lassen wollten[...]."[13] Es sei dahingestellt, inwieweit diese Argumentation stichhaltig ist oder nur in verklausulierter Form das Fehlen einer wissenschaftlichen Disziplin der Ethik apologetisch entschuldigen soll. Auch gelte es, die akademischen Lehrumstände des 19. Jahrhunderts zu berücksichtigen. Aber Cohens Ausführungen belegen zum einen die Gründe für das Fehlen der Artikel über Ethik in den eingangs erwähnten Enzyklopädien, zum anderen können sie den Ausgangspunkt für Überlegungen darstellen, die auf dieser Basis versuchen, Grundlagen einer jüdischen Ethik zu umreißen. Dies heißt freilich, den Rahmen der akademischen Disziplin ‚Ethik' zu verlassen, um im gänzlich anders definierten Raum einer Ethik innerhalb der jüdischen Glaubenslehre zu verbleiben. Präzise formuliert Cohen: „Die jüdische Ethik ist das Prinzip der jüdischen Religion. *Sie ist das Prinzip und nicht die Konsequenz.* Sie kann aus der jüdischen Religion nur in dem Sinn abgeleitet werden, wie man die Axiome aus dem Lehrgehalt der mathematischen Sätze ableitet. Sie ist nicht die Folgerung für den Menschen aus dem Prinzip der Gottheit; sondern das Prinzip der Gottheit kann nicht anders entfaltet, nicht anders definiert werden, es sei denn durch die Sittenlehre. Es besteht eine untrennbare, unauflösliche Einheit zwischen der jüdischen Sittenlehre und der jüdischen Gotteslehre."[14]

Nachdem durch diese Argumentation, die übrigens von Cohen noch ein zweites Mal gegen die Einrichtung eines Lehrstuhles für jüdische Ethik an der renommierten Hochschule für die Wissenschaft des Judentums angeführt wurde[15], die Grundlagen für eine jüdische Ethik geklärt sind, zerschneidet Cohen das Tischtuch zwischen sich und Lazarus indem er letzteren in seinen inhaltlichen Auslegungen jüdischer Sittenlehre wie einen Proseminaristen vorführt.

Wir wollen statt dessen versuchen, das, was Cohen „die Axiome aus dem Lehrinhalt ableiten" nennt, zu unternehmen.

Cohen nennt hier als erstes die *Noachidischen Gebote*[16]:
- das Verbot der Gotteslästerung
- die Einrichtung von Gerichtshöfen
- das Verbot des Götzendienstes
- das Verbot der Blutschande
- das Verbot der Räuberei
- das Verbot des Genusses von Fleisch vom lebenden Tier.

„Die Prinzipien des Naturrechts fanden *Johann Selden und Hugo Grotius* in dem Naturrecht der sieben *Noachidischen Gebote.*"[17] Indem Cohen das Naturrecht bei Grotius und Selden in den Zusammenhang mit den *Noachidischen Geboten* rückt, wird es zu einem jüdische Ethik beinhaltenden System, denn die *Naochidischen Gebote* sind ohne „Gottheit" nicht denkbar[18].

Hier nimmt die jüdische Sittenlehre ihren Ausgangspunkt. Sie hat in den *Noachidischen Geboten* den kleinsten gemeinsamen Nenner zu anderen ethischen Systemen. Möglicherweise kann man feststellen, daß, wo immer in der Geschichte die Linie der *Noachidischen Gebote* programmatisch hinterschritten wurde, globale Menschheitsprobleme auftraten.

An dieser Stelle sei der Versuch unternommen, jenseits der *Noachidischen Gebote* und jenseits der 10 Gebote jüdische Grundlagen herauszuarbeiten[19]:

Ethik im Judentum basiert darauf, daß Gott den Menschen verkündet, was gut ist.

Frömmigkeit beruht nicht auf dem Glauben; aber nicht nur das Tun wird geschätzt, sondern auch die Gesinnung, der es entspringt.

Ethik fordert die Übung des Guten um des Guten willen; sie verwirft nicht nur das frevelhafte Tun, sondern auch unlautere Gesinnung.

Dabei geht das *Judentum* von der Überzeugung aus, daß der Mensch die Fähigkeit und daher die Pflicht zum Guten hat.

Das *Judentum* kennt nicht die Erbsünde und die daraus folgende Notwendigkeit eines Erlösers; der Mensch kann sich vielmehr selbst durch Umkehr *(Teschuwa)* vom Bösen befreien *(Jom Kippur)*[20].

Die jüdische *Ethik* bejaht die Willensfreiheit, auf der die sittliche Verantwortlichkeit beruht, und lehnt die Gnadenwahl und das unentrinnbare Fatum ab. Der Weg zum Guten ist keinem verschlossen.

Hierauf gründet sich die Lehre, daß das Tun Lohn und Strafe in sich trägt. Der Mensch soll das Gute ohne Wunsch nach Belohnung tun und das Böse ohne Furcht vor Strafe unterlassen.

Die jüdische *Ethik* kennt dabei keinen Unterschied zwischen Juden und Nichtjuden; alle Menschen gelten ihr sittlich gleich. Die Auserwähltheit Israels bildet kaum einen Vorzug, sondern nur eine Aufgabe[21].

Auf dieser Grundlage erhebt sich die praktische Ethik, deren oberster Grundsatz Gerechtigkeit ist. Jeder Eingriff in das Eigentum ist nicht nur eine Schädigung der Mitmenschen, ohne Unterschied zwischen Juden und Nichtjuden, sondern eine schwere Sünde gegen Gott.[22]

Ist es mit diesen eher allgemeinen Grundsätzen getan? Oder gibt es vielleicht doch ein Prinzip, das als Schlüssel zu einer Grundlage jüdischer Ethik gemacht werden könnte? Treten wir noch einmal an den Anfang unserer Überlegungen. Cohen hatte festgelegt: „Das Prinzip der Gottheit kann nicht anders entfaltet, nicht anders definiert werden, es sei denn durch die Sittenlehre“ (vgl. Anmerkung 14). Genau an dieser Stelle beginnen die Überlegungen Emmanuel Lévinas‘. Philippe Nemo charakterisiert ihn als *den* „Philosophen der Ethik, wahrscheinlich der einzige Moralist des zeitgenössischen Denkens,“[23] dessen Werk so beschrieben werden könnte: „Lévinas ist auf der Suche nach dem Anderen, und dem ganz Anderen.“[24] Lévinas entwickelte seine Philosophie im Anschluß an Martin Bubers dialogisches Prinzip. Was bei Buber eher abstrakt bleibt, konkretisiert Lévinas. Er meint, daß ein Mensch beim Anblick des Gesichts eines anderen Menschen nicht nur dessen Physiognomie wahrnimmt, sondern dem Teil seines Gegenübers in die Augen blickt, der völlig ungeschützt sei. Das so in einer übertragenen Ebene angeschaute Antlitz des Anderen ist es, was den Menschen von allen anderen Lebewesen unterscheidet. Was dieser Andere ist, beschreibt Lévinas so: „Ich bin es, der für den *Anderen* trägt, der für ihn verantwortlich ist. Man sieht daher, daß sich im menschlichen Subjekt gleichzeitig mit einer totalen Unterwerfung auch meine Primogenitur manifestiert. Meine Verantwortlichkeit ist nicht übertragbar, niemand könnte mich ersetzen. [...] Diese Last ist eine höchste Gnade des Einzigen. Ich, nicht-auswechselbar, ich bin einzig in dem Maß, in dem ich verantwortlich bin. Ich kann mich allen substituieren, aber niemand kann sich mir substituieren.“[25] Und er konkretisiert: „Ich verstehe die Verantwortlichkeit als die Verantwortung für den *Anderen*, das heißt als Verantwortung für das, was nicht meine Sache ist oder mich nichts angeht; oder auch für das, was mich etwas angeht, dem ich mich als einem Antlitz annähere.“[26] Und weiter heißt es: „Ich verstehe den Prophetismus als einen Moment der Conditio humana selbst. Für den *Anderen* Verantwortung zu übernehmen ist für jeden Menschen eine Art und Weise, von der Herrlichkeit des UNENDLICHEN Zeugnis abzulegen und inspiriert zu sein.“[27] Und schließlich kommt Lévinas zu dem Schluß, daß „der Andere [...] das einzige Sein [ist], das zu töten man versucht sein kann.“[28]

Man könnte dieses abstrakte Erklärungsschema als die abgeleitete Grundlage einer jüdischen Ethik bezeichnen: Auf der Suche sein, nach dem Anderen und dem ganz Anderen, um die Verantwortung für ihn zu tragen. Darin manifestiert sich der UNENDLICHE. Das ist die Botschaft der hebräischen Bibel, von der Lévinas sagt:“ [...] das größte Wunder der Bibel [liegt] nicht im gemeinsamen literarischen Ursprung [...], sondern umgekehrt im Zusammenfluß verschiedener Dichtungen zu einem einzigen wesentlichen Inhalt. Das Wunder des Zusammenfließens ist größer als das Wunder eines einzigen Autors. Jedoch ist der Pol dieses Zusammenfließens die Ethik, die unbestreitbar dieses ganze Buch beherrscht.“[29]

Kommen wir zum Schluß: Was sind die Grundlagen einer jüdischen Ethik? Es ist die Forderung der Abschaffung einer Ethik, die losgelöst von der göttlichen Offenbarung als Angelegenheit für sich behandelt wird. Sie ist, wie Cohen gezeigt hat, untrennbar verbunden mit der des „Prinzips der Gottheit“, das nicht anders entfaltet werden kann als durch Ethik. Und hier knüpft Emmanuel Lévinas an, wenn er auf der Suche nach dem Anderen und dem ganz Anderen die Verantwortung des Einzelnen für den Anderen als das herausfindet, was dazu führt „von der Herrlichkeit des UNENDLICHEN [...]“ inspiriert zu sein.

Jerusalem und die jüdische Gebetskultur

> „Denn Gott hat Zion erwählt,
> es als seinen Wohnsitz
> erkoren“[30].

Auf Jerusalem, das zuweilen als Mittelpunkt der Erde bezeichnet[31] wird, beziehen sich zahllose Traditionen des jüdischen Festkalenders und Lebenszyklus. An ältere Überlieferungen anknüpfend hat König David nicht nur die Davidsstadt gegründet, deren 3000-jähriges Bestehen 1995/96 gefeiert wurde, sondern auch den Platz für das „Haus Gottes“ bestimmt[32]. Der Tempelberg wird auch *Morija*[33] genannt, offenbar anknüpfend an den Berg im Lande Morija[34] auf dem Abraham Isaak opfern sollte. Wieder an anderer Stelle wird der gleiche Ort Zion genannt. Man erkennt deutlich, wie hier verschiedene Vorstellungen auf einen Punkt gebracht werden: Jerusalem entwickelte sich in der jüdischen Überlieferung von der Davidsstadt zum Zentrum jüdischen Denkens und Lebens, weil der Tempel mit seinem Kultus einigendes Band jüdischer Gebetskultur in biblischer Zeit war.

Zu biblischer Zeit war Jerusalem vor allem die Stadt des zentralen Heiligtums. In dieser Epoche sind jüdische Feiertage noch ganz im ursprünglichen Sinn Wallfahrtsfeste, denn die Stadt galt als „der Ort, den Gott auserwählt hat“[35], an dem allein Opfer und heilige Abgaben zu bringen und wo sie auch zu verzehren sind. Auch die Bewohner der antiken Diaspora, die es seit dem babylonischen Exil gleichberechtigt neben dem jüdischen Leben in Israel gab, hatten ihre Gottesdienste in den Synagogen dem Tempelgottesdienst nachgeordnet. Sie betrachteten ihn als Parallelveranstaltung zu dem, was gleichzeitig im Jerusalemer Tempel stattfand, mit dem Unterschied, daß in der Synagoge nur an den Opfergottesdienst, der gleichzeitig in Jerusalem selbst vollzogen wurde, erinnert werden konnte.

„Nächstes Jahr in Jerusalem!“ Seinen Ursprung hat dieser auch heute während der häuslichen Pessachfeier getane Ausspruch darin, daß zur Zeit des zweiten Tempels jüdische Wallfahrer aus allen Teilen der mediterranen Welt nach Jerusalem kamen, um ihr Pessachlamm zum Gedenken an ihre Befreiung aus ägyptischer Knechtschaft zu opfern. Dieses Lamm und noch zusätzliche freiwillige Opfer wurden anschließend an den Tempelgottesdienst mit *Mazzot*, also ungesäuertem Brot, und anderen Frühlingsgaben im Familienkreis verspeist. Auch das Christentum kennt dieses Mahl. Freilich änderte noch Jesus selbst die Bedeutung. Er sagte seinen Jüngern, sie sollten es zu *seinem* Gedächtnis feiern – eine klare Abgrenzung gegenüber dem Judentum.

Auch nach der Zerstörung des Tempels durch die Römer in Jahr 70 werden die Wallfahrtsfeste begangen, jedoch ohne Wallfahrt. Es blieben Strukturen des Synagogalgottesdienstes erhalten, die sich bereits vor der Zerstörung des Tempels herausgebildet hatten: Synagogen blieben in ihrer Architektur nach Jerusalem ausgerichtet, einzelne Gottesdienstteile, die bereits zu Tempelzeiten parallel zum Tempel durchgeführt wurden, verselbständigten sich nun, denn die Zerstörung des Tempels und der Stadt Jerusalem wurde von den Juden zwar als Strafe für die „Entweihung des Schabbats, die Vernachlässigung des Unterrichts oder den Mangel an Ehrlichkeit“[36] empfunden, nicht jedoch, wie jahrhundertelang von der Kirche gepredigt, als Strafe für den vermeintlichen Mord des Gottessohnes verstanden. Der Untergang Jerusalems wurde in den jüdischen Gottesdienst in mehrfacher Weise einbezogen. Zunächst wurde das Verbot, den Tempel oder Teile seiner Architektur andernorts nachzuahmen, aufrechterhalten. Der Leuchter *(Menora)* und Säulen *(Boas und Jachin)* galten in der dreidimensionalen Nachbildung als verboten. Die Priester *(Cohanim)* und Leviten durften im Synagogengottesdienst lediglich die Funktionen wahrnehmen, die sie auch zur Zeit der Existenz des Tempels bereits darin hatten, d. h. sie werden als erste im Lesungsgottesdienst aufgerufen und die *Cohanim* erteilten am Ende des Morgengottesdienstes am Schabbat den aronitischen Priestersegen. Fortgeführt wurden die Familientraditionen, d. h. Priester und Leviten vererbten auf ihre Söhne die Zugehörigkeit zur jeweiligen Gruppe. Wesentlicher Bestandteil der jüdischen Gebetskultur wurde auch die Bitte „den Dienst in das Heiligtum deines Hauses, und die Feueropfer Israels“[37] wiedereinzurichten. Aufgenommen in den Kanon jüdischer Feiertage wurde ein Gedenktag an die Zerstörung des Tempels, der 9. des hebräischen Monats *Av (Ticha Be Av)*, sowie zahlreiche Gebete zur Wiedererrichtung Jerusalems:

Nach Jerusalem
Deiner Stadt kehre in Erbarmen zurück
wohne in ihr
wie Du gesprochen
erbaue sie bald
in unseren Tagen
als ewigen Bau
und Davids Thron gründe schnell in ihr.
Gelobt seist du
Ewiger
der du „Jerusalem erbaust.“[38]

Wie an diesem Gebetstext deutlich wird, waren es nicht nur praktische Probleme des Gottesdienstes, sondern auch Grundelemente des Judentums, die nach dem Untergang Jerusalems erklärungsbedürftig waren: Wo also ist jetzt Gott nach der Zerstörung der Stadt? Ist die von Zion, also von Jerusalem ausgehende Lehre, so untergegangen wie die Stadt? Aus diesen Fragen entwickelte sich die Theorie, dem irdischen Jerusalem entspräche ein Jerusalem im Himmel. Gott meidet das himmlische Jerusalem, solange das irdische zerstört sei[39]. Die im Talmud geläufige Vorstellung eines irdischen und eines entsprechenden himmlischen Jerusalem fand in der mystischen Literatur weite Verbreitung. Der Prophet Elias, der das Kommen des Messias verkünden soll, würde den Startschuß für den Wiederaufbau Jerusalems bringen. Bis dahin blieb Jerusalem das Ziel von einzelnen Pilgerreisen, die Heimat einer eher unbedeutenden lokalen Jüdischen Gemeinde und der Gegenstand der Klage, denn wer Jerusalem erblickt, muß ebenso wie in einem Trauerfall sein Gewand einreißen und dabei den Vers „Zion ist eine Wüste geworden, Jerusalem eine Einöde"[40] hersagen.

Die größte Schwierigkeit der Transformation bildeten jedoch diejenigen Passagen der Bibel, die im Stil eines religiösen Gesetzbuches abgefaßt waren und konkrete, auf den Tempel bezogene Handlungsanweisungen gaben. „Der Sünder bringe ein Schuldopfer zum Tempel nach Jerusalem, und es wird ihm Vergebung zuteil werden". Hier hat die jüdische Theologie nach der Zerstörung des Tempels eine völlige Abkehr von den fünf Büchern Moses vollzogen. Jetzt konkretisiert der Talmud: Was immer er im letzten Jahr an Missetaten begangen hat, in den 10 Bußtagen zwischen dem jüdischen Neujahr und dem Versöhnungstag hat er die Möglichkeit, durch Wiedergutmachen die Sünden aus der Welt zu räumen, die er anderen Menschen zugefügt hat.

Eine andere Lösung wurde dem Versöhnungstag *Jom Kippur* zuteil, der schon in der Bibel erwähnt wird. Solange der Tempel in Jerusalem stand, richteten die Juden ihren Blick auf die Zeremonien der Priester dort. Nur an diesem Tag durfte der Oberpriester den allerheiligsten Raum des Tempels betreten. Hier war der biblischen Überlieferung nach die Allgegenwärtigkeit Gottes besonders erdnah. Weil keiner außer dem Oberpriester diesen Raum betreten darf, ist es noch heute gläubigen Juden verboten, die oberhalb der Klagemauer gelegenen islamischen Stätten zu betreten, denn man könnte ja unversehens eben in das Allerheiligste geraten. Vor dem Betreten des Allerheiligsten legte der Oberpriester allen Schmuck ab, kleidete sich in einen schlichten weißen Leinentalar und legte für alle Juden das Sündenbekenntnis ab. Auch heute noch ist es in Jüdischen Gemeinden üblich, daß die Beter am *Jom Kippur* kollektiv ein Sündenbekenntis ablegen, und der Gang des Oberpriesters in das Allerheiligste durch eine dramatische Erzählung im Gottesdienst nahezu nachvollzogen wird.

Unbeschadet hat das *Chanukka-Fest* die Zerstörung Jerusalems überstanden, obwohl es an die Wiedereinweihung des Tempels im

Jahr 165 vor der Zeitrechnung erinnert. Eine jüdische Widerstandsgruppe um Jehuda Makkabi hatte gegen die Großmacht Syrien unter dem König Antiochus gekämpft und gesiegt. Nach der Errichtung eines neuen Altars und der Reinigung der Vorhallen wurde am 25. des hebräischen Monats *Kislew* der jüdische Gottesdienst im Tempel wieder eingeführt. Der Feiertag wird noch heute als eines der großen Familienfeste gefeiert, die Kerzen oder Öllampen der für diesen Feiertag achtarmigen Leuchter sind nicht selten der siebenarmigen Menora oder anderen Tempelsymbolen nachempfunden.

Aber auch im jüdischen Volksglauben hat sich die Zerstörung Jerusalems tief eingegraben. Ein wichtiger Brauch am Hochzeitstag: Braut und Bräutigam müssen bis zu ihrem Hochzeitsmahl fasten, um der Zerstörung des Tempels in Jerusalem im Jahre 70 zu gedenken. Teil der Hochzeitszeremonie ist auch das Zertreten eines Glases durch den Bräutigam. Die Scherben sollen an den zerstörten Tempel in Jerusalem erinnern. Und schließlich wird bei jüdischen Beerdigungen dem Sarg ein kleines Säckchen mit Erde aus der Umgebung Jerusalems beigegeben, da am Tag der Ankunft des Messias die Toten, die vor den Toren der Stadt beerdigt sind, die ersten sein werden, die auferstehen und folglich diejenigen, die von dort etwas Sand in ihrem Sarg haben, ebenfalls in diesen Genuß kommen.

Die Emanzipation der Diaspora ging mit der Emanzipation der Juden einher. Was schon in der biblischen Antike seit der Rückkehr nur einer Minorität aus der babylonischen Gefangenschaft nach Palästina für die Majorität der Juden galt, nämlich ihr Leben außerhalb Jerusalems als Normalzustand, fand seit dem 19. Jahrhundert auch Eingang in den jüdischen Gottesdienst. Nicht mehr die Rückkehr in das irdische Jerusalem bzw. der Wiederaufbau der Stadt wurde zum Gegenstand von Gebeten, sondern Jerusalem zum Synonym für das Himmlische, für den Ort, vom dem Gott „die Lehre verkündet". Die Grundzüge dieser Reformen faßt Seckel Isaac Fränkel, einer der Herausgeber des 1819 in Hamburg erschienenen *Israelitischen Gebetbuches*, in seiner „Schutzschrift" zusammen. Die Auslassungen seines neuen Gebetbuches beziehen sich auf den Opferkult und die Bitte, nach Jerusalem zurückzukehren, da seinen Ausführungen zufolge nur noch sehr wenige dieses Begehren in ihrem Herzen tragen[41]. Aus dem oben zitierten Gebet zur Wiedererrichtung Jerusalems wurde folglich eine Ode, die die Wiedererrichtung des Tempels und die Wiedereinführung des Opferdienstes nicht erwähnt, Jerusalem aber als den Ort der Verkündigung der göttlichen Heilsbotschaft herausstellt und somit den Schluß zuläßt, es handele sich um keinen irdischen Ort:

„Gedenke erbarmungsvoll Jerusalems,
von dannen Dein Wort der Wahrheit ausgegangen.

Gepriesen seist Du,
Ewiger,
der Jerusalem erkoren."[42]

Die *Neue Synagoge* in Berlin, für die das Gebetbuch, aus dem hier zitiert wird, konzipiert worden war, ist nicht geostet, in ihrer Architektur wie ein Tempel gebaut, mit an die Tempelsäulen *Boas und Jachin* erinnernden Stelen neben dem an der Stirnseite befindlichen Toraschrank, mit siebenarmigen Leuchtern und einer maurischen Architektur, die durchaus an die auf dem Tempelberg errichteten Gebäude erinnert. Die von Titus nach Rom entführte *Menora* des Tempels, überliefert durch das im Titusbogen befindliche Relief, ist – abgesehen von der gängigen Bezeichnung „Tempel" für ein jüdisches Bethaus – vielleicht das markanteste Zeichen für die offensichtliche Ablösung der nicht am altfrommen Ritus festhaltenden, sich auch staatsbürgerlich emanzipierenden Juden in Europa. Für sie war die Reise nach Jerusalem transzendentalisiert.

Am deutlichsten wird dies an der Veränderung des Gedenkens an den zerstörten Tempel, des eingangs erwähnten 9. *Av*. Hier wird der Zerstörung des zweiten Tempels in Jerusalem durch Titus im Jahre 70 gedacht. Von Napoleons Rußlandfeldzug wird folgende Anekdote berichtet: Als der Feldherr eine kleine Stadt in Galizien durchritt, kam er an der Synagoge vorbei. Ein ungewöhnliches Bild erweckte seine Neugier. Alles Mobiliar des Bethauses lag auf der Straße, und aus dem Innenraum drangen Klagegesänge. Napoleon fragte, was da los sei – er hatte den Verdacht, Augenzeuge eines Pogroms geworden zu sein. Man belehrte ihn eines anderen. Die Juden zelebrierten, hieß es, den Gedenktag der Zerstörung ihres Tempels. „Und wann ist ihr Tempel zerstört worden?" wollte der große Feldherr wissen. „Im Jahr 70 unserer Zeitrechnung!" – antwortete man ihm. Verwundert schüttelte Napoleon den Kopf und meinte, wenn ein Volk mehr als 1700 Jahre lang seine Trauer über die Zerstörung des Nationalheiligtums so bewahren könnte, dann würde es sicher auch eines Tages die Wiedererrichtung des Tempels erleben. Soweit ist es (noch) nicht gekommen, gleichwohl ist der 9. *Av* noch immer ein fixer Punkt im jüdischen Kalender. Im Synagogengottesdienst werden die „Klagelieder" rezitiert. Die jüdischen Religionsreformer des 19. Jahrhunderts haben den „Gedenktag der Tempelzerstörung" nicht etwa aus dem Zyklus des jüdischen Kalenders gestrichen, sondern ihn ihrer Theorie vom himmlischen Jerusalem untergeordnet. Das Gemeindelied endet frohgemut:

„Und strahlen soll das Gotteslicht
Auf ihrem Haupt als Diadem;
Und du erstehst und wankest nicht,
O himmlisches Jerusalem!"[43]

Die politische Reaktion innerhalb des Judentums auf diese radikale Abkehr von der Tradition vollzogen die Zionisten, die den umgekehrten Schluß aus dem jahrhundertelang nicht in Angriff genommenen Wiederaufbau Jerusalems zogen. Sie nabelten sich nicht, wie die Reformer des Judentums, von Jerusalem ab, sie warteten auch nicht auf den Propheten Elias, der das Kommen des messiansischen Zeitalters verkünden soll, sondern formulierten ein politisches Manifest, das zur Gründung des Staates Israel führte. Die religiöse Reaktion war einerseits das Entstehen einer Neo-Orthodoxie, die versuchte, unter Beibehaltung der altfrommen Traditionen rationale Erklärungsmuster zu liefern, andererseits die Wiederbelebung des *Chassidismus*, einer Frömmigkeitsbewegung, die in mystischer Verklärung ihren Weg nach Jerusalem sucht und den Staat Israel nicht zur Kenntnis nimmt, da er ohne die Mitwirkung des erwarteten Messias zustande kam[44]. Irdisch oder himmlisch – Jerusalem ist die Stadt, die untrennbar mit der jüdischen Gebetskultur verbunden ist.

„Räumt die Steine hinweg“: Der Pfad aus dem Tal des Todes

Eugen Biser zum 80. Geburtstag gewidmet

Das Buch Jesaja zerfällt nach der herkömmlichen wissenschaftlichen Meinung in mehrere Komplexe. Den Grundstock bilden die großen Reden des Propheten Jeshajahu ben Amoz, der vom Todesjahr des Königs Usia von Juda im Jahr 740 bis zur Belagerung Jerusalems durch Sanherib im Jahr 701 geweissagt hat. Der zweite Teil wird einem *Deuterojesaja* zugesagt, einem anonymen zweiten Autor, der von den Redaktoren des Buches Jesaja eben diesem Werk zugeschlagen wurde. Diese historischen Kapitel wiederum unterscheiden sich deutlich von den Kapiteln 40-66, denen man die Überschrift: „Trostverkündigungen“ geben könnte. Sie werden einem anderen Anonymus, dem sogenannten *Tritojesaja* zugeschrieben. Wissenschaftlich umstritten ist, ob dieser *Tritojesaja* zum Zeitpunkt seiner Tröstungen bereits zurückgekehrt ist, oder diese Rückkehr unmittelbar bevorsteht.

Führt dieser Prophet im 62. Kapitel seiner Weissagung ein Selbstgespräch über seine Absicht, unablässig für Zion zu arbeiten? Oder sind diese Kapitel bereits eine Reflexion über die aus dem Babylonischen Exil Zurückkehrenden?

1 Zion zuliebe darf ich nicht schweigen, Jerusalems wegen nicht stillhalten, bis hervorgeht wie Lichtglanz seine Gerechtigkeit und sein Heil wie eine Fackel entbrennt.

2 Völker werden dein Heil schauen und alle Könige deine Herrlichkeit. Du wirst mit einem neuen Namen genannt, der geprägt wird vom Munde des Ewigen.

3 Du wirst eine prächtige Krone sein in des Ewigen Hand, ein Königsdiadem in der Hand deines Gottes.

4 Nicht länger wird man dich „Verlassene“ nennen noch dein Land „Vereinsamte“ heißen, sondern man nennt dich „Meine Lust an ihr“ und dein Land „Vermählte“. Denn der Ewige hat an dir seine Lust, und dein Land wird vermählt.

5 Wie sich nämlich der Jüngling mit der Jungfrau vermählt, so vermählt sich mit dir dein Erbauer; wie der Bräutigam sich freut über die Braut, so freut sich über dich dein Gott.

6 Über deine Mauern, Jerusalem, habe ich Wächter beordert, den ganzen Tag und die ganze Nacht dürfen sie niemals schweigen! Ihr, die ihr den Ewigen erinnern sollt, gönnt euch nicht Ruhe,

7 und auch ihm laßt keine Ruhe, bis er Jerusalem wiederherstellt und zum Ruhm auf Erden macht!

8 Der Ewige schwor bei seiner rechten Hand und bei seinem gewaltigen Arm: „Nie wieder gebe ich dein Korn deinen Feinden zur Nahrung; Ausländer trinken deinen Most nicht mehr, um den du dich abgemüht.
9 Nein, wer es eingeerntet, soll es genießen und den Ewigen preisen; wer den Most eingeheimst, soll ihn trinken in meines Heiligtums Höfen!“
10 Zieht ein, zieht ein durch die Tore, bahnt des Volkes Pfad, baut, ja baut die Straße, räumt die Steine hinweg, hebt über die Völker ein Panier!
11 Seht, der Ewige macht es bekannt bis an das Ende der Erde:
Sagt der Tochter Zion: Fürwahr, es kommt dein Heil!
Siehe, die er sich erworben, kommen mit ihm; und die er sich verdient hat, ziehen vor ihm her!
12 Dann nennt man sie „Heiliges Volk“, „Erlöste des Ewigen“, dich aber nennt man „Gesuchte“, „Nichtverlassene Stadt“.

Diese Verse des 62. Kapitels des Propheten Jesaja werden am Schabbat vor *Rosch Haschana* gelesen: es ist die letzte Prophetenlesung der Tröstung bevor das jüdische Jahr zu Ende geht. In der Tradition ist dieser tröstende Prophetenabschnitt vor dem *Rosch Haschana* im unmittelbaren Kontext mit dem Schabbat während der *Pessachtage* zu sehen, denn *Pessach* fällt in den ersten Monat des hebräischen Kalenders, der so aufgebaut ist, daß Neujahr im siebenten Monat gefeiert wird. In jenes halbe Jahr von *Pessach* bis *Rosch Haschana* fallen nicht nur die 50 Tage des *Omer*, der Trauer zwischen *Pessach* und *Schawuot*, sondern auch der 9. *Av*, der Tag an dem der erste und zweite Tempel zerstört wurden. Wir haben es also mit dem Anfang und dem Ende eines Tröstungszyklus zu tun, der im Kontext der Katastrophen der jüdischen Geschichte zu sehen ist. Katastrophen hat es in der jüdischen Geschichte zahlreiche gegeben. Erinnert sei hier an die Zerstörung des ERSTEN TEMPELS, an die Zerstörung des ZWEITEN TEMPELS, an die KREUZZÜGE, an die Vertreibung der Juden von der iberischen Halbinsel, die CHELMIECKI-AUFSTÄNDE (1648) und schließlich an die SCHOAH[45].

Der Prophetenabschnitt des Schabbats während der *Pessachtage*, also der erste dieses großen Tröstungszyklus, stammt von Ezechiel, Kapitel 37:

1 Die Hand des Ewigen kam über mich; er führte mich im Geist des Ewigen hinaus und ließ mich mitten in einer Talebene nieder, die angefüllt war mit Gebeinen.
2 Er ließ mich ringsumher an ihnen vorbeigehen, und siehe, überaus zahlreich lagen sie auf der Oberfläche des Tales; sie aber waren vollständig verdorrt.

3 Da sprach er zu mir: „Menschensohn, werden wohl diese Gebeine sich wieder beleben?“ Ich aber antwortete: „Gebieter und Ewiger, du weißt es!“
4 Dann sagte er zu mir: „Weissage über diese Gebeine und rede sie an: Ihr verdorrten Gebeine, hört das Wort des Ewigen!“
5 So spricht der Gebieter und Ewige zu diesen Gebeinen: „Siehe, ich lasse Geist in euch kommen, und ihr werdet lebendig werden.
6 Ich lege Sehnen an euch und umkleide euch mit Fleisch; ich überziehe euch mit Haut und bringe Geist in euch, daß ihr lebendig werdet und erkennt, daß ich der Ewige bin.“
7 Ich weissagte, wie mir befohlen. Da entstand ein Rascheln, während ich weissagte, und siehe da, es gab ein Rauschen; die Gebeine rückten aneinander, Knochen zu Knochen.
8 Ich schaute, und siehe, Sehnen bildeten sich an ihnen, Fleisch wuchs empor, und Haut spannte sich oben darüber; doch Geist war in ihnen noch nicht.
9 Da sprach er zu mir: „Weissage zum Geist, weissage, Menschensohn, und rede zum Geist: So spricht der Gebieter und Ewige: Von den vier Windrichtungen komme, o Geist, und blase diese Getöteten an, daß sie leben!“
10 Ich weissagte, wie er mir befohlen hatte. Da strömte der Geist in sie hinein; sie wurden lebendig und stellten sich aufrecht, eine überaus große Heerschar.
11 Da rief er mir zu: „Menschensohn, jene Gebeine bedeuten das ganze Haus Israel. Fürwahr, sie sprechen: ‚Verdorrt sind unsere Gebeine, entschwunden ist unsere Hoffnung, mit uns ist es zu Ende‘.“
12 Darum weissage und rede zu ihnen: So spricht der Gebieter und Ewige: „Siehe, ich öffne eure Gräber und hole euch aus euren Grabstätten heraus als mein Volk. Ich bringe euch heim ins Land Israel.
13 Dann werdet ihr erkennen, daß ich der Ewige bin, wenn ich eure Gräber öffne und euch aus euren Grabstätten als mein Volk heraushole.
14 Ich lege meinen Geist in euch, daß ihr lebendig werdet, und versetze euch in euer Heimatland. Dann werdet ihr erkennen, daß ich, der Ewige, gesprochen und gehandelt habe.“

Der Prophet Ezechiel befindet sich in einem Tal mit vertrockneten Knochen: Im Talmud[46] wird eine Interpretation angedeutet, die seit Jahrtausenden jüdischen Menschen während einer Katastrophe Mut macht und ihnen eine Perspektive bietet: es ist das prophetische Versprechen der Wiedergeburt Israels und die Wiederherstellung seiner biblischen Mission. In schier auswegloser Lage, im Tal mit vertrockneten Knochen der offenbar vor langer Zeit Verstorbenen, geschieht das Wunder: die Knochen werden nicht nur wiederbelebt, sie kommen zu neuem Leben. Dieser Abschnitt des Propheten Ezechiel wird am Schabbat während der *Pessachtage* gelesen als Ergänzung, ja als prophetische Neuauflage des Exodus[47].

Am Ende jener großen Tröstungsperiode nun lesen wir:

> 10 Zieht ein, zieht ein durch die Tore, bahnt des Volkes Weg, baut, ja baut die Straße, räumt die Steine hinweg, hebt über die Völker ein Panier!

Geht es unmittelbar nach der Katastrophe um die Menschen, um das Wiederbeleben der Untergegangenen, so geht es am Ende der Tröstungsperiode um das Rückführen dieser in die Gesellschaft, ja um das Wegräumen der Steine der verfallenen oder zerstörten Wege und Häuser.

Heinz Galinski, der langjährige Vorsitzende der Jüdischen Gemeinde zu Berlin, antwortete 1982 auf die Frage, ob er, nachdem sich die Tore des Konzentrationslagers hinter ihm geschlossen hatten, eine Vorstellung, eine Vision hatte von dem, was passieren könnte, wenn dieses mörderische Regime zusammenbrechen würde?

> „Selbstverständlich habe ich mir gedacht, daß eine Welt entstehen würde, in der nicht nur Frieden und Freiheit herrschen würden, sondern ich habe mir eine Welt vorgestellt, in der die Menschheit aus dieser schrecklichen Situation, aus diesem schrecklichen Erleben nicht nur einiges, sondern viel lernen würde. Daß der Krieg, daß die Auseinandersetzung mit Waffen abgelöst werden würde durch die Liebe unter den Menschen: das war eine Selbstverständlichkeit in unserem Denken. Wie konnte man etwas anderes annehmen?! Wenn man in einer solchen Situation lebt und doch die vage Hoffnung hat, eines Tages herauszukommen, dann glaubt man, es wird sich eine Welt auftun, in der Menschenliebe und das Verständnis unter den Menschen das erstrangige Gebot sein würden. Daß Verständnis unter den Völkern herrschen würde, daß die Welt einsehen würde, daß nach diesen Millionen von Opfern jetzt eine Zeit anbrechen würde, in der Krieg nicht das geeignete Mittel sei, um Differenzen aus der Welt zu schaffen.“[48]

Heinz Galinski war kein Prophet, aber er drückte das aus, was sicherlich viele jüdische Menschen seiner Generation glaubten, ja ein Stück jener Situation, die Leo Baeck einmal als das „ewige dennoch“ beschrieben hat. Der Prophet Ezechiel befindet sich in einem Tal mit vertrockneten Knochen – nennen wir es heute einmal Auschwitz: und er hat das Leben dieser Knochen zu verkünden, und tatsächlich, ein neues – ein anderes Judentum geht aus den Trümmern hervor. Zitieren wir noch einmal Galinski:

> „Ja es besteht gar kein Zweifel darüber, daß seit der Existenz eines Jüdischen Staates ein neuer Typus eines jüdischen Menschen in den Jüdischen Gemeinden der Welt entstanden ist. Ich kenne das Gefühl Stolz nicht, ich kenne auch nicht das Gefühl der Überheblichkeit, aber der jüdische Mensch braucht heute nicht mehr geduckten Hauptes durch die Welt zu gehen, sondern es ist doch ein neues jüdisches Bewußtsein, ja ein jüdisches Selbstbewußtsein entstanden. Selbst den jüdischen Menschen, die heute noch in Ländern der Unfreiheit leben, hat der Staat Israel ein neues Gefühl der Sicherheit gegeben.“[49]

Gehen wir einmal 2000 Jahre zurück. Wir schreiben das Jahr 70. Der Tempel in Jerusalem, Dreh-und Angelpunkt der jüdischen Welt der Antike, wird durch die Römer zerstört. Ein traumatisches Erlebnis für Generationen. Gäbe es das Judentum heute noch, wäre der Tempel nicht zerstört worden? Gäbe es die, die sich in den Jahrhunderten danach als das „verus Israel“, das wahre Israel, bezeichneten und vielleicht auch noch immer bezeichnen, nämlich das Christentum, wenn jener monumentale Bau mit seinem Tieropferkult das Jahr 70 überlebt hätte, gäbe es dann noch das Judentum?

Sehen wir einmal ab von jenem allzu Menschlichen, was nach dem *Chorban*, nach jener Katastrophe geschah, ab, sehen wir einmal von jenem Gedenktag ab, dem 9. *Av*, an dem übrigens auch der erste Tempel zerstört worden war, an dem die Klagelieder gelesen werden, an dem in altfrommen Gemeinden das Synagogengestühl vor die Tür gestellt wird, an dem die Lichtquellen verhüllt werden und die Gottesdienstbesucher auf dem Boden sitzen, sehen wir einmal davon ab. Das ist das, was man als Pflicht bezeichnen könnte. Es ist vergleichbar mit dem Grabstein.

Was geschah aber wirklich nach dem *Chorban*, nach der Zerstörung des Tempels? Äußere Form der Trauer und des Gedenkens war die Einführung eines Trauertages zum Gedenken an die Tempelzerstörung, sowie das Verfassen von Traueroden. Innerlich aber wurde ein prophetisches Versprechen eingelöst. „Aus dem Tal des Todes“ wurde Israels Mission durch eine völlig runderneuerte Religion geschaffen, die zwar die alten Traditionen aufnimmt, aber ihnen nun neue abstrakte Inhalte zuwies. Ein Beispiel: Aus den Bußtagen nach dem neuen Jahr, an denen man zusätzliche Opfer darbrachte, um sich von seinen Sünden zu entsühnen, werden Tage, in denen man die sündhaft oder schuldhaft angerichteten Schäden durch Reue, Buße, aktive Umkehr und Wiedergutmachung aus der Welt schafft. Aus der antiken Religion des Opferkultes wurde ein moderner Gottesglaube, der tatsächlich die nächsten 2000 Jahre überstand. Interessant ist es schon in diesem Zusammenhang, einmal über den Einfluß des Christentums auf das Judentum nachzudenken. Unbestritten wurde aus den dem Verfall geweihten Knochen im Tal des Todes nach der Tempelzerstörung, dem *Chorban*, eine neue Religion, die sich in die Tradition der alten stellte.

Machen wir einen Sprung von etwa 1000 Jahren: Die Kreuzzüge eliminieren die Jüdischen Gemeinden des Rheinlandes: Zwar gibt es auch orientalische und sefardische Judenheiten, aber doch bricht eine jüdische Welt zusammen. Und wieder finden wir jene Reaktion auf zwei Ebenen: Zwar wird kein Gedenktag eingerichtet, aber Memorbücher und neu konzipierte Gedenkoden sind die äußerlichen Reaktionen auf jenes unmenschliche Verhalten der Umwelt. Aber es entsteht auch etwas Neues: Das ist zum einen die Praxis von *kiddusch haschen*, von Selbstaufopferung im Anschluß an die Berichte aus der Makkabäerzeit und insbesondere im Kontext der als Opferung Isaaks verstandenen Handlung Abrahams. Zum anderen wurde wieder das prophetische Versprechen eingelöst: Aus den Knochen im Tal des Todes wurde neues Leben: Die *Chassidut Aschkenas*[50], die Jahrhunderte jüdischen Glaubens prägende Frömmigkeitsbewegung der mittelalterlichen aschkenasischen Juden, hatte hier ihren Ursprung.

Und worin liegt die Konsequenz für unsere Gedenkkultur angesichts des millionenfachen Mordes an jüdischen Männern, Frauen und Kindern?

So merkwürdig es klingen mag angesichts eines gerade erst jetzt nach 50 Jahren eingerichteten Gedenktages[51] und eines Mahnmals, dessen Errichtung nach jahrelangen Debatten schließlich beschlossen wurde[52]: das sind die äußeren Hüllen des Gedenkens, es sind nicht jene der Zukunft zugewandten, großen, aus dem Inneren kommenden geistigen Jahrhundertschritte, die den Pfad aus dem Tal des Todes weisen.

Wie können nun heute Formen des Gedenkens nach der Katastrophe aussehen? Können die Steine aus dem Pfad geräumt werden? Finden wir den Pfad aus dem Tal des Todes?

Die Gottgläubigen stehen vor einer Welt der Götzenanbeter – auch die heutigen Atheisten sind nichts anderes. In Berlin hat vor acht Jahren ein Künstler in der Mitte eines der meist umfahrenen Plätze einige Cadillacs[53] in Beton eingegossen und dem Kunstwerk den Titel „Der Tanz um das goldene Kalb“ gegeben. Bedenkt man, wieviel unschuldige Menschen täglich auf dem Altar dieses Götzen geopfert werden, dann erst wissen wir, daß sich die Abrahamsreligionen in einer riesigen Abwehrschlacht gegen eine Umwelt zur Wehr setzen müssen, die sich andere Werte als die unserer Religionen zum Lebensstandard gesetzt haben.

Als vor etwa acht Jahren jenes Weltreich zusammenbrach, das mit einer an sich äußerst sympathischen Grundidee, nämlich der der sozialen Gerechtigkeit unter den Menschen, seine Brutalität legitimierte und gleichzeitig verdeckte, war ich eher zufällig Zeuge einer Predigt des orthodoxen Rabbiners in Berlin. Er verlieh seiner Hoffnung Ausdruck, da nun dieses alle Konflikte durch einseitige Parteinahme ausscheidende Staatenungetüm verschwände, ein für allemal Gulags und Völkermord der Vergangenheit angehörten, aber er sagte gleichzeitig, daß doch eigentlich die Idee einer sozialen Verantwortung für den Mitmenschen, durch den Staat organisiert, eine äußerst sympathische Vorstellung sei, ja dass kommunistische Züge im ursprünglichen Sinn der Vorstellung auch in der hebräischen Bibel verankert seien, ja dass Schabbatjahr, Jubeljahr und zahlreiche soziale Gebote im Judentum durch die Jahrtausende hindurch von der jüdischen Gemeinschaft bewahrt worden wären und nicht zuletzt in den Kibbuzim in Israel eine Realisierung erfahren hätten. Was also macht uns im Augenblick des Untergangs dieser Ideologie so froh und erwartungsbewußt? Es ist, weil dieses ganze System ohne „den lieben Gott“ aufgebaut worden sei, ein riesiger Turmbau zu Babel, ein hohler Zahn, dem der Lebensnerv fehle, und dieser Lebensnerv sei der Glaube an den Einen, der sich am Sinai offenbart hat und ohne dessen durch die Menschen herbei gebetene Nähe alles leer und eitel sei.

„Und der Ewige sprach zu Abraham: Gehe aus deinem Lande und aus deinem Geburtsort und aus dem Haus deines Vaters in das Land, das ich dir zeigen werde.“ (1. Moses 12, 1)

Wir gehen davon aus, daß Terach, der Vater Abrahams bereits ein Monotheist war und trotzdem sollte Abraham ausziehen, nicht nur aus seinem Vaterland, nicht nur aus seiner Vaterstadt, sondern auch aus dem Haus seines Vaters.

Warum?

Weil Abraham in der typischen Situation einer Minderheit war, die umgeben von einer ungläubigen Masse versucht, ein gottgläubiges Leben zu führen. In anderen Worten: Er war in einer ähnlichen Situation wie wir heute. Er hatte Zugang zu Gott, er machte offenbar Proselyten, aber das war nicht genug, sowenig es heute genug ist, ein gläubiger Mensch zu sein und tatenlos das Morden im Osten Europas oder auf dem Balkan mitanzusehen.

Aber ist das nicht die Standardsituation gläubiger Menschen? Waren denn die Menschen vor 50 Jahren weniger atheistisch als heute? Wurde damals weniger gemordet als heute? Waren es nicht Menschen, die sich als Christen bezeichneten, die in Einsatzgruppen in der Sowjetunion oder als Wachmannschaften in Konzentrationslagern dienten?

Diese Menschen waren sowenig Christen, wie diejenigen, die heute zwar in der Weihnachtszeit einem Kaufrausch erliegen, aber von Gott nichts wissen oder auch nichts wissen wollen.

Aber ist das wirklich neu? Sind das Charakteristika dieses Jahrhunderts? Ich wage dies zu bezweifeln, ja ich meine, daß das Konzept des Gottesglaubens den Atheismus voraussetzt. Ich kann mich nur dann als Gottgläubiger definieren, wenn ich dies vor dem Hintergrund der Verneinung der Situation von Ungläubigen tue. Das war am Sinai so, als Moses das erste Mal vom Sinai herabstieg und die Israeliten um das goldene Kalb tanzen sah, und das ist heute so, wenn wir festzustellen haben, daß auch ein Großteil jüdischer Menschen sich zwar mit dem Leid ihrer Vorfahren in der Schoah identifizieren kann, sich also als Mitglieder einer Schicksalsgemeinschaft versteht, oder wenn wieder andere sich in einem jüdischen Nationalismus ergehen, den man auch als Israelismus bezeichnen könnte.

Religiöses Judentum kann sich also nur vor dem Hintergrund anderer Konzepte selbst definieren, ja möglicherweise sind die Katastrophen notwendig, um jene historischen Wendungen zu ermöglichen, die den Pfad in die Zukunft weisen. Der Mensch hat wie Adam im Paradies immer zwei Wege: Er muß sich entscheiden, damals wie heute. Es gibt keinen Pfad, der – einer Lebensversicherung gleich – zum richtigen Ziel führt, sondern es gibt nur die ständige Entscheidung. So singt schon der Psalmist:

„Es spricht der Niederträchtige in seinem Herzen: ‚Es ist kein Gott‘ (Psalm 14,1/53,2).“

Nimmt man es genau, so sind große Teile der biblischen Literatur nichts anderes als die permanente Auseinandersetzung mit den Ungläubigen und auch die rabbinische Literatur ist voller Dispute mit jenen, die den einen Gott und seine Kernforderung nach Einhaltung der *Noachidischen Gebote* leugnen oder nicht erkennen. So gibt es eine ganze rabbinische Literaturgattung, die nichts anderes tut, als sich mit den sogenannten Epikuräern auseinanderzusetzen. Das hieraus abgeleitete Wort *Pakar* ist zum Synonym für *ausschweifendes,* für *zügelloses Handeln* geworden. Es gibt zahllose Belege für die rabbinische Auseinandersetzung mit den Epikuräern, ja ich bin sicher, man könnte die Geschichte des Judentums neu schreiben, würde man es einmal unter dem Gesichtspunkt der Auseinandersetzung mit den über lange Zeit als Epikuräer bezeichneten Zweiflern und Gotteslästerern tun. Maimonides, der bedeutende jüdische Gelehrte des jüdisch-spanischen Mittelalters, wollte hierbei keinen Unterschied zwischen Juden und Nichtjuden sehen, denn er definierte einen Epikuräer als einen Juden oder Nichtjuden, der es an Achtung für die Lehren und Lehrer der Bibel fehlen läßt.

Tröstet es uns, wenn wir feststellen, daß alles schon einmal so war oder vielleicht immer? Was können die Abrahamsreligionen tun, um angesichts einer sich von allen ethischen Normen immer mehr entfernenden Menschheit, sich nicht in eine innere Emigration zu begeben, die letztlich auch sie selbst zerfressen wird?

Vor einigen Jahren hat der Papst dazu aufgerufen, Europa zu rechristianisieren. Ich muß gestehen, daß ich als Jude zunächst perplex war, als ich davon in der Zeitung las. Sollte es also wieder losgehen, daß Christen gegen Juden um den besseren Pfad zu Gott streiten, dachte ich im ersten Augenblick. Später wurde der Kontext klar, in dem es gesagt wurde: Die Abrahamsreligionen sollten sich gegen die Epikuräer, wie es in der jüdischen Tradition hieße, zusammenschließen, um den Entwurzelten, von allen Normen menschlichen Zusammenlebens Entfremdeten, die *Noachidischen Gebote* zu verkünden:

- das Verbot der Gotteslästerung
- die Einrichtung von Gerichtshöfen
- das Verbot des Götzendienstes
- das Verbot der Blutschande
- das Verbot der Räuberei
- das Verbot des Genusses von Fleisch vom lebenden Tier.

Diese Grundregeln menschlichen Zusammenlebens gilt es zu verbreiten: Wie sollen wir es tun? Reicht es aus, wenn wir die Erinnerung wachhalten an die großen und größten Verbrechen der Menschheit, deren Zeuge dieses Jahrhundert wurde? Reicht es aus, wenn wir aus dem Buch der Bücher lehren?

Nein, ich fürchte es ist wie einst die Situation nach Noah war. Zwar haben wir die Sintflut überlebt, aber nun erhalten wir den Ruf:

„Und der Ewige sprach zu Abra(ha)m: Gehe aus deinem Lande und aus deinem Geburtsort und aus dem Haus deines Vaters in das Land, das ich dir zeigen werde.“[54]

Wir alle müssen ausziehen aus unseren uns allen so vertrauten Schneckenhäusern, um einen neuen gemeinsamen Aufbruch zu wagen. Wir müssen die Vision finden im gemeinsamen Kampf gegen Atheismus und Epikurismus. Das wird für alle schwer – man lese die Abrahamsgeschichte mit all ihren Widrigkeiten, aber angesichts der Situation in Europa gibt es hierzu keine sichtbare Alternative: Das ist die gemeinsame Herausforderung der Abrahamsreligionen vor dem Hintergrund des millionenfachen Mordes an jüdischen Männern, Frauen und Kindern. Die Aufgabe als Nachkommen der Generation, die den Holocaust bewirkte, überlebte oder zu den millionenfachen Opfern gehörte, ist es, dafür zu sorgen, daß es nie wieder geschieht. Der Pfad aus dem Tal des Todes ist noch nicht gefunden. Eugen Biser ist ein bedeutender Pfadfinder.

Die erste Weltkonferenz der *World Union for Progressive Judaism* 1928

Zur Rolle Leo Baecks in der 1926 in London gegründeten Union, die noch immer die größte jüdische Religionsvereinigung weltweit ist.

Im August vor 70 Jahren wurde hier in Berlin die erste Weltkonferenz der *World Union for Progressive Judaism*, zwei Jahre nach ihrer Gründung, abgehalten. Der legendäre Leo Baeck, Rabbiner meiner Gemeinde und Namenspatron so wichtiger Einrichtungen wie des *Leo Baeck Institute* und des *Leo Baeck College*, hielt damals das Grundsatzreferat.

Heute, 70 Jahre nach der ersten Weltkonferenz, steht die jüdische Welt anders da. 60 Jahre nach den November-Pogromen, 53 Jahre nach der Befreiung und 50 Jahre nach der Gründung des Staates Israel ist jüdische Identität im aufrechten Gang und ohne Verrenkungen möglich.

Dazu hat in ganz erheblichem Umfang das moderne, dieser Welt zugewandte, progressive Judentum beigetragen.

Daß heute wieder eine Jüdische Gemeinde in Berlin existiert und in 6 Synagogen unterschiedlichster Ausformungen jüdische Religiosität – von der orthodoxen Synagoge über die mit gemischtem Chor und Orgelbegleitung ausgestalteten Gottesdienste bis zum egalitären Gottesdienst in der Synagoge Oranienburger Straße – stattfinden kann, ist das Verdienst der Erben und Zeitgenossen Leo Baecks.

Wir sind glücklich darüber, daß das *American Jewish Committee* sein Europabüro in Berlin eröffnet hat, die *Ronald Lauder Foundation* hier ein Lehrhaus errichtet und jetzt auch die *World Union for Progressive Judaism* ihren Kulturpreis an Frank Wössner in Berlin überreicht. Es gibt eine Lehre und eine Konsequenz: Trotz des von dieser Stadt aus organisierten sechsmillionenfachen Mordes an unseren Brüdern und Schwestern: Genozid ist nicht möglich. Denn es gibt jenes „ewige dennoch“, von dem Leo Baeck in seinen späten Reden so oft gesprochen hat.

Wir verbinden mit der Veranstaltung der *World Union*, deren Gouverneur ich die Ehre habe auch sein zu dürfen, die Hoffnung, daß *Progressive Judaism* – modernes Judentum – auch auf dem europäischen Kontinent, auch in Deutschland und nicht nur hier in Berlin, eine lebendige Zukunft hat. Und wir danken Frank Wössner, der sich als Verleger vorbildlich für die Aussöhnung zwischen Juden und Nichtjuden engagiert.

Im Sommer 1928 fand der erste Kongreß der *World Union for Progressive Judaism (WUPJ)* statt, die zwei Jahre zuvor in London gegründet worden war. Die Geschichte der jüdischen Reformbewegung wird in aller Regel mit den Folgen, der im 18. Jahrhundert von Berlin ausgehenden, untrennbar mit dem Namen Moses Mendelssohn einhergehenden, jüdischen Aufklärungsbewegung verbunden, die beginnend mit Mendelssohns Übertragung der Bibel ins Deutsche, die allerdings noch in hebräischen Buchlettern notiert wurde, begann.

Die Einrichtung der jüdischen Freischule, die Schaffung von Gottesdiensten mit Orgelbegleitung und unter Verwendung landessprachlicher Gebete ist untrennbar mit dieser, auf wissenschaftlichem Rationalismus begründeten Reformbewegung verbunden und hat für alle wesentlichen Stationen Berlin als Kulminationspunkt. Liest man die Geschichte der jüdischen Reformbewegung in den USA, so wird deutlich, daß auch hier deutschsprachige Juden zu den Initiatoren und wichtigen Protagonisten gehören. Es war also mehr als eine Hommage an Berlin, daß der erste Weltkongreß dieser in London gegründeten Bewegung in Berlin stattfand. Man kehrte sozusagen an den eigentlichen Ursprungsort zurück, auch wenn die Reform andernorts in einigen Punkten bereits weiter gediehen war, als an dem Ort der Wiege der Bewegung. Der Zusammenschluß der *WUPJ* in London hatte bereits Züge des sich gegenseitig Vergewisserns, tatsächlich noch an der Spitze jüdischer Entwicklungen zu stehen. Hatte sich doch 1898 in Basel die *Zionistische Bewegung*, eine nicht-religiöse, politisch säkulare Bewegung, als die Pfeilspitze des Fortschritts konstituiert und mit einer weltweiten Organisation für Aufsehen in nahezu allen Jüdischen Gemeinden rund um den Globus gesorgt.

Die Eröffnungspredigt von Rabbiner Dr. C. Seligmann, dem Vorsitzenden der Vereinigung jüdischer Rabbiner Deutschlands aus Frankfurt am Main, war das Zitat vorangestellt: „Erhebe rings Deine Augen und schaue. Sie alle haben sich versammelt und sind zu Dir gekommen. Siehe, diese kommen aus weiter Ferne, jene von Nord und West, bis zum Lande des Sinin". Rabbiner Seligmann fährt fort und sagt: „Geht nach den Ländern, wo liberales Judentum keinen Boden fassen konnte und seht, was dort aus den jüdischen Massen geworden ist, die vom orthodoxen Judentum nicht festgehalten werden konnten: religiöser Untergang, Friedhofsruhe."

Damit wird auch deutlich, daß das orthodoxe Judentum von der jüdischen Reformbewegung nicht als Partner in einem Abwehrkampf gegen übermäßige Säkularisierung angesehen wurde. Stutzig macht, daß auf die Endzeit der Weimarer Republik, auf die innenpolitischen Wirren, auf Inflation, Arbeitslosigkeit und mangelndes Demokratiebewußtsein in den Ansprachen aus Deutschland nicht eingegangen wird.

Der Vertreter Indiens, A. Chincholkar, Ehrensekretär der Bewegung, angereist aus Bombay, berichtet über die ersprießliche Entwicklung der jüdischen Reformbewegung in Bombay, wo es nun bereits 42 Mitglieder gäbe und wöchentlich Schabbatgottesdienste das ganze Jahr hindurch abgehalten werden.[55]

Daß einer so kleinen Reformgemeinde Raum für einen umfänglichen Bericht eingeräumt wurde, belegt auf eigene Weise, die doch sehr hoch gegriffene Bezeichnung des Verbandes als Weltbewegung. Insofern ist bereits die Namensgebung *World Union for Progressive Judaism* ein Stück Programm.

Blickt man nun zunächst auf die Teilnehmerliste der ersten Konferenz, so wird deutlich, daß hier gezeigt werden soll: Die jüdische Reformbewegung ist nicht nur eine lokale Berliner Erscheinung, sondern belegt den weltweiten Anspruch auf intellektuelle Führung. Die rund 250 Teilnehmer kamen aus den USA, Frankreich, Schweden, Polen, Kanada, Großbritannien, Deutschland – ja auch aus Indien waren die Gäste angereist, um über den Stand der jüdischen Reformbewegung in ihren Herkunftsstaaten Berichte zu geben.

Im Vorwort zur Dokumentation heißt es: „(...) Der Kongreß hat nicht nur eine große Schar treuer Anhänger des liberalen Judentums aus den verschiedenen Ländern und Erdteilen zusammengeführt und ihre Begeisterung für die gute Sache noch gestärkt, sondern er hat auch auf die Gegner des liberalen Judentums tiefen Eindruck gemacht".[56]

Die Veranstaltungen fanden im Wesentlichen im Plenarsaal des ehemaligen Preußischen Herrenhauses, Leipziger Str. 3, dem heutigen Sitz des Bundesrates, statt, wobei anzumerken ist, daß der Schabbatgottesdienst in der Neuen Synagoge, Oranienburger Str. 30, der Sonntagsgottesdienst programmatisch in der Synagoge der Jüdischen Reformgemeinde, Johannisstr.16, abgehalten wurde, der Empfang, ausgerichtet vom Vorstand der Jüdischen Gemeinde zu Berlin, im Anschluß an den Schabbatgottesdienst im großen Saal des Hotels Kaiserhof, der Berliner Anschrift Adolf Hitlers.

Angemerkt werden sollte auch, daß in dem Sonntagsgottesdienst mit Lily H. Montagu erstmals eine Frau in einer Berliner Synagoge gepredigt hat.

Der von Herrn und Frau Hans Lachmann-Mosse ausgerichtete Festabend fand im Mosse Haus, Leipziger Platz 15, dem heutigen Sitz des *American Jewish Committee* statt.

In der Berliner Presse wurden in der *Vossischen Zeitung* und im *Berliner Tageblatt* ausführlich über den Kongreß berichtet. Die *Vossische Zeitung* schreibt in ihrer Abendausgabe vom 20. August 1928, daß die Reichsregierung durch Legationsrat von Tattenbach der Tagung einen „ersprießlichen Verlauf" wünscht, und daß das religionsphilosophische Referat Leo Baecks verdeutlicht habe, „die Mission des religiösen Liberalismus bestehe darin, daß er das jüdische

Individuum, das durch die Aufhebung des Ghettos der Welt zurück gegeben sei, mit der Religion in Verbindung erhalte, indem er das Judentum im Geiste des israelischen Prophetismus wiederbelebte" und vermerkt, daß dieser Vortrag „mit starkem Beifall" aufgenommen wurde.[57]

Im Konferenzprogramm wurde der Beitrag Leo Baecks als Generalreferat angekündigt. Leo Baeck hielt seine Rede in deutscher Sprache, die in einer Übersetzung von Mr. und Mrs. Lionel Jacob aus London als Flugblatt in englischer Sprache zugänglich gemacht wurde.

Baeck greift das Konferenzthema „Die Botschaft des liberalen Judentums an den Juden von heute" kritisch auf und stellt zunächst fest: „Liberales Judentum scheint bisweilen predigendes Judentum oder auch Judentum der Prediger zu sein" und kommt zu dem Schluß, daß „die große, schwere Aufgabe, vor der die Religion steht, nicht die ist, daß sie suche, wie sie mit dem Tag in Übereinstimmung komme, um Menschen von heute anzuziehen. Das, was man will, und dann liberal sich nennt. Wahrer Liberalismus ist ein Maximum an Judentum, ein Maximum an Frömmigkeit in der Größe des Gedankens in der Gewissheit unseres Platzes in der Welt." Damit umschreibt Leo Baeck die eigentliche Kalamität der jüdischen Reformbewegung, die sich nicht aus inhaltlichen Forderungen eine Neuinterpretation der jüdischen Traditionen gibt, sondern die versucht, die Lebenswirklichkeit des sich, vom altfrommen Judentum, das aus der Not eine Tugend gemacht hat, umzukehren in den Anspruch eben kein, mit zeremoniellen Resten lebendes, Rumpfjudentum zu sein, sondern eine Neuinterpretation. Diese Grundeinstellung des „Sich mit den Gegebenheiten abfindens", war es dann auch, die Leo Baeck und seine Mitstreiter bis zum Ende der Deportation der Berliner Juden immer wieder versuchen ließ, auch unter der Bedingung der Willkür des Nationalsozialismus aus den Resten des Verbliebenen eine jüdische Existenz fortzuführen.

Leo Baeck überlebte das KZ Theresienstadt und soll nach seiner Befreiung gesagt haben, daß die über 1000-jährige Epoche des deutschen Judentums beendet wäre. Er lehrte dann in Cincinnati und London bis zu seinem Tod 1956.

Es ist kein Zufall, daß die einzigste liberale Rabbinatshochschule in Europa genauso seinen Namen trägt wie die für die Konservierung des historischen Erbes des deutschen Judentums in Jerusalem, London und New York beheimateten Institute.

Die *World Union for Progressive Judaism* ist heute mit etwa 1,6 Millionen Mitgliedern weltweit die mitgliederstärkste jüdische Organisation und führt die von Leo Baeck vertretende Position jüdischer Religiosität liberaler Ausprägung fort. Seine auf der ersten Weltkonferenz dargelegten Grundüberlegungen sind auch heute Eckpfeiler der religiösen Philosophie. Im November 1998 fand in Berlin die erste Preisverleihung des *World Union* Kulturpreises an einen Deutschen statt. Dieses Ereignis wurde ganz bewußt in Anlehnung an die erste Weltkonferenz von 1928 und als Kontrapunkt zu den Gedenkveranstaltungen zum 60. Jahrestag der Novemberpogrome am 10. November 1998 begangen.

Der Mendelssohn der Synagogalmusik: In Memoriam Louis Lazarus Lewandowski

Louis Lewandowski an einem Institut für zeitgenössische Musik vorstellen zu dürfen, hat mehr mit Geschichte als mit der von ihm komponierten Musik zu tun, denn der vor hundert Jahren verstorbene Lewandowski teilt das Rezeptionsschicksal mit vielen Komponisten zeitgenössischer Musik. Vierzig Jahre nach seinem Tod wurde die Musik des spät zu großen Ehren gekommenen Professors und königlich preußischen Musikdirektors zusammen mit Schönbergs und Korngolds Kompositionen verboten: Lewandowski stand auf dem Index der Nationalsozialisten. Gleichwohl wurde seine Musik auch in Deutschland weiter an den Orten genutzt, für die sie geschrieben war: in den Synagogen. Freilich war dies nur solange möglich, wie jüdische Gottesdienste abgehalten werden konnten. Nach den Novemberpogromen des Jahres 1938 waren dies nur sehr wenige Orte. Wer nun meint, daß nach der Befreiung von den Nationalsozialisten eine Lewandowski-Renaissance eingesetzt hätte, der irrt. Zwar fand schon im November 1946 in der Berliner Synagoge Pestalozzistraße ein Synagogenkonzert statt, von dem in der Dezemberausgabe der damals erschienenen Zeitschrift *Der Weg* berichtet wird, daß von den Anwesenden die *Deutsche Keduscbe*, eine von Lewandowski vertonte Übersetzung eines zentralen Gebets des jüdischen Gottesdienstes, in größter Ergriffenheit „stehend" entgegengenommen wurde, aber die wenigsten der in Deutschland verbliebenen Juden waren tatsächlich deutsch-jüdischer Herkunft. Die überwiegende Mehrheit waren polnische oder russische *Displaced Persons*, die ihre Gottesdienste nach osteuropäisch-jüdischer Tradition einrichteten. Allein in der bereits erwähnten Berliner Synagoge Pestalozzistraße entwickelte sich ein Gottesdienst, untrennbar mit dem seit 1947 dort amtierenden Estrongo Nachama verbunden, der auf der Tradition des „liberalen" deutschen Judentums basierte und die Vertonungen Lewandowskis pflegte. Daß diese Ausnahmeerscheinung gleichzeitig ganz wesentlich das musikalische Außenbild des deutschen Judentums verkörperte, lag ganz wesentlich an der seit 1946 ausgestrahlten Schabbat-Feier des Berliner Radiosenders *RIAS*, der wöchentlich eine 25-minütige Rundfunkandacht ausstrahlte, die im wesentlichen von Lewandowskis Kompositionen geprägt wurde und durch ihre lange Laufzeit und ihren hervorragenden Sendeplatz auch von unzähligen nichtjüdischen Menschen gehört wird.

Auch in London, New York und an anderen Emigrationsorten der deutschen Juden bildeten sich deutsch-jüdische Gemeinden. In London beispielsweise wurde von den Rabbinern Georg Salzberer und Kokotek eine deutsch-jüdische Emigrationsgemeinde geleitet, die auch die musikalische Tradition Lewandowskis aufnahm. Aber gemessen an der Mehrzahl der Jüdischen Gemeinden progressiver Ausrichtung blieben dies Ausnahmeerscheinungen. Die Lewandowski-Rezeption hat sicherlich gegenwärtig ihren Tiefpunkt erreicht.

Louis Lewandowski wurde am 3. April 1821 in der Judengasse der westpreußischen Kleinstadt Wreschen geboren. Obwohl die Region seit dem Ende des 18. Jahrhunderts durch Friedrich II. annektiert war und unter preußischer Verwaltung stand, war das Leben der ortsansässigen Juden noch völlig von den osteuropäischen Traditionen geprägt, der Geist der Zeit, wie er sich etwa in der preußischen Hauptstadt Berlin niederschlug, machte sich in der Provinz noch nicht wirklich bemerkbar – die von Moses Mendelssohn initiierte Integration der Juden in die preußische Gesellschaft blieb Phänomen der Metropole. Lewandowskis Kindheit vollzog sich in bedrängten Verhältnissen: Der Vater war Synagogendiener und Hilfskantor der Gemeinde Wreschen, die Mittel, die ihm zur Verfügung standen, reichten kaum aus, seine Frau und die fünf Söhne zu ernähren. Doch nicht nur die materielle Enge bestimmte das Leben der Lewandowskis in den 20er und frühen 30er Jahren, auch der geistige Horizont, der den Kindern vermittelt werden konnte, war alles andere als kosmopolitan. Man sprach *jiddisch*, in der Elementarschule der Jüdischen Gemeinde wurde vor allem der Talmud gelehrt und den Schülern jüdische Rechtsregeln eingepaukt; Lewandowski dürfte mit zehn Jahren genauestens über die Rechte und Pflichten der *Cohanim*, der biblischen Priester, die es seit der Zerstörung des Jerusalemer Tempels nicht mehr gab, über Verlobung, Scheidung oder Schadensersatz nach taldmudischen Rechtsgrundsätzen Bescheid gewußt, jedoch nicht einmal das lateinische Alphabet gekannt haben. Die christliche Umgebungsgesellschaft blieb fremd und fern, für die jüdische Enklave existierte weder die deutsche noch die polnische Literatur, waren die Naturwissenschaften, Geographie oder die aktuelle Entwicklung der Künste unbekannte Welten.

Als 1743 Moses Mendelssohn, seinem biblischen Vorbild Abraham entsprechend, sein Vaterhaus und seine Vaterstadt verließ, um nach Berlin, in die aufstrebende preußische Haupt-und Residenzstadt zu gehen, war er der erste einer Jahrhundertbewegung von Ausbrechern, die es ihm gleich taten, um aus dem Ghetto auszubrechen und neue Ufer anzuvisieren. Es muß für Lewandowski einem Kulturschock gleichgekommen sein, als er 1834, noch nicht einmal dreizehnjährig, wie so viele seiner osteuropäischen Alters-und Glaubensgenossen in die Residenzstadt Berlin aufbrach, um fortan selbst für seinen Lebensunterhalt zu sorgen. Hier traf er auf eine jüdische Gemeinschaft, die im Unterschied zu den Wreschener Juden nicht mehr im Ghetto lebte und deren Umgangssprache hochdeutsch war. Nicht wenige der Juden Berlins gehörten obendrein zur kulturellen Führungsschicht der Stadt: In jüdischen Wohnungen und Salons trafen sich die Intellektuellen Preußens, man kann etwas unbescheiden sagen, versammelte sich die Intelligenz Deutschlands. Der Umzug Lewandowskis in die preußische Hauptstadt stellte für ihn ein doppeltes Risiko dar: Einerseits war die materielle Ausgangslage mehr als unsicher, sein Werdegang noch keinesfalls absehbar; ebenso gefährlich war jedoch, daß die preußischen Juden ihren christlichen Mitbürgern rechtlich noch nicht gleichgestellt waren, ihnen das Grundrecht der Freizügigkeit nicht zustand und der Wechsel aus der Provinz Posen in die Provinz Brandenburg eigentlich einen Verstoß gegen die geltenden Normen verkörperte.

Louis Lewandowski hatte Glück. Nicht nur, daß er von der Obrigkeit und ihren rigiden Gesetzen weitestgehend unbehelligt blieb, auch die finanziellen Unwägbarkeiten, der Kampf um das tägliche materielle Überleben erübrigte sich für ihn schon nach erstaunlich kurzer Zeit. In der Jüdischen Gemeinde zu Berlin wurde man rasch auf seine stupende Musikalität und seine außergewöhnlich schöne Stimme aufmerksam; für Ascher Lion, den seinerzeitigen Kantor der Gemeinde, lag es deshalb nahe, Lewandowski, der bereits durch seinen Vater und die häusliche Praxis in Wreschen die traditionellen Synagogengesänge genauestens kannte, als „Singerl“, d.h. als einen der drei musikalischen Gestalter des jüdischen Gottesdienstes, zu engagieren. Als Gegenleistung sorgte man für seinen Lebensunterhalt und ermöglichte ihm den Besuch des Gymnasiums, bot also eine Art Stipendium.

Mit seiner Verpflichtung bei der Berliner Gemeinde der 1830er Jahre und seiner engen Anbindung an den eher reaktionären, allen musikalischen Neuerungen verschlossenen Ascher Lion wurde Lewandowski Teil einer sehr konventionellen Ausprägung synagogaler Musik, die noch völlig in den tradierten, altfrommen Prinzipien des 18. Jahrhunderts befangen war: Aus der Synagoge waren alle Musikinstrumente verbannt, im Mittelpunkt des künstlerischen Schaffens stand allein der Gebetsgesang, der allerdings zunehmend vervollkommnet und entwickelt wurde. Dem ursprünglich allein agierenden Vorbeter *(Chasan)*, standen deshalb bald ein Baß und ein Knabensopran bzw. *Falsett*, eben jenes „Singerl“, zur Seite, die die orientalisch geprägten Melodien und Phrasen des Vorbeters wiederholten, kontrapunktisch variierten oder melismatisch über die Vorgabe improvisierten. Die Kunst des Gebetsgesanges *(Chasanut)* war durch die Jahrhunderte hinweg nie Gegenstand der Wissenschaft oder pädagogischer Einrichtungen, sie existierte auch nicht in schriftlicher Notation oder Fixierung, sondern wurde in der synagogalen Praxis mündlich von Generation zu Generation tradiert – jüdische Musikkultur als „oral history“.

Schließlich wurde Lewandowski als erster Jude an der Akademie immatrikuliert – eine Sensation im Preußen der Reaktion. Jedoch noch vor Abschluß seiner Studienzeit wurde er von einem schweren und hartnäckigen Nervenleiden heimgesucht, das wie das vorzeitige Ende aller seiner beruflichen Wünsche und Träume erschien. Es fehlten ihm die physischen Kräfte, weiter zu musizieren, er mußte den Unterricht an der *Akademie der Künste* quittieren und war über mehrere Jahre zu fast völliger Untätigkeit verdammt – er konnte das Bett nur selten verlassen.

So deprimierend für Louis Lewandowski die Jahre seiner Zwangspause gewesen sein dürften, trugen sie dennoch entscheidend zu seiner Selbstfindung, zur Entdeckung seiner eigentlichen Lebensaufgabe bei. Seine Einsamkeit und scheinbare Zukunftslosigkeit gaben ihm reichlich Zeit zum Nachdenken und bewirkten eine Rückbesinnung auf seine Vergangenheit, seine Wurzeln in der jüdischen Tradition, auf die religiösen Bräuche und damit zwangsläufig auf die Synagogenmusik. Gerade weil Lewandowski aber auch die andere, die klassische europäische Musikkultur studiert und lieben gelernt hatte, entstand in ihm der Wunsch, eine Synthese zwischen den beiden Musiktraditionen zu schaffen, die Synagogenmusik zu reformieren und in die jüdische Enklave Elemente der Umgebungskultur einfließen zu lassen. Diese Idee war so übermächtig, daß sie zum einen sicherlich erheblich zur Genesung Lewandowskis beitrug – sah er für sich doch wieder eine lohnende Aufgabe – zum anderen aber wurde sie zu einem Leitmotiv für sein gesamtes weiteres Leben, prägte sein Schaffen nach 1838.

Der große Wunsch und das wichtigste Ansinnen Lewandowskis, eigene Kompositionen für den Gottesdienst zu schreiben und zu veröffentlichen, war in den ersten drei Jahrzehnten seiner Dirigentenlaufbahn keinesfalls vom Glück begünstigt: Er schrieb für die Schublade, komponierte eine große Fülle hebräischer Gebetsgesänge für vierstimmigen Chor oder für Solisten mit Orgel-oder Instrumentalbegleitung, entwarf sogar einen gesamten jüdischen Gottesdienst, der sich an die Form und den Duktus der christlichen Kirchenmusik anlehnte, trotzdem aber auf den traditionellen Melodien und Motiven des synagogalen Gebetsgesangs basierte. In seiner persönlichen künstlerischen Entwicklung hatte Lewandowski die Synthese zwischen der klassischen europäischen Musikkultur und der Synagogentradition bereits in den 40er Jahren erreicht – konnte sie jedoch noch nicht weitervermitteln, er fand kein Forum für seine Werke. Symptomatisch für seine Situation ist ein Vorkommnis des Jahres 1845: erstmals gelang es ihm, einen Verleger für eines seiner Werke zu finden, er schien am Ziel seiner Träume, doch leider vertonte er einen Text, der der rigiden preußischen Pressezensur suspekt erschien; der Druck wurde konfisziert, Lewandowski geriet in eine nicht ungefährliche Lage und erhielt auf Jahre hinaus keine weitere Gelegenheit, eigene Kompositionen zu publizieren. Sein Weg als Komponist blieb allzu lange Zeit mit dem Makel der Erfolglosigkeit behaftet: Nur wenige seiner Lieder und Gebetsgesänge konnte er mit seinem Chor oder an der Freischule einstudieren; wenn er eigene Werke präsentierte, blieben sie meist unbeachtet, gefragt waren einzig die Chorsätze Sulzers, des übermächtigen Vorbildes. Lewandowski war im öffentlichen Bewußtsein bis nahe an sein fünfzigstes Lebensjahr mehr Interpret als schaffender Künstler.

1845 war für Lewandowski trotz des Debakels mit der Zensurbehörde kein reines Unglücksjahr. Der inzwischen fast stimmlose Gemeindekantor Ascher Lion dankte ab und überließ seinen Platz dem Stettiner Abraham Jacob Lichtenstein (1806–1880), der über eine gerühmte dramatische Tenorstimme verfügte und als großer Gesangsvirtuose galt. Lichtenstein unterschied sich auch dadurch fundamental von seinem Vorgänger, daß er, wie Lewandowski, eine gediegene klassische Musikausbildung vorweisen konnte; vor seiner Berliner Anstellung war er Geiger in einem Orchester und hatte unter Karl Loewe, dem Balladenkomponisten, den Tenorpart in verschiedenen christlichen Oratorien gesungen. Lichtenstein war es auch, der die Aufmerksamkeit von Max Bruch auf die traditionelle jüdische Musik lenkte – er gilt als Inspirator des Bruchschen „Kol Nidre“. Mit Lichtenstein hatte Lewandowski nun einen assimilierten und über das jüdische Milieu hinaus gebildeten Kantor zur Seite, für den er musikalische Arrangements treffen konnte, die einen hohen Grad an Verschmelzung zwischen jüdischer und christlicher Gottesdiensttradition aufwiesen. Auch gab Lichtenstein ihm manche Anregung: seine Kenntnisse des *Chasanut* suchten ihresgleichen, die Vielfalt der Formen und Melodien, die Lewandowski durch ihn kennenlernte, bot eine ideale und breitgefächerte Grundlage für die Chorsätze und Bearbeitungen des Komponisten. Ein Schüler Lewandowskis kolportierte die etwas ironische Bemerkung seines Lehrers, er habe durch Lichtenstein erfahren, daß man „erfolgreich künstlerisch wirken kann, indem man die Geistesprodukte anderer verwertet“.

Und doch sollte die Zeit, da Lewandowski als Komponist endlich die ihm gebührende öffentliche Anerkennung finden würde, kommen: Mitte der 60er Jahre entwickelten sich die Dinge plötzlich auf überraschende Weise vorteilhaft für den jahrzehntelang geschmähten und ungerechtfertigt vernachlässigten Künstler. Zwei Ereignisse stehen sinnbildlich für die geachtete Position, die sich Lewandowski mühsam und geduldig erarbeitet hatte. 1865, anläßlich seines 25jährigen Dienstjubiläums als Chordirigent der Jüdischen Gemeinde, wird er zum Königlichen Musikdirektor ernannt – eine Ehrenstellung, die sich weder das Wreschener Kind Louis Lewandowski, noch das arme „Singerl“ und erst recht nicht der gescheiterte Student der *Akademie der Künste* hätte erträumen lassen. Noch einschneidender als diese Auszeichnung ist jedoch eine Entscheidung der Jüdischen Gemeinde: 1866 wird in der Oranienburger Straße eine weitere Synagoge eingeweiht, die *Neue Synagoge*, einer der prachtvollsten Bauten seiner Art, der, im Gegensatz zu dem Haus in der Heidereutergasse, auch eine Orgel enthält – die liberalen Reformer hatten sich in einer lebhaften Auseinandersetzung mit dem orthodoxen Gemeindeteil in dieser noch immer strittigen Frage durchgesetzt. Es lag sicherlich nahe, Louis Lewandowski, den bewährten und mutigen Neuerer, der inzwischen etabliert genug war, um weitere Veränderungen durchsetzen zu können, als Dirigenten der *Neuen Synagoge* zu verpflichten. Lewandowski stand damit am Ziel seiner fast dreißig Jahre alten Wünsche, konnte sein revolutionäres Reformwerk unbehelligt vollenden. Er war nicht länger gebunden an die *Chasanut* Lichtensteins und mußte auch nicht mehr Sulzers Kompositionen übernehmen oder bearbeiten; die Musik des Wiener Kantors war stets für Vokalstimmen ohne Begleitung geschrieben, orientiert an dem orthodoxen Gebetbuch, währenddessen Lewandowski nun, in der Oranienburger Straße, die Möglichkeit instrumentalbegleiteter Stücke offenstand, ein Experimentierfeld sondergleichen, das ihn zu immer neuen und immer autonomeren Formen von Musik für den Synagogengebrauch inspirierte. Mit dem Wechsel zur Neuen Synagoge setzte zugleich die lange verwehrte Publikation seiner Werke ein: als wesentliche Stationen seiner Veröffentlichungen wäre etwa der chasanische Zyklus *Kol Rinnah* (1871), eine Reihe musikalisch durchgestalteter Gottesdienste für ein ganzes Jahr, die Lewandowskis überregionale Popularität begründeten, zu nennen, oder *Todah Wesimrah*, eine zweibändige Komposition für vierstimmigen Chor, Solokantor und Gemeindegesang (1876–1882).

In den fast dreißig Jahren seiner Wirkungszeit in der Oranienburger Straße entwickelte Lewandowski die Synagogenmusik eines Salomon Sulzer noch erheblich fort, bereicherte sie durch viele neue Elemente und gelangte zu noch größerer Anerkennung und Bekanntheit als sein ehemaliges Vorbild, er firmierte gelegentlich unter der Bezeichnung „Der Mendelssohn der Synagogenmusik“, da Fachkreise stilistische Anklänge erkennen wollten. Ob freilich seine Kompositionen mit dem bedeutendsten Berliner Komponisten Felix Mendelssohn-Bartholdy oder sein früherer Lebenslauf als Ausbrecher aus dem Ghetto seiner Jugend mit Moses Mendelssohn verglichen werden sollte, mag der Hörer seiner Vertonungen entscheiden. Einerseits hat er ähnlich dem Moses M. revolutionäre Neuerungen eingeführt und somit die musikalische Pforte des „Synagogalmusik-Ghettos“ aufgestoßen, andererseits hat er einen musikalischen Standard in die Synagogalmusik eingeführt, der für Jahrzehnte prägend blieb und allein durch jene einschneidenden Maßnahmen der Nationalsozialisten zu einer äußerst reduzierten Rezeption führten.

Bei Lewandowski nahm der Part des Chores einen viel größeren Raum als bei Sulzer ein, es ging ihm um Schlichtheit und Singbarkeit der Melodien, und nicht zuletzt deshalb integrierte er oftmals die Formen der deutschen Kunstlieder, vom Strophenlied bis zur Variation, in seine Werke. Lewandowski war auch der erste, der die Rolle der Orgel im jüdischen Gottesdienst überzeugend und klar definierte; er wies ihr eine eigenständige Rolle zu, ohne sie jedoch als virtuoses Element zu nutzen, es ging ihm eher darum, dem Gesang der Gemeinde und der Solisten ein harmonisches Fundament zu bereiten; andererseits handhabte er sie nicht als reine Staffage, sondern komponierte auch Stücke für Orgel solo. Und schließlich führte er völlig neue Formen und Besetzungen in die Synagoge ein, Duette, Terzette, instrumental begleitete Sololieder, er scheute in seinen letzten Jahren sogar nicht davor zurück, deutsche Texte zu vertonen. Und noch heute, für uns Nachgeborene, hat Lewandowskis Kunst eine Brückenfunktion: sie bereichert einerseits die traditionelle jüdisch-religiöse Musik durch abendländische Formen, Figuren und Besetzungen, und auf der anderen Seite befördert sie durch ihre Arrangements tradierter jüdischer Themen eine Popularisierung des jüdischen Gesanges auch in den Umgebungsgesellschaften. Wenn es je eine deutsch-jüdische Symbiose gegeben haben sollte, auf was träfe sie besser zu als auf Lewandowskis Musik?

In seinen letzten Lebensjahren erfuhr Lewandowski weit über Berlin hinaus eine Art Honoratiorenstellung: er galt als *der* Genius des synagogalen Liedes, wurde sowohl von verschiedensten Jüdischen Gemeinden als auch der deutschen Regierung mit diversen Orden dekoriert und ausgezeichnet. Die Vereinigung der Kantoren wählte ihn zu ihrem Präsidenten, er wurde zum Chefdirigenten aller Synagogenchöre Berlins. Zahlreiche junge jüdische Musiker pilgerten nach Berlin, um an den Lehrveranstaltungen Lewandowskis teilnehmen zu können – für nicht wenige wurde er zur Kultfigur. Einen letzten großen Höhepunkt im Leben des Louis Lewandowski stellte sein 50-jähriges Dienstjubiläum bei der Jüdischen Gemeinde im Dezember 1890 dar, das mit einer großen Feier und einem Festmahl begangen wurde – eine Huldigung an den „Heros unter den Synagogencomponisten“ (Oberkantor Birnbaum). Neben der gemeinsamen Schabbatfeier und zahlreichen Festreden stand die Aufführung unterschiedlicher Lewandowski-Kompositionen im Mittelpunkt, es erklangen sowohl geistliche als auch säkulare Werke des Jubilars. Zu den Interpreten zählten wichtige jüdische Künstler der Zeit, darunter der berühmte Geiger und Brahms-Freund Joseph Joachim, der mit seinem Quartett das 1. Streichquartett und – in kleinerer Besetzung – das 3. Streichtrio Lewandowskis zu Gehör brachte. Und auch die *Akademie der Künste*, die den jungen Lewandowski einst so widerwillig aufgenommen hatte, ehrte ihn 1890 in gebührender Weise und ernannte ihn zum Professor der Musik.

Louis Lewandowski starb am 3. Februar 1894, nicht einmal zwei Jahre nach seiner Pensionierung. Sein Werk lebt jedoch bis heute in Teilen fort. Viele der von ihm notierten Melodien haben auch Eingang in orthodox-osteuropäische Gottesdienste gefunden, freilich nicht in der Form, in der sich dies Lewandowski vorstellte. Sie werden ohne Orgel und Chor als Gemeindegesang genutzt und unzählige in Europa, die regelmäßig die Synagoge besuchen, kennen seine Melodien, meist ohne den Namen, geschweige denn die Biographie des Komponisten zu kennen. Und erneut teilt er sein Schicksal mit einem Mendelssohn, denn wer kennt schon den Namen des Komponisten, wenn der „Hochzeitsmarsch" ertönt ....

Gegenwart und Zukunft

Auferstanden aus Ruinen und der Zukunft zugewandt

Die Jüdischen Gemeinden in der Bundesrepublik hatten 1989 etwa 30.000 Mitglieder, rund 800 kamen nach der Vereinigung von Seiten der DDR hinzu. Heute haben die Jüdischen Gemeinden etwa 75.000 Mitglieder, davon ca. 40.000 aus den Staaten der ehemaligen Sowjetunion. Es gibt nahezu 70 Gemeinden, die sich im *Zentralrat der Juden in Deutschland* zusammengeschlossen haben und etwa 95% der durch Mitgliedschaften organisierten Juden ausmachen. Die restlichen 5% verteilen sich auf etwa 40 Kulturvereine und -gemeinden, die aber fast alle eine Mitgliedschaft im *Zentralrat* anstreben. Daneben mag es noch einmal 40.000 Menschen geben, die, aus unterschiedlichsten Gründen, nicht Mitglied in einer Jüdischen Gemeinde sind. Meist, weil sie nach traditionell jüdischer Definition nicht Mitglied der Gemeinden werden können. Nur wenige Tausend sind bewußt nicht organisiert.

Mit Ausnahme der Jüdischen Gemeinde in Berlin, die 6 Synagogen unterhält, die, vom orthodoxen bis zum egalitär-progressiven Gottesdienst unter einem Dach, tatsächlich eine Einheitsgemeinde darstellen, sind fast alle anderen Gemeinden *non observing orthodox*.

In München und Niedersachsen gibt es allerdings Ansätze für progressive Jüdische Gemeinden.

Der christlich-jüdische Dialog entwickelte sich in der gesamten Bundesrepublik.

In Deutschland gibt es nach Israel und den Vereinigten Staaten den größten Buchmarkt für jüdische Bücher – sie werden zum überwiegenden Teil von interessierten Nichtjuden gekauft. So gibt es auch ein nahezu unübersehbares Feld von Ausstellungen zur Geschichte der Juden bzw. lokale Gedenkstätten, die die Geschichte jüdischer Institutionen oder Menschen am jeweiligen Ort thematisieren.

Jetzt könnte man meinen, alles sei in bester Ordnung. Und doch gibt es, neben der auf hohem Niveau geführten Mahnmals-Debatte, auch Fremdenfeindlichkeit und Antisemitismus, der gerade an den Orten am virulentesten ist, an denen es kaum – oder gar keine – Juden gibt. Antisemitische Friedhofsschändungen, ausländerfeindliche Übergriffe gehören ebenso zur Alltäglichkeit jüdischen Lebens in Deutschland, wie zu Festungen ausgebaute Gemeindehäuser, Kindergärten und Synagogen, die von Polizisten bewacht und beschützt werden. Aber es würde das sich entwickelnde, vom inter-religiösen Dialog bestimmte und ganz selbstverständliche Nebeneinander von Juden und Nichtjuden gelebte Alltagsleben auf den Kopf stellen, wenn man diese außergewöhnlichen Vorkehrungen als Charakteristikum jüdischen Lebens in der Bundesrepublik bezeichnen würde. Jüdisches Leben findet unter diesen Umständen statt, ist aber nicht von ihnen gekennzeichnet.

Die Jüdischen Gemeinden in der Bundesrepublik haben in den vergangenen fünf Jahrzehnten mit den Rabbinern und Gebetbüchern gelebt, die vor der Schoah ausgebildet bzw. gedruckt wurden. Das religiöse Erbe Leo Baecks (1878–1956) auf der progressiven Seite und Samson Raphael Hirschs (1808–1888) auf der konservativen Seite prägte das religiöse Leben. Bestenfalls wurden die Gebetbücher durch unzählige Auflagen von Reprints „erneuert" und die Rabbiner durch Nachzügler ergänzt, die in den ersten Nachkriegsjahren in den USA, England, Budapest oder in Israel ihre rabbinische Ausbildung, die sie im nationalgeprägten Europa begonnen hatten, abschlossen.

Die Jüdischen Gemeinden in der Bundesrepublik leben in einer Situation, die eigentlich von einem Stand anno 1935 geprägt ist. Alle „Neuerungen", die sich auf orthodoxer und konservativer Seite in den USA oder Israel ereigneten, also das orthodoxe *revival*, ging an den Jüdischen Gemeinden genauso vorbei, wie die Veränderungen des progressiven Judentums „made in USA oder England". Das führte dazu, daß ein areligiöser Israelismus und ein auf historische Rezeptionen der Schoah bezogenes Gemeindeleben das Jüdische in der Bundesrepublik weit mehr kennzeichnete, als spirituelles, religiöses Erleben.

Ohne Zweifel hat für die Identität jüdischen Lebens in aller Welt die Entstehung des Staates Israel, wie auch Errungenschaften dieses Staates, wie Kibbuzerziehung, und das aufrechte Gehen jüdischer Menschen durch die bloße Existenz des Staates, eine größere Bedeutung gehabt als religiöse Fortentwicklung. Nicht wenige Mitglieder Jüdischer Gemeinden messen den säkularen Ereignissen, wie dem Unabhängigkeitstag des Staates Israel, dem Gedenken an die Opfer des Holocaust, an *Jom Hashoa*, am Tag des Ausbruches des Warschauer Ghettoaufstandes oder dem 9. November, mehr Bedeutung zu, als die Einhaltung des Schabbats oder anderer religiöser Traditionen.

Erst seit Beginn der 80er Jahre findet auch eine religiöse Renaissance statt – vielleicht am besten dokumentiert durch die Einrichtung einer jüdischen Ganztagsschule 1986 in Berlin und 1988 in Frankfurt am Main, sowie einer jüdischen Oberschule 1993 ebenfalls in Berlin.

Die chassidisch-jüdische Bewegung *Chabad-Lubawitsch* begann 1996 ihre „Missionsarbeit" in Berlin. Die erste, außerhalb der Berliner Einheitsgemeinde gegründete Reformsynagoge wurde 1997 in München eingerichtet.

1953 schrieb Rabbiner Robert Raphael in einer *Haggada* (zum *Pessachfest* gelesenes Geschichts-und Gebetbuch) „Hätte in den Jahren der Verfolgung einer behauptet, in diesem Land würde jemals wieder eine Haggadah herausgegeben werden, man hätte ihm nicht geglaubt. Daß es nun doch sein kann, mutet uns wie ein Wunder, wie ein Triumph des Lebens über den Tod an." Dem ist, entgegen der Tatsache, daß für die liberale Synagoge in Berlin erst 1997 ein dem Einheitsgebetbuch von 1929 nachfolgendes Gebetbuch konzipiert und gedruckt wurde, nichts hinzuzufügen. Jüdisches Gemeindeleben in der Bundesrepublik ist auch dadurch bestimmt, daß der langjährige Vorsitzende der Jüdischen Gemeinde zu Berlin, Heinz Galinski, nicht müde wurde, zu betonen, daß eine Jüdische Gemeinde im Nachkriegsdeutschland wegen der Erfahrung der Schoah immer eine politische Gemeinde sein wird und sein muß. Er meinte damit keineswegs eine parteipolitische Ausrichtung, sondern die politische Herausforderung, angesichts von Antisemitismus, Demokratie- und Ausländerfeindlichkeit mit der den Gemeinden eingeräumten moralischen Autorität und allen Möglichkeiten der Öffentlichkeitsarbeit und Politik, jedweden Anfängen von Intoleranz und Rechtsradikalismus zu widerstehen, indem klare und eindeutige Statements entgegengesetzt werden. Diese klare und kompetente Haltung hat der Jüdischen Gemeinde und ihrem Vorsitzenden ein politisches Gewicht zugeordnet, das weit über die zahlenmäßige Bedeutung der Jüdischen Gemeinde hinaus geht, aber auch in der jüdischen Welt die Grundlage für ihre Akzeptanz des Bestehens in einem, vom Nazideutschland sich programmatisch abhebenden Nachkriegsdeutschland (Ost wie West), bildete.

Die Rolle und Funktion Jüdischer Gemeinden in der DDR soll an dieser Stelle nur ansatzweise gestreift werden. Sie waren in ihrer religiösen Existenz in einem atheistischen Staat geduldet und wurden in Teilen für Propagandazwecke in ihrer politschen Funktion mißbraucht.

Als im Jahre 1978 in Heidelberg eine Jüdische Hochschule eingerichtet wurde, ging man davon aus, daß hier der religiöse Nachwuchs – Rabbiner, Kantoren oder Religionslehrer – zu Führungspositionen geschult werden sollte. Bis heute sind mehr als 75% der Absolventen dieser Hochschule Nichtjuden. Alleine ein Rabbiner, der sein Diplom *(Smicha)* am *Jewish Theological Seminary* in New York erlangte und seinen Dienst als Rabbiner nicht in der Bundesrepublik, sondern in den USA tut, ist Absolvent dieser Hochschule. Das heute in den Jüdischen Gemeinden tätige Kultuspersonal stammt nahezu ausschließlich aus Israel, England oder den USA. Es blieb der *Ronald S.-Lauder-Foundation* vorbehalten, in Berlin 1998 ein Lehrhaus einzurichten, um hier neue Perspektiven zu eröffnen. Ob das Experiment gelingen wird, kann erst die Zukunft zeigen.

Religiöses, jüdisches Leben in der Bundesrepublik wird aber auch geprägt von einem inter-religiösen Dialog. In den 70er Jahren hat sich z. B. an der *Freien Universität Berlin* das Institut für Judaistik unter Jacob Taubes, das Institut für Evangelische Theologie unter Helmut Gollwitzer und das Institut für Islamwissenschaften unter Fritz Steppart gegründet, die bis heute unerreichte interreligiöse Fragestellungen aufgearbeitet haben, die von der Evangelischen Akademie Berlin Brandenburg in jährlichen Seminaren fortgeführt werden.

An dieser Stelle brauchen die erfolgreichen Aktivitäten der christlich-jüdischen Gesellschaften nicht weiter erwähnt zu werden.

Jüdisches Leben in Berlin ist seit 1986 durch ein wachsendes Selbstbewußtsein gekennzeichnet. 1987 wurde auf dem Gelände, auf dem die Gestapo, die SS und das Reichssicherheitshauptamt ihre Hauptquartiere hatten, die „Topographie des Terrors“, ein Austellungs-und Lernzentrum zur Erforschung und Dokumentation des nationalsozialistischen Unrechts, als Teil der 750-Jahr-Feier, gegründet. Im gleichen Jahr fanden die ersten, bis heute bestehenden, Jüdischen Kulturtage statt. 1992 wurde die Wannseevilla, der Ort an dem der fabrikmäßige Mord an den europäischen Juden koordiniert wurde, als Holocaust-Museum eingerichtet. Auch im Jahr 1992 wurde die weltweit bisher größte Judaica-Ausstellung in dem größten Ausstellungsgebäude Berlins, dem Martin-Gropius-Bau, eröffnet, die in drei Monaten mit allen Rahmenprogrammen eine halbe Million Besucher anzog.

Jüdische Museen und Jüdische Kulturtage wurden von Jüdischen Gemeinden oder den jeweiligen Kommunen in großen wie kleinen Städten der Bundesrepublik eingerichtet und finanziert und tragen nicht unwesentlich dazu bei, daß jüdische Kultur zum Alltagserleben jüdischer wie nichtjüdischer Menschen in Deutschland gehört und ganz wesentlichen Anteil an der Erneuerung jüdischen Lebens in der Bundesrepublik hat. Was im Jüdischen Gemeindeleben oftmals keine Berücksichtigung finden kann, wie z. B. das erste Auftreten einer Rabbinerin in Berlin 1993, leisten Jüdische Kulturtage, aus denen dann ein Gottesdienst hervorging, der 1998 zur Einrichtung einer für Männer und Frauen gleichberechtigten Synagoge in der Oranienburger Straße in Berlin führte. 1998 konzertierte in der Synagoge Pestalozzistraße die Kantorin Rebecca Garfein zusammen mit dem seit über 50 Jahren an gleicher Stelle tätigen Oberkantor der Jüdischen Gemeinde zu Berlin, Estrongo Nachama.

Wohin es sich in Zukunft entwickeln wird, ist einerseits offen, andererseits durch ständigen Zuzug – auch von internationalen Organisationen, wie dem *European Jewish Congress*, dessen Vorsitzender Ignatz Bubis, der Vorsitzende des *Zentralrates der Juden in Deutschland* ist, oder der *Ronald S.-Lauder-Foundation* oder des *American-Jewish Committee* gekennzeichnet.

Als ich 1964 *Bar Mizwa* wurde, sagte der damalige Berliner Rabbiner, ich würde im Jahr 2000 einer von 800 Juden in Berlin sein. Er hat nicht Recht behalten, weil die Prophetie seit 2000 Jahren abgestorben ist. Falsche Propheten werden, der biblischen Überlieferung nach, gesteinigt. Deshalb erspare ich mir eine Voraussage über das Jahr 2020.

Zur Geschichte der Jüdischen Gemeinde 1945 bis 1998

Nach der Kapitulation Berlins am 2. Mai 1945 fanden in Berlin gleichzeitig zwei „Befreiungsgottesdienste“ statt. Während der Rechtsanwalt und Soziologe Bruno Blau 1954 in der Zeitschrift *Der Aufbau* von einem Gottesdienst am 6. Mai 1945 in der Charlottenburger Kantstraße 158 (dem Sitz des heutigen Karstadt-Sportkaufhauses) berichtete, bei dem der die sowjetischen Truppen begleitende polnische Oberrabbiner anwesend war, schilderte Martin Riesenburger in seinen Erinnerungen den ersten Gottesdienst am 11. Mai 1945 (einem Freitag) in der Synagoge Lothringen Straße, in dem für Trauerfeiern genutzten ehemaligen Warteraum im linken Flügel der Eingangsanlage zum Friedhof Weißensee: „Gleich nach der Kapitulation begannen wir, die Fenster unserer kleinen Synagoge, die sich am Eingang unseres Friedhofes befindet, notdürftig zu verglasen, und am Freitag, dem 11. Mai 1945, fand hier der erste öffentliche Gottesdienst statt. Wir hatten versucht, dieses durch Rundfunk bekanntzugeben, und es fanden sich Menschen ein, die erstmalig aus ihrer Illegalität – wieder an das Tageslicht – den Weg suchten.“ [58]

Bruno Blau berichtete eindrucksvoll, daß der polnische Oberrabbiner in Anwesenheit jüdischer Soldaten der Roten Armee und einiger aus dem Untergrund aufgetauchter befreiter Berliner Juden das *Schofar* (Widderhorn) blies, während bei Riesenburgers Gottesdienst nur die wiederaufgetauchten Berliner Juden den Schabbat in Freiheit feierten.

Wie es zur Errichtung der an die Tradition der Jüdischen Gemeinde zu Berlin anknüpfenden Einheitsgemeinde kam, zeigt einerseits ein am 12. Dezember 1945 abgefaßter Brief des Vorstandes der Gemeinde an die sowjetische Zentralkommandatur, andererseits ein von Hermann Simon aufgespürter Aktenfund[59] über die Jüdische Gemeinde Nordwest. Man kann also zunächst davon ausgehen, daß verschiedene Institutionen an den Standorten der zerstörten Synagogen einzelne lokale Gemeindezentren gründeten, die erst mit dem Einrichten einer allgemeinen Infrastruktur in dem „Schutthaufen bei Potsdam“ wieder zu einer einzigen geordneten Jüdischen Gemeinde wurden.

In dem Brief vom 12. Dezember 1945 wird geschildert: „Nach dem Einzug der siegreichen Roten Armee in Berlin hatte Herr Generaloberst Bersarin mit dem in Berlin, Karl-Liebknecht-Straße 32 wohnhaften jüdischen Zahnarzt, Herrn Dr. Martin Blum, im Reichstagsgebäude eine Besprechung, in deren Verlauf Herr Generaloberst Besarin Herrn Dr. Blum die Anregung gab, die ‚Jüdische Gemeinde zu Berlin‘, die bekanntlich durch das Hitler-Regime aufgelöst worden war, wieder aufzubauen. Herr Dr. Blum sammelte um sich die Herren Dr. med. Leo Hirsch, Berlin N54, Alte Schönhauser Str. 46, Arnold Peymer, Berlin N54, Rosenthaler Str. 40/41, und Erich Mendelsohn,

Berlin-Neukölln, Elbestr. 38, und diese Männer führten in den Monaten Juni und Juli 1945 die Reorganisation der Jüdischen Gemeinde zu Berlin durch. Es hatten sich gleich nach Kriegsende in einzelnen Stadtbezirken Bezirksgemeinden gebildet, die im Laufe der Zeit in der Jüdischen Gemeinde zu Berlin aufgingen."

In diesem Brief wird auch berichtet, daß die Jüdische Gemeinde zu Berlin ihre Hauptverwaltung in der Oranienburger Straße 28 habe und daß sie von einem Vorstand geleitet werde, der sich aus folgenden Herren zusammensetze: Dr. Erich Nelhans, Dr. Hans Münzer, Dr. Hans-Erich Fabian, Dr. Leo Loewenstein, Karl Busch und Julius Meyer. Außerdem bestehe ein Gemeindegremium von 19 Repräsentanten.

Weiter heißt es: „Von den im Jahre 1932 in Berlin ansässig gewesenen rund 200.000 Juden sind nach dem Abzug von ca. 50.000 Personen, die auswanderten, ungefähr 140.000 Menschen durch Verfolgung der Nazis ums Leben gekommen. Es ist nur ein Rest von ca. 7.000 übrig geblieben, von denen rund 1.500 aus dem KZ kamen, 1.250 sich jahrelang vor der Gestapo versteckt hielten und ca. 4.250, die von der Deportation auf Grund ihrer ‚arischen' Verheiratung zunächst verschont blieben. Von diesen 4.250 Juden mußten 2.250 den Judenstern tragen, während die restlichen hierzu nicht gezwungen waren, weil christliche Kinder aus ihrer Ehe hervorgegangen waren."

Über den Hintergrund der Abfassung dieses Briefes geben die hier nicht zitierten Absätze Auskunft. Darin wird dargelegt, daß die die Jüdische Gemeinde unterstützenden ausländischen Organisationen – genannt werden die in den Westsektoren Berlins und in den Westzonen tätige *UNRRA* (United Nations Relief and Rehabilitation Administration) und der *Joint* – „unpolitische Organisationen" seien, die den insbesondere während der Nazizeit ohne Lebensmittelkarten lebenden Juden nun die notwendige Versorgung mit Lebensmitteln ermöglichen würden. Offenbar war die im sowjetischen Sektor ansässige Jüdische Gemeinde in den Sog des beginnenden Kalten Krieges geraten, was den Sowjets eine Kooperation mit westlichen Hilfsorganisationen suspekt erscheinen ließ. In diesem Zusammenhang ist möglicherweise auch die Einleitung des Briefes zu sehen, in der die Gründung der Jüdischen Gemeinde nahezu als Akt des sowjetischen Stadtkommandanten Bersarin geschildert wird.

Die frühesten auffindbaren Dokumente der sich rekonstruierenden Jüdischen Gemeinde nach der Befreiung beschäftigen sich ausschließlich mit der schlechten Versorgungslage jüdischer Menschen in Berlin.

Mit dem Einzug der Westalliierten, zunächst der Amerikaner und Briten, in Berlin am 4. Juli 1945 begannen die Aktivitäten internationaler Hilfsorganisationen. Ziel der *UNRRA* war es, die millionenfach aus ihrer Heimat vertriebenen und durch Kriegshandlungen versprengten nicht-deutschen Opfer des Zweiten Weltkrieges *(Displaced Persons)* zu repatriieren. Das schloß verfolgte Juden aus anderen europäischen Ländern ein, Juden deutscher Staatsangehörigkeit aber aus. Die *UNRRA* legte Durchgangs-und Sammellager für die *Displaced Persons (DPs)* an, um sie, wenn es sich um Juden handelte, möglichst rasch in das damalige Palästina, aber auch in andere Staaten, weiterzuleiten.

Im November 1945 begann wegen der dort stattfindenden brutalen Pogrome ein spürbarer Anstieg jüdischer Flüchtlinge aus Polen. Der Chaplain der US-Armee, Rabbi Herbert Friedmann (1946-1947 in Berlin), fuhr nächtens ohne Erlaubnis der Alliierten mit amerikanischen Militär-Lkws nach Stettin, um dort *DPs* aufzunehmen. Die Wehrtauglichen wurden auf Anweisung der *Bericha*, einer von 1944 bis 1948 in Europa tätigen Organisation, die im Auftrag Ben Gurions die Einwanderung jüdischer Holocaust-Überlebender nach Palästina organisierte, durch das Berliner Aufnahmelager geschleust und schnellstens nach Palästina weitergeleitet.

Als dieser Strom jüdischer Flüchtlinge nachließ, verloren die *UNRRA-Lager* ihren Charakter als bloße Transitstationen. Nun begannen dort arbeitssoziale Unterrichtsprogramme. Durch qualifizierte *DPs* verbesserte sich in Selbsthilfe die medizinische Versorgung. Es entstanden unter anderem die Theatergruppe *Baderech*, eine Schule und eine regelmäßig erscheinende Lagerzeitung „*Undser Leben, Irgun fun di befreite Jidin in Berlin*".

Die erste amerikanisch-jüdische Hilfsorganisation, die in Berlin tätig wurde, war der *Joint (American Joint Distribution Committee)*[60], der nicht nur für *DPs*, sondern auch für die deutschen Juden zum wichtigsten Stützpunkt der Rückgewinnung des Lebens wurde. Der *Joint* beklagt in seinen Berichten immer wieder, daß die deutschen Juden keinen Zugang zu den *DP-Camps* erhielten und von der *UNRRA* wie feindliche Deutsche behandelt wurden, obgleich sie entweder in einem Konzentrationslager oder versteckt im Untergrund die NS-Herrschaft überlebt hatten. Daß die Hilfe des Joint auch zu Merkwürdigkeiten führte, beschreibt Robert Welsch in einem Bericht aus dem Januar 1946 aus Berlin: „In der letzten Zeit häufen sich die Aufnahmegesuche in die Jüdische Gemeinde von Leuten, die früher ausgetreten waren. Der Grund hierfür mag manchmal sentimental oder persönlich sein, in den meisten Fällen aber besteht die Attraktion in den Lebensmittelpaketen, die das ‚*American Joint Distribution Committee*' verteilt. Alle Empfänger solcher Pakete sind voll des Lobes über ihren Inhalt, und die Nichtempfänger beschweren sich, daß sie in der Nazi-Zeit als ‚Nichtarier' die Lasten des Judentums getragen haben, daher jetzt die Vorteile genießen müßten. ... Alle interessiert vor allem eines: wo bekommt man etwas zusätzliche Nahrung? Essen,

Wohnung und Heizung und eventuell noch Zigaretten – das sind die Sorgen der Menschen, und so wird auch das Judentum nicht in erster Reihe als eine Quelle seelischer Nahrung betrachtet, sondern als ein Weg zur Erlangung der ersehnten *Joint-Pakete.*"

Die Situation der den Holocaust überlebenden Juden in Europa stellte für die US-Armee zunehmend ein Problem dar. Deshalb ernannte General Eisenhower einen amerikanischen Armeegeistlichen, Rabbi Judah Nadich, zu seinem Sonderberater und beauftragte ihn, einen Bericht über die Situation der Juden im besetzten Deutschland zu fertigen. Nadich besuchte die von der *UNRRA* angelegten Sammellager in der amerikanischen Besatzungszone sowie die Berliner Lager.

3,5 Millionen RM Bankvermögen der Gemeinde, die augenblicklich gesperrt seien, werden in Nadichs Bericht ebenso erwähnt, wie die für den 1. Oktober 1945 angesetzten Wahlen innerhalb der Jüdischen Gemeinde. Aufgeführt wird, daß die Gemeinde Besitz in allen vier Sektoren habe, daß aber lediglich im amerikanischen Sektor eine Rückübertragung eingeleitet sei. In Nadichs Bericht heißt es weiter: „Ein unmittelbares Problem sind 250 – 300 jüdische *Displaced Persons* polnischer Herkunft, die nicht nach Polen repatriiert werden wollen. Überwiegend junge Leute sind in den oben erwähnten Sammellagern unter schlechtesten Bedingungen untergebracht. Beide Lager bedürfen unverzüglicher Reparatur der Fenster, Decken und Dächer. In der Rykestraße sind für 180 Personen 140 Betten und 80 Decken vorhanden. Je 20 Menschen schlafen in einer Holzbaracke, die keine Fensterscheiben hat. Die Lebensmittelration beträgt 300 g Brot, 1 Suppe, 1 Würfel Margarine wöchentlich und gelegentlich eine Tomate."

Nadich erwähnt auch Rabbiner Isidore Breslauer, der offenbar als erster Militärseelsorger in Berlin für die amerikanischen Truppen tätig war und über den weitere Kontakte zur Berliner Gemeinde abgewickelt werden sollten.

Am 1. März 1946 erschien die erste Ausgabe der Berliner Zeitschrift für Fragen des Judentums *Der Weg*. Ab ihrem Erscheinen begann innerhalb der Jüdischen Gemeinde die Diskussion über den weiteren *Weg*. War die 1945 wieder begründete Gemeinde Rechtsnachfolger der von den Nazis widerrechtlich liquidierten Gemeinde oder war sie eine Neuschöpfung? War die sich etablierende Jüdische Gemeinde zum Aufbau einer neuen Ära jüdischen Lebens in Berlin geschaffen worden oder nur dazu, die gerade in Berlin weilenden Holocaust-Überlebenden solange zu betreuen, bis diese eine neue Heimat gefunden hatten?

Am 29. August 1947 berichtete die Zeitschrift *Der Weg* von der Ankunft von 295 Rückkehrern aus Shanghai. Dies war die sichtbar erste Gruppe jüdischer Berliner, die in die alte Heimat zurückgekehrt war, um hier in Berlin ein neues jüdisches Leben aufzubauen. Zwischenzeitlich war Dr. Hans-Erich Fabian – bis zu seiner Deportation nach Theresienstadt 1943 Leiter der Finanz-und Vermögensabteilung der Reichsvereinigung[61] – zum Nachfolger des ersten Nachkriegs-Gemeindevorsitzenden Erich Nelhans gewählt worden. Fabian begrüßte die Shanghai-Rückkehrer, entschloß sich aber im April 1949 mit seiner Familie zu einer Emigration in die USA. Sein Nachfolger wurde dann Heinz Galinski, der dieses Amt über vier Jahrzehnte bis zu seinem Tod am 19. Juli 1992 ununterbrochen bekleidete.

Zwischen den in den *DP-Camps* lebenden Juden und der Jüdischen Gemeinde entstand manche Spannung, die nicht nur aus der besseren Versorgung in den Camps resultierte. Die in der Stadt wohnenden Juden hatten sich zum größten Teil für den Aufbau eines neuen Lebens in Berlin entschieden – die in den Camps Lebenden saßen auf gepackten Koffern. Die *DPs* traten aber auch durch politische Aktionen in die Öffentlichkeit. So protestierten sie am 30. September 1947 gegen das Konzert von Yehudi Menuhin mit Wilhelm Furtwängler im Titania-Palast, weil sie es für falsch hielten, daß ein jüdischer Solist mit einem im „Dritten Reich" aktiven Dirigenten zusammen auftrat.

Nach dem Bekanntwerden der Proklamation des Staates Israel kamen am 16. Mai 1948 in den Lagern Berlins Tausende von *DPs* zusammen, um diesen Tag festlich zu begehen. Erwähnt sei, daß auf der Kundgebung aus gleichem Anlaß im *DP-Lager* Wittenau Heinz Galinski als Mitglied des Gemeindevorstandes das Bekenntnis zum jungen Jüdischen Staat artikulierte.

Mit der sowjetischen Blockade der Westsektoren im Sommer 1948 wurden die *DP-Camps* aufgelöst. Die Evakuierung der *UNRRA-Lager* in die Camps der westlichen Besatzungszone begann etwa einen Monat später, am 23. Juli 1948. Die *Displaced Persons* wurden mit den nach Westdeutschland zurückkehrenden Flugzeugen der Berliner Luftbrücke, die am 25. Juni 1948 von den Amerikanern und Briten eingerichtet worden war, aus Berlin evakuiert. Etwa 5.400 Personen wurden bis zum 16. August ausgeflogen, die geleerten *UNRRA-Lager* an die US-Armeeverwaltung zurückgegeben. Etwa 500 *DPs* blieben aber in Berlin und nahmen ihren Wohnsitz in der Stadt. Zur damaligen Situation findet sich zum Beispiel im *Monthly Report of Military Governor* vom 3. März 1949 folgender Bericht: „Presseberichten zufolge haben sich in Berlin mehrere hundert *DPs* im Protest gegen einen Film, der antisemitisch sein soll, versammelt. Es gibt keine *DP-Camps* mehr in Berlin. Schätzungen sagen, daß zwischen 17.000 und 18.000 ‚*Displaced Persons*' in Berlin leben. Davon sind 8.000 bis 9.000 deutsche Juden, die anderen haben osteuropäische Nationalitäten. Die Berliner Polizei berichtet von 25.000 Ausländern in Berlin, die IRO schätzt aber nur die obige Zahl in *DP*-Kategorien."

Politisch traten die *DPs* noch hervor. Ende 1949 fand in der „Kurbel", einem Charlottenburger Kino, ebenfalls die Vorführung eines Filmes statt, der offenbar einen antisemitischen Inhalt hatte. Es kam zu Krawallen vor dem Kino, bei denen 25 *DPs* verletzt wurden. Vier von ihnen mußten zur stationären Behandlung in ein Krankenhaus. 30 Berliner Polizisten und mehrere Einheiten der britischen Militärpolizei versuchten, die Ordnung wieder herzustellen. Zum Ende der Demonstration war die Menge auf 1.500 Personen angeschwollen. Schließlich wurden bei Vorstellungsbeginn die Vorhänge niedergerissen, die Leinwand durch Steinwürfe zerstört und die Bestuhlung demoliert.

1951 verfügte die Jüdische Gemeinde zwar bereits wieder über sieben Synagogen, zwei Rabbiner, drei Prediger, vier Kantoren und vier Religionsschulen, aber trotzdem war das religiöse Leben in der Gemeinde dadurch geprägt, daß noch immer jüdische Lehr-und Gesetzesbücher fehlten.[62]

Wesentlicher Unterschied zwischen den drei Westsektoren und dem Ostsektor Berlins war, daß die *UNRRA* ihre Aktivitäten ausschließlich in den Westsektoren entfaltete. Daraus ergab sich eine gewisse „Westlastigkeit" der Gemeindeaktivitäten. Und auch der Kalte Krieg machte vor der Jüdischen Gemeinde nicht halt.

Julius Meyer (1909–1979), prominentes und aktives Mitglied des Gemeindevorstandes, 1949 bis 1953 gemeinsam mit Heinz Galinski Gemeindevorsitzender sowie 1948 bis 1953 Mitglied der *VVN*-Fraktion[63] der Volkskammer, hielt Kontakt zur sowjetischen Besatzungsmacht: „Glückwunsch zum 31. Jahrestag der Großen sozialistischen Oktober-Revolution. Nachstehend veröffentlichen wir den Wortlaut der Glückwunschadresse, die der Vorstand der Jüdischen Gemeinde zu Berlin an die Russische Zentralkommandatur richtete: ‚An die Russische Zentralkommandatur! Aus Anlaß des 31. Jahrestages der Großen sozialistischen Revolution erlauben wir uns, die herzlichsten Glückwünsche zu übermitteln. Wir sind uns bewußt, daß es die sowjetische Armee gewesen ist, die Berlin und damit die Mitglieder unserer Gemeinde von der Naziherrschaft befreit hat. Die Grundlagen für die ruhmreichen Taten der Armee sind in der Oktoberrevolution geschaffen worden. Wir bitten, unsere Glückwünsche an die zuständigen Stellen weiterzuleiten und benutzen die Gelegenheit, um für die Hilfe, die uns in unserer Arbeit von der Russischen Zentralkommandatur gewährt wurde, zu danken. Mit dem Ausdruck vorzügl. Hochachtung, Jüdische Gemeinde zu Berlin, Der Vorstand'."[64]

Nach der Teilung der Stadt 1948/49 konkurrieren Ost-Berliner Magistrat einerseits sowie West-Berliner Senat und Bundesregierung andererseits auch in Wiedergutmachungsfragen. Ergebnis war, daß Heinz Galinski für den Westen und Julius Meyer jeweils im Osten für die Berliner Juden Regelungen schafften, die bis heute – über die Bundesentschädigungsgesetze der Stadt Berlin – besondere Regelungen für die Opfer der Nationalsozialisten beinhalten.

Im Kontext der antisemitischen Schauprozesse in der UdSSR, in Ungarn und der Tschechoslowakei – die belegen sollten, daß einzelne Juden im Ostblock Kontakte zu amerikanisch-jüdischen Organisationen Denkens, zum Zionismus und zur CIA hatten – begann Anfang der 50er Jahre im Berliner Ostsektor eine antijüdische Propaganda. Auf dieses heute kaum nachvollziehbare Weltbild und auf die damit einhergehende Propaganda folgte im Kontext der atheistischen Grundkonstellation des Bolschewismus die klare Folgerung, die Jüdischen Gemeinden aufzulösen und ihre Mitglieder zu ächten. Das publizistische Zentralorgan der SED, das *Neue Deutschland (ND),* hatte zum Slánsky-Prozeß [65] eigens einen Sonderberichterstatter entsandt, und als am 22. November 1952 das „Geständnis" Slánskys im *ND* abgedruckt worden war, wurde „aufmerksamen Lesern signalisiert, daß dieser Prozeß nicht ohne Auswirkung auf die DDR bleiben würde".[66]

Die Situation spitzte sich soweit zu, daß der West-Berliner Rabbiner Nathan Peter Levinson im Frühling 1953 eine Pressekonferenz einberief, in der er die Juden Ost-Berlins dazu aufrief, in den Westen zu fliehen.[67] Bis Ende April betreute die Jüdische Gemeinde in einem eigens eingerichteten Aufnahmelager 570 Flüchtlinge, von denen 260 bereits in die Bundesrepublik ausgeflogen worden waren. Julius Meyer traf im Winter 1953 in West-Berlin ein und wanderte im Frühjahr 1954 nach Brasilien aus. Es ist überliefert, daß Heinz Galinski ihn nach seiner Flucht mit dem Bemerken, er hätte mit der falschen Seite Kollaboration betrieben und dafür jetzt die Quittung bekommen, aus seinem Büro in der Joachimstaler Straße hinausgeworfen haben soll. Am 2. Februar 1953 wurde Julius Meyer formell sein Mandat als Mitglied der DDR-Volkskammer entzogen.

Auf diese Wochen, zwischen Januar und Juni 1953, ist die Spaltung der Berliner Jüdischen Gemeinde zu datieren. Heinz Galinski hatte keine Schwierigkeiten, die Gemeindeverwaltung im Westen fortzusetzen. Er unterhielt, neben dem Hauptsitz der Gemeinde in der Oranienburger Straße, bereits längere Zeit auch ein Büro in der Joachimstaler Straße 13, da – entsprechend der dezentralen Struktur, den nicht zerstörten Gemeindeliegenschaften und den Notwendigkeiten der Vier-Mächte-Stadt – sich große Teile der Gemeindeadministration bereits in den Westsektoren befanden.

Am 10. September 1952 wurde in Luxemburg das Wiedergutmachungsabkommen zwischen Israel und der Bundesrepublik Deutschland unterzeichnet, das die Beziehungen zwischen beiden Staaten einleitete. Entsprechend den Luxemburger Verträgen kam es anschließend zu Vereinbarungen über jene Liegenschaften, die zum Zeitpunkt der Vertragsunterzeichnung von den Jüdischen Gemeinden im Bundesgebiet und Berlin-West als Synagogen und Gemeindehäuser genutzt wurden. Sie waren den Gemeinden zu übertragen. Die nicht genutzten bzw. brachliegenden Gebäude sollten einer Verwertung zugeführt werden, die zwischen *Claims*-Konferenz und Jüdischen Gemeinden im Verhältnis 70 : 30 aufgeteilt wurde. So ließ die *Claims*-Konferenz in den folgenden Jahren die Ruinen der Synagogengebäude in Berlin beräumen und veräußerte die Grundstücke an den Senat, der beispielsweise auf dem Grundstück Fasanenstraße 79-80 die Errichtung eines Parkhauses plante. Um 1957 wandte sich dann die Jüdische Gemeinde mit der Bitte an den Senat, in der Fasanenstraße ein Gemeindehaus zu errichten. Am 10. November 1957 wurde in Anwesenheit des damaligen Präsidenten des Abgeordnetenhauses in Berlin, Willy Brandt, der Grundstein gelegt und das Gemeindehaus im September 1959 zu den Hohen Feiertagen eingeweiht. Der Jüdischen Gemeinde war das Grundstück zunächst in Erbpacht überlassen und im Kontext der Vereinbarung zwischen Senat und Jüdischer Gemeinde vom 8. Januar 1971 rückübereignet worden.

Beerdigungen mußten im Kontext der Teilung der Stadt nach dem 17. Juni 1953 auf einem nichtjüdischen Friedhof vorgenommen werden, da der jüdische Friedhof im Ostteil der Stadt lag. Ab 1959 konnte der neu eingerichtete Friedhof am Scholzplatz genutzt werden, auf den auch die zwischenzeitlich Beerdigten umgebettet wurden.

Das Gemeindeleben der Jüdischen Gemeinde fand überwiegend in West-Berlin statt. Die kleinere Zahl von Juden, die in Ost-Berlin verblieb, wurde von Rabbiner Martin Riesenburger betreut und geriet in ihrer politischen Führung in starke Abhängigkeit von den ostberliner Machthabern.

Die Grundsteinlegung für den Neubau des Jüdischen Gemeindehauses in der Fasanenstraße und das von diesem Haus ausgehende Gemeindeleben dokumentierten unübersehbar, daß Berlin auf Dauer wieder eine Jüdische Gemeinde haben würde. Dieser Prozeß der Abkehr von der Liquidations-zur Aufbaugemeinde ist untrennbar mit Heinz Galinski verbunden. Seit den 50er Jahren war er der Befürworter einer Integration der Juden in ein demokratisches Deutschland und ein unbeirrbarer Mahner im Umgang mit der nationalsozialistischen Vergangenheit. So wurde Heinz Galinski zu einem wichtigen Faktor im politischen Leben Berlins und der Bundesrepublik.

Mit der Gründung der Jüdischen Volkshochschule 1962 begann die Gemeinde auch über den Kreis ihrer Mitglieder hinaus zu wirken und Kenntnisse des jüdischen Lebens in Geschichte und Gegenwart zu vermitteln.

Die am 8. Januar 1971 zwischen Senat und Jüdischer Gemeinde geschlossene Vereinbarung belegt die gewachsene Bedeutung der Gemeinde. Sie erkennt die Verpflichtung der Stadt, die durch das nationalsozialistische Unrecht dezimierte Gemeinde bei der Wahrnehmung ihrer Aufgaben zu unterstützen, an. Im November 1993 trat an die Stelle dieser Vereinbarung ein förmlicher Staatsvertrag, der aufgrund der statusrechtlichen Situation Berlins vorher nicht möglich gewesen war.

Die Jüdische Gemeinde trat in West- und Ost-Berlin – mit unterschiedlichen politischen Vorzeichen und Rahmenbedingungen – regelmäßig mit Erinnerungs- und Gedenkveranstaltungen für die Opfer des Nationalsozialismus an die Öffentlichkeit. In Ost-Berlin waren dies Veranstaltungen auf dem jüdischen Friedhof in Weißensee zu Ehren Herbert Baums und seiner Mitstreiter, zum Gedenken an den Frauenprotest in der Rosenstraße und alljährlich am 9. November. Die West-Berliner Gemeinde erinnerte im Kontext des *Jom Haschoa* an den Warschauer Ghettoaufstand sowie an die November-Pogrome von 1938. Diese Gedenkveranstaltungen fanden unter großer Beteiligung der Öffentlichkeit jeweils im Großen Saal des Jüdischen Gemeindehauses statt. Alle Regierenden Bürgermeister und Präsidenten des Abgeordnetenhauses sowie zahlreiche Bundesminister haben mit Gedenkreden und anschließenden Kranzniederlegungen am Schoah-Mahnmal in der Fasanenstraße hierbei die Verantwortung der deutschen Politik für die Erziehung der Jugend im Sinne der Verantwortung für die Vergangenheit und Zukunft bekundet und gleichzeitig dem Gemeindevorsitzenden eine Plattform gegeben, mahnende Worte über die zu beklagenden rechtsradikalen und neonazistischen – und seit dem 70er Jahren auch ausländerfeindlichen Vorfällen – in der Berliner und bundesdeutschen Öffentlichkeit zu äußern.

Anläßlich des 300. Jahrestages der Gemeindegründung durch ein Edikt des Großen Kurfürsten von 1671, fand 1971 eine erste historische Ausstellung „Leistung und Schicksal – 300 Jahre Jüdische Gemeinde zu Berlin“ im *Berlin Museum* statt. Diese sehr erfolgreiche Ausstellung war der erste Versuch einer umfassenden Rückbesinnung auf jüdische Geschichte in Berlin und führte zum Aufbau eines *Jüdischen Museums* (zunächst als Abteilung des *Berlin Museum).*

Seit Mitte der 80er Jahre fanden in Berlin eine wachsende Zahl historischer Stadtteilausstellungen zu lokalen jüdischen Lebenswelten in einzelnen Stadtquartieren statt.

Seit 1987 finden alljährlich die „Jüdischen Kulturtage“ statt, die in Ost-Berlin, ebenfalls ab 1987, in den „Tagen der jiddischen Kultur“

ihre Entsprechung hatten und auch nach der Vereinigung der Stadt noch mehrere Jahre fortbestanden.

1992 wurde im Martin-Gropius-Bau mit dem Ausstellungs-und Veranstaltungsprogramm „Jüdische Lebenswelten“ eine umfassende kulturhistorische Ausstellung eingerichtet. Sie konnte innerhalb von drei Monaten 300.000 Ausstellungsbesucher und 200.000 Veranstaltungsbesucher verzeichnen und führte zu einem bis heute fortwirkenden *revival* jüdischer Kulturveranstaltungen in Berlin.

Die Jüdische Gemeinde zu Berlin unterhielt bis zur Vereinigung vier Synagogen – wovon eine orthodox, eine konservativ und zwei liberal ausgerichtet waren -, während in Ost-Berlin nur die Synagoge Rykestraße existierte. In West-Berlin amtierten 1989 zwei Rabbiner und sechs Kantoren. Besonders hervorzuheben ist, daß der orthodoxe Gemeinderabbiner David Weisz von 1961 bis 1995 durchgehend in Berlin beheimatet war, während die liberale Rabbinerposition in den 60er Jahren von Prof. Dr. Cuno Lehrmann, Ende der 60er Jahre zusätzlich von Rabbiner Uri Themal, von 1972 bis 1980 von Rabbiner Manfred Lubliner, von 1980 bis 1997 von Rabbiner Ernst Stein besetzt wurde und bis Ende 2000 von Rabbiner Walter Rotschild betreut wird.

In den 60er Jahren kam es im Kontext der christlich-jüdischen Begegnung, über die „Woche der Brüderlichkeit“ hinaus, zu einem intensiven Dialog zwischen den christlichen Kirchen und der Jüdischen Gemeinde. Dieser Dialog hatte seinen Höhepunkt während des Sechs-Tage-Krieges 1967, als Monsignore Clausener und der protestantische Bischof Scharf zu einem gemeinsamen Fürbittgottesdienst in die Synagoge Pestalozzistraße kamen. Zur gleichen Zeit erschien im *Neuen Deutschland* ein Protest von DDR-Bürgern jüdischer Herkunft gegen die Politik des Staates Israel.

Die Solidarität der Berliner Juden mit dem Jüdischen Staat wird nicht nur durch die Existenz israelischer Organisationen, wie dem jüdischen Nationalfond *KKL* und *Keren Hajessod*, oder zionistischen Organisationen, wie zum Beispiel *WIZO*, dokumentiert, sondern ebenfalls dadurch, daß diese Solidaritätseinrichtungen auch in die nichtjüdische Öffentlichkeit hineinreichen und -wirken. So ist zum Beispiel die jeweilige First Lady Berlins seit den 60er Jahren die Schirmherrin des alljährlich im März stattfindenden *WIZO*-Bazars, dessen Erlös einem Theodor-Heuß-Müttergenesungsheim in Tel Avis zufließt.

Anfang der 70er Jahre, im Zusammenhang mit dem 30jährigen Gemeindejubiläum, richtete der damalige Regierende Bürgermeister, Klaus Schütz, ein Besuchsprogramm ein, das es ehemaligen Berliner Juden ermöglichte, auf Einladung und Kosten des Senats ihre alte Heimatstadt für eine Woche zu besuchen. Berlin war die erste Stadt Deutschlands, die ein solches Programm eingeführt hatte.

Seit 1949 unterhält die Jüdische Gemeinde einen Kindergarten. Er befand sich zunächst in der Joachimstaler Straße und erhielt später einen eigenen Neubau. Seit 1986 wurde, zuerst in einem alten Berliner Schulgebäude in der Bleibtreustraße, eine jüdische Grundschule eingerichtet, die 1995 in der Waldschulallee einen Neubau erhielt, den der israelische Architekt Zwi Hecker entworfenen hatte. Heute lernen dort viele Schüler, die nicht nur aus den Reihen der Gemeindemitglieder stammen, womit der integrative Charakter der Jüdischen Gemeinde unterstrichen wird. 1993 wurde diese Grundschule durch eine Oberschule mit einem Gymnasial-und einem Realschulzweig ergänzt.

Das Berliner Jüdische Krankenhaus wurde 1756 gegründet. Auf dem jetzigen Areal in Wedding befindet es sich seit dem 22. Juni 1914. Zu einer Stiftung des öffentlichen Rechts wurde es 1963 umgewandelt, weil für die jüdische Nachkriegsgemeinde der 60er Jahre mit ihren ca. 6 000 Mitgliedern die Last des Betriebes eines 400-Betten-Krankenhauses zu groß geworden war. Heute stehen Senat und Jüdische Gemeinde – im Kontext der Optimierung des Berliner Krankenhauswesens – in der Verantwortung, dieser in der Tradition jüdischer Heilkunde stehenden Einrichtung durch Modernisierung und Vergrößerung eine Perspektive im 21. Jahrhundert zu geben.

Im Zuge von Glasnost entdeckte die Regierung der DDR die Jüdische Gemeinde Ost-Berlins als Teil ihrer Außenpolitik. Honecker meinte, mit Hilfe jüdischer Organisationen in den USA die Teilung Deutschlands als Konsequenz des Naziunrechts aufrechterhalten zu können. In diesem Zusammenhang fand 1988 im Volkskammersaal des Palastes der Republik anläßlich des Jahrestages der November-Pogrome ein riesiger öffentlicher Gedenkakt statt, an dem unter anderen Heinz Galinski als Vorsitzender des *Zentralrates der Juden in Deutschland* teilnahm und mit dem Orden „Stern der Völkerfreundschaft in Gold“ ausgezeichnet wurde. Ebenfalls in diesem Kontext bekamen westberliner Juden in Ost-Berlin die Möglichkeit, die durch Naziunrecht in die Jüdische Gemeinde aufgegangene Tradition der 1869 eingerichteten Austrittsgemeinde *Adass Jisroel* wieder zu beleben. Dies führte im Zusammenhang mit der Vereinigung der Stadt zu einer Kontroverse mit der von Heinz Galinski geführten Jüdischen Gemeinde zu Berlin, sowie zu einem langjährigen Rechtsstreit zwischen *Adass Jisroel* und dem Senat von Berlin, der die nach dem Fall der Mauer in ihre alten Rechte wieder eingesetzte *Adass*-Gemeinde nicht als Rechtsnachfolger anerkennen wollte. Das Bundesverwaltungsgericht hat 1997 in einem höchstrichterlichem Urteil festgestellt, daß die seit Ende der 80er Jahre wieder als Gemeinde funktionierende *Adass*-Gemeinde mit der alten *Adass*-Gemeinde identisch ist.

Durch die Wiederherstellung der staatlichen Einheit Deutschlands im Oktober 1990 wurde auch die Vereinigung mit der Jüdischen Gemeinde

Ost-Berlins mit ihren ca. 200 Mitgliedern möglich. Der Zuzug russischsprachiger Juden aus dem Gebiet der ehemaligen UdSSR, der schon Ende der 70er Jahre begonnen hatte, wurde nach der Wende in der DDR durch einen Beschluß der Modrow-Regierung, Juden aus der Sowjetunion den Zuzug zu ermöglichen, forciert. Das führte Anfang der 90er Jahre zu einem explosionsartigen Anstieg der Mitgliederzahlen. Seither ist das Gemeindeleben in Berlin von völlig neuen Begebenheiten geprägt. Die ursprüngliche Regelung der DDR wurde von der Bundesregierung durch eine „Kontingents-Flüchtlingsregelung" ersetzt. Heute hat die Jüdische Gemeinde mehr als 11.000 Mitglieder. Sie wächst jedoch nur noch durch Familiennachzügler, weil das Land Berlin seine Quote im Rahmen des bundesweiten Kontingents längst erfüllt hat.

Am 19. Juli 1992 starb Heinz Galinski. Nachfolger im Amt des Vorsitzenden der Jüdischen Gemeinde zu Berlin wurde dessen langjähriger Stellvertreter, Jerzy Kanal. Er führte die Gemeinde, in der Tradition Heinz Galinskis, bis zum Ende der Wahlperiode 1997. Aus Altersgründen stellte sich Jerzy Kanal nicht wieder zur Wahl.

1995 wurde der – im Kontext der bereits erwähnten DDR-Initiative zum 50. Jahrestag der Pogrome vom 9. November 1938 beschlossene – Aufbau des Portalgebäudes der Neuen Synagoge vollendet. Möglich geworden war dies, weil im September 1990, kurz vor der staatlichen Vereinigung, der damalige DDR-Kulturminister Schirmer rund 70 Millionen DM aus dem ehemaligen SED-Parteivermögen der Stiftung „*Neue Synagoge* Berlin – Centrum Judaicum" zufließen ließ. Das *Centrum Judaicum* in der Oranienburger Straße beherbergt heute die Dauerausstellung „Tuet auf die Pforten". Im Mai 1998 wurde dort eine 80-plätzige Synagoge eingerichtet – mit einem Männer und Frauen gleichstellenden egalitären Gottesdienst.

Neben der Jüdischen Gemeinde und *Adass Jisroel* gibt es seit 1988 einen *Jüdischen Kulturverein* sowie zahlreiche, im unmittelbaren Umfeld der Jüdischen Gemeinde wirkende Initiativen und Institutionen: den Sportclub *TUS Makkabi*, das *ADF (Anti-Defamation Forum)*, Berliner Ableger internationaler jüdischer Organisation (wie *B'nai B´rith Youth, Magen David Adom, Freunde der Hebräischen Universität, Freunde der Universität Bar Ilan*) sowie einen Förderverein für das Jüdische Krankenhaus, eine Organisation jüdischer Ärzte und Psychologen, einen jüdischen Studentenverband und zahlreiche Selbsthilfegruppen.

Seit 1991 unterhält der Staat Israel ein Generalkonsulat in Berlin. Von großer Bedeutung für die Erinnerungsarbeit sind die Gedenkstätten, wie das Haus der Wannseekonferenz (seit 1992) und die Stiftung „Topographie des Terrors" (seit 1987).

Die Hauptstadt Berlin wird auch Sitz internationaler jüdischer Organisationen, wie der *Ronald Lauder Foundation* (seit 1997), des

American Jewish Committee (seit 1998), *des European Jewish Congress* (ab 1999) und des *Zentralralrates der Juden in Deutschland*, dessen Berliner Büro in der Oranienburger Straße ab 1999 in das ehemalige Gebäude der Hochschule für die Wissenschaft des Judentums in der Tucholskystraße umgezogen ist.

Christlich-Jüdischer Dialog und die Zukunft der Jüdischen Gemeinden in der Bundesrepublik Deutschland

Als 1945 die aus den Konzentrationslagern befreiten und die im Untergrund überlebten Juden sich z. B. in Berlin zusammentaten, um wieder Jüdische Gemeinden zu gründen, war dies zunächst von den Alliierten des 2. Weltkriegs nicht vorgesehen. Statt dessen hatten Roosevelt, Churchill und Stalin, die auf der Teheran-Konferenz im November 1943 die Teilung Deutschlands beschlossen, die Vorstellung, daß die Holocaust-Opfer in andere Länder als Deutschland auswandern müßten, weil sich keiner vorstellen konnte, daß mit der von den Nationalsozialisten fanatisierten Deutschbevölkerung ein Zusammenleben möglich sein könnte.

Deshalb wurde die *UNRRA* gegründet. Ihr Ziel war es, die millionenfach aus ihrer Heimat vertriebenen und durch Kriegshandlungen versprengten nicht-deutschen Opfer des 2. Weltkrieges *(Displaced Persons)* zu repatriieren. Das schloß verfolgte Juden aus anderen europäischen Ländern ein, Juden deutscher Staatsangehörigkeit aber aus. Die *UNRRA* legte Durchgangs- und Sammellager für die *Displaced Persons* an, um sie, wenn es sich um Juden handelte, möglichst rasch in das damalige Palästina, aber auch in andere Staaten, weiterzuleiten.

Als am 4. Juli 1945 die Westalliierten nach Berlin einrückten, fanden sie aber, dem Bericht des sowjetischen Stadtkommandanten zufolge, keine *Displaced Persons* vor, jedoch eine vom Holocaust dezimierte, neugegründete Jüdische Gemeinde unter dem Vorsitz von Erich Nelhans. Diese Gemeinde hatte zu diesem Zeitpunkt bereits ein Aufnahmelager und unterhielt Gottesdienste in verschiedenen Synagogen.

Diese Initiativen waren aber schon zum damaligen Zeitpunkt über den Kreis der Jüdischen Gemeinde hinaus auch an Nichtjuden gerichtet. So berichtet ein Aktenvorgang über die Jüdische Gemeinde Nordost, daß „aus der kleinen Synagoge [...] der *Oren-Hakaudesch* (Toraschrank) herausgeschafft und an der Stelle der heiligen Tora ein Podium hereingeräumt, von dem aus Herr Schwersenz seine Begrüßungsansprache an ein größtenteils nichtjüdisches Publikum hielt. An einer Stätte, [...] an der vor Jahren das größte Leid der Juden seinen Ausgang nahm, steigen profane Lieder empor. [...] Um den Saal in seiner Kleinheit dennoch zu füllen, ging Herr Sch. so weit, den Großteil der Karten an Nichtjuden abzusetzen. Der Reinertrag soll angeblich Wohlfahrtszwecken dienen.“[68]

Dies war wohl die erste christlich-jüdische Veranstaltung.

Die *UNRRA* organisierte sehr schnell das Leben für die sie kontaktierenden *Displaced Persons*, zu denen die aus dem Untergrund auftauchenden, deutschen Juden qua Definition nicht zählten.

Während die in der Jüdischen Gemeinde organisierten Juden von einem Neubeginn jüdischen Lebens im befreiten Deutschland sprachen, hatten die *Displaced Persons* ihre Zukunft nicht in Deutschland gesehen. Dies blieb über viele Jahre hinweg Gegensatz zwischen den überwiegend deutschen Juden in der Gemeinde und den meist aus Ost-Europa stammenden *Displaced Persons*.

Als sich im Sommer 1945 in Berlin die Arbeitsgemeinschaft der Religionsgemeinschaft konstituierte, um Kerzen und Heizmaterial für Kirchen und Synagogen zu organisieren, fand ein erster christlich-jüdischer Dialog in den Trümmern des „Dritten Reiches" statt. Der Magistrat von Berlin bestellte in eben diesem Herbst Siegmund Weltlinger, Holocaust-Überlebender, zum Beauftragten für die Jüdische Gemeinde. Weltlinger hat dann als Stadtrat eine politische Karriere im später geteilten Berlin gemacht.

Andere Berliner Juden engagierten sich in den Parteien und gelangten als Abgeordnete in den Deutschen Bundestag. So z. B. Jeanette Wolff (1952–1961).

Beim ersten Evangelischen Kirchentag in Hannover vom 28. Juli bis zum 1. August 1949 war es der Berliner Kantor Estrongo Nachama, der hebräische Gebetsgesänge vortrug und damit einen ersten Dialog zwischen protestantischen Christen und der jüdischen Gemeinschaft ermöglichte.

Ebenfalls 1949 kam es zur Gründung der *Christlich-Jüdischen Gesellschaft* in Berlin, die sich in den Nachfolgejahren mit Gründungen im gesamten Bundesgebiet erfolgreich für diesen Dialog einsetzte und zusammen mit der bis heute bestehenden *Organisation Deutscher Koordinierungsrat* an vielen Orten der Bundesrepublik zu einem Gelenk zwischen Jüdischen Gemeinden und Christen wurde.

Zu Beginn der 50er Jahre wurde das jüdische Leben in Berlin und im Osten Deutschlands geprägt von dem entstehenden Antisemitismus in der Sowjetunion. Im März 1948 wurde Erich Nelhans, zu dieser Zeit Kultusdezernent im Vorstand der Gemeinde, vom NKWD deportiert und es begann eine systematische Ausgrenzung jüdischer Offiziere aus der sowjetischen Besatzungstruppe.

In Ostdeutschland begann eine Kampagne gegen jüdische Funktionäre der zur SED mutierten KPD. Julius Meyer mußte Anfang 1953, trotz seines Mandats in der Volkskammer, zusammen mit Heinz Galinski nach West-Berlin flüchten. Die Jüdische Gemeinde in Ost-Berlin und der DDR spaltete sich endgültig von der Westgemeinde ab und wurde für viele Jahre zu einem Instrument der kommunistischen Herrschaft. Die Westgemeinde unter Leitung Galinskis begann sich als ein selbständiges Element zu etablieren und folgte der politischen Teilung Deutschlands.

Im Mai 1953 erschien Nahum Goldmann zur Eröffnung eines Gemeindesaals in der Joachimstaler Straße und übermittelte zu diesem freudigen Ereignis die guten Wünsche des *Jüdischen Weltkongresses*. Dies war die erste offizielle Anerkennung des wiedererstandenen jüdischen Lebens in Deutschland durch eine bedeutende jüdische Organisation des Auslandes. Die jüdischen Nachfolgeorganisationen erkannten im Wiedergutmachungsabkommen von Luxemburg 1953 an, daß die von den Jüdischen Gemeinden betriebenen Gemeindeeinrichtungen – wie Synagogen und Gemeindehäuser – im Besitz der Gemeinden bleiben und nicht an die jüdischen Nachfolgeorganisationen zum Veräußern übergeben werden sollten. Am Beispiel des 1959 eingeweihten Jüdischen Gemeindehauses in der Fasanenstraße wird deutlich, was dies bedeutet. 1956 nicht in Betrieb, wurde es von der *Claims*-Conference, wie alle anderen zu diesem Zeitpunkt nicht in Betrieb befindlichen Liegenschaften im Westteil Deutschlands und Berlins, abgeräumt und veräußert. Der Senat von Berlin wollte hier einen Parkplatz errichten. 1957 wurde schließlich der Grundstein für ein neues Gemeindehaus gelegt. Erst 1963 wurde die Liegenschaft vom Senat an die Gemeinde zurückübertragen. Die Jüdischen Gemeinden im Osten Deutschlands waren zwischenzeitlich zu Propagandainstrumenten der DDR mutiert. Gleichwohl haben etwa 800 Juden in der DDR das jüdische Leben mit Gottesdiensten und einem sich langsam entwickelnden Kulturleben aufrecht erhalten. In der Bundesrepublik Deutschland und im Westteil Berlins entwickelte sich langsam eine sich stetig vertiefende Beziehung zu den christlichen Kirchen. Remigranten aus Nord- und Südamerika, zuweilen auch aus Israel, sorgten dafür, daß die Gemeinden einen ständigen Zuzug verzeichnen konnten und sich so ihre Zahl nicht reduzierte, sondern bei etwa der gleichen Zahl von ca. 30.000 verblieb. Ganz im Gegensatz zu den Gemeinden in Ostdeutschland. Gleichzeitig entwickelte sich eine – noch vor der Aufnahme diplomatischer Beziehungen zum Staat Israel – vertiefende Freundschaft zum Jüdischen Staat. Ab 1965 begannen auch einzelne deutsche Gemeinden Städtepartnerschaften zu israelischen Kommunen, was zu einer deutsch-israelischen Freundschaft heranwuchs, die ihren Niederschlag nicht nur in ökonomischen Beziehungen, sondern auch in einer großen Zahl kommunal angelegter deutsch-israelischer Gesellschaften ab Anfang der 70er Jahre fand. Sie führten ebenfalls zu einer deutsch-israelischen Parlamentariergruppe im Bundestag. 1969 führte der damalige Regierende Bürgermeister von Berlin, Klaus Schütz, ein Programm ein, das ehemaligen Berliner Juden auf Einladung des Senats ermöglichte, die frühere Heimat zu besuchen. Bis heute haben auf diesem Weg über 30.000 Verfolgte des

Naziregimes Berlin besucht. Seit Ende der 70er Jahre haben auch andere bedeutende Kommunen derartige Programme entwickelt.

1971 schloß der Berliner Senat, ebenfalls unter der Leitung von Klaus Schütz, als erste deutsche Kommune einen Vertrag mit der Jüdischen Gemeinde zu Berlin, der die Existenz der Jüdischen Gemeinde auch durch direkte finanzielle Unterstützung sicherte. Dieser Vertrag wurde 1995 durch einen Staatsvertrag ersetzt, der den gleichen Inhalt hatte, jedoch nun, nach dem Wegfall des Vier-Mächte-Regimes, nicht mehr nur ein Verwaltungsabkommen war.

Nach dem Fall der Mauer 1989 und der Vereinigung Deutschlands 1990 konnten Juden aus der UdSSR als „Kontingentflüchtlinge" einwandern – dies war bereits ab dem Frühsommer 1990 als Beschluß der zu diesem Zeitpunkt bereits demokratischen DDR-Regierung möglich gewesen. Zudem hatte bereits Ende der 70er Jahre ein durch den Viermächtestatus bedingtes „Loch" in der Berliner Mauer seine Folgen gehabt, so daß die 6000 Mitglieder zählende Jüdische Gemeinde zu Berlin West bereits 1989 ca. 2000 ursprünglich russischsprachige Juden als Mitglieder verzeichnen konnte. Nach 1990 kamen ca. 5.000 russisch-sprachige Juden zu den vorher 6.000 in Berlin hinzu. Auf die Bundesrepublik bezogen kamen zu den ca. 30.000 Juden bis heute ca. 40.000 hinzu.

Der christlich-jüdische Dialog der frühen Jahre entwickelte sich zu einem Diskurs zwischen Juden und Nichtjuden in einem zunehmend demokratischen Deutschland. Waren es anfangs allein jüdische Stimmen, die das nationalsozialistische Unrecht anprangerten, so wurde mit Beginn der 60er Jahre die Kritik und historische Rückschau am „Dritten Reich" ein Anliegen der nachwachsenden Generation nichtjüdischer Deutscher, die die jüdischen Stimmen zwar als Rückenwind benötigten, nicht jedoch als Antrieb.

Ende der 50er Jahre kam es zu einer Reihe von antisemitischen Anschlägen und Schmierereien in der Bundesrepublik. Heinrich Böll und andere gründeten daraufhin 1959 die *Germania Judaica* mit inzwischen über 40.000 Bänden.

Wie wir heute wissen, waren diese Anschläge von der Stasi (Ministerium für Staatssicherheit der DDR) initiierte Provokationen, die das Ziel hatten, die Bundesrepublik im Kontext des Mauerbaus international zu diskreditieren, um die DDR trotz ihres menschenfeindlichem Mauerbaus als antifaschistischen Staat zu legitimieren.

Ein weiterer Markstein der deutsch-jüdischen Beziehungen war 1965 die Verjährungsdebatte. Nach damals gültigem Recht wäre Mord, also auch der Nazi-Völkermord, nach 20 Jahren verjährt. Dabei wurde im Bundestag und in der Öffentlichkeit kontrovers diskutiert – mit dem Ergebnis, daß diese Verjährung zunächst um 5 Jahre verlängert und später gänzlich aufgehoben wurde. Seit 1967 begann in Deutschland, verstärkt in Berlin, die im Kontext des Vietnamkrieges zu sehende Studentenrevolution. „Unter den Talaren, der Muff von 1000 Jahren“ richtete sich nicht nur gegen das Establishment und die Traditionen der deutschen Universitäten, sondern insbesondere, in Anspielung auf das 1000 jährige Reich, gegen diejenigen, die womöglich keine Nazimörder, aber überzeugte Mitläufer des „Dritten Reiches“ waren. Die Studentenrevolution stellte die Frage des „wie war der Faschismus möglich?“ und hatte damit durchaus auch Sympathien in den Jüdischen Gemeinden. Axel Springer, ein führendes und prominentes Mitglied der deutsch-jüdischen und deutsch-israelischen Aussöhnung, zugleich zur damaligen Zeit bedeutendster Zeitungsverleger, geriet zwischen die Fronten, weil er einerseits überzeugter Fürsprecher der Aussöhnung, gleichzeitig aber vehementester Kritiker der Studentenbewegung war.

Zu Beginn der 70er Jahre geriet der Vorsitzende der Jüdischen Gemeinde zu Berlin, Heinz Galinski, auf die Targetliste der zwischenzeitlich zu einer terroristischen Vereinigung degenerierten, links-extremistischen, verkommenen Baader-Meinhof-Bande, deren Mitglied Hans-Joachim Klein bei seinem Ausstieg aus dieser Vereinigung dem Magazin DER SPIEGEL in einem Bekennerbrief mitteilte, daß er die geplante Ermordung „des Vorstehers der Jüdischen Gemeinde zu Berlin“ nicht mittragen könnte. Seit dieser Zeit stehen die Einrichtungen der Jüdischen Gemeinden in der Bundesrepublik Deutschland unter verstärktem Polizeischutz, wird der jeweilige Vorsitzende der Jüdischen Gemeinde zu Berlin von einem Personenschutzkommando begleitet.

Zu Beginn der 80er Jahre, etwa zur Zeit des Libanonfeldzuges, ergab sich eine anti-zionistische und anti-israelische Kampagne der bundesdeutschen Medien, der Heinz Galinski, als damaliger Vorsitzender, vehement entgegen trat. Zudem engagierte er sich – in vom Senat eingerichteten Gremien – in der Hausbesetzerszene und der damals virulenten Problematik der Ausländerfeindlichkeit. In der Nachfolge der durch die Ausstrahlung der amerikanischen „Holocaust“-Fernsehserie sich etablierenden Geschichtswerkstätten begann, insbesondere 1983, fünfzig Jahre nach der „Machtergreifung“ der Nationalsozialisten, eine intensive Erforschung von „Turnschuh-Historikern“, die nicht mehr die Frage der 68er nach dem faschistischen Strukturen im allgemeinen, sondern nach den nationalsozialistischen Umständen in der jeweiligen Wohnumgebung stellten. Judenverfolgung in Schöneberg oder anderen Bezirken oder Straßen, in denen man lebte, wurde zum Thema von Ausstellungen oder Buchpublikationen. Daraus ergab sich eine große Zahl von Ausstellungen,

Gedenktafeln, Publikationen und Forschungen. Nach dem Motto der ursprünglich aus Schweden stammenden Nachbarschaftshistoriker „Grabe wo Du stehst".

Eine Wende in der regierungsamtlichen Politik ereignete sich in der Nachfolge von Bitburg 1985, als Bundeskanzler Helmut Kohl mit dem amerikanischen Präsidenten Ronald Reagan in Bitburg auf einem Soldatenfriedhof, auf dem auch Angehörige der Waffen-SS begraben sind, aufgetreten war und die Versöhnungspolitik der Bundesrepublik in Mißkredit gebracht hatte. Als der damalige Bundestagspräsident Philipp Jenninger, anläßlich des 50. Jahrestages der November Pogrome, eine mißverständliche Rede im Deutschen Bundestag in Anwesenheit von Heinz Galinski gehalten hatte, wurde deutlich, daß die deutsche Öffentlichkeit solche Äußerungen nicht hinzunehmen bereit war und eher dem Bundespräsidenten Richard von Weizsäcker folgte, der, 3 Jahre zuvor, anläßlich des 40. Jahrestages des Kriegsendes, eine bis heute der Auflage nach am höchsten rezipierte Rede eines Bundespräsidenten überhaupt gehalten hatte. Weizsäcker führte damals im Bundestag an: „Das Vergessenwollen verlängert das Exil, und das Geheimnis der Erlösung heißt Erinnerung".

Nach der Vereinigung Deutschlands begann eine Debatte um die Errichtung eines Holocaust-Mahnmals, die bis heute nicht abgeschlossen ist.

Die seit Herbst 1998 gewählte Bundesregierung bemüht sich, eine abschließende, umfassende und großzügige Regelung der bis heute nicht entschädigten Opfer des Nationalsozialismus zu finden.

Der christlich-jüdische Dialog ist seit Mitte der 60er Jahre über den Rahmen der christlich-jüdischen Gesellschaft, die sich im deutschen *Koordinierungsrat* zusammengeschlossen hat, hinaus gewachsen. Unzählige Begegnungen zwischen Jüdischen Gemeinden an einzelnen Orten und der jeweils protestantischen oder katholischen Ortsgemeinde finden in einem Maße statt, das die Jüdischen Gemeinden auf Grund ihrer begrenzten Mitgliederzahlen weit überfordert.

Anläßlich des 6-Tage-Krieges 1967 fanden beispielsweise in der Berliner Synagoge Pestalozzistraße Bittgottesdienste statt, an denen der protestantische Bischof Scharff und Monsignore Clausener teilnahmen.

Zum Standardprogramm evangelischer sowie katholischer Kirchentage gehört der jeweilige christlich-jüdische Dialog, an denen ganz selbstverständlich Rabbiner teilnehmen und christlich-jüdische Gottesdienste durchgeführt werden. Aber auch im Bereich der Ausbildung an Hochschule, Priesterseminar und Predigerseminar gehören jüdische Dozenten genauso zum Alltag, wie nichtjüdische Judaisten Jüdische Gemeinden bei der Erstellung von Lehrplänen für den jüdischen Religionsunterricht beraten.

Der Vorschlag zur Errichtung einer inter-religiösen Hochschule oder Akademie als Teil des Holocaust-Mahnmals in Berlin, wurde von mir gemacht und fand in der Öffentlichkeit große Aufmerksamkeit – nicht jedoch die Zustimmung der gewählten Vertreter der Jüdischen Gemeinde.

Die Jüdischen Gemeinden in der Bundesrepublik hatten 1989 etwa 30.000 Mitglieder, etwa 200 kamen nach der Vereinigung von Seiten der DDR hinzu. Heute haben die Jüdischen Gemeinden etwa 80.000 Mitglieder, davon ca. 40.000 aus den Staaten der ehemaligen Sowjetunion. Es gibt etwa 70 Gemeinden, die sich im *Zentralrat der Juden in Deutschland* zusammengeschlossen haben und etwa 95% der durch Mitgliedschaften organisierten Juden ausmachen. Die restlichen 5% verteilen sich auf etwa 40 Kulturvereine und -gemeinden, die aber fast alle eine Mitgliedschaft im *Zentralrat* anstreben. Daneben mag es noch einmal 40.000 Menschen geben, die aus unterschiedlichsten Gründen nicht Mitglied in einer Jüdischen Gemeinde sind. Meist, weil sie nach traditionell jüdischer Definition nicht Mitglied der Gemeinden werden können. Nur wenige Tausend sind bewußt nicht organisiert.

Jüdisches Gemeindeleben an der Jahrtausendwende

Die Darstellung jüdischer Themen in Deutschland unterliegt zwei Voraussetzungen: Zum einen sind sie durch die Dezimierung der jüdischen Gemeinschaft durch die Schoah gekennzeichnet, zum anderen können die wenigen Jüdischen Gemeinden bestenfalls an klassische Vorbilder anschließen, haben jedoch noch nicht die Gestalt, um Neuerungen selbst zu bewirken. Das Erleben Jüdischer Gemeinden und die persönliche Begegnung sind also durch diese beiden Faktoren wesentlich geprägt. Wird also jüdisch religiöses Leben beschrieben, so wird im allgemeinen auf die klassischen Religionswerke zurückgegriffen, wenig aus der Anschauung heraus berichtet und noch weniger aktuelle Tendenzen vorgestellt, weil diese in den Jüdischen Gemeinden Deutschlands nur selten rezipiert, geschweige denn angewendet werden. Das war nicht immer so, denn im 19. Jahrhundert nahm die Reform des Judentums von hier ihren Ausgangspunkt.

Die Jüdische Vorkriegsgemeinde läßt sich durch zwei Charakteristika beschreiben: Bestimmend war zum einen der Drang zur Modernisierung des Judentums, zum anderen die Abneigung gegenüber der ostjüdischen altfrommen Lebensweise. So wurden Gottesdienst und Lebensweise durch die jüdische Reformbewegung, die in der größten Jüdischen Gemeinde Deutschlands, in Berlin, ihr Zentrum hatte, verändert: Der noch heute die Orthodoxie wesentlich prägende, allein von Männern getragene Kult wurde durch Orgelbegleitungen und gemischte Chöre verändert, Einsegnungen für Mädchen versuchten eine Frauenemanzipation, die in der Ordinierung einer Rabbinerin im Vorkriegsberlin ihren Höhepunkt fand. All dies realisierte sich unter dem Dach der sogenannten „Einheitsgemeinde“, das heißt, die Gemeindeverwaltung in Berlin organisierte orthodoxe Gottesdienste wie modernisierte, sogenannte liberale. Nur wenige ultramoderne Reformer hatten ihre eigene Gemeinde gegründet, wie auf der anderen Seite es eine altfromme Bewegung gab, die außerhalb dieser Gemeindeorganisationen ihr Gemeindeleben selbst gestaltete. (Seit 1985 gibt es in Berlin wieder eine in der Tradition dieser Gemeinde stehende altfromme Austrittsgemeinde, *Adass Jisroel*). Die Schoah machte vor den in die moderne Umgebungsgesellschaft integrierten Juden genausowenig halt wie vor den orthodoxen Rabbinatsstudenten in Krakau oder Lemberg. Als nach der Befreiung die aus den Lagern oder dem Untergrund zurückkehrenden deutschen Juden an die Vorkriegsgeschichte anzuknüpfen versuchten, übernahmen sie die alten Vorkriegs-Organisationsmuster: Sie schufen Einheitsgemeinden. Allein in (West)-Berlin jedoch konnte nach altem Vorbild wieder eine liberale, d. h. mit Orgelbegleitung und gemischten Chören versehene Synagoge eingerichtet werden. Im übrigen Bundesgebiet und der DDR gerieten die Einheitsgemeinden jedoch zunehmend unter den Einfluß von *Displaced Persons*, jüdischen Menschen, die durch die Schoah ihren ursprünglichen Heimatorten entrissen wurden, meist durch die Hölle eines Konzentrationslagers gegangen waren und nach der Befreiung auf ihrem Weg in die USA oder Palästina zunächst in einem der *DP*-Lager unterkamen, um dann in dem entstehenden Nachkriegsdeutschland ein neues Leben zu beginnen. Diese Menschen, die aus osteuropäisch-orthodoxen Gemeinden stammten, hatten für die „Reformjuden" aus Deutschland keinerlei Verständnis und waren ihnen zumeist zahlenmäßig überlegen. Dies führte dazu, daß die Einheitsgemeinden sich so definierten, daß der jeweils „Altfrömmste" das Maß der Modernisierung bestimmte. Aber auch in Berlin entwickelte sich die liberale Synagoge nicht weiter, da es sowohl an intellektueller Kraft als auch an gegenüber weiterer Modernisierung aufgeschlossenen Mitgliedern mangelte. So blieben die Jüdischen Gemeinden Deutschlands auf der historischen Entwicklungsstufe, auf der sie in den 30er Jahren untergingen oder lagen sogar weit dahinter zurück. In Israel entwickelte sich aus vielerlei Gründen nur eine sehr kleine religiöse Reformbewegung. Dies hat zum einen historische Ursachen, waren doch Zionisten und jüdische Reformbewegung zwei entgegengesetzte Pole in der Entwicklung des Judentums im 20. Jahrhundert. Die frühen Einwanderungswellen nach Palästina waren jedoch auch in einem sehr starken Maß von osteuropäischen Juden geprägt, deren religiöses Empfinden, wenn sie denn ihr Judentum überhaupt so definierten, stark an den osteuropäisch altfrommen „Schtedtlgemeinden" orientiert war. Im Verlauf der nahezu fünf Jahrzehnte Staatsgeschichte haben es dann orthodoxe und ultra-orthodoxe Minderheiten verstanden, als Mehrheitsbeschaffer in Koalitionsregierungen ihre religiöse Ausdrucksform des Judentums zur staatstragenden Doktrin zu erheben und alle Reformansätze zu verbannen.

Ganz anders die Entwicklung in den USA. Hier kann man andere jüdische Welten, als sie in Tel Aviv, Jerusalem, Budapest oder Amsterdam bekannt sind, antreffen, die in Teilen an das Berlin der 20er Jahre erinnern. In den USA sind Religionsgemeinschaften jedoch tatsächlich vom Staat getrennt. Jede Kirche, jede Synagoge besteht aus dem Engagement der Mitglieder, die durch Spenden das Notwendige zur Existenz dieser Organisationen beitragen. Völlig fremd sind den USA nach Gebietskörperschaften gegliederte Gemeinden, nichtjüdische wie jüdische. Aber auch innerhalb einer Religion unterscheidet sich die Organisation gänzlich von dem hierzulande üblichen. Es gibt in den USA keine Jüdische Ortsgemeinde, sondern Synagogengemeinden, die sich in inhaltlich und regional gegliederten Dachverbänden zusammenschließen: Dies kann dazu führen, daß eine Synagogengemeinde in drei, vier oder fünf Dachorganisationen Mitglied ist.

Diese Dachorganisationen wiederum konkurrieren untereinander: Es gibt also keine jüdische Verbindung, die das organisatorische Äquivalent zum *Zentralrat der Juden in Deutschland* darstellt, wiewohl es zahlreiche wesentlich größere und einflußreichere jüdische Organisationen gibt. Der Kosmos der Jüdischen Gemeinden in Amerika folgt also der allgemeinen gesellschaftlichen Struktur Amerikas, die für alle Lebensbereiche eine wesentlich größere Staatsferne anzeigt, als dies in Europa oder besonders in Deutschland üblich ist.

Die Jüdischen Gemeinden in den USA müssen sich also im täglichen *mainstream* des amerikanischen Lebens behaupten. Rabbiner in einer Gemeinde zu sein, bedeutet kein Freifahrtschein: Das Geld für den Unterhalt der Synagoge, ja des Rabbiners selbst, muß durch *fundraising* ständig im direkten Kontakt mit den Gemeindemitgliedern eingeworben werden. Man muß aus einer Gemeinde nicht austreten, um einen sich nicht den Erfordernissen der Zeit stellenden Rabbiner nicht weiter zu unterstützen. Dies führt dazu, daß alle Denominationen, seien sie orthodox, konservativ oder reformistisch, im ständigen intellektuellen Dialog mit den Gemeindemitgliedern stehen. Daß dies in einer nicht durch die Schoah zerrütteten Gemeindestruktur ein ganz anderes Fundament als in Deutschland hat, braucht nicht erwähnt zu werden.

Auch gab es in Amerika keine Unterbrechung in der intellektuellen Entwicklung. Die im 19. Jahrhundert in Deutschland begonnenen Reformen wurden in Amerika aufgegriffen und fortgeführt. Ergebnis sind für europäische Besucher Amerikas anarchische Zustände. Auch in konservativen Synagogen sitzen Männer und Frauen nicht mehr voneinander getrennt, werden auch Frauen zur Vorlesung aus der Tora in der Synagoge aufgerufen, tragen Männer wie Frauen bei „Lesungsgottesdiensten“ einen *Tallit*, einen in der jüdischen Tradition allein dem Mann vorbehaltenen Gebetsschal und ein Käppchen, das heißt eine Kopfbedeckung. Auch am als orthodox eingestuften *Jewish Theological Seminary* in New York wurde unlängst die erste Frau als Rabbinerin ordiniert. „Ich glaube, daß Gott nichts umsonst geschaffen hat, daß alles, was Gott erschaffen hat gut ist“, bekennt Marc Blumenthal, Rabbiner in der 1972 geschaffenen ersten schwulen und lesbischen Synagoge der Welt.

Die Debatten reichen jedoch weiter. Sie bleiben nicht beim Kultus stehen. Wie definiert sich die Identität eines Juden? Nicht wie im Deutschland der Weimarer Republik wird hier ein Gegensatz zwischen jüdischer und nationaler Identität diskutiert, denn in Amerika hat jeder seine *roots*. Hier kreist die Diskussion darum, ob in einer Zeit, in der Agnostizismus jüdisch-religiöses Erleben nur für einen Teil der jüdischen Gemeinschaft möglich macht, Israelismus oder die Schicksalsgemeinschaft der Holocaust-Opfer zur Ersatzidentität wer-

den dürfen oder nicht. Gegen die sich in der Eröffnung zweier großer Holocaust Memorials manifestierende Identität als Leidens-und Schicksalsgemeinschaft polemisiert etwa die *Tikkun*-Zeitschrift, die auf der einen Seite ausdrücklich jüdisch ist, auf der anderen aber universelle Themen behandelt. Sie zielt auf die liberale jüdische Stimme und versucht , „genau so viele Juden für die jüdische Welt zu gewinnen, wie welche verlorengegangen sind durch den Materialismus, Konservatismus und Anti-Intellektualismus, die sie in der organisierten jüdischen Welt erfuhren".
Akkiba Lerner, Sohn des Herausgebers in Berkeley:

> „Diese Fokussierung [auf den Holocaust] hat etwas Perverses. Wenn das zum Symbol des Judentums wird, werden die befreienden Elemente des Glaubens völlig zugeschüttet. Leute in meinem Alter, Juden um die Zwanzig, können damit überhaupt nichts mehr anfangen; der Holocaust erschreckt uns nicht mehr in der selben Weise, wie er meine Großeltern und Eltern schockierte. Natürlich sind wir davon berührt, aber es ist ein bißchen wie ein Fahnenappell, eine Zeremonie, die man absolviert. Auf keinen Fall stiftet es uns eine jüdische Identität; wir sehen nur, es ist der Versuch, ein disparates amerikanisches Judentum zusammenzuhalten."

Ähnlich ist es mit dem Israelismus: War in den 60er Jahren das Bild des kleinen, sich wie David gegen Goliath verteidigenden Jüdischen Staates, der mit *Kibbuzim* und Landbewässerung neue Wege ging, ein Staatsgebilde entstanden, in das man viele aus der jüdischen Tradition überlieferte säkularisierte Themen hinein projizieren konnte, so verblaßte dieses Bild nach dem *Jom Kippur* Krieg. Völlig selbstverständlich werden in Amerika nicht nur die regierungsamtlichen Positionen Israels übernommen, sondern gibt es auch seit Jahren eine „Peace now"-Bewegung, die sich gegenwärtig in ihrer Politik bestätigt fühlt.

Dies alles entsteht, existiert und entwickelt sich weiter neben etablierten, im *mainstream* verhafteten Gemeinden, neben Orthodoxie und Ultra-Orthodoxie. So nimmt es denn auch nicht Wunder, daß der Lubawitscher Rebbe in New York unlängst zum Messias ausgerufen wurde oder daß es in Los Angeles Gemeinden gibt, in denen mit weißen T-Shirts bekleidete junge Frauen vor dem Vorbeterpult einer Synagoge tanzen: auf den T-Shirts aufgedruckt: „We want Messia now". Ganz so lange wird man in Europa nicht warten müssen, bis aktuelle Tendenzen Jüdischen Gemeindelebens auch hier wirksam werden. Die Jüdische Gemeinde in Berlin hat unlängst im Rahmen ihrer Kulturtage die Protagonisten der Neuerungen zu Gesprächen und Diskussionen eingeladen, die auf größtes Interesse stießen. Der jüdische Wissenstransfer über den Atlantik hat also begonnen. In aller Regel braucht Europa nach einem solchen Startschuß etwa zehn Jahre, bis der Vorsprung in den USA eingeholt wird. Vielleicht gilt diese goldene atlantische Regel nicht nur für Fastfood-Restaurants, sondern auch für jüdisches Gemeindeleben.

Innenansichten

50 Jahre Israel: Ein Salut aus Berlin

Das Programm zum 50. Jahrestag der Gründung des Staates Israel ist ein Salut der Berliner Bürger an Israel – und Teil dieser Bürgerschaft ist natürlich auch die Jüdische Gemeinde, was allerdings nicht heißt, daß wir am 30. April, dem eigentlichen Geburtstag Israels, nicht selber etwas auf die Beine stellen werden.

Auf dem Jüdischen Friedhof in Weissensee liegt der legendäre Journalist des *Berliner Tageblatts*, Theodor Wolff, begraben. Theodor Wolff wurde 1943 von der Gestapo in Südfrankreich verhaftet.

Auf dem Weg ins Konzentrationslager Sachsenhausen bei Berlin wurde er transportunfähig und starb schließlich auf der Krankenstation der Gestapo des Jüdischen Krankenhauses Berlin. Zu seinen unlängst herausgegebenen Aufzeichnungen im französischen Exil gehören auch Reflexionen aus seiner Pariser Zeit. Als Korrespondent hatte er den Dreyfus-Prozeß beobachtet, der – wie wir wissen – die Initialzündung für den politischen Zionismus war. Theodor Wolff selbst konnte sich die Existenz eines Jüdischen Staates nicht vorstellen. Viele der Repräsentanten des Zionismus stammten damals aus Osteuropa und da er ostjüdische Menschen mangels besseren Wissens allesamt für den modernen Lebensformen verschlossene Rabbiner und Talmudgelehrte hielt, hätte er sich nicht vorstellen können, daß alle späteren Ministerpräsidenten des Staates Israel von David Ben Gurion über Golda Meir, von Begin bis Jizhak Rabin, nicht nur osteuropäisch-jüdischer Herkunft waren, sondern – gleich welcher parteipolitischer Zugehörigkeit – Persönlichkeiten, die in der Tradition der europäischen Moderne standen.

Wolff hält in seinen Erinnerungen über den Dreyfus-Prozeß die Begegnungen mit Herzl und Nordau fest. Er schreibt über die beiden großen Theoretiker des politischen Zionismus:

> „Die Ereignisse des Tages, an denen noch jeder meiner Gedanken hing, schienen auf die beiden nur einen flüchtigen Eindruck gemacht zu haben, ihre Unterhaltung schlug sozusagen einen Bogen darüber, sie schufen Zukunft, und die Affäre Dreyfus war nur der Punkt, von dem der Anstoß kam [...]. Später habe ich bisweilen bedauert, daß ich bei den Spaziergängen in den Champs-Elysées so wenig von den Gesprächen, in denen der Zionismus vorbereitet wurde, erfaßt habe und ein so unaufmerksamer Zuhörer gewesen bin."

Theodor Wolff war ganz vom Bewußtsein der deutschen Juden geprägt. So fragte er:

> „Was spricht gegen einen Jüdischen Staat? Vor allem der Zweifel an seiner Lebensfähigkeit, an der Fähigkeit, sich durch Schöpfung

einer haltbaren, achtungswürdigen Gemeinschaftsordnung das Lebensrecht zu erringen."

So wie Theodor Wolff in seinen Artikeln, die er im Berliner Tageblatt zeichnete, dachten wohl auch viele andere, die das, was sie nicht sahen, sich nicht vorstellen konnten. Weder im Guten – also ohne Vision eines Jüdischen Staates – noch im Bösen – ohne Vorstellung davon, daß das Land der Dichter und Denker in die Barbarei zurückfallen könnte und im 20. Jahrhundert einen Zivilisationsbruch begehen könnte, der Auschwitz hieß.

Eine Generation später erlebte der ebenfalls legendäre Vorsitzende der Jüdischen Gemeinde zu Berlin, Heinz Galinski, was Theodor Wolff nicht mehr erleben durfte: die Gründung des Staates Israel. Hätte es diesen Jüdischen Staat früher gegeben, Wolffs Leben hätte bestimmt ein anderes Ende genommen. In einem Interview anläßlich seines 70. Geburtstags schilderte Galinski, mit welchen Gefühlen er die Proklamation des Staates Israel am 15. Mai 1948 erlebt hatte. Er befand sich an diesem Tag zusammen mit seinem ersten Konsul, Karl Liebstein, in einem Zirkus in Ost-Berlin. Dort hielten die beiden die erste Solidaritätskundgebung für Israel. 34 Jahre später erinnerte sich Galinski daran, was für ein großartiges Gefühl es gewesen sei. „Für jeden jüdischen Menschen brach damals eine neue Zeit an", sagte er in dem Interview. „Man kann sich heute nur schwer vorstellen, mit welcher Freude, mit welchem Enthusiasmus wir diesen Jüdischen Staat begrüßten."

Durch die Gründung des Staates Israel hat sich die jüdische Existenz in der Diaspora entscheidend verändert. 1933 stießen Juden weltweit auf verschlossene Türen. Heute können jüdische Menschen aufrecht gehen, weil sie wissen, daß es ein Land gibt, daß seine Tore niemals für sie verschließen wird, vor allem dann nicht, wenn wieder dunkle Zeiten für sie anbrechen. Auch diejenigen, die sich entschieden haben, ihre jüdische Existenz außerhalb Israels zu leben, sind dennoch durch das Wissen um den Jüdischen Staat entscheidend gestärkt.

Wenn wir das 50jährige Jubiläum der Staatsgründung Israels begehen, dann feiern wir mehr als nur fünf Jahrzehnte. Von den bescheidenen Anfängen jüdischer Ansiedlung damals noch in Palästina bis zu der atemberaubenden Entwicklung zu einem für den Export von Hightech stehenden Staatswesen. Denn längst denkt man bei Israel nicht mehr allein an einen Agrarstaat, der vom Verkauf von Jaffa-Orangen lebt. Der Staat ist weltweit anerkannt für seine moderne, leistungs-und konkurrenzfähige Wirtschaft. Darüber hinaus bildet Israel auch ein geistiges und kulturelles Zentrum des Judentums. Die Universitäten und sonstigen Einrichtungen befruchten das Leben in den Diasporagemeinden – nicht zuletzt der Berliner Jüdischen Gemeinde.

Das Verbindungsglied zwischen dem Staat Israel und den Juden in aller Welt sind die Jüdischen Gemeinden. Jüdische Gemeinden hat es ja schon zu Zeiten des biblischen Israel gegeben. Die Diasporagemeinden und der Jüdische Staat sind zwei gleichberechtigte Formen jüdischen Lebens. Beide benötigen einander. Die jüdischen Wallfahrtsfeste nach Jerusalem würden ohne die Existenz eines jüdischen Lebens in der Diaspora gar keinen Sinn machen. Genauso würde Israel ohne die Unterstützung der Diasporagemeinden einen wichtigen Pfeiler für sein eigenes jüdisches Leben verlieren.

Wir hoffen, daß sich die militärischen und politischen Bedingungen, die zur kritischen Situation gehören, in der sich der Staat seit seinen Anfängen befindet, bald ändern mögen und der Friedensprozeß, den Jitzhak Rabin s. A. initiiert hat, seine Fortsetzung findet und alle in der Region lebenden Menschen in Zukunft in Frieden miteinander leben.

Lassen Sie mich zum Schluß aus dem Gebet für den Staat Israel zitieren, das Juden an jedem Schabbat in der Synagoge sprechen: „Unser Vater im Himmel, Fels und Erlöser Israels, segne den Staat Israel, den Beginn unserer Erlösung, beschütze ihn und breite das Zelt deines Friedens aus. Gewähre ihm Erleuchtung und deine Wahrhaftigkeit seinen Repräsentanten, Ministern und Ratgebern, und statte sie mit gutem Rat aus. Stärke die Verteidiger unseres heiligen Landes, lasse sie uns Erlösung bringen, und gib dem Land und allen seinen Bewohnern dauerhaften Frieden und Freude.“

Mahnmalsdiskussion

Zweierlei Gedenken

Fast täglich kann man nicht nur in der Zeitung lesen, was nichtjüdische Zeitgenossen über das „Holocaust-Mahnmal" denken, sondern auch was jüdische Kommentatoren dazu anmerken. So verdienstvoll das Anliegen des zunächst privaten Förderkreises zur Errichtung eines Mahnmals zur Erinnerung an die Schoah ist, so wenig haben wir Juden damit zu tun. Denn wir hätten mit der Errichtung eines Denkmals niemals fünf Jahrzehnte warten können, wir tragen das Gedenken an unsere sechs Millionen Toten zunächst in unseren Herzen, aber auch sichtbar nach außen, haben doch Jüdische Gemeinden unmittelbar nach der Befreiung begonnen, zur Erinnerung an die Ermordeten Denkmäler zu errichten. Zudem hat der Staat Israel in *Yad Vashem* eine Gedenkanlage eingerichtet, die in ihrer Eindrücklichkeit auch nicht vom *US Holocaust Memorial Museum* übertroffen wird. Wenn es also um ein Denkmal im „Neuen Berlin" geht, dann kann man zunächst einmal feststellen, daß dies nicht eine Angelegenheit der Jüdischen Gemeinden zu sein braucht, denn auf dem Friedhof Weissensee oder auf dem Areal des Jüdischen Gemeindehauses in der Fasanenstraße, haben wir Juden die Orte in Berlin, um still für uns oder auch gemeinsam mit denen, die uns besuchen, derer zu gedenken, die in der Schoah ermordet wurden.

Bei uns mußte nicht erst eine neue Generation heranwachsen, um überhaupt mit der Erinnerungsarbeit zu beginnen. Folglich ist die Geschichte der Gedenkstättenarbeit in der Bundesrepublik ein ganz anderes Erinnern. Zwar hat auch dies schon eine jahrzehntelange Tradition, wurde aber immer von gesellschaftlichen *pressuregroups* gegen das Establishment durchgesetzt und meist erst dann, wenn es unvermeidlich war, von den Stadt-, Landes-oder Bundesregierungen adaptiert; meist weniger, um der Ermordeten zu Gedenken, sondern um gegen Neonazismus in der Gegenwart ein Zeichen zu setzen oder „um der Zukunft willen". Es ist also die nichtjüdische deutsche Mehrheitsgesellschaft, die Bedarf hat, in jenem Berlin, das nicht mehr von Kriegswunden, Teilung und Insellage geprägt ist, einen nationalen Fingerzeig einzurichten. Daß dieses Denkmal erst 50 Jahre nach Gründung der Bundesrepublik im Deutschen Bundestag debattiert wird, hat etwas mit jenem Bundesdörfchen Bonn zu tun, das bisher als Sitz von Parlament und Regierung Hauptstadtfunktionen beinhaltete. Jedem Besucher des kleinen, teils idyllischen Ortes am Rhein war klar, daß er sich nicht in der deutschen Hauptstadt, sondern am Regierungssitz des Verlierers des 2. Weltkriegs befand. Aber jetzt im „Neuen Berlin", wenn man über die alten Magistralen am wiederhergestellten Reichstagsgebäude durch das Brandenburger Tor kommt, könnte man meinen, alles sei so, wie es war. Davor haben die nichtjüdischen Deutschen Angst. Deshalb debattieren sie nun vor dem Gremium, das allein ein nationales Denkmal einrichten kann, vor dem frei gewählten Bundestag, ob es ein solches Denkmal geben soll und wie es auszusehen hat. Es ist also ein ganz anderes Gedenken als das unsere. Wir Juden sind in dieser Debatte zu äußerster Zurückhaltung aufgefordert. Gewiß gibt es immer wieder grundsätzliche Punkte, an denen es unvermeidlich zu sein scheint, diese Position der Selbstbeschränkung aufzugeben. Gleichwohl: Wir Juden brauchen kein weiteres Denkmal. Wir hätten uns auch verbeten, wenn die nichtjüdische Mehrheitsgesellschaft uns hereingeredet hätte, wie wir denn unser Gedenken einzurichten hätten. Also sollten wir uns nicht als Oberschiedsrichter auf Detailfragen der Gestaltung oder inhaltlichen Ausrichtung einlassen, auch wenn es sehr schwer fällt, die Mehrheitsgesellschaft über etwas bestimmen zu lassen, was uns in unser Herz gebrannt ist: Nämlich die Erinnerung an unsere ermordeten Brüder und Schwestern, Großväter und Großmütter. Aber es gibt eben zweierlei Gedenken.

Nach der Katastrophe
Jüdische Formen der Gedenkkultur

Katastrophen hat es in der jüdischen Geschichte zahlreiche gegeben. Erinnert sei hier an die Zerstörung des ersten Tempels, an die Zerstörung des zweiten Tempels, an die Kreuzzüge, an die Vertreibung der Juden von der iberischen Halbinsel, die Chelmiecki-Aufstände und schließlich an die Schoah. Mindestens 7 Millionen Menschen jüdischer Herkunft wurden ermordet oder haben als aktive Mitglieder der alliierten Armeen, die Europa von dem nationalsozialistischen Terror befreiten, ihr Leben gelassen.

Nach der Befreiung Europas vom Faschismus schien für viele der entstehende Jüdische Staat als die Verwirklichung zahlreicher jüdischer Inhalte. Die Verwirklichung sozialer Ziele des Judentums, wie die Gleichheit aller, schien in den *Kibbuzim* realisiert werden zu können, eine ebenso ethischen Grundsätzen der hebräischen Bibel verpflichtete Erziehung. Die Aufforstung verödeter Landstriche, die Urbarmachung der Wüste, die sympathische Art, wie in dieser jungen Gesellschaft Männer und Frauen gleichgestellt wurden, all dies bewirkte ein hohes Maß an Zustimmung jüdischer Menschen zum Jüdischen Staat. Wie stark diese Identifikation auf die Überlebenden des Holocaust wirkte, umreißt die folgende Stellungnahme: „[...] Die Errichtung eines Jüdischen Staates war die Hoffnung jüdischer Menschen seit vielen Jahrtausenden. Und es besteht gar kein Zweifel darüber, daß seit der Existenz eines Jüdischen Staates ein neuer Typus eines jüdischen Menschen in den Jüdischen Gemeinden der Welt entstanden ist." Seit dem *Jom Kippur* Krieg, spätestens seit dem Libanonfeldzug, hat sich diese Euphorie verflüchtigt. Der Israelismus wurde durch eine von einer Hollywood-Serie 1978 initiierte Historiophobie des sogenannten „Dritten Reiches" mit durchaus skurrilen Zügen ersetzt: Da werden auch von jüdischen Institutionen Antisemitica und NS-Symbole gesammelt, da kann man in den eingangs erwähnten Holocaust-Museen weitaus mehr über die Täter als über die Opfer erfahren, da werden die Biographien der Opfer zu einem computergestützten Überlebensspiel für Museumsbesucher.

Wie konnte es dazu kommen?

Der erste Gedenkgottesdienst für die Opfer der Novemberpogrome von 1938 hat am 9. November 1939 in der Synagoge Heidereutergasse in Berlin Mitte stattgefunden, denn das Gebäude gehörte bereits vor dem November 1938 der Deutschen Post, die es verstand, ihren Besitz vor Zerstörungen zu bewahren. Als Untermieter hatten die Postler nichts gegen eine Nutzung des Gebäudes durch die jüdische Gemeinde. In dem ersten überlieferten Gedenkgottesdienst in Berlin gedachten Mitglieder der Jüdischen Gemeinde namentlich der ermordeten jüdischen Menschen und kollektiv der zerstörten Synagogen.

Im April 1946 gedachten befreite jüdische Menschen auf dem Gelände des wegen Seuchengefahr 1945 niedergebrannten KZ-Bergen-Belsen und errichteten einen einem Grabstein ähnlichen Gedenkstein. An den in Deutschland wieder genutzten Synagogen wurden von den Gemeinden Erinnerungstafeln angebracht, die die millionenfachen Opfer kollektiv beklagen, während einzelne Überlebende oder Rückkehrer auf den Gräbern von Familienangehörigen kleine zusätzliche Gedenksteine anbrachten, um der in den Vernichtungslagern oder anderswo Ermordeten und nicht individuell Bestatteten zu gedenken. Auch in Berlin wurden auf den jüdischen Friedhöfen Gedenkstätten eingerichtet, wo Überlebende ihrer umgebrachten Angehörigen gedachten. Keiner wäre auf die Idee gekommen, dies mit einer Fotodokumentation der Verfolger zu ergänzen, denn allen waren die Schrecken der Nazizeit noch vor Augen. Das sogenannte „Dritte Reich" war zwar vorbei, aber für die Zeitgenossen noch nicht Geschichte. In Jerusalem entstand auf dem Zionsberg, neben dem Grab König Davids, eine Gedenkstätte, in der auf Grabplatten ähnlichen Tafeln ausgelöschter Jüdischer Gemeinden gedacht wurde. Die *Pinkas Synagoge* in Prag, die unmittelbar neben dem alten jüdischen Friedhof steht, wurde mit den Namen aller 77.000 ermordeten Juden Böhmens und Mährens versehen.

Die zweite Phase der Erinnerung war zunächst rein akademisch: In den 50er Jahren war das Gedenken an die Opfer des „Dritten Reiches“ einerseits von der Praxis der „Wiedergutmachungsakten“, andererseits vom Kalten Krieg überlagert; vereinzelt wurde in Bergen-Belsen, in Dachau, Buchenwald und Oranienburg-Sachsenhausen mit dem Aufbau von Gedenkstätten begonnen; zu Beginn der 60er Jahre erschien im Kontext der gleichnamigen Ausstellung in der Berliner Kongreßhalle das Buch „Der Gelbe Stern“, das den Holocaust als Bildergeschichte in die Hände einer Generation brachte, die keine eigenen Erinnerungen mehr an die Judenverfolgungen hatte[69]. In Paris wurde 1956 das Memorial „To the Unknown Jewish Martyr“ aufgestellt. Auf Capri wurde die Synagoge mit Briefen von Partisanen sowie den Namen der 37.000 in Konzentrationslagern ermordeten italienischen Bürger zur Gedenkstätte gemacht. In Israel wurde am 19. August 1953 als nationale Gedenkstätte *Yad Vashem* eingerichtet, eine riesige, sich ständig erweiternde Anlage, deren Kern ein Archiv ist, in dem die Namen der Ermordeten zusammengetragen werden und an die in einer ständig wechselnden Auswahl erinnert wird.[70]

Die dritte Phase begann etwa parallel zur Studentenrebellion. Gegen die Wand des Schweigens über die Vergangenheit Einzelner wurde die Frage gestellt: „Wie war das möglich?“. Als akademische Antwort wurden Faschismustheorien entwickelt. Gemeinsam haben alle Faschismustheorien – die von Ernst Nolte genauso wie die seiner vehementesten Kritiker – daß sie durch die Theoriebildung den Massenmord an den europäischen Juden einordnen: Der eine in ein Jahrhundertszenario des europäischen Bürgerkriegs, die anderen in die ökonomistischen Erklärungsmuster ihrer Faschismustheorie[71]. Der von Dan Diener benannte „Zivilisationsbruch“, der mit „Auschwitz“ bezeichnet wird, entzieht sich jedoch der kategorisierenden Historiographie. Adornos oft interpretiertes Verdikt, nach Auschwitz könne man keine Gedichte mehr schreiben[72], bezieht sich meines Erachtens auf die poetische Darstellung des millionenfachen Mordes an den europäischen Juden, da jedes Abbild ein Diminutiv wäre. So gesehen kann es kein Abbild der Schoah geben, auch kein künstlerisches Denkmal, das nicht als „Kitsch“ zu kategorisieren wäre.[73]

Die vierte Phase schließt an die bereits erwähnte Fernsehserie „Holocaust“[74] an: An vielen Orten wurden Gedenkstätten eingerichtet, in Europa und – im Kontext Jüdischen Gemeindelebens – in Amerika. Auf einer immer breiteren Forschungsbasis wurde nun nicht mehr Judenverfolgung, Naziterror und Zweiter Weltkrieg durch abstrakte Formeln erklärt, sondern zunehmend konkret am lokalen Beispiel und mit detaillierten Angaben. Dies reicht bis zur Methode der Geschichtswerkstätten, die nach dem Motto „Grabe, wo Du stehst“

lokale Alltagsgeschichte darzustellen versuchen, dabei insbesondere auch die Mittel der in den USA entwickelten *oral history* in Interviews mit Opfern anwenden. Gemeinsam ist diesen Präsentationen im allgemeinen, daß detailliert über Methoden und Folgen der Verfolgung gesprochen wird, jedoch nur wenig von dem und denjenigen, die vernichtet wurden.

Mit völlig unterschiedlichen gestalterischen Mitteln wurden in Washington im Ausstellungs-Stil einer begehbaren Dokumentation und in Los Angeles mit den Mitteln einer begehbaren Szenarien-Landschaft der Mord an den europäischen Juden dargestellt. „Geschichte als Konstruktion aus der Jetztzeit“ formulierte Walter Benjamin in seinen geschichtsphilosophischen Thesen. In den USA wird die Einrichtung dieser Museen kontrovers diskutiert. Während Rabbi Marvin Hier, der Gründer des *Simon Wiesenthal Center* in Los Angeles, schreibt: „Ein halbes Jahrhundert nachdem die Nazis ein Drittel der jüdischen Bevölkerung planmäßig ermordet haben, ist die Erinnerung an den Holocaust eine der wichtigsten Bestandteile jüdischer Identität“, vertritt eine ebenfalls in Kalifornien beheimatete jüdische Dissidentengruppe die umgekehrte Position. Akiba Lerner, zusammen mit seinem zum Präsidentenberater avancierten Vater Michael Lerner, der eine *politics of meaning* proklamierte, sucht in der Zeitschrift *Tikkun* nach neuen jüdischen Wegen:

> „[...] für lange Zeit waren die Energien amerikanischer Juden auf zwei Themen konzentriert: auf Israel und auf die Erinnerung an den Holocaust. Gerade erst wurde in Washington dieses riesige Holocaust-Museum erbaut. Diese Fokussierung hat etwas Perverses. Wenn das zum Symbol des Judentums wird, werden die befreienden Elemente des Glaubens völlig zugeschüttet. Leute in meinem Alter, Juden um die Zwanzig, können damit überhaupt nichts mehr anfangen; der Holocaust erschreckt uns nicht mehr in der selben Weise, wie er meine Großeltern und Eltern schockierte. Natürlich sind wir davon auch berührt, aber es ist ein bißchen wie ein Fahnenappell, eine Zeremonie, die man absolviert. Auf keinen Fall stiftet es uns jüdische Identität; wir sehen nur, es ist der Versuch, ein disparates amerikanisches Judentum zusammenzuhalten. Das gilt auch für Israel – es gibt einfach nichts mehr, was amerikanische Juden eint. Das wird jetzt die zentrale Frage für uns hier sein, können wir etwas finden, was uns eint, jenseits von schmerzhaften Erinnerungen.“[75]

Tatsächlich kennt ein Großteil der Besucher nicht die verschiedenen jüdischen Lebenswelten oder Kulturen, die von den Nationalsozialisten in Europa zerstört wurden. Zwischen jüdischem Leben im bürgerlichen Berlin und den osteuropäisch-jüdischen Zuwanderern in Berlin Mitte gab es weniger Gemeinsamkeiten, als zwischen dem Gros der Jüdischen Gemeinde und dem Gros der nichtjüdischen Umgebungsgesellschaft. Aber auch innerhalb der vermeintlich geschlossenen *jiddisch*-sprachigen Welt Osteuropas gab es erhebliche Unterschiede, bedenkt man, daß es hier nicht nur das „Schtedtl Scholom Aleichems“ gab, sondern auch Revolutionäre und Naturwissenschaftler. Ganz andere Welten wieder einten die Jüdischen Gemeinden auf dem Balkan, die nicht *jiddisch*-sondern *ladino*-sprechend[76], einen ganz anderen *background* haben. All diese wurden das Ziel der nationalsozialistischen Vernichtungspolitik, wurden in den Konzentrationslagern ihrer Identität beraubt, in einheitliches Drillich gesteckt und statt mit Namen, mit Nummern versehen. Dem gehen die beiden amerikanischen Holocaust-Museen weitgehend nach. Die unterschiedlichen jüdischen Welten werden jedoch nicht differenziert dargestellt, die Opfer bleiben selbst da, wo die Photos einer einzigen Ortschaft in einem Erinnerungsturm zu einem Familienalbum zusammengetragen werden, namenlos. Die wie auf Kreditkarten angebrachten Namen Einzelner, die man in entsprechende Lesegeräte eingeben kann, individualisieren nicht und lassen Einzelschicksale sichtbar werden, sondern flachen das Erleben zum unverbindlichen Spiel ab. Trotzdem kann man sich in dem Museum in L. A. keinesfalls mit den Verfolgern identifizieren. Im Washingtoner Museum wird die Geschichte einer zunächst unheimlich erfolgreichen *Junta* dargestellt, die dann in einem Vernichtungsrausch vor den Augen der Welt eine wehrlose Masse von Juden, einige Behinderte sowie eine Gruppe von Pferdegespannbenutzern ausrottet. Daß es sich bei ersteren und letzteren um europäische Kulturvölker handelt, wird nicht dargestellt. Das inszenierte Grauen, hier ein originaler Viehwaggon, dort ein im Maßstab 1:1 nachgebauter Vergasungskeller, lassen den Schrecken der originalen Schauplätze Europas zu einem künstlichen Erlebnis werden. Was in *Yad Vashem* mit den frühen Bauten, was sich in Buchenwald, Sachsenhausen oder Auschwitz durch die grauenhafte Aura des Ortes einstellt, ist in den anderen beiden Museen nur „inszeniert“. Hier stellt sich die von Adorno aufgeworfene Frage im übertragenen Sinn: Kann man dort oder überhaupt diesen Zivilisationsbruch mit künstlerischen Mitteln darstellen? Dennoch ist eine hohe Zustimmungsrate der Holocaust-Überlebenden zu den beiden Einrichtungen in Los Angeles und Washington festzustellen. Oft wird in ihren Stellungnahmen davon gesprochen, daß hier erstmals dem Leid ihrer ermordeten Zeitgenossen ein angemessenes Memorial errichtet wurde.

Was ist die jüdische Grundlage von Erinnerung? Weder *Yad Vaschem* noch die zitierten Holocaust-Museen befinden sich an originalen Schauplätzen. Wie kann man mit jenen Orten des grausamen Geschehens umgehen?

Jesaja beschreibt, wie mit einem Weinberg umzugehen ist, der durch „Heerlinge“ zum Ort des Schreckens wurde: „Wegreißen sein Gehege, habs der Kahlfraß! Umbrechen seine Mauer, habs Zerstampfung! Und mach draus Ödland. Nicht beschnitten und nicht behackt, aufschießts in Dorn und Disteln.“[77] Biblisch fundamentalistisch bedeutet dies, daß jene Orte des Unheils „Ödland“ sein sollten. Abgesehen von dem schon in den vierziger Jahren gesetzten Gedenkstein in Bergen-Belsen wurden wohl auch erst in den späten 50er Jahren die originalen Schauplätze zu Gedenkstätten. Möglicherweise ist also die als offene Wunde in der Berliner Innenstadt liegende „Topographie des Terrors“, die jenen Ort markiert, an dem Gestapo, SS und Reichssicherheitshauptamt ihre Zentralen hatten, die Form, die sich am ehesten in eine jüdische Erinnerungskultur am Ort des Geschehens einfügt.

„An dieser provisorischen Gedenkstätte scheint Berlin anzuerkennen, daß es keine weiteren ‚Endlösungen‘ für die Verlegenheit bei der Darstellung der tatsächlichen ‚Endlösung‘ gibt. […] Die Gedenkstätte hier wirkt nicht nur durch Raum und bauliche Überreste, sondern auch durch Gedenkarbeit. Der weitere Umgang bleibt ungelöst, genau deshalb blüht das Projekt auf dem Gestapogelände, denn es wetteifert mit der Erinnerung, indem es fortfährt herauszufordern, entrüstet nachzufragen und schließlich die Besucher einlädt zu einem fortwährenden Dialog zwischen sich und ihrer Vergangenheit.“[78]

„*Secher Liziat Mizrajim*“ (zum Gedenken an den Auszug aus Ägypten) ist eine Standardformel jüdischen Gottesdienstes eben nicht nur am *Pessachfest*, sondern zum Beispiel auch im *Kiddusch* (Weinsegnungsgebet). „Das Verb *Sachor* (erinnern) in all seinen Formen kommt in der Bibel nicht weniger als 169 Mal vor.“[79] Wer kennt nicht jene endlos langen Namenslisten in der hebräischen Bibel[80], die an bestimmte Geschlechter erinnern, aber es heißt doch nicht: „Ihr sollt ein Volk von Historikern sein“. Dennoch hat das Judentum ein ganz besonderes Geschichtsbewußtsein: „Wenn Gott sich am Sinai dem ganzen Volk zu erkennen gibt, ist nicht von seinem Wesen oder seinen Eigenschaften die Rede, sondern es heißt:

‚Ich
bin dein Gott,
der dich führte,
aus dem Lande Ägypten,
aus dem Haus der Dienstbarkeit‘.“[81]

Geschichte heißt also in der jüdischen Tradition etwas ganz anderes, als etwa Herodot postulierte, indem er gegen das „unaufhaltsame, durch das Verstreichen der Zeit bewirkte Verblassen der Erinnerung“[82] anschrieb.

Die Erinnerung an die Toten ist ein besonderes Kapitel der jüdischen Tradition. Hat nicht Moses vor dem Exodus die Gebeine Josephs ausgegraben, um sie nicht der Befreiung zu opfern?

Wer immer ein Grab besucht: werden nicht die Steine wieder aufgeschichtet, um es vor dem Vergehen zu bewahren, was sich im symbolischen Kieselsteinauflegen auf jüdische Grabsteine durch die Zeiten erhalten hat?

Zu den Wallfahrtsfesten werden *Haskarat Neschamot* genannte Seelengedächtnisfeiern veranstaltet, um namentlich der Hingeschiedenen zu gedenken, ein Brauch, der seit den Hasmonäerkriegen im Jahr 165 v. Chr. üblich ist[83]. Seit dem 17. Jahrhundert sind sogenannte „Memorbücher" überliefert, in die Jüdische Gemeinden insbesondere diejenigen eintrugen, die durch *Kiddusch Haschem*, die sogenannte Heiligung seines Namens, die Bereitwilligkeit zum Selbstopfer unter Beweis gestellt haben[84].

Rabbi Hier, der bereits zitierte Direktor und Gründer des *WiesenthalCenters* in Los Angeles, bemerkt am Ende eines Vortrages in Berlin: „Der Holocaust ist für Deutschland, was für Ägypten die Pyramiden sind. So wie die Pyramiden, die vor Jahrtausenden von den Pharaonen errichtet wurden, für immer in der Landschaft Ägyptens bleiben, so bleiben die Dachaus und Buchenwalds vom Dritten Reich errichtet und können niemals aus der physischen Landschaft Deutschlands verschwinden. [...] Es ist eine Tragödie für unsere beiden Völker: Für uns, denn wir müssen ihr Andenken bewahren, und für Sie [die deutschen Nichtjuden, A. N.] weil Sie die Verantwortung dafür übernehmen müssen sicherzustellen, daß solche Untaten nie mehr in Ihrem Land oder anderswo geschehen."[85]

Die Grundlagen jüdischen Gedenkens sind biblischer Art; sie sind untrennbar verbunden mit dem Gottesglauben und stellen ein existentielles Element jüdischer Religion dar. Sie sind verbunden mit dem individuellen Gedenken einzelner Opfer (von den Generationsaufzählungen der Bibel über *Haskarat Neschamot* bis zu den „Memorbüchern"). Erst in zweiter Linie werden diese eingeordnet in größere historische Zusammenhänge.

Es ist also zu fordern, daß Gedenkstätten die Individualität der Opfer genauso darstellen, wie den Verlauf einer verbrecherischen Aktion. Täter- und Opferperspektive müssen einander gegenübergestellt werden. Sicherlich ist für die Juden die Schoah ein mindestens ebenso traumatisches Ereignis wie die Zerstörung des 2. Tempels. Wie lange diese Traumatisierung anhält, welche Folgen sie für die jüdische Identität und Erinnerungskultur im nächsten Jahrhundert oder Jahrtausend haben wird, läßt sich nicht ermessen. Sicher ist aber, daß die jüdische Erinnerungskultur nach der Schoah noch weiterer Entwicklung bedarf: Wir bewegen uns noch immer auf der Ebene der Pflicht, wir sind weit davon entfernt, Ezechiels Prophetie umsetzen zu können. Wir sitzen im Tal des Todes, wir sehen die Knochen, wir hören die Worte des Propheten, aber wir haben uns noch nicht aufgemacht, um jenen Geist in die toten Glieder zu bewegen, der sie zum Leben für die nächsten 2000 Jahre werden läßt. Indem man von beiden Ausgangspunkten Erinnerungskultur in eine neue Phase bringt, nähert man sich dem eingangs gestellten Postulat: Wir haben nicht nur der Toten zu gedenken, die zerstörten Lebenswelten zu bewahren, sondern dafür zu sorgen, daß das Vermächtnis derer, die sich nicht mehr artikulieren können, in den Erinnerungsakt einfließt. Auch jene Ewiggestrigen, die Auschwitz leugnen, wissen: Es ist geschehen.

Primo Levi hat lange vor Hoyerswerda, Mölln, Rostock, Magdeburg oder Sachsenhausen festgehalten: „Es ist geschehen und also kann es wieder geschehen." Und das Mindeste was die Gedenk-und Erinnerungskultur dazu beizutragen hat ist, daß es nie wieder geschieht.

Abwarten

Vor einigen Wochen äußerte der Präsident der *Akademie der Künste*, György Konrad, in einem vielbeachteten Feuilletonbeitrag seine große Skepsis über die Wirksamkeit eines künstlerisch gestalteten Mahnmals zur Erinnerung an den Mord an den europäischen Juden. Er gab zu bedenken, daß statt eines die Singularität des „Zivilisationsbruchs Auschwitz" nicht abbildenden Stücks Skulptur und/oder Architektur lieber ein Garten gestaltet werden sollte, in dem Kinder mitten in der Metropole spielen könnten. Wer die Biographie Konrads kennt, der weiß, wie er als Kind dem Tod durch die Nazischergen gerade von der Schippe springen konnte, hat für diesen Vorschlag größte Sympathie, denn er ist rührend und gut gemeint. Aber gut gemeint ist nicht wirklich gut. Wir erinnern uns: Als Mitte der 70er Jahre der große Historiker, Zeitzeuge und Überlebende der Schoah, Joseph Wulff, ein Dokumentationszentrum in der Villa Minoux – wie damals euphemistisch die Wannseevilla noch genannt wurde – errichten wollte, lehnte der Senat, unter Leitung des wahrhaft in der Versöhnung mit den Juden nicht wenig engagierten Regierenden Bürgermeisters Klaus Schütz, dieses Vorhaben ab, weil man meinte, die damalige Nutzung als ein Kinderlandschulheim eines Berliner Bezirks sei dem Ort angemessener als eine Gedenkstätte, weil es doch nichts besseres gäbe als spielende Kinder. Daß dann knapp zwanzig Jahre später diese Entscheidung revidiert wurde zeigt, daß Landschulheime und Stadtparks für spielende Kinder das eine sind, die Erinnerung und das Lernen über jenes Verbrechen, das dem 20. Jahrhundert bei künftigen Historikern wahrscheinlich einmal den Namen geben wird, ein anderes, ebenso notwendiges ist.

Die große Skepsis, ob die vorliegenden Entwürfe tatsächlich dem Kriterium standhalten, daß sie in 20 oder 100 Jahren noch eine Botschaft in sich tragen, teile ich und teilen wohl auch diejenigen, die als Politiker oder Funktionäre meinen, man könnte durch ein monumentales Erinnerungswerk die Fremdenfeindlichkeit der Biedermänner à la Gollwitz, der Brutalität der Skinheads etwas entgegensetzen, denn sie mahnen Veränderungen der Kunstwerke an, wollen jüdische Vornamen auf den Grabsteinen verewigt sehen oder die Entwürfe durch Veränderung etwas handlicher machen. Kein weiterer Kommentar zu dieser „Verschlimmbesserungsdiskussion“: Hier geht es um eine Antwort an György Konrad.

György Konrad schreibt richtig über die Aura des Ortes Sachsenhausen, der auch dem Besucher, der durch keine der dort angebotenen Ausstellungen geht, eine eindringliche Vorstellung von dem Grauen vermittelt, das sich dort unter der Regie der SS abspielte. Richtig ist, daß diese authentischen Orte vor dem Verfall geschützt werden müssen, denn sie sind eindringlicher als jedes „Gedicht“.

Die Eindrücklichkeit von *Yad Vashem*, der Gedenkstätte des Staates Israel für die Opfer der Schoah, beruht auf jenem Dreiklang, den übrigens auch Sachsenhausen, Auschwitz oder die anderen großen Gedenkstätten zur Grundlage ihrer Konzeption machten: Es ist die friedhofsähnliche Ruhe des Ortes, es ist ein Nukleus, ein Gedenkort, und eine Dokumentationsausstellung. Dieser Dreiklang ist es, den ein Denkmal für die ermordeten europäischen Juden braucht, um das zu bewirken, was die Bundeshauptstadt Berlin unabdingbar braucht, was das Bundesdorf Bonn nicht brauchte. Jeder, der jetzt aus Washington, Moskau, London, Madrid oder Rom über imperiale Achsen, durch das Brandenburger Tor, am Reichstag vorbei nach Berlin kommt, benötigt einen Gedenkort, um jener Millionen von Ermordeten zu gedenken, die von dem Terrorblock Wilhelm-Ecke Prinz-Albrechtstraße aus europaweit ermordet wurden.

György Konrad hat wohl recht, wenn er angesichts der vorliegenden Entwürfe zum Abwarten mahnt, bis der richtige Entwurf für dieses Denkmal gefunden wird. Vielleicht geht man bis dahin den zuweilen steinigen Weg, den auch die „Topographie des Terrors“ gegangen ist. Man errichte ein provisorisches Denkmal auf jenem großen Gelände: Einen Park, einen Gedenkstein und eine Dokumentation, die in jedem Jahr die Schoah in einem anderen europäischen Land dokumentiert. Nach fast zwei Jahrzehnten der aktiven Gedenkarbeit wird man sicherlich eine Ausdrucksform finden, die dem großen Verlust und der Trauer angemessen ist. Daß so etwas nicht mit großen Bauten verbunden sein muß, hat die „Topographie des Terrors“ in dem Jahrzehnt ihres Bestehens eindrucksvoll gezeigt.

György Konrad irrt jedoch, wenn er meint, daß ein Mahnmal für die ermordeten europäischen Juden „antisemitischen“ Empfindungen Nahrung gibt. Als geschäftsführender Direktor der Stiftung „Topographie des Terrors“ habe ich jahrelang zusammen mit Professor Rürup eine Gedenkstätte mitten in Berlin geleitet, die all jene Kriterien erfüllen könnte, die György Konrad meint – eine Narbe inmitten der Stadt, jedoch ungeeignet zum Kinderspiel, bedrückend in der Erscheinung, erleuchtend jedoch in der Aussage: Ich habe niemanden in dem fast ein Jahrzehnt dauernden Begleiten dieses Projektes getroffen, der aus der Existenz dieser riesigen Stadtbrache Antisemitismus hergeleitet hätte. Und wäre es so oder würde es so: Eine Gesellschaft, in der durch ein Denkmal „antisemitische Empfindungen“ erregt werden, ist von Schlimmerem bedroht, als von einem Denkmal.

Mahnmale am „Lernort“

Am 4. Juni 2000 versammelten sich etwa 80 Personen, an der Spitze der Innensenator Eckart Werthebach in seiner Funktion als Bürgermeister „Jot we de“, wie der Berliner sagt, „Janz weit draußen“, am Ende des Marzahner Friedhofs unweit der S-Bahn-Trasse, um der ermordeten 500.000 Sinti und Roma zu gedenken. Der 1987 aufgestellte Gedenkstein, ein Findling mit einem DDR-typischen Widmungsspruch, ist der einzige greifbare Erinnerungspunkt in unserer Bundeshauptstadt, der an diesen von den Nationalsozialisten in Europa durchgeführten Völkermord an Sinti und Roma erinnert. Er steht dort, weil unweit davon 1936 ein Zwangslager für die das Stadtbild des Nazi-Berlin störenden „Zigeuner“ anläßlich der Olympischen Spiele 1936 eingerichtet worden war.

Seit Ende der 80er Jahre wurde, initiiert von Lea Rosh und einem überparteilichen Initiativkreis, die Errichtung eines Denkmals zur Erinnerung an den millionenfachen Mord der europäischen Juden gefordert. Kein Diskurs der Nachkriegszeit wurde länger, intensiver und kontroverser geführt[86]. Ergebnis war, daß nach großer Debatte im Deutschen Bundestag beschlossen wurde, ein Mahnmal nebst „Ort der Information“ zu errichten. Nicht nur in dieser Debatte wurde angemerkt, daß es keine Hierarchisierung der Opfergruppen geben dürfe. Folglich muß darüber nachgedacht werden, wie man Sinti und Roma, Homosexuellen, den Opfern der Euthanasie, den politisch und religiös Verfolgten sowie anderen Opfergruppen bis hin zu den Wehrmachtsdeserteuren angemessen gedenken kann.

Als Anfang der 80er Jahre im Kontext der Wiederbelebung der südlichen Friedrichstadt, dem Quartier zwischen Stresemannstraße und dem ehemaligen „Checkpoint Charlie“, das vorwiegend als Platz für „Fahren ohne Führerschein“ und Schuttrecyclinghaufen genutzt wurde, wieder etwas urbaner Odem eingehaucht werden sollte, entdeckte man auch die traurige, jahrzehntelang verdrängte Geschichte der ehemaligen Kunstgewerbeschule und des „Prinz-Albrecht-Palais“: Hier war das Zentrum des Bösen. Von hier wurden berlinweit oder reichsweit, und soweit sich die Nazi-Herrschaft über Europa erstreckte, die Befehle zur Deportation und Vernichtung Einzelner, aber auch ganzer Völker, also auch der Sinti und Roma, gegeben. Im „Hausgefängnis“ in der Prinz-Albrecht-Straße 8 saßen Mitglieder des deutschen Widerstands zwischen den Folterverhören genauso ein, wie der berühmte Berliner Rabbiner Leo Baeck.

In der Berliner Gedenkstättendiskussion der 80er Jahre ging es darum, diesen Ort an der Berliner Mauer als einen „Lernort“ dauerhaft zu markieren. Ein großangelegter Architektenwettbewerb war 1984 gescheitert, gleichzeitig wurde die „Wannsee-Villa“ und die „Gedenkstätte Deutscher Widerstand“ geplant bzw. neu eingerichtet. In diesem Augenblick – es war kurz nach der 750-Jahr-Feier von Berlin – trat die Initiative um Lea Rosh mit dem Plan auf, hier das Denkmal für die ermordeten europäischen Juden einzurichten. Die in der Zwischenzeit entstandenen Bürgerinitiativen, die den Schuttrecyclingplatz und das „Fahren ohne Führerschein“ vertrieben und mit Hilfe der *Berliner Festspiele* die Spuren der Gefängniskellerböden und eines von Häftlingen des KZ Sachsenhausens errichteten Küchentrakts aufgedeckt hatten, lehnten die Forderung des Förderkreises um Lea Rosh, nur für eine Opfergruppe ein Mahnmal zu errichten, als unzulässige Verengung der Geschichte dieser „Topographie des Terrors“ ab. Im Kontext der Entwicklung von „Wannsee-Villa“ und „Gedenkstätte Deutscher Widerstand“ meinten sie, daß an diesem Stadtrand West-Berlins der Untaten der Täter nachgegangen werden soll, während am anderen Stadtrand, in Wannsee, der Opfer gedacht werden sollte. Nimmt man die Geschichte der Orte jedoch ganz wörtlich, so ist die Wannsee-Villa, in der sich ausschließlich Spitzenvertreter der NS-Bürokratie zur Endlösung koordinierten, viel mehr ein Ort der Täter als das „Prinz-Albrecht-Gelände“, das unter den Opfern, wegen seiner berüchtigten Verhöre und der brutalen Inhaftierung im Hausgefängnis, als „fürchterlichste Adresse Berlins“ bekannt war.

Jetzt stehen die „Topographie des Terrors“, die ehemalige Gestapo-Zentrale, das ehemalige Reichssicherheitshauptamt, die Zentralen von SS und SA sowie die angrenzenden Grundstücke an der Anhalter Straße mitten im Hauptstadtbezirk, wenige Meter vom

Haus des Bundesrats, vom Bundesfinanzministerium und Berliner Abgeordnetenhaus entfernt. Für das Mahnmal zum Gedenken an den Mord an den europäischen Juden wurde unweit eben dieser „Topographie des Terrors" und des Brandenburger Tors ein prominenter Standort gefunden, ergänzt durch einen „Ort der Information".

Für die Mahnmale für die anderen Opfergruppen muß das Gleiche gelten, wie für das Holocaust-Denkmal. Das jeweilige Mahnmal muß qualitativ die gleichen Anforderungen erfüllen:

1. Es muß in unmittelbarer Nähe zu den Agenturen der deutschen Staatsverbrechen stehen.
2. Es muß über die traurige Geschichte der Opfer und über die Zusammenhänge der Organisation des Verbrechens Auskunft geben.
3. Es muß wahrnehmbar und unübersehbar in der Mitte des „Neuen Berlin" Platz haben, wenn wir den Konsens des „Nie wieder!" ernst meinen.

All diese Kriterien könnten etwa das Robinienwäldchen, vielleicht auch der Parkplatz des Deutschland-Hauses neben der „Topographie des Terrors" erfüllen.

Stadträumlich betrachtet ergäbe sich folgendes Bild: In der Neuen Wache wird der Wehrmachtssoldaten und anderen Toten des 2. Weltkriegs gedacht, an der gleichen Achse, zwei Kilometer weiter, der gefallenen sowjetischen Soldaten, neben dem Brandenburger Tor der ermordeten Juden Europas und neben der „Topographie des Terrors" aller Opfer der Nationalsozialisten. Dem Betrachter böte sich folgendes Bild: Im Stadtquartier Niederkirchner Straße / Wilhelmstraße fällt die große Stadtwunde, der freie Platz neben den Trümmerbergen ins Auge, dazwischen schieben sich die abstrakten weißen Betonstäbe Peter Zumthors als „Lernort", davor steht ein kleiner schwarzer Kubus, der die Zellenböden als Denkmal für alle Opfer der Nazis umschließt auf der einen Seite und auf der anderen Seite des Zumthorschen Betonstabwerks, teilweise zwischen den Robinen, teilweise auf der jetzigen Parkfläche hinter dem Deutschlandhaus, stehen unterschiedlich gestaltete Mahnmale zur Erinnerung an die zahlreichen Opfergruppen des Naziterrors.

Ob dieser Vorschlag ein Ansatz für eine fruchtbare Debatte sein kann, sollte mit den Opfergruppen diskutiert werden. Otto Rosenberg, der Vorsitzende des Landesverbandes Deutscher Sinti und Roma in Berlin und Brandenburg hatte in seiner Ansprache zu Recht gefordert: „Das Mahnmal sollte im politischen Zentrum Berlins angesiedelt sein, in unmittelbarer Nähe zu den Orten, von denen aus der Nationalsozialistische Völkermord in Deutschland und Europa gelenkt wurde." Sicher ist, daß es in Berlins Mitte auch für unsere ermordeten Schwestern und Brüder von Sinti und Roma ein Gedenken mit größerer öffentlicher Anteilnahme gäbe als das jener 80 Personen, die auf dem Marzahner Friedhof zusammenkamen.

Gegen Rassenhaß und Völkermord – Opfer aus dem Volk der Sinti von 1936–1945

Juden und Roma und Sinti teilen viele gemeinsame Erfahrungen – nicht nur die Schoah, die Ermordung ihres Volkes. In der europäischen Geschichte waren Roma und Sinti genauso wie die Juden immer „die Anderen", „die Fremden", auch wenn sie schon seit Jahrhunderten hier lebten, mitunter sogar noch vor den jeweiligen Völkern, die das Land dann als ihre Heimat beanspruchten. Heute sind Wörter wie Toleranz oder „multikulturell" zu Modebegriffen geworden. Oft ist mit Toleranz jedoch nur ein Dulden gemeint. Nur wenige Menschen sind bereit, die Begegnung mit einer anderen Kultur als eine Bereicherung zu sehen und diese in ihr eigenes Leben zu integrieren. Solange es bunt und lustig zugeht, solange es gute Musik und gutes Essen gibt, ist man gern tolerant. Doch in dem Moment, wenn sich zeigt, daß der „Andere" – der Sinto – der Jude – tatsächlich auch anders lebt, andere Lebensgewohnheiten hat, ja sogar andere Wertvorstellungen, und daß er damit die Wertvorstellungen der Mehrheitsgesellschaft in Frage stellt – ziehen viele sofort eine haarscharfe Grenze. Andersartigkeit bleibt eine Provokation, in die viele ihren Neid und ihre verdrängten Gefühle projizieren. Roma und Sinti teilen mit den Juden ein jahrhundertealtes Bewußtsein für ihre Andersartigkeit – verbunden mit einem inneren Stolz, die eigene Würde gewahrt und dem Druck zur Anpassung widerstanden zu haben. Beide sind gewissermaßen zwei unbeugsame Völker. Und beide sind zwei europäische Völker – sie leben in allen Ländern Europas und sind über alle nationalen Grenzen hinweg miteinander verbunden.

Vor der Hitlerzeit hat der größte Teil der in Deutschland lebenden Sinti, ebenso wie der Juden, überhaupt kein Problem darin gesehen, sowohl „gute Deutsche" zu sein, als auch zugleich noch ein eigenes, anderes kulturelles Element in sich zu tragen. Die Anhänger engstirniger Doktrinen, nach denen eine Nation zugleich ein homogenes Volk sein muß, konnten dies nicht akzeptieren, und ich meine, daß es auch heute noch vielen Menschen schwerfällt, damit klarzukommen, daß eben nicht alle deutschen Staatsbürger sozusagen zum selben „Stamm" gehören und dieselbe Geschichte haben.

Als die Nazis ihre rassistische Politik formulierten, nannten sie die Juden und die Roma und Sinti oft in einem Atemzug. Der Kommentator der Nürnberger Rassengesetze, Globke, der unter Adenauer Kanzlerberater wurde, schrieb 1935: „Artfremden Blutes sind in

Europa regelmäßig nur die Juden und die Zigeuner." Dabei waren die ursprünglich einmal aus Indien nach Europa eingewanderten Roma und Sinti – wenn man es genau nimmt – die einzigen Arier, die es überhaupt in Europa gab. Daß die rassistische Politik der Nazis die Roma und Sinti mit derselben Unbarmherzigkeit wie die Juden verfolgte, ist heute jedem in diesem Land – jedem der es wissen will – bekannt. Wir Juden wissen aber, was es heißt, die Bürde dieser Erfahrung zu tragen – sie wird von den Roma und Sinti ebenso getragen wie von uns. Die Unvergleichbarkeit von Auschwitz liegt darin, daß es noch nie in der Geschichte einen staatlich verordneten Völkermord gegeben hatte, bei dem ein ganzes Volk-und zwar bis zum letzten Säugling-ausgerottet werden sollte. In diesem Völkermord gab es für die Betroffenen kein Entkommen – nicht durch Anpassung, nicht durch Konversion, nicht einmal durch Kollaboration. Die Kriterien des nationalsozialistischen Rassenwahns waren so definiert, daß selbst diejenigen, die sich längst als Deutsche verstanden hatten, von der Mordmaschinerie nicht ausgenommen wurden.

Es ist ein Paradox, daß nach dem Untergang des „Dritten Reiches" sich die Bundesrepublik Deutschland ausgerechnet bei den Roma und Sinti am längsten weigerte, Entschädigungszahlungen vorzunehmen, wo doch ihre Verfolgung mitunter sehr viel offensichtlicher und in aller Öffentlichkeit geschah. Die Pläne zu ihrer Internierung bestanden bereits seit 1934. Um Berlin zu den Olympischen Spielen – wie es damals hieß – „zigeunerfrei" zu machen, wurde dieses Lager an der Bahnstrecke Marzahn-Werneuchen errichtet. Alle in Berlin lebenden Sinti wurden verhaftet und dort zwangsinterniert. Jeder Berliner, der mit dem Zug vorbeifuhr, konnte die Baracken und Wohnwagen sehen, die elenden Unterbringungsverhältnisse, die Polizei mit ihren Schäferhunden und den bewachten Eingang des Lagers, den niemand der 800 bis 1000 Menschen, die hier zwangsweise leben mußten, ohne Genehmigung verlassen durfte.

Bei der Verfolgung der Sinti und Roma legte sich das Regime von Anfang an keinerlei Zwang zur Verschleierung auf, wie bei manchen anderen Bevölkerungsgruppen, etwa oppositionellen christlichen Theologen oder geistig Behinderten. Im Gegenteil, die Nazis rechneten mit einer breiten Zustimmung der Bevölkerung, die sie auch erhielten. Die Deportation geschah am hellichten Tag, und die Presse meldete die Einzelheiten. So berichtete die *Neue Tempelhofer Zeitung* bereits 1935 über eine von der Polizei eskortierte Deportation, die mitten durch Berlin ging. Der Verfasser des Artikels applaudierte, daß „die Zigeuner jetzt eine härtere und zupackendere Hand zu spüren bekommen", und daß man nun endlich „von einer Plage befreit" sei, „gegen die man früher immer wieder vergeblich die Hilfe der zuständigen Behörden angerufen hatte" – man sehe „mit Freuden", daß der Freiheit der Zigeuner „jetzt ein Ende gemacht worden ist".

Das, was amtlich als „Rastplatz Marzahn" bezeichnet wurde und den Auftakt zum Völkermord an den Roma und Sinti bedeutete, war für jedermann sichtbar. Ebenso war dies ein Ort, an dem die Nazis den ganzen Zynismus ihres Rassenwahns entfalteten. Hier führte der Leiter der „Rassenhygienischen und Bevölkerungsbiologischen Forschungsstelle" des Reichsgesundheitsamtes in Berlin-Dahlem, Robert Ritter, zusammen mit seiner engsten Mitarbeiterin Eva Justin, sogenannte „erbbiologische Untersuchungen" durch, die unter anderem von der Deutschen Forschungsgemeinschaft finanziert wurden. Das eigentliche Ziel war die Gesamterfassung aller Sinti und Roma, um deren, wie es hieß „Ausmerzung aus dem deutschen Volkskörper" vorzubereiten. Bei den Verhören und anthropologischen Messungen sind die Insassen bedroht und schikaniert worden, wer keine Folge leistete, kam ins KZ. Durch Ritters pseudo-wissenschaftliche Methoden wurden Tausende von Roma und Sinti aufgespürt, die zum Teil seit Generation in die sogenannte „reindeutsche Bevölkerung" integriert waren, ja teilweise sogar NSDAP-Mitglieder waren oder der Wehrmacht dienten. Fast alle von ihnen wurden in Konzentrationslager deportiert.

Obwohl in Marzahn ein unglaubliches Unrecht geschehen ist, dauerte es Jahrzehnte, bis der Zwangscharakter des Lagers gerichtlich anerkannt wurde und die sich darauf berufenden Entschädigungsforderungen legitimiert waren. Die alten Voruteilsstrukturen wirkten in vielen Polizei-und Kommunalverwaltungen noch Jahrzehnte fort. Roma und Sinti galten unter den Nazis als „asozial", und mancher Beamte meinte, daß es sich in Marzahn nur um eine – wenn auch rigide – Zwangsmaßnahme zur Seßhaftmachung der Sinti gehandelt habe. Schließlich hätten sie das Lager ja verlassen können – zwar nur mit Genehmigung, und dies auch nur, um außerhalb des Lagers Zwangsarbeit zu leisten oder in dem einzigen Geschäft, das ihnen zustand, Einkäufe zu erledigen. In Wahrheit gab es jedoch kein Entkommen aus Marzahn. Überlebende berichteten, wie die Polizei sofort Schäferhunde auf sie jagte, wenn sie beispielsweise von dem einzigen, ihnen erlaubten Weg zum Geschäft abwichen. Marzahn hatte den Charakter eines Sammellagers, beziehungsweise einer Durchgangsstation auf dem Weg in die Vernichtung. Bis zu 2.000 Menschen sind durch dieses Lager gegangen, ab 1937 wurden Menschen von hier aus in Konzentrationslager wie Buchenwald und Sachsenhausen deportiert, im Krieg auch in Ghettos wie Lodz – bis Himmler im Dezember 1942 den Befehl zur Liquidierung aller Roma und Sinti in Deutschland und allen von Deutschland besetzten Ländern gab. Bis zu einer halben Million europäischer Roma und Sinti sind im

„Dritten Reich“ ermordet worden. In Vernichtungslager Auschwitz erwartete sie – genau wie die Juden – der Weg ins Gas.

Die Wunden der Überlebenden und auch ihrer Kinder sind bis heute nicht geheilt. Nicht einmal eine angemessene Entschädigung haben Roma und Sinti bislang erhalten. Wenn es um „Vergangenheitsbewältigung“, die historische Aufarbeitung des „Dritten Reiches“, geht, wird das Kapitel ihrer Verfolgung oftmals ausgeklammert, wenn nicht gar vergessen. Der Streit um das Holocaust-Mahnmal hat gezeigt, daß der Ermordung der Roma und Sinti nicht ohne weiteres gedacht wird, daß die Vertreter ihrer Verbände das Thema immer wieder in die Öffentlichkeit bringen müssen, weil es nicht von selbst im Bewußtsein der Bevölkerung auftaucht.

Ich kann Ihnen jedoch versichern, daß wir – die Juden in Berlin und Deutschland – weit davon entfernt sind, uns an einer Hierarchisierung der Opfer zu beteiligen. Roma und Sinti erlebten denselben Leidensweg, dieselbe Schoah wie die Juden. Inzwischen wurde die Errichtung des Mahnmals für die ermordeten Juden Europas vom Deutschen Bundestag beschlossen. Ich habe nie einen Hehl daraus gemacht, daß ich mit diesem Mahnmal Bauchschmerzen habe. Millionen werden in eine Steinwüste gesteckt, während die Gedenkstätten an authentischen Orten verfallen und wir um jeden Pfennig für notwendige Restaurationsarbeiten kämpfen müssen. Unbehagen hat mir das Mahnmal auch bereitet, weil es die Roma und Sinti, die genauso wie die Juden im Dritten Reich unter Verfolgung und Ermorderung gelitten hatten, nicht einbezieht. Nun, da das Mahnmal aber eine beschlossene Sache ist, schlage ich vor, daß man an einer ebenso präsenten Stelle ein Mahnmal für die Ermordung der europäischen Roma und Sinti baut. Es würde ein schlechtes Licht auf diesen Staat und seine Demokratie werfen, wenn diese Opfergruppe weiterhin aus dem öffentlichen Bewußtsein ausgeklammert bliebe.

Die offene Wunde der Bundeshauptstadt

> „Diese Stätte ist eine Notwendigkeit in der Bundeshauptstadt Berlin. Wir brauchen diese offene Wunde in Berlin, sie muß schmerzen, gefragt ist nicht die Salbe, die nur die Symptome kuriert. Diese Wunde muß schmerzen, damit das beste Monument, das man für die Opfer schaffen kann, eine Gesellschaft ohne Antisemitismus, ohne Rassismus, die von Toleranz und Humanität geprägt ist, nicht gefährdet wird. [87]

Gestapo, SS und Reichssicherheitshauptamt hatten in den Gebäuden Prinz-Albrecht-Straße 8 und in ihrer unmittelbaren Nachbarschaft in der NS-Zeit ihre Zentralen. Nach 1945 waren die Reste der zerstörten Häuser abgeräumt worden, jeder Hinweis auf die traurige Geschichte dieses Viertels schien ausgelöscht zu sein, denn bis zur Mitte der 80er Jahre bestimmten ein Bauschuttrecycling für Unternehmen und ein Autodrom, auf dem Fahren ohne Führerschein möglich war, das Stadtbild dieses Quartiers.

Verschiedene Berliner Initiativen nahmen schließlich die Informationen, die über das Gelände im Zusammenhang mit dem seit Ende der 70er Jahre betriebenen Wiederaufbau des kriegszerstörten Martin-Gropius-Baus aufkamen, zum Anlaß, die verborgene Geschichte des Prinz-Albrecht-Geländes dauerhaft sichtbar zu machen. Während der „Preußen-Ausstellung" 1981 wurde erstmals in größerem Maß auf die Geschichte des Ortes hingewiesen.[88] Im Rahmen der Erschließung der südlichen Friedrichstadt durch die Internationale Bauausstellung (IBA) wurde 1983 ein Wettbewerb ausgelobt, um auf dem ehemaligen Gestapo-Gelände einen Stadtpark einzurichten.

Bei der Ausschreibung des Wettbewerbs ging man noch davon aus, daß ein Museum für Deutsche Geschichte im benachbarten Martin-Gropius-Bau untergebracht werden würde. In der Aufgabenstellung des Wettbewerbs hieß es unter anderem:

> „Dem Ort soll seine eigene Geschichte zurückgegeben werden und die Stadt soll ihn zugleich wieder in ihr Leben, also auch ihren Alltag, einbeziehen können.
> So wird das Gelände östlich des ehemaligen Kunstgewerbemuseums (Martin-Gropius-Bau) auch ein Ort der Erholung für die Bewohner der näheren Umgebung sein. Das mit Grün unterversorgte Kreuzberg soll an dieser Stelle einen Stadtteilpark erhalten. [...] In der Neugestaltung muß auch die ideelle Bedeutung sichtbar werden, die diesem Gelände als eine Stätte der Erinnerung, des Nachdenkens, des Erschreckens und des Gedenkens zukommt. Die Neugestaltung dieses Ortes soll das Vergessen unterbrechen und ihn im Bewußtsein der Bewohner und Besucher der Stadt zum festen Bestandteil des Berliner Stadtgefüges machen."[89]

194 Wettbewerbsarbeiten wurden der Jury vorgelegt. Trotz kontroverser Diskussion vergab die Jury Preise. Gewinner wurden Prof. Jürgen Wenzel und Nikolaus Lang (Berlin). Der Entwurf sah vor, daß große gegossene Stahlplatten, auf denen NS-Dokumente faksi-miliert eingeprägt sein sollten, das gesamte Gelände versiegeln. Gleichzeitig sollte eine in einem strengen geometrischen Raster zwischen den Dokumenten ausgebreitete Baumreihung das Gelände mit den Baumkronen überdachen. Eine breite öffentliche Diskussion des Wettbewerbsergebnisses verwarf eine künstlerische Überformung:

Im Dezember beschloß der Berliner Senat, das Wettbewerbsergebnis nicht zu realisieren. Diesem Senatsbeschluß folgte eine erneute Diskussionsphase an deren Ende die provisorische Gestaltung durch die für die 750-Jahr-Feier verantwortliche *Berliner Festspiele GmbH* im Auftrag des Kultursenators erfolgte. Das besondere an dem von 1987 zum 8. Mai 1995 vorgesehenen Baubeginn des Dokumentationszentrums war das Engagement von Bürgern und Initiativen. Sie waren es, die am 8. Mai 1985 unter dem Motto „Es darf kein Gras darüber wachsen“ zu einer Grabungsaktion aufriefen, um auf dem ehemaligen Gestapo-Gelände eine „Denk-Stätte“ zu schaffen. Die Grabungsaktion führte dazu, daß tatsächlich in dem angeblich in den 50er Jahren „tiefenenttrümmerten“ Gelände noch Spuren der Zentralen des Naziterrors entdeckt wurden. Daraus ergab sich die Forderung nach systematischen archäologischen Grabungen, die im Auftrag des Kultursenators 1986 erfolgten.

Zu gleicher Zeit liefen die Vorbereitungen für die „Berlin-Ausstellung“, der zentralen historischen Ausstellung zur 750-Jahr-Feier im Westteil der damals noch geteilten Stadt, die unter der wissenschaftlichen Leitung von Reinhard Rürup und Gottfried Korff die Geschichte der Stadt thematisieren sollte. So wurde schließlich die *Berliner Festspiele GmbH* und der für Geschichte zuständige wissenschaftliche Leiter, Professor Reinhard Rürup, beauftragt, ein Konzept für die Präsentation im Rahmen der 750-Jahr-Feier zu entwickeln, das die Geschichte des Prinz-Albrecht-Geländes dokumentieren sollte. Zeitgleich fand mit großer öffentlicher Anteilnahme im Februar 1986 ein Hearing in der *Akademie der Künste* statt, die um grundsätzliche Möglichkeiten des Umgangs mit diesem Gelände rangen. So wurde die Frage gestellt, wem an diesem Ort der Täter zu gedenken sei und wie dies zu geschehen habe. Bürgerinitiativen bildeten sich, wie die von Prof. Karl Schäfer geleitete „Initiative zum Umgang mit dem Gestapo-Gelände“, Menschenrechtsorganisationen und Betroffenen-Verbände engagierten sich genauso wie Einzelpersönlichkeiten.

Aus dem öffentlichen Diskussionsprozeß kristallisierte sich schließlich heraus, daß, unter Einbeziehung der materiellen Grabungsfunde, das Gelände durch eine dokumentarische Ausstellung inhaltlich erschlossen werden sollte. Die Ausstellung sollte in einem provisorischen Ausstellungspavillon auf dem Gelände plaziert werden. Mit den inhaltlichen Vorarbeiten wurde im Sommer 1986 begonnen. Bei den Gründungsarbeiten für das von Jürg Steiner (Berlin) geplante und von der Firma *Museumstechnik* ausgeführte Gebäude wurden die dann für die Anschaulichkeit der Ausstellung markanten Keller, die erst in den 40er Jahren von Häftlingen des KZ Sachsenhausen als Behelfsanbau der Kantine des Geheimen Staatspolizei-Amtes errichteten Gemäuer, gefunden und in die Präsentation mit einbezogen.

Am 4. Juli 1987 wurde die Ausstellung und das Gelände als „Lernort“ eröffnet.

> „So waren diese Gebäude in den letzten Monaten und Wochen des Dritten Reiches zwar nicht der Ort der Ausübung des physischen Terrors, aber sie waren der Ort der Angst. Nicht körperlich betrieben wurde der Schrecken hier, sondern ersonnen, systematisiert, verwaltet, organisiert und schließlich routinemäßig abgehakt. Es ist kaum zu glauben, aber hier wurde einmal die Woche rasiert, gebadet, Nagelpflege gestattet, es gab Lese-, Rauch-und Schreiberlaubnis und alles dies wurde peinlich genau beachtet. Nichts kennzeichnet den pervertierten, menschenverachtenden Ungeist dieses Ortes mehr, als diese teuflische, und doch so sehr deutsche Ordnung – sogar in der Vernichtung.
> So spricht aus diesen Überresten, deren Erhaltung die eine Aufgabe der historischen Kultur ist, eine Mahnung: Das Schlimmste, was einem Land widerfahren kann, ist die zwangsläufige Koinzidenz von menschlicher Macht und menschlicher Willkür. Möge es dieser Ausstellung vergönnt sein, die Erinnerung daran und die Wachsamkeit vor ihr stets lebendig zu erhalten. Der Rechtsstaat ist alles!“[90]

Schnell entwickelte sich die auf einem Schandfleck Berlins errichtete Ausstellung zu einer über Berlin hinaus beachteten Präsentation der 750-Jahr-Feier.

Schließlich reagierte der Berliner Senat auf das große Interesse und Medienecho. Die ursprünglich bis 22. November 1987 geplante Präsentation schloß nicht zusammen mit der „Berlin-Ausstellung“ im Martin-Gropius-Bau ihre Pforten, sondern wurde unbefristet verlängert.

Ende 1988 hatte sich der Diskussionsprozeß soweit fortgesetzt, daß das *Archäologische Landesamt* die ausgegrabenen Zellenböden als „unbewegliches Bodendenkmal“ unter Schutz stellte. Damit ergab sich eine Hierarchie der ausgegrabenen Spuren, denn neben den Zellenböden waren auf dem Gelände Teile der Außenmauern der Gebäude Prinz-Albrecht-Straße 8, des barocken Prinz-Albrecht-Palais sowie die in die Ausstellung einbezogenen sogenannten Küchenkeller ausgegraben und mit die historischen Sachverhalte erläuternden Hinweistafeln versehen worden. Es befanden sich noch zwei Schuttberge auf dem Gelände, ebenso die Spuren des im Robinienwäldchen betriebenen Autodroms.

Zwischenzeitlich hatte sich die Diskussion teilweise verlagert. Die Fernsehjournalistin Lea Rosh forderte ein Memorial-Monument, das die Millionen ermordeter jüdischer Menschen einzeln beim Namen nennt, auf dem Gelände zu errichten. Dem setzte unter anderem Peter Jochen Winters, Redakteur der Frankfurter Allgemeinen Zeitung, entgegen, hier wäre der Ort, an dem die „Perversion der Staatsmacht zu den Organisationen des Völkermords stattgefunden habe, hier gelte es die Täter dingfest zu machen." Hier sollte der Versuch unternommen werden, darzustellen, wie es die NSDAP geschafft hat, „aus vormals integeren Institutionen eines demokratischen Gemeinwesens die Agenturen der Menschenjagd, des Pogroms, der Massen-Internierung und des millionenfachen Mordes zu machen."[91] Im Februar 1989 veröffentlichte die *Akademie der Künste* ein umfängliches Gutachten „Zum Umgang mit dem Gestapo-Gelände". Hardt-Waltherr Hämer schreibt im Vorwort:

> „Der Ort ist jetzt präsent. Nun stellt sich die Frage, wie die nächsten Schritte aussehen, um ihn konkret und differenziert zu definieren, daß er zum Denk -Ort entwickelt werden kann, geeignet die Vergangenheit wirklich zu begreifen, um sie für die Zukunft zu überwinden."[92]

Das Berliner Abgeordnetenhaus beschäftigte sich ausführlich und oftmals in seinem Ausschuß für Kulturelle Angelegenheiten mit der zukünftigen Gestaltung des Prinz-Albrecht-Geländes. Wolfgang Scheffler, einer der Mitautoren der Ausstellung und der Begleitpublikation, unterschied dort zwischen zwei Formen der möglichen zukünftigen Nutzung: Einer zeremoniösen Gedenkstätte oder einem Ort für die dokumentarische Überlieferung im Zusammenhang mit anderen westberliner Schauplätzen, die vom Terror und Widerstand Zeugnis ablegten.

Schließlich beruft Kultursenator Volker Hassemer eine achtköpfige Fachkommission unter der Leitung von Professor Reinhard Rürup, um ein umfängliches Gutachten zum weiteren Umgang mit dem Gestapogelände zu erarbeiten. Das in seinen Grundzügen Ende 1989 fertiggestellte Memorandum wurde schließlich in den Wochen nach dem Fall der Mauer überarbeitet, um der sich durch die anbahnende Vereinigung veränderten Situation- das Gelände verschob sich aus der Randlage an der Berliner Sperrmauer in eine zentrale Zone-gerecht zu werden.

Schließlich wurde im März 1990 das Gutachten vorgelegt, das unter anderem folgende Forderungen für die künftige Gestaltung und den weiteren Umgang des Geländes festlegte:

- Errichtung eines Besuchs- und Informationszentrums zur Geschichte der NS-Terrorzentralen, das neben einer Dauerausstellung zur Geschichte und Gegenwart des Geländes eine Benutzerbibliothek und ein Benutzerarchiv enthält
- Errichtung von Vortrags-, Konferenz-und Arbeitsräumen
- Errichtung eines Begegnungszentrums

Diese Ergebnisse wurden nicht nur mit den politischen Entscheidungsträgern im Abgeordnetenhaus öffentlich diskutiert, sondern auch in zwei Anhörungen mit Experten und Betroffenen-Organisationen erörtert[93]. Von den zahlreichen Stellungnahmen, die sich im Tenor alle für das von der Fachkommission vorgelegte Gutachten aussprachen, seien hier nur zwei Stimmen zitiert:

Heinz Galinski, Vorsitzender des *Zentralrates der Juden in Deutschland*:

> „Natürlich müssen umfangreiche Informationen auf diesem Gelände eingeplant werden für den Bürger, insbesondere für den jungen Menschen, der kaum Kenntnis hat von dem, was auf diesem Gelände einst vor sich gegangen ist. [...] Natürlich soll und muß es sich um eine offizielle Gedenkstätte handeln. [...] Ich bezeichne das als eine Schande, eine ausgesprochene Schande, daß hier so viele Jahre vergehen mußten, wo Spuren verwischt und Dinge zerstört wurden."

Der Zentralrat der Sinti und Roma:

> „Wir brauchen ein Zentrum, das die Völkermordverbrechen der Nazis aufarbeitet und darüber hinaus jede Form von Genozid und Ethnozid."

Zwischenzeitlich hatte die Senatsverwaltung für Kulturelle Angelegenheiten aus dem Fachkommissionsbericht und den Anregungen der öffentlichen Diskussionen eine Senatsvorlage erarbeitet, die, am 13. Februar 1992 vom Senat beschlossen, dem Abgeordnetenhaus von Berlin zur Kenntnisnahme vorgelegt wurde. Neben den bereits dargelegten inhaltlichen Grundzügen wurde hier festgelegt, daß die „Topographie" eine Stiftung öffentlichen Rechts werden, an der neben dem Land Berlin die Bundesrepublik Deutschland beteiligt sein sollte. Ebenfalls beschlossen wurde die Errichtung eines Dokumentations-und Besucherzentrums, für das ein Realisierungswettbewerb beschlossen wurde. Gleichzeitig begannen die Vorarbeiten für die Ausschreibung des Architektenwettbewerbs.[94]

> „Eine Zäsur des Geländes. Die Aufgabe war eigentlich nicht zu lösen: Eine Ausstellungshalle, ein Besucher-und Dokumentationszentrum und später noch ein Begegnungszentrum – insgesamt über 5.400 Quadratmeter – wünschte die Stiftung ‚Topographie des Terrors' auf dem Gestapo/Prinz-Albrecht-Gelände unterzubringen, ohne den Charakter des Gedenkparks zu verändern. (...) Preisrichter Dieter Hoffmann-Axthelm hatte einen ‚undekorierten Schuppen' gefordert, eine Architektur, die sich nicht selbst inszeniert auf Kosten des leeren Raums, der für sich spräche und den es unbedingt zu erhalten gelte. Er bekam ihn vom Schweizer

Architekten Peter Zumthor aus Haldenstein. Dessen nach kontroverser Diskussion mit dem ersten Rang ausgezeichneter Entwurf sieht eine abstrakte Gebäudehülle, eine ‚reine Struktur' vor, die aus einem Betonbalken-Tragwerk besteht. Industrieglas soll die Zwischenräume füllen und den Dialog zwischen den Gebäudenutzern und dem Gelände fördern. In einem Großraum im Erdgeschoß sollen temporäre Ausstellungen und die zentrale Dokumentation ‚Topographie des Terrors', die zur Zeit an gleicher Stelle in einem Provisorium untergebracht ist, gezeigt werden. Die Versammlungs-, Archiv- und Arbeitsräume des Besucher-und Dokumentationszentrums sind in geschlossenen Raumbehältern in den beiden Obergeschossen vorgesehen."[95]

Kultursenator Ulrich Roloff-Momin setzte in den Jahren 1991 bis 1995 die Empfehlungen der Fachkommission um, wandelte das Projekt der *Berliner Festspiele* in eine selbständige Stiftung um, berief einen internationalen Beirat, an dessen Spitze Ignatz Bubis stand, sicherte die Finanzierung der Stiftung durch Beitritt des Bundes und veranlaßte einen internationalen Architektenwettbewerb für den zu errichtenden Neubau eines Zentrums, das nicht nur die Ausstellung enthält, sondern auch eine Bibliothek, ein Benutzerarchiv, einen Veranstaltungssaal sowie andere zur aktiven Auseinandersetzung mit dem Naziterror geeignete Foren.

Als am 8. Mai 1995 in Gegenwart des Berlin-Ministers der Bundesregierung, Klaus Töpfer, und dem Regierenden Bürgermeister das Bauschild enthüllt wurde, sagte Ignatz Bubis, Vorsitzender des *Zentralrates des Juden in Deutschland* und zugleich dem internationalen Beirat der Stiftung vorstehend, bei einem Festakt im Plenarsaal des Berliner Abgeordnetenhauses unter anderem:

„Wenn manche im Ausland überheblich meinen, das alles hat nur in Deutschland passieren können, so muß man sich vergegenwärtigen, daß sich doch 1930 oder selbst 1933 niemand hat vorstellen können, daß im Land der Dichter und Denker so etwas möglich ist, und deshalb will ich auch vor dieser Überheblichkeit warnen [...]. Wir wissen aus der geschichtlichen Erfahrung vieler Jahrhunderte, daß die Menschheit tatsächlich nur sehr schwer lernt und sehr schnell wieder vergißt. Und damit man die Möglichkeit des Lernens hat und damit diese Geschichte nicht in Vergessenheit gerät, ist die Schaffung dieser Stätte hier notwendig [...] und deshalb bin ich dankbar, daß auch die Bundesregierung bereit ist, diese Stiftung mit zu unterstützen und dafür zu sorgen, daß hier eine Möglichkeit geschaffen wird, aus der Vergangenheit für die Zukunft zu lernen."

Gedenkreden

30. Januar 1933

Als Hitler am 30. Januar 1933 zum Reichskanzler ernannt wurde, da erschien es vielen Deutschen, als handele es sich um nichts weiter als eine neue der vielen Regierungsbildungen, die man gerade in den letzten Monaten der Weimarer Republik erlebt hatte. Im Rückblick erscheint es, als sei bereits mit dem 30. Januar das mörderischste Regime der Weltgeschichte an die Macht gekommen, als seien Verfolgung und Vernichtung, Krieg und Völkermord zu diesem Zeitpunkt bereits besiegelt gewesen. Eine genauere Betrachtung der politischen Tagessituation des 30. Januar 1933 fällt jedoch wesentlich nüchterner aus.

Wir gehen der Nazi-Terminologie auf den Leim, wenn wir die Wortschöpfung „Machtergreifung" verwenden. Dieser Begriff impliziert einen undemokratischen Vorgang. In Wahrheit jedoch handelte es sich um eine Regierungsbildung mit mehr oder weniger demokratischen Mitteln – jedoch mit der einen Besonderheit, daß hier eine Gruppe von Menschen an die Macht gekommen war, die von vornherein die Absicht hatte, die Demokratie abzuschaffen.

Sehen wir uns die Vorgänge um den 30. Januar 1933 genauer an: Hitler war seit den Reichstagswahlen vom Juli 1932 Führer der stärksten Partei in Deutschland. Als er ein gutes halbes Jahr später nach mehreren vergeblichen Anläufen vom bis zuletzt widerstrebenden Reichspräsidenten Hindenburg schließlich doch noch zum Reichskanzler ernannt wurde, war er keineswegs alleiniger Inhaber der staatlichen Macht in Deutschland. Hitler war auch nicht, wie ursprünglich von ihm angestrebt, Führer einer Einparteienregierung der NSDAP. Er war vielmehr Chef einer sogenannten „Regierung der nationalen Konzentration" – einer Koalition, der neben den Nationalsozialisten auch nationalkonservative, bürgerliche und adelige, konservative Kabinettsmitglieder angehörten; eine Koalition der „Nationalen Rechten" von der NSDAP, der Deutschnationalen Volkspartei (DNVP) und dem nationalkonservativen Wehrverband „Stahlhelm". Die Nazis bildeten in dem neuen Kabinett nicht einmal die Mehrheit. Zum Vizekanzler wurde Franz von Papen. Er, der die Hitlersche Kanzlerschaft eingefädelt hatte, meinte Hitler zähmen zu können. In völliger Fehleinschätzung der Lage notierte von Papen mit einer verhängnisvollen Mischung aus aristokratischem Dünkel, Arroganz und Dummheit, man habe sich Hitler und seine Massenbewegung für die eigenen politischen Ziele „engagiert", „in zwei Monaten haben wir Hitler in die Ecke gedrückt, daß er quietscht". Er sollte mit seiner fatalen Fehleinschätzung im Januar 1933 nicht allein da stehen.

Der mächtige Medientycoon (UFA) und Vorsitzende der Deutschnationalen Volkspartei, Alfred Hugenberg, der in Hitlers Kabinett das Amt des Wirtschafts-und Landwirtschaftsministers einnahm, formulierte immerhin einen Tag später seine düstere Vorahnung, er habe gestern die größte Dummheit seines Lebens begangen. „Ich habe mich mit dem größten Demagogen der Weltgeschichte verbündet."

Wie um den äußeren Eindruck der „Normalität" des Regierungswechsels noch zu verstärken, übernahm Hitler neben zwei Ministern des „Stahlhelm" noch weitere vier nationale und konservative Mitglieder des vorangegangenen Kabinetts von Schleicher in seine Regierung. Faktisch bildeten die Nationalsozialisten im Kabinett Hitler die Minderheit. Es waren dies lediglich der Reichsinnenminister Wilhelm Frick sowie Hermann Göring als Minister ohne Geschäftsbereich. Dennoch nahmen Frick und Göring – als kommissarisch amtierender preußischer Innenminister – zusammen mit Hitler als Kanzler die eigentlichen politischen und exekutiven Schlüsselstellungen ein.

Die damalige Presse reagierte auf den 30. Januar verhalten, um nicht zu sagen gleichmütig – ein Resultat von Gewöhnung und Ermüdung und der Hoffnung, es werde am Ende schon alles nicht so schlimm werden. Auch die Reaktion großer Teile der Bevölkerung war von Gleichmut, Resignation und Desinteresse charakterisiert. Der englische Botschafter in Berlin berichtete nach London, die deutsche Presse habe die „Ernennung des Herrn Hitler mit beinahe philosophischer Ruhe" hingenommen.

Selbst die politische Linke, die in der bürgerkriegsnahen Atmosphäre der Jahre 1931/32 einschlägige Erfahrungen mit der Gewaltbereitschaft vor allem der braunen Parteiarmee, der SA, gemacht hatte, unterschätzte Hitler und seine Chancen, sich an der Macht zu halten. In der KPD und radikalen Linken überwog die Vorstellung, Hitler sei nur eine Marionette des deutschen Großkapitals ohne wirkliche Zukunft, ja sogar, in absurder Verzerrung der Realitäten, nur eine bittere Etappe auf dem unaufhaltsamen Weg zur kommunistischen Revolution in Deutschland.

Eine von dem deutsch-jüdischen Schriftsteller Hans Sahl in seinen „Memoiren eines Moralisten" wiedergegebene Begegnung mit dem später ins Exil geflüchteten deutschen Publizisten und Literaten Alfred Kantorowicz im Jahre 1932 illustriert die damalige Verkennung der Situation:

„Alfred Kantorowicz trägt jetzt einen Wollsweater mit Rollkragen und Arbeitermütze und ist der kommunistischen Partei beigetreten. Ich traf ihn heute vor dem Eingang zum Bahnhof Friedrichstraße, wo er Flugblätter verteilte. Er ist, wie er mir erzählte, Zellenwart in der Künstlerkolonie am Breitenbachplatz, wo auch Arthur Koestler und Axel Eggebrecht wohnen. Sie haben dort eine Art Selbstschutz organisiert, es kommt häufig zu blutigen Überfällen auf den Künstlerblock. ‚Man muß sich entscheiden', sagte Kanto, ‚du wirst auch nicht darum herumkommen... Ich glaube bestimmt, daß Hitler an die Macht kommen wird, aber er wird sich nicht halten können, höchstens sechs Monate, dann kommen wir.' Er holte sich einen neuen Stoß von Flugblättern aus der Aktentasche und verteilte sie zuversichtlich wie ein Bettelmönch seine Traktätchen."

Der Goebbels'sche Propagandaapparat stilisierte den 30. Januar 1933 jedoch zur „spontanen Explosion des Volkes", zur „Revolution der Deutschen" oder zum „Tag der nationalen Erhebung". Aber trotz des Aktivismus von Goebbels, trotz aller Rundfunkübertragungen und Reden, Aufmärsche und Fackelzüge in Städten und Dörfern, erreichte diese organisierte und systematisch angeheizte Erregung vorerst nur das nationalsozialistische Publikum, vielleicht noch, leicht gebremst von der Furcht vor der nationalsozialistischen Radaupolitik und adeligem Dünkel, die sogenannten nationalen Kreise, deren Ängste vor einer „bolschewistischen" Revolte allerdings ihre Reserven gegenüber der NS-Bewegung überwogen.

Die eigentliche Zäsur, die dem gesamten Land vor Augen führte, mit welcher Skrupellosigkeit Hitler und Göring die Zerschlagung des Rechtsstaates anstrebten, bildete erst der Reichstagsbrand vom 27. Februar, auf den das Ermächtigungsgesetz vom 23. 3. 1933 folgte und damit die Liquidierung des gesamten Parteiensystems und die Alleinherrschaft der NSDAP. Am 5. April 1933 berichtete der französische Botschafter in Berlin, Francois- Poncet, nach Paris: „Als am 30. Januar das Kabinett Hitler/ Papen zur Macht kam, versicherte man, daß in der Regierung die Deutschnationalen Hitler und seinen Mitkämpfern Paroli bieten würden, daß die nationalsozialistische Partei mit der Feindschaft der Arbeiterklasse zu rechnen habe und daß schließlich die Katholiken der Zentrumspartei die Legalität verteidigen würden. Sechs Wochen später muß man feststellen, daß all diese Dämme, die die Flut der Hitlerbewegung zurückhalten sollten, von der ersten Welle hinweggespült wurden."

Im Sommer 1933, nach der Ausschaltung der gesamten politischen Konkurrenz, berichtete er, daß Hitler in fünf Monaten eine Wegstrecke zurückgelegt habe, für die der italienische Faschismus fünf Jahre gebraucht habe.

Goebbels kommentierte in seinem Tagebuch das Tempo der nationalsozialistischen Gleichschaltung am 24. April 1933 mit den Worten: „Der Führer entscheidet. Alles das geht viel schneller, als wir zu hoffen gewagt hatten."

Schien es am 30. Januar 1933 noch so, als existierten romantische, ebenso wie reaktionäre deutsch-nationale Einstellungen – elitäre, ebenso wie populistische, rassistisch-antisemitische Ideologien nebeneinander, als würden sie sich gegenseitig relativieren, hoben die Maßnahmen im Gefolge des Reichstagsbrands jeglichen Zweifel über

Hitlers Alleinanspruch der Macht auf. Das Ermächtigungsgesetz besiegelte das endgültige Ende der Weimarer Republik, der Demokratie und des Rechtsstaates und den Anbeginn eines totalitären Maßnahme- und Gewaltstaates, der in Krieg und Völkermord kulminierte.

Möglich geworden war dies jedoch nicht nur durch das Fehlverhalten der bis dahin noch verbliebenen Abgeordneten im Reichstag. Die Entwicklung konnte sich auch deshalb so schnell vollziehen, weil breite Teile der deutschen Bevölkerung die Demokratie ablehnten. Das Bindeglied, das die aus zum Teil konträren Positionen heraus antidemokratisch eingestellten Teile der deutschen Bevölkerung zusammenhielt und zu einer breiten Massenbewegung formte, waren Antisemitismus, Antikommunismus und ein irrationaler Haß auf die Demokratie.

Freilich gab es auch viele Menschen, die auf den 30. Januar besorgt, bedrückt, verängstigt und abgestoßen reagierten und eine realistischere Einschätzung der mit Hitlers Machtübernahme verbundenen Folgen hatten. So notierte der mit einer jüdischen Frau verheiratete Schriftsteller Jochen Klepper in seinem Tagebuch:

„Hitler ist Reichskanzler. Noch einmal ist das verhängnisvolle Bündnis zustande gekommen, das Gustav Freytag die größte deutsche Gefahr nennt: das Bündnis zwischen dem Adel und dem Pöbel. Im Funk müssen wir fast alle mit unserer Entlassung rechnen."

Doch selbst unter den Juden erkannten nur die wenigsten die Zeichen der Zeit, die der 30. Januar 1933 setzte. Fünf Tage nach der Regierungsbildung Hitlers tagte die Repräsentantenversammlung, das Parlament der Jüdischen Gemeinde zu Berlin. Im Mittelpunkt ihrer Debatte stand die Frage, ob eine der existierenden jüdischen Schulen geschlossen werden sollte. Mehrere Repräsentanten vertraten die Meinung, daß eine jüdische Schule nicht mehr zeitgemäß sei. Sie befürchteten, daß die Kinder durch jüdische Schulen zur Selbstisolation und Ghetto-Mentalität erzogen würden. Man wähnte sich immer noch in einer Gesellschaft, in der man als Jude zugleich ein guter Deutscher war. Wohl keiner dieser Repräsentanten ahnte, daß sich nur wenige Jahre später die Schülerzahlen an den jüdischen Schulen verdoppeln und verdreifachen würden, weil die Kinder aus den anderen Schulen herausgeworfen wurden. Schon relativ bald kam auf die Lehrer jüdischer Schulen die Aufgabe zu, in den täglicher Diskriminierung und Anfeindung ausgesetzten Kindern Selbstbewußtsein, Rückgrat und Stolz auf ihre Herkunft zu fördern.

Die historischen Fakten sind oft beschrieben worden. Die Frage aber bleibt: Welche Lehren ziehen wir heute aus unserem Wissen um die Ernennung Hitlers als Reichskanzler und den Folgen?

Wie aktuell diese Frage ist, zeigen die dramatischen politischen Entwicklungen in Österreich. Auch dort ist mit demokratischen Mitteln ein Mann gewählt worden, der einen Nationalismus propagiert, der sich nach außen hin abgeschottet, der eine politische Blut- und Boden-Ideologie vertritt, und Menschen, die anders sind, ausgrenzen will. Wir lesen in den Zeitungen, daß Jörg Haider einen besonderen Ausweis für österreichische Ausländer einführen will, daß er besondere gesundheitliche Untersuchungen an den österreichischen Schulen einführen will, um herauszufinden, ob die Krankheitsrate unter den ausländischen Kindern höher sei. Dies sind die bedrohlichen Anfänge der Ausgrenzung, die darauf ausgerichtet sind, den Weg für eine ganz große Ausgrenzung zu ebnen.

Wir brauchen aber das Übel nicht nur außerhalb unserer Landesgrenzen zu suchen. In der vergangenen Legislaturperiode hatten wir beispielsweise einen Innensenator, der von „Ausländer-Ghettos" sprach, geringschätzig das Modell einer multikulturellen Gesellschaft verhöhnte und sich derjenigen Ausländer, die immer noch nicht perfekt Deutsch sprechen oder Sozialhilfe beziehen, mittels Abschiebungen entledigen wollte, weil sie sich angeblich nicht integrieren ließen oder angeblich nicht bereit seien zu arbeiten. Natürlich ist dies alles nicht mit dem braunen Terror des NS-Regimes zu vergleichen. Doch der Zynismus, die Leichtfertigkeit, mit der solche inhumanen Positionen ausgesprochen werden, erinnert an die zynische Sprache der Antidemokraten in den 20er und 30er Jahren.

Wir leben heute in einer Welt der Massenmedien, der Massenkommunikation. Es geht das Wort von der „Globalisierung" um. Es ist vom „Ende des Nationalstaates" die Rede.

Im Zuge des Zusammenwachsens Europas werden die nationalen Grenzen immer weniger relevant. International gesehen sind die wirtschaftlichen Verflechtungen bereits so weit gediehen, daß sich heute ein deutscher Unternehmer überlegen kann, ob er seine Produkte in Brandenburg oder aber in Kalkutta herstellen läßt. Ausschlaggebend ist für ihn nur eine Kosten-Nutzen-Kalkulation.

Was aber bedeutet dies in bezug auf antidemokratische Vorgänge, die zwar andernorts, aber vor unserer Haustüre geschehen und die wir nicht gutheißen können?

Wir sind mitverantwortlich: Wir sind mitverantwortlich für das, was andernorts geschieht. Wir spiegeln uns in der Unfreiheit der Menschen in anderen Teilen der Welt wider. Als Konsumenten sind wir Nutznießer eines Systems, das Menschenrechtsverletzungen wie etwa Kinderarbeit oder ausbeuterische und menschenunwürdige Arbeitsbedingungen zuläßt. Und schlimmer noch – sogar unser soziales System, das sich aus den von uns allen gezahlten Steuern finanziert, lebt auch von den Steuergeldern der Waffenhändler, die sich an Kriegen, ethnischen Säuberungen und anderen Unmenschlichkeiten auf der Welt bereichern. Wir hängen mit drin. Und wir können uns nicht damit beruhigen, daß solche Dinge woanders, weit weg von uns geschehen.

Dies wirft nun die Frage auf, ob wir – die Deutschen, die Europäer, wir als Weltbürger – Mittel und Wege finden müssen, damit allgemeine Grundstandards der Menschenrechte weltweit eingehalten werden. Dürfen wir eingreifen? Dürfen wir einen Diktator absetzen? Dürfen wir einen Krieg gegen ein unmenschliches Regime in einem anderen Land führen? Und wenn ja – was berechtigt uns dazu?

Dies wirft uns letztlich auf die zwischenmenschliche Dimension zurück. Der „Real Existierende Sozialismus“ hat uns deutlich vor Augen geführt, daß eine Auseinandersetzung mit dem NS-Faschismus, mit der deutschen Vergangenheit, die von der eigentlichen zwischenmenschlichen Dimension, dem Respekt der Menschen voreinander, absieht, unzureichend ist. Es ist nichts damit gewonnen, wenn der Nationalsozialismus nur aus der politischen oder wirtschaftlichen Situation Deutschlands 1933 heraus erklärt wird. Es reicht auch nicht, wenn die Verbrechen Hitlers und seiner Gefolgsleute heute fast schon gebetsmühlenhaft verteufelt werden, man aber, was die eigene Person, die eigene Verantwortung betrifft, nichts gelernt hat.

Karl Marx hat Bereiche wie Mystik und Religion gegenüber der angeblich absoluten Kraft der Ökonomie geleugnet – damit aber auch den moralischen Ursprung des menschlichen Respekts gegenüber dem anderen Menschen außer Acht gelassen.

Erst in den letzten Jahren hat in der westlichen Geschichtsschreibung ein Bewußtsein für die religiösen – beziehungsweise areligiösen – Hintergründe des Nationalsozialismus Eingang gefunden. Der jahrhundertealte Antisemitismus, wie ihn Goldhagen beschrieb, der mörderische Antisemitismus war einer der Gründe, warum die Nazis das Judentum, ebenso wie auch das Christentum – das echte Christentum – bekämpften. Juden, als Träger einer Religion, die den Namen Gottes in die Welt bringt und aus der Ebenbildlichkeit des Menschen mit Gott die Unantastbarkeit der Menschenwürde ableitet, waren die unerträgliche Negation der Nazi-Ideologie vom arischen Übermenschen. In Hitler, der das Gebot nicht zu morden in ein Gebot zu morden verkehrte, begegnen wir einem Anti-Christen durch und durch.

In der jüdischen Tradition gibt es dafür den Begriff „Amalek“ – den radikal bösen Menschen, der den anderen Menschen um seiner Schwäche willen vernichten will. In jeder Generation gibt es Amalek – es gab ihn in den Anfängen der biblischen Geschichte; es gab ihn als persischen Königsberater in der Purim-Geschichte – als Haman, der die Juden ausrotten wollte, oder aber als Hitler, der Dachau und Sachsenhausen, Auschwitz und Treblinka schuf, der alle Werte der Menschlichkeit in ihr Gegenteil verkehrte und an der Rampe von Birkenau die Alten, die Frauen und die Kinder als erste ins Gas schickte. Amalek ist das radikale, antihumane Gegenmodell zu den in der Bibel formulierten Grundwerten des Menschseins.

In der Tora steht: „Gedenke, daß Du die Erinnerung an Amalek auslöschst.“ Dies ist ein harter Satz – wohl der härteste im Pentateuch. Er ist kein Gebot zu morden, jedoch die Werte der Menschlichkeit dieser Welt einzupflanzen, so daß Amalek keinen Bestand hat und sich daran auflöst. Das ist eine Aufforderung, die für jede Generation von Neuem gilt.

Auch heute. Ja, ich bin in der Tat der Auffassung, daß wir nicht nur das Recht, sondern die Pflicht haben, in unmenschliche Vorgänge, die andernorts geschehen, einzugreifen. Was einen Jörg Haider betrifft, ist es nicht schwer, mit dem politischen und wirtschaftlichen Instrumentarium, das die Europäische Union bietet, Mindeststandards bei der Ausländer-und Menschenrechtspolitik zu gewährleisten. Denn Österreich ist ebenso wie jedes andere europäische Land wirtschaftlich ganz und gar von seinen Nachbarländern abhängig. Und als Mitglied der EU ist es verpflichtet, sich den Urteilen des Europäischen Gerichtshofes zu fügen, die ja auch schon zu Rechtsveränderungen in der Bundesrepublik Deutschland geführt haben. Ich bin unmißverständlich dafür, einer fremdenfeindlichen Politik von Anfang an klare Grenzen zu setzen.

Denn die Lehre des 30. Januar 1933 ist die, daß nicht erst an diesem Tag das Ende der Demokratie in Deutschland besiegelt war. Die antidemokratische Haltung großer Teile der deutschen Bevölkerung – und zwar der rechts ebenso wie links eingestellten – hatte diesem Tag und allem, was danach geschah, schon lange vorher den Weg geebnet. Er war das Ergebnis einer vorherigen Aushöhlung und einem gezielten autoritären Umbau der Weimarer Verfassungsordnung vor allem in den letzten Jahren der Republik. Der 30. Januar 1933 steht somit in einem viel größeren Zusammenhang, nämlich eines Prozesses, der sich über den Zeitraum der Jahre 1930 bis 1934 erstreckte und eine wesentliche Voraussetzung des Erfolges Hitlers, vor allem auch der Entwicklung der NS-Bewegung zur politischen Massenbewegung, zur radikalen Volkspartei neuen Typs bildete. Dieser Prozeß begann mit der systematischen Auflösung der parlamentarischen Demokratie durch die autoritären Präsidialkabinette Brüning, Papen und Schleicher. Ohne diese schleichende und sich immer mehr verschärfende Unterhöhlung des parlamentarischen Systems durch die Notverordnungspolitik der sogenannten Präsidialkabinette wäre der 30. Januar 1933 so nicht denkbar gewesen. Der Prozeß gipfelte schließlich in der endgültigen Formierung der NS-Diktatur im August 1934 mit der Vereinigung der Ämter von Kanzler und Reichspräsident in der Person Hitlers. Dazwischen lagen bereits Tausende von Opfern des NS-

Terrors, der Mord an Hunderten Angehörigen der politischen Linken und an Schlüsselfiguren des konservativen Lagers wie zum Beispiel dem ehemaligen Kanzler von Schleicher und seiner Ehefrau.

Bei aller nüchternen Relativierung der Möglichkeiten und Grenzen von Hitlers Machtentfaltung am 30. Januar 1933 muß betont werden, daß er an diesem Tag nicht mehr und nicht weniger erhielt als die damals entscheidende Machtposition, nämlich die Führung der deutschen Reichsregierung. Untergegangen war die Demokratie jedoch schon vorher, Schritt für Schritt und Tag für Tag. Goebbels schrieb bereits am 6. August 1932 über die politische Zukunft der Nazi-Bewegung in sein Tagebuch: „Haben wir die Macht, dann werden wir sie nie wieder aufgeben, es sei denn, man trägt uns als Leichen aus unseren Ämtern hinaus."

Wenn derselbe Joseph Goebbels am 30. Januar 1933 in seinem Tagebuch notierte: „Es ist fast ein Traum... Die Wilhelmstraße gehört uns. Der Führer arbeitet bereits in der Reichskanzlei", so war damit der Alptraum von Verfolgung und Gewalt durch Polizei, SA und SS für Zehntausende Menschen in Deutschland nur noch wenige Wochen entfernt, auch wenn Hitler sich in den folgenden Wochen mehr denn je bemühte, den Eindruck eines verläßlichen, seriösen, berechenbaren und unermüdlich arbeitenden Politikers und Regierungschefs zu geben.

Angesichts der heute oftmals beschworenen Parteien- und Demokratiemüdigkeit zum Schluß noch ein Zitat aus den Memoiren des ehemaligen Kommunisten Hans Sahl:

> „Wir riefen ‚Rot Front!' und sangen die ‚Internationale', weil dies uns die einzige Antwort erschien auf sieben Millionen Arbeitslose und einen zerbröckelten, nicht mehr regierbaren Staat. Wir glaubten nicht an Demokratie, wir wußten gar nicht, was das war. Niemand hatte es uns erklärt. ... Demokratie war die letzte politische Zuflucht einer Bourgeoisie, deren Untergang unmittelbar bevorstand... Bei Ernst Rowohlt lernte ich eines Abends den rechtsradikalen Ernst von Salomon kennen. Ich entsinne mich, daß wir beide Arm in Arm durch die Lokale rings um die Gedächtniskirche zogen, die Republik verhöhnend... Heute, nachdem ich in Amerika erfahren habe, was Demokratie wirklich ist, besitze ich keine Weltanschauung, sondern eine Arbeitsmethode, die es ermöglichen soll, das Zusammenleben der Menschen nach bestimmten Spielregeln zu organisieren, also etwas sehr Nüchternes, Glanzloses, aber in jedem Falle Erstrebenswertes – heute kommt mir dieses, unser Unverständnis von damals in der Tat tragisch vor. Genauso tragisch wie das Unverständnis derer, die heute wiederum auf einen Abbau der Demokratie hinarbeiten. Möglicherweise ist die Menschheit noch nicht reif für sie."[96]

Staatlich sanktionierter Raub – Historische Aspekte der Arisierung

Am 30. Januar 1933 wurde Adolf Hitler zum Reichskanzler ernannt. Bereits wenige Wochen später verfügte er mit der am 28. Februar 1933 ergangenen, die demokratischen Grundrechte außer Kraft setzenden „Reichstagsbrandverordnung" und mit dem am 23. März 1933 erlassenen „Ermächtigungsgesetz" über die entscheidenden rechtlichen Voraussetzungen für die dauerhafte Etablierung der NS-Diktatur. Sie boten ihm jede Grundlage für die Verfolgung und Vernichtung seiner politischen Gegner und für die schrittweise Ausgrenzung und Entrechtung der jüdischen Bevölkerung bis hin zu ihrer physischen Vernichtung.

Die sofort nach der nationalsozialistischen Machtübernahme einsetzenden Diskriminierungsmaßnahmen gegen die in Deutschland lebenden Juden waren vielfältig und zielten von Beginn an ganz besonders auf deren Stellung im Wirtschafts- und Arbeitsleben. Entscheidende Eckpunkte dieser Entwicklung waren der gewaltsam organisierte sogenannte „Aprilboykott" aller jüdischen Geschäfte durch SA und SS und weitere militante Maßnahmen gegen jüdische Ärzte, Juristen und Studenten am 1. April 1933 sowie das am 7. April 1933 ergangene „Gesetz zur Wiederherstellung des Berufsbeamtentums", das schließlich über eine Unzahl von Erweiterungen zur Ausschaltung aller „nichtarischen" Beamten und anderer im öffentlichen Dienst tätiger Juden führte. Eine ganz entscheidende Beschleunigung und Verschärfung der Ausgrenzungs-und Entrechtungslawine bedeuteten die Nürnberger Rassegesetze vom September 1935.

Der Prozeß der wirtschaftlichen Verdrängung, der mit der Ausschaltung der Juden aus bestimmten Berufen begann und schließlich in der endgültigen Ausplünderung selbst ihrer letzten verbliebenen persönlichen Habe im Gefolge der Deportation gipfelte, wurde bereits in den Jahren bis 1938 stetig vorangetrieben und radikalisiert. Phasen sogenannter „Schonzeiten" aus Gründen allgemeiner wirtschafts- und aufrüstungspolitischer Interessen des NS-Regimes konnten diesen Prozeß zwar verlangsamen, aber nicht aufhalten. Ein außerordentlich beweglich gehandhabtes Zusammenspiel militanter Aktionen und Boykottmaßnahmen mit den millionenfach vorhandenen, privaten Interessen nichtjüdischer Deutscher an schneller und vor allem „legaler" persönlicher Bereicherung auf Kosten der Juden, bewirkte die schreckliche Wirksamkeit der NS-Judenpolitik. Die ungeheuer akribische, pseudorechtsstaatliche Ummantelung der antijüdischen Diskriminierung in einer kaum faßbaren Vielzahl antijüdischer Gesetze, Erlasse und Verordnungen in den Jahren zwischen 1933 und 1938 unterstützte und ergänzte in schrecklicher Weise das private Bereicherungsmotiv und ermöglichte eine massenhafte Akzeptanz in der Bevölkerung.

Es ist im Rahmen einer kurzen Rede unmöglich, alle antijüdischen Maßnahmen und deren rechtliche Normierung für die Jahre 1933 – 1938 zu benennen. Eine Auflistung nur der einschneidendsten Regelungen des Jahres 1933 im Anhang zu Wolfgang Benz' Standardwerk über das „Leben der Juden in Deutschland unter nationalsozialistischer Herrschaft" nimmt mehr als zweieinhalb Buchseiten in Anspruch. Die chronologische Zusammenschau der maßgeblichen antijüdischen Diskriminierungs-, Entrechtungs-und Verfolgungsmaßnahmen des NS-Regimes nur der Jahre bis 1938 beansprucht neun Buchseiten.

Robert Kempner hat in seiner Einführung zu Joseph Walks Sammlung „Das Sonderrecht für die Juden" versucht, diesen Prozeß in wenige Worte zu fassen. Kempner schrieb:

> „Man hat ihnen die Berufe genommen, das Besitztum gestohlen, sie durften nicht erben oder vererben, sie durften nicht auf Parkbänken sitzen oder einen Kanarienvogel halten, keine öffentlichen Verkehrsmittel benutzen, keine Restaurants, keine Kinos, Theater oder Konzerte besuchen, für sie galten bestimmte Rassegesetze, ihnen wurden sämtliche staatsbürgerlichen Rechte entzogen, die Freizügigkeit wurde ihnen genommen, ihre Menschenrechte und ihre Menschenwürde wurden in den Staub getreten, bis sie in Konzentrationslager deportiert wurden und in die Gaskammern kamen. Um dieses Vernichtungsprogramm, gestützt auf Rassenwahn und Habgier, durchzuführen, wurde innerhalb der Staatsverwaltung, der NSDAP und der Berufsgruppen ein riesiger Apparat aufgebaut. Seine Schöpfer und Exekutivorgane waren besessen von dem Gedanken der Legitimierung. Sie glaubten, keine Raubmörder zu sein, wenn sie ihren Verbrechen gegen die jüdischen Bürger ‚gesetzliche' Mäntelchen umhängten und jede Missetat an Juden in die Form von Verordnungen, Erlassen, Verfügungen usw. verpackten."

Der seit 1933 konsequent vorangetriebene Verdrängungsprozeß der Juden aus dem Wirtschafts-, Erwerbs- und Berufsleben wurde von den Nationalsozialisten als „Arisierung" bezeichnet. Diese umfaßte einerseits die Liquidation und Enteignung jüdischen Besitzes zugunsten der privaten Interessen „arischer" Nichtjuden und andererseits die sich immer mehr verstärkende Einschränkung jeder jüdischen Erwerbstätigkeit und den direkten, staatlichen Zugriff auf jüdische Vermögen. Sie traf Handel, Industrie, Banken, Versicherungen und Handwerk bis 1938 in unterschiedlichem Ausmaß.

Zwischen 1933 und 1937 wurde die „Arisierung" in erster Linie als Ausschaltung jüdischen Eigentums durchgesetzt, wobei eine gesetzliche Grundlage häufig nicht vorhanden war. In einem Prozeß schleichender Verdrängung wurden vor allem der jüdische Einzelhandel und kleinere und mittelgroße Betriebe vorwiegend auf dem Land und in Kleinstädten getroffen. Deren Besitzer wurden drangsaliert und eingeschüchtert und in den Ruin getrieben oder zu „freiwilligen" Verkäufen oft weit unter Verkehrswert getrieben. Partei, Wirtschaftsverbände und staatliche Stellen arbeiteten dabei Hand in Hand mit privaten Interessenten. In der Bevölkerung fand diese Entwicklung einen ausreichenden Konsens, der besonders breit bei mittelständisch-kleinbürgerlichen, nichtjüdischen Gewerbetreibenden ausfiel, die die Vertreibung und Ausschaltung der lästigen jüdischen Konkurrenz begrüßten und zusätzlich jede sich situativ bietende Chance zur Bereicherung nutzten. Trotzdem stand diese Entwicklung immer wieder zumindest teilweise auch im Widerspruch zu wirtschaftspolitischen Zielen des Regimes, vor allem von dessen Aufrüstungsprogramm, weshalb zahlreiche jüdische Banken und Industrieunternehmen in dieser ersten Phase weitgehend unbehelligt blieben. Aus dem öffentlichen Dienst und aus den wichtigsten freien Berufen wurden die Juden durch die Anwendung des sogenannten „Arierparagraphen" und des „Berufsbeamtengesetzes" bereits in diesem Zeitraum massiv verdrängt.

Dies gilt auch für die freien Berufe. So nahm beispielsweise die Zahl der jüdischen Ärzte – wobei hier auch die im öffentlichen Dienst tätigen Ärzte erfaßt sind – in Deutschland bereits vom 1. 4. 1933 bis zum 1. 7. 1934 von 9.000 auf 7.000 ab. Ende 1934 gab es bereits nur noch 6.000 Ärzte. Bereits im Januar 1936 wurden nur noch 5.000 jüdische Ärzte gezählt, fast eine Halbierung im Zeitraum von drei Jahren. Ende 1938 hatte sich ihre Zahl auf etwa 3.000 verringert. Nach Aberkennung der Approbationen am 30. September 1938 waren als sogenannte „jüdische Krankenbehandler" nochmals deutlich weniger jüdische Ärzte legal tätig. So nahm vor allem die Versorgung der jüdischen Bevölkerung auf dem Lande katastrophale Formen an.

Die Zahl der praktizierenden jüdischen Rechtsanwälte war bis 1938 von etwa 4.500 auf 1.753 abgesunken, die später nur noch als sogenannte „Konsulenten zur rechtlichen Beratung und Vertretung von Juden" agieren durften.

Seit der Jahreswende 1937/38 wurde die „Arisierung" durch das NS-Regime systematisiert und forciert. So bestimmte Göring in seiner Eigenschaft als Beauftragter für den Vierjahresplan, daß die im Zuge des „Entjudungsprogramms" mobilisierten jüdischen Gelder, die auf Sperrkonten festzulegen waren, dem nationalsozialistischen Rüstungsprogramm zugute kamen. Ab April 1938 mußten jüdische Vermögen über 5.000 Reichsmark angemeldet werden und unterlagen weitgehenden Verfügungsrestriktionen.

Bereits zu diesem Zeitpunkt hatten sich die jüdischen Vermögen gegenüber 1933 halbiert. Von den 1933 existierenden etwa 100.000 Unternehmen in jüdischem Besitz innerhalb des Reichsgebietes – wie Werkstätten, Einzelhandelsbetriebe, Warenhäuser, Artzpraxen etc. – waren im Frühjahr 1938 bereits etwa 60 % arisiert, besonders stark im Bereich des Einzelhandels. Hier waren von ehemals etwa 50.000 Geschäften nur noch knapp unter 10.000 in jüdischem Besitz.

1938 wurden auch zahlreiche neue antijüdische Zulassungsrestriktionen und Berufsverbote erlassen und der bereits bestehende Maßnahmenkatalog noch verschärft. Im Frühjahr 1938 hatte sich die Zahl der jüdischen Arbeitslosen seit Ende 1937 von etwa 30.000 auf fast 60.000 verdoppelt, zu einem Zeitpunkt, als im Deutschen Reich Vollbeschäftigung herrschte.

In einer Lokalstudie über die „Entjudung" der Wirtschaft in Göttingen zwischen 1933 und 1939 hat Alex Bruns-Wüstefeld festgestellt, daß hier die Zahl der jüdischen Betriebe von insgesamt 97 am 1. Januar 1933 bis zum Jahre 1938 auf 44 zurückging, also mehr als halbiert wurde. Von 1938 bis 1939 ging diese Zahl auf Null zurück. Die Regel in diesem Prozeß der Verdrängung war dabei in Göttingen die vollständige Betriebsaufgabe ohne nichtjüdischen Nachfolger. Von insgesamt 97 Betrieben wurden 74 liquidiert und 23 „arisiert", bekamen also einen nichtjüdischen Nachfolger. Vergleiche mit anderen Klein- und Mittelstädten, z. B. mit Marburg und Heidelberg, die der Autor anstellte, ergaben dort vor allem im Handel eine ähnliche Tendenz des Überwiegens der Liqudiationen im Verhältnis zu den „Arisierungen".

Die sogenannte „Reichskristallnacht" vom 8./9.November 1938 führte zu einer erneuten Verschärfung des Arisierungsdruckes mit dem seitens des Regimes strategischen Ziel, jüdische Unternehmen entschädigungslos zu enteignen und die vollständige „Entjudung" der Wirtschaft herbeizuführen. Schon am 12. November 1938 wurde für Juden das allgemeine Verbot erlassen, als Geschäftsführer von Betrieben zu wirken. Dies führte zur Etablierung ausschließlich „arischer" Betriebsleiter, die häufig von Parteistellen installiert wurden und am Ende meist den Betrieb übernahmen. Sogenannte „Gefälligkeitsarier" wurden durch die „Verordnung gegen die Unterstützung der Tarnung jüdischer Gewerbebetriebe" bereits seit dem April 1938 mit Strafe bedroht.

Den Druck verschärfend trat die den deutschen Juden von Göring auferlegte sogenannte „Milliardenbuße" für die von SA und SS angerichteten Pogromsachschäden hinzu. Während die arischen „Geschädigten" von den Versicherungen entschädigt wurden, übernahmen die Versicherer zwar Leistungen gegenüber jüdischen Versicherten, die jedoch vom NS-Staat beschlagnahmt wurden. Tatsächlich mußten die deutschen Juden schließlich, nachdem das Reichsfinanzministerium für die „Sühneleistung“ einen Steuersatz von 25% des angemeldeten Vermögens festgesetzt hatte, 1,126 Milliarden Reichsmark zahlen.

Bevor Göring und andere am 12. November 1938 weitere, allgemeine und verschärfende Schritte der Diskriminierung und Entrechtung der deutschen Juden beschlossen – dabei reichten die Vorschläge vom Verbot des Betretens des deutschen Waldes über den Abriß sämtlicher Synagogen zur Schaffung von Parkplätzen bis zur äußeren Kennzeichnung der Juden – wurde zuerst die „Arisierung“ sämtlicher jüdischer Einzelhandelsgeschäfte festgelegt, daran anschließend die „Arisierung“ aller verbliebenen Fabriken und Industriebeteiligungen.

Auch die Ausübung fast aller Berufe war nunmehr für Juden untersagt. Bei der Entlassung verloren sie alle Ansprüche auf Versicherungen, Renten und Pensionen. Alle Wertgegenstände und Wertpapiere durften nur noch zu festgesetzten, niedrigen Preisen an staatliche Stellen verkauft werden. Auch jüdische Patente wurden zur „Arisierung“ freigegeben. Der Verkehrswert jüdischen Grundbesitzes wurde am 3.Dezember 1938 auf tiefstem Stand eingefroren. Die immer wieder praktizierte Scheinübertragung jüdischer Betriebe, deren Registrierung seit Juni 1938 vorgeschrieben war, an nichtjüdische Teilhaber wurde unter Strafe gestellt.

Die staatliche Festsetzung des Verkehrswertes der jüdischen Betriebe, oft auf einen Bruchteil des wirklichen Wertes, erzeugte massiven Druck zur Veräußerung. Die Verkaufserlöse „arisierter“ Betriebe durften nur auf Sperrkonten eingezahlt werden und waren nur in begrenztem Umfang für die jüdischen Inhaber verfügbar. In den meisten Fällen war die Praxis der „Arisierung“ nicht weit von einer entschädigungslosen Enteignung entfernt. Eine weitere Verarmung der Juden trat durch die zusätzlich bestehenden, zahlreichen anderen Tributleistungen und staatlichen Konfiszierungen hinzu.

Was seit Machtantritt der Nationalsozialisten an antijüdischen Maßnahmen im Wirtschaftsleben ergriffen worden war, wurde seit dem November 1938 zu einem radikalen Ende gebracht. Insofern bedeuteten die Ereignisse des Novemberpogroms auch eher den Abschluß als den Anfang der völligen „Entjudung“ der deutschen Wirtschaft. Anfang 1939 war dieser lange vorbereitete Prozeß nahezu abgeschlossen. Die Mehrzahl der beim Novemberpogrom beschädigten oder zerstörten Geschäfte blieb geschlossen, bis sie teilweise „arisiert“ wurden.

Avraham Barkai zieht in seiner grundlegenden Untersuchung über den wirtschaftlichen Existenzkampf der Juden im „Dritten Reich“ die folgende bittere Bilanz:

„Die Juden waren fast vollständig von jeder aktiven, Einkommen bringenden Wirtschaftstätigkeit ausgeschlossen, einige Dienstleistungen untereinander ausgenommen. Die gesellschaftliche Isolierung fand ihren deutlichsten Ausdruck mit der Verordnung, die am 1. Januar 1939 in Kraft trat: Alle Juden wurden verpflichtet, ihrem Vornamen, soweit er nicht durch eine besondere Liste des Reichsinnenministers als ‚typisch jüdisch' anerkannt war, die Namen ‚Israel' für männliche oder ‚Sara' für weibliche Personen hinzuzufügen. Immer mehr waren die Juden der Willkür der Gestapo als der für sie zuständigen ‚Aufsichtsbehörde' schutzlos ausgeliefert. Diese Behörde verordnete von nun an die Konzentration aller noch vorhandenen jüdischen Vermögen, sorgte für den ‚Einsatz' der jüdischen Arbeitskraft, für die Zuteilung der notwendigsten Nahrungsmittel, die Zusammenlegung in sogenannten ‚Judenhäusern' und organisierte schließlich den Abschub in die Vernichtungslager im Osten."

Zum Zeitpunkt der „Reichskristallnacht" hatten im Reichsgebiet noch etwa 300.000 sogenannte „Glaubensjuden" gelebt. Die Daten der Volkszählung vom Mai 1939 gab ihre Zahl mit 214.000 an. Bei Kriegsausbruch hat sie noch rund 185.000 betragen, was bedeutet, daß in der Zeitspanne bis zum Kriegsausbruch noch fast 115.000 Menschen die vorläufige oder endgültige Flucht gelungen zu sein scheint. Bis zum endgültigen Verbot im Oktober 1941 wanderten nochmals 25.000 Juden aus. Der durch die „Arisierung" und alle anderen antijüdischen Maßnahmen des NS-Regimes angestrebte organisierte, massive Auswanderungsdruck verfehlte insofern sein Ziel nicht. Ebenso verhinderte aber die „Arisierung" gleichzeitig eine noch stärkere jüdische Auswanderung aus Deutschland, weil sie den Opfern häufig die letzten materiellen Möglichkeiten hierzu nahm.

Als direkte Profiteure der „Arisierung" sind Namen wie Hertie, IG-Farben, die Flick-Gruppe, verschiedene Großbanken und Warenhauskonzerne vor allem in den letzten drei Jahrzehnten bekannt geworden. Niemals prominent wurden die Zehntausende indirekten, vorwiegend mittelständischen Nutznießer der „Arisierung", die von der Ausschaltung der unliebsamen jüdischen Konkurrenz durch deren Liquidierung profitierten. Dieser indirekte Effekt ist offensichtlich vor allem für Handel und Handwerk der reichsweit spezifische Nutzen der Verdrängung der Juden aus dem Wirtschaftsleben gewesen. Insgesamt hat die nationalsozialistische „Arisierung" aber auch zu einem direkten, widerlichen kollektiven Bereicherungswettlauf im großen Maßstab geführt, dessen weitgehende und langjährige Verdrängung und Tabuisierung in der westdeutschen Nachkriegsgesellschaft umso skandalöser wirkt. Selbst die NS -Behörden mußten hier immer wieder eingreifen, um die kollektive Habgier auch nur einigermaßen regulieren und unter Kontrolle halten zu können. Korruption und Nepotismus waren dabei Tür und Tor geöffnet. Vor allem NSDAP-Funktionsträger bereicherten sich, wo sie es nur vermochten, an jüdischem Eigentum.

Frank Bajohr weist in seiner Studie über den „Verlauf der Arisierung in Hamburg“ darauf hin, daß sich darüber hinaus „im Umfeld der Arisierungen ein Verwertungsgewerbe aus Rechtsanwälten, Maklern, Banken, Treuhandverwaltungen, Auswanderungsagenten und zahlreichen weiteren Personen und Institutionen“ herausgebildet hatte, das „fließende Übergänge zu einem kriminellen Milieu aufwies und mit der Zwangssituation und Not der verfolgten Juden seine Geschäfte machte.“

Vor allem durch die massenhaften, europaweiten Deportationen der Jahre 1941–1945 wurde der Kreis der direkten materiellen Nutznießer in der deutschen Bevölkerung vor dem Hintergrund einer allgemeinen Mangellage und vor allem durch die Auswirkungen des alliierten Bombenkriegs – noch gesteigert. So schätzt Bajohr, daß allein im Großraum Hamburg in den Jahren 1941 – 1945 das Eigentum von etwa 30.000 deutschen und westeuropäischen Juden versteigert wurde und mindestens 100.000 Bewohner Hamburgs und des Umlandes in dieser Zeit Gegenstände aus ehemals jüdischem Besitz erworben haben dürften.

Eine Bilanz der Rückerstattungs- und Entschädigungsverfahren nach Kriegsende zu ziehen fällt schwer, da die Forschung bezüglich einer detaillierten Aufarbeitung dieser Frage immer noch große Lücken aufweist. Einzelne Untersuchungen lassen deutlich die Langwierigkeit und rechtliche Komplexität des Wiedergutmachungs- bzw. des Rückerstattungs- oder Entschädigungsanspruchs für die überlebenden Juden oder deren Angehörige erkennen. Bis zum jeweiligen Verfahrensende hielten fast alle ehemaligen Nutznießer der „Arisierung“ ihre eigenen Ansprüche aufrecht und vertraten den Standpunkt, alle Verkäufe oder Übertragungen seien legale Rechtsgeschäfte gewesen, die im Einklang mit den geltenden Gesetzen gestanden hätten. Hier wurde die Spezifik des nationalsozialistischen Arisierungsprozesses reproduziert und die materielle Relevanz der aufwendigen Verrechtlichung der „Arisierung“ seitens des NS-Staates deutlich. Die Zwangssituation des Verkaufs wurde fast immer bestritten. Vor allem der Sachverhalt des objektiv vorhandenen, sich gegen eine aggressiv ausgegrenzte Gesamtgruppe der Bevölkerung richtenden kollektiven Zwangs wurde in der individualisierenden Form der juristischen Bearbeitung negiert. Wo Untersuchungen vorliegen, überwiegt der Eindruck, daß in der Regel ein vollständiger materieller Ausgleich für erlittene Schäden und Unrecht nicht stattgefunden hat.

Viele Fälle wurden auf Vergleichsebene geregelt, da die betroffenen jüdischen Antragsteller ohnehin nicht nach Deutschland zurückkehren wollten und ein Interesse an einem Abschluß, wie unbefriedigend auch immer, hatten. Während einerseits die Entschädigung von der Bundesrepublik Deutschland im Rahmen der verschiedenen Entschädigungs-und Wiedergutmachungsmaßnahmen getragen wurde, kam es bei der Abwicklung von Rückerstattungsansprüchen zum direkten Ausgleich zwischen Arisierungsprofiteuren und Arisierungsopfern.

Der 9. November 1938

Wir blicken zurück auf ein Jahr, in dem 52 Jahre nach der Befreiung vom Hitlerfaschismus noch immer von Zeitgenossen zu reden ist, die das traurige Erleben, das millionenfache Morden und systematische Zerstören jüdischen Lebens nicht begreifen können – ja schlimmer: nicht begreifen wollen.

Es geht nicht um Gollwitz, es geht auch nicht um jene, die Gollwitz oder die Schändung unseres jüdischen Friedhofs oder eines anderen jüdischen Friedhofs schönreden wollen. Wir sind uns mit 99% der Bevölkerung einig, daß auch das – oder gerade das – in diesem Land völlig inakzeptabel ist. Wir stehen fassungslos vor jenen Videos, die in den Kasernen unserer Bundeswehr hergestellt und gedreht wurden und die dazu führen, daß der Bundesminister der Verteidigung laut und öffentlich darüber nachdenkt, deutsche Bürger vom Dienst in dieser Armee auszuschließen, weil sie nicht auf der freiheitlich demokratischen Grundordnung unserer Grundgesetze stehen.

Das ist für die jüdische Gemeinschaft in Deutschland und für alle, die sich mit diesem Staat identifizieren, ein Schlag ins Gesicht.

Es gibt wieder Menschen in diesem Land – schlimmer: es gibt wieder junge Menschen in diesem Land, die sich nicht mit der Erfolgsgeschichte des Aufbaus nach dem Untergang identifizieren, sondern mit jenen, die 6 Millionen jüdische Menschen und unzählige Millionen anderer Europäer, darunter 25 Millionen nichtjüdische Deutsche, auf dem scheinbaren Altar einer deutschen Herrenrasse geopfert haben.

Berlin, Deutschland, ja weite Teile Europas ein riesiger Schutthaufen – das Ergebnis deutscher Politik.

Vor einigen Wochen war ich zu einer Konferenz über das Verhältnis von Polen und Juden in Krakau. Mein Personenschutz – junge Berliner Polizisten-haben mich dorthin begleitet. Auf dem Rückweg haben wir die Gedenkstätte Auschwitz besucht, sie und ich – das erste Mal. Und wir waren uns einig. Wir waren sprachlos und wir wußten, daß es etwas gibt, was uns eint. Etwas, was auch jene, die der Hölle von Auschwitz entronnen waren und hier in diesem Land einen Neubeginn wagten, mit jenen Deutschen eint, die ein neues Deutschland – aber nicht jenes der gleichnamigen Gazette – aufbauen wollten.

Wer diese Berge von Schuhen, Koffern, Kochtöpfen und Haaren vor jener scheinbar friedlichen, von knöchelhohem Gras überwachsenen Landschaft sieht, die die Topographie des industriellen Mordens war, weiß, – er bekommt es eingeschrieben in die Ecken seines Herzens – es gibt etwas, das uns eint. Die Söhne und Enkel der Opfer und die Söhne und Enkel der Generation der Täter, Zuschauer und Wegseher: NIE WIEDER!

Und das ist es auch, was jenen 9. November 1938 mit dem 9. November 1989 und folglich 1997 verbindet. Es ist Anfang und Ende einer hoffentlich unwiederholbaren Geschichte.

Dafür stehen wir, Juden und Nichtjuden in diesem Land und auf diesem Kontinent, und wir wissen, daß vor unserer Haustür in Ex-Jugoslawien wieder der Versuch unternommen wurde, einen Genozid zu organisieren. Glücklicherweise fehlte das *know how* zum industriellen Mord. Schrecklicherweise mordete der Nachbar seinen Mitmenschen. Primo Levi hat gesagt, nachdem er Auschwitz überlebte: es ist geschehen und es kann wieder geschehen. Und alle, die wir heute abend hier sitzen und, wie ich überzeugt bin, 99% unserer Mitbürgerinnen und Mitbürger in unserem Land, eint die Überzeugung und die Gewißheit, daß solange wir leben, es nie wieder geschehen wird.

Heute vor 59 Jahren brannten die Synagogen in Deutschland, wurden jüdische Menschen in Konzentrationslager deportiert, ging mehr zu Bruch als Kristall. Wir sitzen heute abend in der wiedererbauten Synagoge Fasanenstraße. Aber es gibt immer noch Orte in Deutschland, in denen, obwohl es Jüdische Gemeinden gibt, jüdische Menschen keine Synagogen haben.

Einen Steinwurf von hier entfernt gibt es seit 7 Jahren wieder eine Jüdische Gemeinde, aber Potsdam hat noch immer keine Synagoge. Wir wissen, daß die Brandenburgische Landesregierung begonnen hat, einen Staatsvertrag mit unserer Nachbargemeinde abzuschließen, aber wir akzeptieren nicht, daß im Jahre 7 nach der Vereinigung jüdische Gottesdienste in Brandenburg unter behelfsmäßigen Zuständen abgehalten werden müssen. Und es erfüllt uns mit Sorge, daß der Bau einer Synagoge, die nicht von jüdischen Menschen zerstört wurde, mit der Auslobung einer Bundesgartenschau in Zusammenhang gebracht wird.

Dort, wo jüdisches Leben wieder entsteht, hat die nichtjüdische Mehrheitsgesellschaft mehr als eine Verpflichtung. Sie hat den Auftrag, dafür Sorge zu tragen, daß die traurigen Ergebnisse der nationalsozialistischen Politik revidiert werden. Eine Synagoge für Potsdam ist nicht Kür, sondern Pflicht.

Im nächsten Jahr wird in unserer Synagoge Rykestraße die zentrale Veranstaltung des *Zentralrates der Juden in Deutschland* zum 60. Gedenktag der Novemberpogrome stattfinden. Ich will mir nicht vorstellen, daß der Grundstein für den Wiederaufbau der Potsdamer Synagoge nicht an diesem Tag gelegt wird.

Der 9. November ist ein Tag, mit dessen Geschichte das 20. Jahrhundert in Deutschland und Europa beschrieben werden kann. Kein anderer Tag ist ein solcher Schicksalstag.

Am 9. November 1918 haben Scheidemann und Liebknecht die Republik ausgerufen. Die Feinde der Republik nannten den in den

Geschichtsbüchern als Weimarer Republik bezeichneten Staat verächtlich „November-Republik".

Tatsächlich sind jedoch noch immer viele Errungenschaften unseres Grundgesetzes untrennbar mit dieser ersten deutschen Demokratie verbunden und tatsächlich verstehen wir unsere Verfassung in vielen wichtigen Grundsätzen auch als Reaktion auf das Scheitern dieser ersten deutschen Republik.

Am 9. November 1923 scheiterte der erste, noch dilettantische Versuch der Nazis in München, mit dem Marsch auf die Feldherrenhalle die Macht zu erobern. Keine zehn Jahre später war Hitler Reichskanzler und die Demokratie zerschlagen.

Ende Oktober 1938 wurden von der Geheimen Staatpolizei Himmlers rund 17.000 seit langem in Deutschland ansässige oder auch hier geborene Juden polnischer Staatsangehörigkeit zur deutsch-polnischen Grenze deportiert. Unter ihnen waren auch die Eltern und Geschwister Herschel Grünspans. Sie alle mußten im Niemandsland zwischen Polen und Deutschland – zum Teil auf freiem Feld unter erbärmlichen Umständen – vegetieren, da ihnen Polen zunächst die Einreise verweigerte und die deutschen Behörden die Heimkehr in die Wohnorte unterband.

Herschel Grünspan, illegal in Paris lebend, wollte die über dieses Unrecht hinwegsehende Welt aufrütteln. Deshalb beging er am 7. November 1938 das Attentat auf einen Mitarbeiter der Deutschen Botschaft in Paris.

Am Abend des 8. November 1938 versammelten sich die führenden Repräsentanten des Nationalsozialismus im Münchner Bürgerbräukeller, um ihres Putschversuches von 1923 und der damals von der Polizei erschossenen Anhänger der NS-Bewegung mit viel Bier zu gedenken. Zur gleichen Zeit wurden bereits Synagogen und Geschäfte angezündet oder demoliert und geplündert, jüdische Wohnungen überfallen und zahlreiche Juden mißhandelt.

Bis zum Abend des 9. November, an dem reichsweit nationalsozialistische Kundgebungen zum Hitler-Putsch von 1923 stattfanden, verdichtete sich die Pogromstimmung. Als schließlich am Abend des 9. November die sogenannten „alten Kämpfer" der Nazipartei im Münchener Alten Rathaussaal zusammenkamen, traf die Nachricht vom Tode des deutschen Diplomaten von Rath ein. Goebbels löste, nach vorheriger Absprache mit Hitler, zentral und reichsweit das Pogrom aus.

Diese Nacht des 9. November wurde zum Anfang vom Ende für hunderte jüdische Gotteshäuser, für über 8.000 jüdische Geschäfte, für zahllose verwüstete jüdische Wohnungen, für fast 30.000 in Konzentrationslager getriebene Juden, von denen Hunderte in den Monaten nach der Verhaftung zugrunde gingen. Mehr als hundert unserer jüdischen Brüder und Schwestern wurden in der Nacht des 9. November ermordet.

Jahrzehnte später fiel genau an jenem Tag die Mauer, die Berlin, Deutschland und Europa trennte. Eigentlich haben diese Daten nichts miteinander zu tun – und doch sind sie untrennbar miteinander verbunden. Denn die Teilung Berlins, Deutschlands und Europas war eben eine Folge des nationalsozialistischen Terrors. Man kann also nahezu alles, was in diesem Jahrhundert diesen Kontinent erschütterte, zerrissen und wie wir hoffen wollen, wieder zusammengeführt hat, mit den Folgen dieses Schicksalstages umreißen.

Wir haben uns heute hier versammelt und gedenken der Opfer des 9. November 1938. Dieses Gedenken eint jüdische und nichtjüdische Deutsche.

Wir wissen uns einig im Unterhalt jenes Denkmals für die Opfer des nationalsozialistischen Terrors, das den Weg in die Zukunft weist: Einer demokratischen Gesellschaft.

Bahnhof Grunewald Gleis 17

Der Ort der Deportationsrampe am Bahnhof Grunewald ist mir zum ersten Mal etwa 1968 begegnet, als ich meiner Mutter davon berichtete, daß der Treffpunkt für einen Schulausflug der Bahnhof Grunewald sei. Sie sagte kein Wort, aber die eintretende Stille, der starre Blick lehrte mich, daß dieser Ort etwas anderes bedeutet, ebenso wie „Die Große Hamburger Straße“ und die „Levetzowstraße“ Synonym für Sammellager zur Deportation waren. Gerade wollte ich fragen: was ist denn dort schon wieder passiert, als ich mir die Frage selbst beantwortete. Ja, von hier rollten die Züge in Richtung Tod, in Richtung fabrikmäßiger Tod. Ich entsinne mich gut, wie ich von dem Schulausflug zurückkam. „Das ist doch eine feine Gegend – hat das denn keiner gesehen?“ Auch diese Frage beantwortete sich selbst.

Damals gab es kein Denkmal, keine Gedenktafel, aber die Geschichte – die Erinnerung der Überlebenden, und ich bin sicher, nicht nur der überlebenden Opfer – war noch so lebendig, daß es eben nur eines starren Blickes bedurfte, um sich zu erinnern. Freilich, es war nicht der starre Blick eines Reichsbahners, der mit derselben professionellen Einstellung die Todeszüge führte, wie nach dem Krieg auch andere Züge. Nachdem das Erinnern durch Gedenktafeln und durch Skulpturen versucht, Stolpersteine in die Stadtlandschaft zu setzen, gibt es auch Zeitgenossen, die nicht nur wegblicken – bewußt wegblicken – sondern auch beschmieren, beschädigen und zerstören. Wir wollen, daß all die, die hier arbeiten und hier wohnen und hier in der Umgebung zur Schule gehen, diese Denkmale adoptieren, schützen, pflegen und über das, was hier geschehen ist, lernen. Dann wird und braucht auch niemandem bange zu sein um die Zukunft dieser Gedenkanlage.

Über 35.000 jüdische Menschen aus Berlin, zuvor in Sammellagern zusammengetrieben, wurden von hier aus in die Vernichtungslager deportiert. Mindestens 60 Menschen in einem Viehwaggon, jeder Zug 30 bis 40 Waggons der Reichsbahn. Am 18. Oktober 1941 begann das, was in einigen Dokumenten euphemistisch als „Ausschleusung“ bezeichnet wurde. Noch im Februar 1945 rollten die Züge von hier wie vom Güterbahnhof Putlitzstraße. An einem Schuppen wurde im Januar 1973 durch private Initiative eine Gedenktafel angebracht. Sie ist häufig beschädigt und mehrmals gestohlen worden. Schließlich entstand 1991 an der Zufahrt neben dem Eingang zum S-Bahnhof Grunewald ein von dem Bildhauer Karol Broniatowski geschaffenes Mahnmal: eine 18 Meter lange Reliefwand von drei Meter Höhe. In die Betonwände am Weg zu den Gleisen sind die Umrisse menschlicher Körper eingedrückt.

Und heute weihen wir ein weiteres Element ein, das Passanten, Reisende, Menschen auf der Suche nach der Vergangenheit ihrer ermordeten, lieben Vorfahren, dich und mich, und alle, die nicht wegschauen, daran erinnern wird, daß von hier aus junge und alte Juden und zum Christentum konvertierte Menschen jüdischer Herkunft „verladen" wurden wie Vieh – nur weil im Land der Dichter und Denker der Verstand abhanden gekommen war und sich die Menschlichkeit auf wenige unbesungene Helden reduziert hatte.

1996 hat die jüdische Jugendgruppe in Berlin mit Unterstützung von vielen jüdischen und nichtjüdischen Berlinern und Berlinerinnen hier das Gedenkbuch der jüdischen Opfer des Nationalsozialismus mit seinen fast 60.000 Namen öffentlich verlesen.

Indem man das Denkmal von Karol Broniatowski betrachtet, am Bahnsteig entlang geht, gedenkt man ihrer. Es gibt eine intensive Diskussion um das Denkmal zur Erinnerung an die sechs Millionen ermordeten Juden Europas. Man überlegt einerseits, wie man das Denkmal vor Vandalismus schützen kann, andererseits wird auch aufgeführt, von einem solchen Denkmal gingen Gefahren für die Gesellschaft aus – es erzeuge sogar Antisemitismus.

Sollte jemals dieses oder ein anderes Denkmal für die ermordeten Juden dieser Stadt, dieses Landes oder dieses Kontinents zu „antisemitischen Empfindungen" führen, dann wäre diese Gesellschaft von mehr bedroht, als von einem oder mehreren Gedenkorten, dann ginge es nicht darum, Beton, Stahl oder Stein vor der Zerstörung zu beschützen, sondern den Kern unserer Gesellschaft.

Jüdischer Widerstand gegen die deutsche Vernichtungsmaschinerie

Der 19. April ist ein besonderer Tag:

- wegen des 56. Jahrestages des Warschauer Ghettoaufstandes,
- weil der deutsche Bundestag im Reichstagsgebäude seine erste Sitzung abhält,
- weil der *Zentralrat der Juden* seinen Sitz in Berlin eröffnet hat, eines der letzten Dinge, die Ignatz Bubis noch tun konnte.

Drei Begebenheiten an einem Tag. Drei Begebenheiten, die vor einem halben Jahrhundert selbst einem Optimisten nicht eingefallen wären. Das ist Geschichte.

Jüdische Geschichte in Europa im 20. Jahrhundert wird beschrieben als die Geschichte der Schoah. Vernichtung, Untergang, Ausrottung der Juden in Europa – 6 Millionen Tote: Das ist die Überschrift. Oder die falsche Überschrift? Gab es nicht auch jüdischen Widerstand? Wie viele zehntausend jüdischer Soldaten haben in den Armeen der Alliierten des 2. Weltkriegs gegen das braune Ungeheuer aus Deutschland gekämpft?

Die Geschichte des jüdischen Widerstandes gegen die Nazidiktatur ist nicht geschrieben.

In unseren Reihen leben noch heute Soldaten jüdischer Herkunft, die in der Sowjetarmee gegen Nazideutschland gekämpft haben. Hier in Berlin hat sich ein Verein von über 100, noch heute lebenden, ehemaligen, zum Teil hoch dekorierten Rotarmisten und Rotarmistinnen gebildet, die Europa, Deutschland und Berlin vor jener braunen Diktatur befreit haben und dann doch in die Wirren der 2. Schoah von 1948 bis 1991 geraten sind.

Die Jüdische Gemeinde in Berlin ist ein Zeichen dafür, daß Genozid weder in den Öfen von Auschwitz, noch in den Gulags in Zwangsmaßnahmen der Sowjetunion und ihrer Satelliten erfolgreich sein kann. Und wir hoffen und beten, daß auch das, was heute im Kosovo vor unser aller Augen geschieht, nicht der Geschichte letztes Wort ist.

Daß in Europa ein halbes Jahrhundert nach dem Ende des 2. Weltkrieges wieder Menschen vertrieben werden, ist unerträglich.

Und auch allen, die in diesem Land meinen, daß sie mit ihrer kahlrasierten Dummheit, mit Baseballschlägern, Dynamit gegen Gräber und unsäglicher Ignoranz gegen Minoritäten oder gegen Jüdische Gemeinden oder jüdisches Leben sich in eine Tradition von jahrtausendealtem Haß gegen Juden und andere – andere, die nicht so sind, wie sie – stellen können, sei an dieser Stelle gesagt: Das Ergebnis von Haß ist Zerstörung, und wie zerstört dieser Kontinent, dieses Land und diese Stadt 1945 waren, weiß jeder und kann jeder einen Steinwurf von hier an der Gedächtniskirche oder auch am Portal dieses Hauses sehen. Wer Haß und Zerstörung sät, wird einen Sturm von Haß und Zerstörung ernten.

Einer der Chronisten des Widerstandes der Juden in Europa gegen die Nazidiktatur ist Arno Lustiger. 1924 im polnischen Oberschlesien geboren, war er während des Krieges Mitglied des Untergrunds, später Häftling, auch in Auschwitz. Er zählte zu den Mitbegründern der Jüdischen Gemeinde Frankfurt, forscht, schreibt und referiert seit vielen Jahren zu Themen der Jüdischen Geschichte und insbesondere des Jüdischen Widerstandes.

1988 sagte Heinz Galinski anläßlich eines Bombenanschlages auf das Jüdische Gemeindezentrum in Frankfurt, daß allein die Bundesrepublik Deutschland für die Sicherheit aller Jüdischen Institutionen verantwortlich und demnach verpflichtet sei, alles in ihren Kräften stehende zu tun, um künftig solche Missetaten zu verhindern. „Es ist mir unverständlich, daß heute noch [...] Jüdische Gemeinden auf Schwierigkeiten stoßen, wenn sie über ihre Landespolizeistellen einen ausreichenden Schutz für ihre Einrichtungen zu gewährleisten suchen."

Dem ist angesichts der noch immer nicht durch eine Zusage erfüllten Versprechungen des Senats – das Sicherheitspersonal der Jüdischen Gemeinden betreffend – nichts hinzuzufügen.

Zurück zum Anlaß unseres heutigen Gedenkens: Jüdische Geschichte im 20. Jahrhundert ist nicht nur die Geschichte der Schoah, der Vernichtung, des Unterganges und des millionenfachen Mordens, sondern auch der Tapferkeit und des Widerstandes gegen den Faschismus.

Wenn wir heute des Aufstandes des Warschauer Ghettos gedenken, dann gedenken wir der jüdischen Menschen, die unter unmenschlichsten Bedingungen für die menschliche Würde kämpften. Etwa 300.000 Menschen hatte die SS und ihre Schergen bereits im Sommer 1942 in das Vernichtungslager Treblinka verschleppt, als sich die Verbliebenen im Ghetto zum Widerstand bereit machten, Waffen ins Ghetto schmuggelten und ein System von Bunkern und unterirdischen Schußwinkeln errichteten. Als Himmler die Liquidierung des Ghettos anordnete und die SS- und Polizeitruppen im Morgengrauen des 19. April 1943 – am Tage des 14. *Nissan, Erew Pessach* – in das Ghetto einrückten, stießen sie auf den erbitterten Widerstand der Jüdischen Kampforganisation (ZOB). Mit Handgranaten und Zündflaschen verjagten die Ghettokämpfer die SS und Polizei. Einer der Panzer wurde getroffen und ging in Flammen auf; zwölf Nazis wurden an diesem ersten Tag des Widerstandes getötet. Die SS-Kolonne zog sich eiligst aus dem Ghetto zurück. 20 Tage dauerte dieser Widerstand, der von Angang an keine Chance des Sieges hatte, aber der doch den jüdischen Kämpfern das Bewußtsein um ihre ungebrochene Menschenwürde zurückgab.

Bei einer anderen Gedenkveranstaltung hat der jüdische Historiker Herbert Strauss beklagt, daß die Geschichte der Schoah allzu oft aus der Sicht der Täter geschrieben werde und sich viel zu selten am Blickwinkel der Opfer orientiere. So sei zum Beispiel die Geschichte des jüdischen Widerstandes noch kaum erforscht, geschweige denn geschrieben worden. Der Aufstand des jüdischen Ghettos hat Tausenden Menschen auch an anderen Orten Mut gemacht. Nach dem Warschauer Vorbild erhoben sich im Juni 1943 jüdische Widerstandskämpfer in Lemberg und Tschenstochau, und am 3. August in Bedzin. Am 16. September brach ein größerer jüdischer Aufstand in Bialystok aus, der von den Nazis mit Artillerie- und Fliegereinsatz niedergeworfen wurde. Auch die unglücklichen, am Leben gebliebenen Insassen der Lager Treblinka und Sobibor boten Widerstand; in diesen beiden Vernichtungslagern fanden am 2. August und am 14. Oktober 1943 bewaffnete Aufstände statt.

Das Gedenken an den Aufstand des Warschauer Ghettos verbietet demnach jene Klischee-Vorstellung von den jüdischen Lämmern, die zur Schlachtbank geführt werden. Vielmehr gedenken wir an diesem Tage all jener Menschen, die sich zum Widerstand erhoben – damals, aber auch heute.

Wir, die heute hier versammelt sind, manifestieren, hoffen und beten, daß ein Aufstand, wie er im Warschauer Ghetto vor 56 Jahren stattfand, nie mehr nötig sein wird.

Aber wir wissen, wie aktuell Gewalt und Gegengewalt sind. Deshalb lernen wir aus der Geschichte, um zukünftigen und gegenwärtigen Generationen zu ersparen, was den Generationen vor uns nicht erspart blieb.

Hoffen wir auf Toleranz und beten wir für den Frieden im Inneren und Äußeren.

Nachrufe und Begegnungen

Eto ist im Krankenhaus

Juni 1960. Ein Tag wie fast alle anderen im Leben des Schülers Andreas. Etwa vier Wochen vor seinen Schulferien. Nicht etwa, daß er krank gewesen wäre. Nein, es war ein Autounfall in Ost-Berlin. Unter den Linden rammte ihn auf dem Weg zum Brandenburger Tor ein Diplomatenwagen. Ima und ich hatten an jenem schulfreien Tag zum Mittagessen auf ihn gewartet. Es sollte Grünebohneneintopf geben. Aus dem endlosen Warten wurde die damals traurige Gewißheit. Nein, er hat uns nicht wegen irgendeines anderen Termins versetzt. Ich habe jahrzehntelang keinen Bohneneintopf mehr gegessen.

Stunden später: In der noch nicht von einer Mauer geteilten Stadt war er von der östlichen Hemisphäre in die westliche verlegt worden. Ich ging mit Bettina, einer Freundin meiner Mutter, ins Jüdische Krankenhaus. Da lag er, in jenem 1914 kurz vor dem Ersten Weltkrieg eingeweihten Krankenhaus mit seiner von wildem Wein umrankten Fassade. Es war spät nachmittags. In meiner Hand hatte ich etwas hilflos mein Lieblingsstofftier. Er schlief. Bettina sagte etwas überlaut für ein Krankenzimmer im Dämmer: „Euiijj Wejjjj! Eeees hat ihm am Kohhpf getrohhfän". Eto machte etwas irritiert die Augen auf und sah mich. „Pullahh?! Mach dir keine Sorgen, du fährst mit Ima in den Urlaub." Ich stand etwas hilflos mit dem Stofftier in den Händen herum. Er blieb wochenlang im Krankenhaus, aber sein erster Weg führte zum gemeinsam geplanten Urlaub nach Travemünde. Mein größtes Ferienvergnügen war, um ihn herum laufend, ihm um die gebrochenen Rippen einen Verband anlegen zu dürfen ....

Jahrzehnte später: Aus Abano, Italien, erhalte ich den Anruf von ihm: „Pullahh – morgen früh komme ich nach Berlin ins Jüdische Krankenhaus – man behandelt mich hier falsch. Bitte sage mein Konzert nächste Woche am 20. April im Berliner Dom ab." Die Nachricht kam wie ein Blitz aus heiterem Himmel. Nicht nur, daß er bis dahin äußerst gesund und kompakt schien, in Berlin war auch nichts davon bekannt gewesen, daß er überhaupt von seinem Kuraufenthalt in Abano wegen seines Rheumaleidens in ein Krankenhaus gekommen war. Zudem war es das erste Mal, daß er mich anwies, etwas abzusagen. Als ich Pastor Richter anrief, um ihm die schlechte Nachricht zu überbringen, teilte er mir mit, daß die Plakate für das Konzert vom folgenden Tag an an allen Berliner Anschlagsäulen kleben würden und versprach mir, ein Plakat in meinen Briefkasten zu stecken, damit ich es bei meinem nächsten Krankenhausbesuch dem Rekonvaleszenten zeigen könnte. Zum gegenwärtigen Zeitpunkt wäre das Konzert unabsagbar, man könnte lediglich zum Zeitpunkt des Konzerts die gelösten Karten rückerstatten. Alex, mein jüngster Sohn und ich überbrachten dem im Jüdischen Krankenhaus stationierten im Schlafanzug und Morgenrock neben seinem Bett sitzenden Oberkantor das Plakat, auf dessen Rückseite die herzlichsten Genesungswünsche Pastor Richters verzeichnet waren. Beim Blick auf das Plakat huschte Freude über sein Gesicht. Er hieß uns, das Zimmer zu verlassen und vor der Tür auf ihn zu warten. Es war schwer, ihn fünf Minuten später in seinem Anzug vor uns stehend davon abzubringen, mit uns sofort das Krankenhaus zu verlassen. Das Konzert fand planmäßig statt und war ein riesiger Erfolg. Dafür traten kleine rote Sprayflaschen mit Nitroglyzerin in sein Leben und langsam wurde es zur Gewißheit: Eto litt nicht nur unter den Folgen einer mißglückten Oberschenkelhalsoperation, sondern war auch schwer herzkrank.

18. Dezember 1999 – ein Tag wie alle anderen im Leben des Gemeindevorsitzenden. Kurz nach Erhalt der Nachricht fuhr ich mit meinem Personenschutz ins Jüdische Krankenhaus. Kein wilder Wein, sondern Kachelfassaden der 60er Jahre. Da saß er neben seinem Krankenhausbett. „Ihr fahrt nach Reichenhall, auch wenn ich hier bleiben muß. Mach dir keine Sorgen, am 7. Januar bin ich wieder in der Pestalozzistraße – *Schabbat Rosch Chodesch, Hallel!*" Als wären das in dem Augenblick meine Sorgen gewesen. Die ärztliche Diagnose war nicht so einfach wie damals. Leider nicht nur ein paar gebrochene Rippen, sondern die schon entdeckte akute Herzschwäche. Aber mit großer Gewißheit schaute er mich an und sagte: „Pullahh! – Mach dir keine Sorgen – ich bin in Reichenhall dabei!"

Tatsächlich konnte ich ihn am 25. Dezember am Münchener Flughafen abholen.

Rückblickend waren die folgenden fünf Tag intensiv wie nie, obwohl wir doch schon so oft in Reichenhall die Tage zwischen den Jahren verlebt hatten. Ja, er fühlte sich wohl. Sein Enkel, sein Sohn, seine Frau – morgens, mittags und abends waren wir zusammen. Eines Abends, das Abendessen war als Buffet frei kombinierbar, Alex half ihm das Ausgesuchte zum Eßtisch zu tragen, sagte er ziemlich trocken und ohne jeden Pathos: „Ich hab mich im Spiegel angeschaut, ich sehe schlimmer aus, als nach Auschwitz."

Am 2. Januar 2000 dann ein letzter gemeinsamer Auftritt außerhalb der Gemeinde in der Matthäuskirche. Besagter rühriger Pastor Richter hatte zu Beginn des Milleniums eine Stunde organisiert, in der sich Muslime, Buddhisten, orthodoxe Christen, Protestanten und Juden betend, singend und erzählend näher brachten, wie willkürlich Zeitenzählung, Millenima und Jahresanfänge sind.

Am 7. und 8. Januar: Estrongo kehrte in sein Zuhause zurück – in die Synagoge Pestalozzistraße. Der Freitagabend-Gottesdienst verlief unspektakulär. Hätte man ihn nicht an seiner Krücke hineinhumpeln sehen, man hätte meinen können, man wäre zehn, zwanzig, dreißig oder vierzig Jahre in einer Zeitmaschine zurückversetzt. Er sang wie immer. Nach der *Kabbalat Schabbat* in der Pestalozzistraße noch der Gottesdienst im Hüttenweg. Mit einundachtzigeinhalb Jahren begann er den Gottesdienst nach dem Gottesdienst. *Lechu neraanena, lecha dodi* – wie in den letzten Monaten üblich, übergab er dann nach dem *Kaddisch Jatom Barechu* den Stab ab an seinen Enkel. Er saß in der ersten Reihe und kommentierte, jedem Ton des 16jährigen folgend, mit den Händen Zeichen gebend und liebevoll flüsternd: „Nicht so hoch!"

Am nächsten Morgen kurz vor 9.30 Uhr: Da saß er etwas in sich zusammengesunken auf seinem Stuhl in seinem Kämmerchen und freute sich, als Alex und ich zur Tür hineinkamen. Als der Talar angelegt war, richtete er sich auf. Auf den Operateur schimpfend, der ihn zum Krüppel gemacht habe, übergab er sein Gebetbuch und sonstige Unterlagen, die auf dem Vorlesepult sein mußten, um einen Gottesdienst abhalten zu können, an seinen Enkel, damit dieser sie dort für ihn ablegen sollte. Der vielleicht zwanzig Meter weite Weg wurde zur Strecke. Da wurde plötzlich das rote Nitrofläschchen herausgeholt, Alex und ich sahen uns besorgt an. Wird er ganz alleine den Gottesdienst durchstehen? Toravorlesung, *Hallel* für den *Schabbat Rosch Chodesch*?

Auf der *Bima* angekommen, stand dort ein anderer Mann. Nicht der Eto, den ich vor 14 Tagen im Krankenhaus besucht hatte, nicht der, der sich mit mir vor wenigen Minuten den Gang entlang geschleppt hatte, sondern derjenige, der dort seit über 50 Jahren zuhause war.

Am Sonntagabend das letzte Beisammensein. Er sprach erstmals in seinem Leben davon, sein Herz einer Linksherzkatheter-Untersuchung unterziehen zu lassen – nein er fühlte sich nicht wohl. Unspektakulär der Abschied.

Am Donnerstag, den 13. Januar sitze ich mit Dr. Jacobs und Inge Borck zusammen, um über die Zukunft des Makkabisportplatzes zu diskutieren. Mein Handy gibt ein Zeichen. Entgegen meiner Gewohnheit, bei Sitzungen keine Gespräche anzunehmen, höre ich hinein. Sara, meine Frau, sagt mir, meine Mutter wolle mit mir sprechen. Da wußte ich schon, daß es kein Besuch wie früher im Krankenhaus sein würde ....

Seine letzten Worte waren angesichts der sich verlängernden Tage und des an diesem Tag durch einen wolkenlosen Himmel sich etwas verzögernden Einbrechens der Nacht: „Neues Licht kommt vom Himmel." Noch am Mittag hatte er zusammen mit dem von ihm so verehrten Rabbiner Ehrenberg eine Beerdigung und anschließend eine Steinweihe auf dem Friedhof Heerstraße gemacht, hatte sich für ein kleines Schläfchen zurückgezogen und war gerade zu meiner Mutter ins Auto gestiegen, um zu seiner Sprechstunde in die Hotelhalle des Kempinski aufzubrechen.

Als er am 16. Januar 2000 auf dem Friedhof Heerstraße beigesetzt wurde, folgten über tausend Berlinerinnen und Berliner seinem Sarg.

Gedenkfeier für Estrongo Nachama

Heute haben wir uns hier versammelt, um die Stimme der Jüdischen Gemeinde zu Berlin zu ehren, die am 13. Januar zum letzten Mal live zu hören war. Es wäre nicht schwer gewesen, diese Synagoge nur mit Choristinnen und Choristen der Chöre zu füllen, die mit ihm in den letzten 50 Jahren zusammen gewirkt haben. Da sei vor allem der RIAS Kammerchor genannt, der von 1948 bis in die 80er Jahre regelmäßig Rundfunk-Neuaufnahmen geschaffen hat und Konzerte sang: Die weltweit größte Sammlung an *Chasanut* eines Vorbeters ist in den Archiven des *Deutschlandradios* und wird noch immer wöchentlich in der Schabbatfeier zum Erklingen gebracht.

Da ist der *Ost-Berliner Rundfunkchor*, der in der Zeit der Teilung der Stadt mit ihm zusammen die Schabbatfeier des Ost-Berliner Rundfunks gestaltete, der *Berliner Konzertchor* für die legendären Fernsehproduktionen des ZDF, der *Philharmonische Chor Giessen* und schließlich die musikalischen Konzertbegleiter seiner letzten Jahre: Der *Schalom Chor* unter Leitung von Elisabeth Liebig. Dabei seien seine Lieblinge in der Synagoge hier und der Synagoge Herbarthstraße nicht vergessen. Jüdischkeit durch Singen erlebbar zu machen, das wollte er für Juden wie für Nichtjuden: Mit seiner Stimme auch für diejenigen, die hebräisch nicht oder nur teilweise verstehen, einen Weg zu Gott zu zeigen.

Ich habe seinen Tagesablauf für eine Berliner Tageszeitung einmal aufgeschrieben. Jetzt ändere ich nur die grammatische Zeit, vom Präsens in die Vergangenheit.

Charlottenburg – Synagoge Pestalozzistraße, Freitag 17 Uhr: Estrongo Nachama saß in einem Zimmerchen schon etwa eine Stunde vor dem Beginn der Schabbat-Feier neben einem mit Gebetbüchern, Noten, Zeitungsausrissen und Photos übersäten Schreibtisch. Die Tür stand weit offen. Alle an der Durchführung des Gottesdienstes Beteiligten kamen hier vorbei, und keiner kam vorüber, ohne daß er angesprochen wurde. So bereitete mein Vater seit über 50 Jahren seinen Gottesdienst vor: Der Organistin wurde mit auf den Weg gegeben, daß „wir heute den Ges-Dur Psalm" singen, dem Synagogendiener gesagt, daß heute Trauernde in den Gottesdienst eingeführt werden. Zwischendurch stand er auf und intonierte einige Töne: „Gott sei

Dank die Stimme ist gut, obwohl es heute vormittag bei der Beerdigung in Weißensee so windig und kalt war." Und so habe ich ihn, den alle, die mit ihm lebten oder um ihn herum wirkten, Eto nannten, erlebt, solange ich denken kann. Pflichtbewußt, pünktlich, immer perfekt vorbereitet. Kein Preuße, sondern ein Grieche von Geburt, dem am 4. Mai 1918 in Saloniki eben nicht an der Wiege gesungen wurde, daß er einmal in Berlin zu einem Eckstein des Wiederaufbaus jüdischen Lebens in der vor fünf Jahrzehnten zerbomten Stadt und der durch die Schoah zerstörten Jüdischen Gemeinde werden würde. Und der Weg hierher war der schrecklichste. Deportiert zu *Pessach* 1943 in Viehwaggons nach Auschwitz, dort im Nebenlager Golischau im Steinbruch, dort überlebt, weil er als „Sänger von Auschwitz" den Wachmannschaften zur Unterhaltung sang, befreit von der Roten Armee bei Nauen auf einem jener Todesmärsche von Sachsenhausen. Was ihm dort widerfahren war, hat er mir nie erzählt. Aber wenn die Umstände es so wollten, dann erklärte er seinen Enkeln, was geschehen war und was er erlebt hatte. Aber lieber erzählte er über seine ersten Jahre nach der Befreiung. Wie er nach Berlin kam, wie er half, die Synagoge Pestalozzistraße aufzubauen. Wenn es auf 18 Uhr zuging, wurde aus Eto der Oberkantor: Er wandete sich in seinen schwarzen Talar, legte sein „Bäffchen" an und bat einen der Umstehenden, oft mich, ihm von hinten unter dem Kragen die Schleife festzubinden und den Gebetsschal an einem Knopf am Rücken zu fixieren. Er griff seine Noten, das Gebetbuch und schritt Richtung Synagoge. Auf dem Weg dorthin begegneten ihm Gemeindemitglieder, die persönlich angesprochen wurden: „Wie schön, Sie wieder hier zu sehen!", „Du bist aber gewachsen, wann hast Du denn *Barmizwa* (Einsegnung) Ich freue mich schon darauf!" Punkt 18 Uhr: Die Orgel erklang. Mit sonorem Bariton erfüllte er, bis zum *Schabbat Bo*, wie vor zwanzig, dreissig oder fünfzig Jahren die 800 Plätze fassende Synagoge, und erfaßte die hinter ihm sitzenden Beter, ohne sich tatsächlich umzuwenden. Er füllte den Raum, nicht nur mit seiner Stimme, und er wendete seine Aufmerksamkeit den Betern und Gästen zu, ohne sich der Gemeinde zuzuwenden. Halbe Drehungen verschafften ihm den Überblick, hier ein Zwinkern, dort ein Lächeln beim Singen. Da kroch ein Kleinkind die 6 Stufen zur Kanzel herauf, unsicher schwankend, die Gemeinde hielt den Atem an: daß das Kind nur nicht Hals über Kopf die Treppe herabstürzt! Auf der Kanzel angekommen zupfte es den Oberkantor am Talar: Eto öffnet die Schublade des Pultes und gab, betend, singend, sich herabbeugend, dem Kind einen Lolly ... Synagoge Pestalozzistraße: Schabbat-Feier. Nicht ernst gemeint? Sehr konzentriert gesungen, nein gebetet: Estrongo Nachamas Weg: Es tönte von der Erde zum Himmel empor! Nach dem Gottesdienst: Die Gemeinde strömte dem Ausgang zu. Aus dem Oberkantor Estrongo wurde wieder Eto, der sich in der Menge seiner Beterinnen und Beter wohlfühlte. Vielleicht waren ja auch einige Anbeterinnen darunter. Der 80jährige gab hier ein Küßchen und dort einen jovialen Schlag auf die Schulter. „Wie geht es der Mama?“ – „Was macht ihre Tochter – ja die habe ich letztlich im Krankenhaus besucht“. Pastorale Basisarbeit – Teil des Gottesdienstes, der ein Konzert war und doch musikalische Zwiesprache mit Gott. Am nächsten Morgen setzte sich der Schabbat-Gottesdienst fort. Statt der drei–bis vierhundert Beterinnen und Beter, kamen vielleicht 120. Estrongo, der Oberkantor, sang mit gleicher Intensität und las aus der hebräischen Bibel in jenem unverkennbaren Singsang, der an Gregorianik erinnert und doch ein ganz eigenes System der Notation ist. Auf die Frage, warum er sich denn nun nicht schone, wo nur so wenige den Weg in die Synagoge gefunden haben, antwortete er: „Für zehn jüdische Männer“, das Gebetsquorum für einen öffentlichen Gottesdienst, „habe ich die gleiche Verantwortung wie für 100 oder 1000.“

Ich schreibe hier als Sohn und Gemeindevorsitzender, aber im eigentlichen Sinn als Schüler. Zwar kann ich nicht singen, aber der Gemeinde dienen, die Menschen lieben, das habe ich von Eto gelernt. Möge sein Andenken zum Segen werden für alle, die ihn erleben durften.

*Chanukka*konzert Paderborn

Donnerstag, 21. Dezember 1995
Treffpunkt: Berlin Wilmersdorf, Südwestkorso 30
Vor der Wohung von Estrongo Nachama

Harry wartete in seinem Auto. Die Begrüßung war wie immer mit einem kleinen überraschenden Späßchen unterlegt: Er hätte die Orgel zuhause vergessen und jetzt müßten wir erst noch einmal einen kurzen Abstecher nach Zehlendorf machen. Harry's Witze hatten es manchmal in sich, denn gelegentlich überraschte er sich selbst damit, daß sie sich bewahrheiteten. Als Estrongo, Harry und ich dann in Tempelhof bei der Sicherheitskontrolle waren, stellte sich heraus, daß Harry tatsächlich ein Stück Orgel vergessen hatte: Es fehlte das Stromkabel. Nachdem ein geübter Blick des Sicherheitsverantwortlichen den Anschluß inspiziert hatte, stellte sich heraus, daß die Orgel die gleiche Zuleitung benötigte, wie marktgängige „Schlepptoppcomputer“ und daß die Herrn Sicherheitstechniker ein solches Kabel herbeischaffen konnten. Nun wurde es ernst: Die Orgel wurde in Betrieb gesetzt und Harry gab sich nicht damit zufrieden, ein paar Töne anzuspielen, sondern improvisierte ein paar Takte „*Oh jibane*", was nun wiederum den Oberkantor dazu brachte, auszuprobieren, wie es um die Akustik des Flughafens Tempelhof bestellt sei. Die Aufmerksamkeit aller Reisenden auf uns war vollständig hergestellt. Irgend jemand trällerte Reinhard Meys Lied von den Musikanten, die in der Stadt sind und vor denen man Tür und Fenster verschließen soll, vor denen aber insbesondere die Töchter in Sicherheit zu bringen wären. „Fluggäste nach Paderborn werden gebeten die Maschine nach Dortmund zu benutzen". Unser Flug war wegen Mangel an Fluggästen gestrichen und mit dem etwa zeitgleichen Flug nach Dortmund zusammengelegt worden. Harry blickte nervös auf die Uhr. „Hoffentlich kommen wir rechtzeitig an, schließlich muß noch ein Stromzuleitungskabel besorgt werden". Estrongo saß neben der Orgel und machte sich wegen der drohenden Verzögerung Sorgen. Harry blickte auf das Flugfeld und witzelte, daß die „Zigarre" dort hinten, damit meinte er das mit Abstand kleinste und häßlichste Fluggerät, wohl unser Flugzeug wäre. Als wir – von der Bodenstewardess begleitet – neben der „Zigarre" angekommen waren, bat der Kapitän, die Orgel in den Frachtraum stellen zu dürfen, weil es bei den Passagieren keinen Raum dafür gäbe. Harry gab mir genaue Anweisungen, wie die neue Orgel, die er zum erstenmal auf eine Konzertreise mitnahm, aufgestellt werden sollte. Kaum hatten wir unsere Plätze eingenommen, bat er darum, ich möge doch von seinem Schoß herunter steigen. das war seine Beschreibung der Platzverhältnisse in diesem Flugzeug: Tatsächlich saß ich auf der anderen Seite des Mittelganges.

In Dortmund angekommen, wurde uns gesagt, die Maschine nach Paderborn warte bereits auf uns. Aber da Ankunft und Abflug nicht direkt miteinander verbunden waren, mußten wir zunächst durch die Sicherheitskontrolle: Das Problem mit dem Zuleitungskabel war schnell gelöst, die Sicherheitsfrau war selbst Orgelspielerin und war von der Orgel oder von Harry oder von beiden ganz hingerissen. Es entspann sich zum Verdruß der Bodenstewardess, die uns zum wartenden Flugzeug Richtung Paderborn bringen sollte, eine Fachsimpelei mit Klangbeispielen.... Der Service in der zweiten „Zigarre" übertraf bei weitem den in der ersten. Beim Einstieg wurde uns eine Pappschachtel in die Hand gedrückt, die nach dem Öffnen ein undefinierbares Etwas enthielt. Harry mutmaßte, daß bei einem früheren Flug jemand auf der Lunchbox gesessen hätte. Die Maschine nahm einen gewaltigen Anlauf auf der Startbahn, was Harry zu dem Kommentar veranlaßte, er hätte vom Kapitän gehört, daß das Maschinchen gar nicht in die Luft ginge, sondern den Landweg nach Paderborn nähme.

In Paderborn gelandet ging es sogleich zum Konzertsaal. Harry begann die Orgel aufzustellen und einzurichten. Zwischenzeitlich waren mehrere der Organisatoren nach dem fehlenden Kabel ausgeschickt worden. Jetzt wurde der Aktenkoffer mit den Noten geöffnet und – ja, da lag das fehlende Kabel zwischen den Noten. Die sukzessive eintreffenden Ersatzkabel wurden dankend ausgeschlagen. Harry begann, kleine Fünfsekunden-Sequenzen auf der Orgel zu spielen und holte von den anwesenden Organisatoren, die in alle Winkel des Konzertsaales ausgesandt wurden, Urteile darüber ein, ob die Orgel zu laut oder zu leise sei. Es begann der bei allen Konzertreisen übliche Dialog zwischen Harry und Estrongo: „Hör auf zu spielen, das kannst Du doch schon, – Harry zu laut, Harry zu hoch, Harry zu langsam, Harry ..., Harry ..., Harry – mach keinen Blödsinn."

Schließlich waren alle Noten geordnet und das Programm durchgesprochen: Ein Journalist kam und wollte ein Photo von den drei Berliner Gästen machen. Estrongo saß auf einem Stuhl neben der Bühne – wo war Harry? Harry unterhielt eine charmante Platzanweiserin mit unseren Flugerlebnissen.

Das Konzert begann. Harry griff in die Tasten des kleinen, vor ihm liegenden elektronischen Bretts, die Augen konzentriert auf die Noten gerichtet, obwohl er die Musik in- und auswendig kannte. Jetzt kam der Einsatz des Oberkantors, Harry hob den Kopf ganz leicht und blickte über den oberen Rand seiner Brille zu Estrongo, der seinen Einsatz aus dem „ff" kannte und mit seiner voluminösen Stimme die Orgel zurückzudrängen schien. Aber nein, wir haben vergessen anzumerken, daß im Augenblick des Einsatzes des Solisten der Fuß auf dem Schweller hochging: Es war Harry, der die Orgel zurücknahm. Die *Chanukkaberachot* waren gesungen, da ging ein Blick zwischen Estrongo und Harry hin und zurück. Was war los? Eine Programmänderung? Eine Wiederholung? Ein Fehler? Da – ein kleines Zwischenspiel und Harry wechselte mit schlafwandlerischer Sicherheit in eine andere Tonart.

Harry kannte meinen Vortrag „Die Juden sind ein singendes Volk" auswendig und flüsterte mir auf dem Weg zum Podium den ersten Satz zu, um sich dann der Ordnung seines Notenmaterials zuzuwenden. Diesmal war es aber ein Vortrag über *Chanukka*. Harry erschrak fast, neigte den Kopf etwas zu Seite und ließ von seinen Noten ab. Als ich zu meinem Platz an ihm vorbei zurückging, bemerkte er in seiner unverwechselbaren Weise: „Hab gar nicht gewußt, daß du auch was anderes zu sagen hast."

Der letzte Applaus war verklungen, Harry stöpselte sein Keybord aus, längst waren zwei oder drei Helferinnen damit beschäftigt, das gute Stück in sein Etui zurück zu betten. Estrongo hatte Hunger und drängte, Harry erzählte noch schnell ein paar Eindrücke aus dem

Konzert. „Wie schön, daß in der Mitte von *‚Hanerot halalu‘* eine Wiederholung gemacht wurde, das sollten wir immer so machen“ – „Ja, und das Ende von *‚Maos zur‘* ohne Chor muß unbedingt so festgehalten werden ... .“

Beim Nachtmahl wurden dann noch einige Anekdoten erzählt, „Weiß du noch damals in Worms“ und „Kannst du dich entsinnen an Magdeburg“. Harry sprach gern über gemeinsam Erlebtes, aber nie über seine Probleme. Nur ganz am Rande ließ er durchblicken, daß ihm bald eine Operation bevorstünde. Drei Monate würde er wohl auf der neuen Orgel nicht spielen können ... .

Am Flughafen in Paderborn wartete diesmal eine etwas größere Direktmaschine nach Tempelhof auf uns. Die Sicherheitsprüfung erforderte auch am frühen Morgen einen Probelauf des elektronischen Geräts. Er öffnete das Futteral und da fielen ihm gleich zwei Stromkabel entgegen ... .

Wiederangekommen am Südwestkorso wurde alles wieder im Heck seines Autos verstaut. „Bis zur nächsten Konzertreise wird aber etwas mehr Zeit vergehen“, merkte Harry fast ängstlich an.

Es war unsere letzte gemeinsame Konzertreise.

Nachruf auf Harry Foss

Pestalozzistraße 14 in Berlin-Charlottenburg: Hoch oben über dem Toraschrank, an der Stirnseite, von den Beterinnen und Betern im Synagogenschiff aus unsichtbar, thronte er auf seiner Orgelbank seit über zwei Jahrzehnten – Schabbat für Schabbat – Feiertag für Feiertag: Harry Foss, den Hörern des *Deutschland Radio* wohlbekannt als derjenige, der auf dem Harmonium die Schabbat-Feier musikalisch umrahmt. Harry Foss, der Chorleiter und Organist der Jüdischen Gemeinde verstarb am letzten Mittwoch nach einer schweren Herzoperation – er befand sich bereits auf dem Weg der Besserung, als sein Herz zu schlagen aufhörte.

Pestalozzistraße 10: Vier Häuser entfernt von der Synagoge wurde am 14. Februar 1933 Harry Foss als jüngster von drei Söhnen des Ehepaars Hans und Margot Foss geboren und wuchs hier bis zum 30. November 1942 auf. An diesem Tag sollte die Familie Foss, wie die wenigen zu diesem Zeitpunkt noch in Berlin lebenden jüdischen Menschen, auch deportiert werden – die Familie Foss fand Unterschlupf bei einer beherzten Berlinerin im Bezirk Tiergarten und überlebte das „Dritte Reich“ versteckt in ihrer Wohnung. Harry Foss erinnerte sich zuweilen an die Geschehnisse jener Zeit. In einem von Kurt Schilde herausgegebenen Gedenkbuch ist seine Erinnerung an das Vorderhaus der Synagoge so festgehalten: „Dort wohnten zahlreiche jüdische Familien, unter anderem Kinder, mit denen ich spielen konnte. Bevor wir illegal lebten, kam es vor, daß ich, um von Nr. 10 nach Nr. 14 zu gelangen, einen Umweg über Schlüterstraße, Kant- und Leibnitzstraße machte. Ich bin von der anderen Seite auf das Haus zugegangen, weil zwischen Nr. 10 und 14 mehrere Jugendliche waren, vor denen ich Angst hatte. Ich dachte, daß sie mich verprügeln oder anspucken oder so, wenn ich mit dem Stern da vorbei gegangen wäre. Dieses Anpöbeln, Hinterherrufen von ‚Jude, Itzig', ‚Lebertran' und was es da für Sprüche gab, war Tatsache. Das waren nicht nur unbegründete Befürchtungen."

Nach der Befreiung erhielt Harry Foss Klavierunterricht und wandte sich seit Anfang der 50er Jahre der synagogalen Musik zu. Die Synagoge Pestalozzistraße wurde nach und nach zu seinem Lebensmittelpunkt, obwohl Harry Foss bis zu seiner Pensionierung vor zwei Jahren hauptamtlich Mitarbeiter des Bezirksamtes Tiergarten war. Aber zunächst in seiner Freizeit als Chorist, schon bald als ständiger Vertreter des greisen Gemeindeorganisten, seit 1965 in den Schabbat-Feiern des Berliner Sender RIAS und schließlich seit 1971 als Nachfolger des in hohem Alter pensionierten Arthur Zepke, begleitete Harry Foss auf der Orgel die Gottesdienste der Jüdischen Gemeinde zu Berlin – und in unzähligen Konzerten seinen Freund Estrongo Nachama.

Harry Foss war aber nicht nur Organist, sondern zugleich Leiter des Synagogenchores: So saß er, umrahmt von den Sängerinnen und Sängern, auf der Orgelbank in der Synagoge Pestalozzistraße, und da wo andere Organisten die Hand von den Tasten nehmen, um das Blatt der Partitur umzublättern, hob Harry Foss seine, um dem Chor den nächsten Einsatz zu geben, getreu nach dem Motto: Geschwindigkeit ist keine Hexerei. Und wenn das Orgelspiel es nicht zuließ, die Hand emporzuheben, dann gab er den Einsatz durch ein Anheben des Kopfes oder gelegentlich einen Augenaufschlag. Kein Gottesdienst, kein Konzert wurde zur Routine. Aber Harry Foss war nicht nur ausführender Musiker, sondern auch der Urheber interessanter Chorsätze und Komponist synagogaler Musik in der Tradition seines großen Vorbildes, dem Chorleiter und Komponisten Louis Lewandowski, der die noch heute gesungenen Melodien des jüdischen Gottesdienstes für die *Neue Synagoge* in der Oranienburger Straße verfaßt hatte.

Aber auch außerhalb der Synagoge betätigte sich Harry Foss musikalisch. Gern erzählte er auf Konzertreisen von Begebenheiten seiner Sangesbrüder in einem von ihm geleiteten Männerchor.

Harry Foss hinterläßt seine über alles geliebte hochbetagte Mutter, eine Frau und zwei erwachsene Kinder. Bei den unzähligen Beerdigungen, die Harry Foss auf dem jüdischen Friedhof durch Orgelspiel umrahmte, hat er sicherlich oft die Geschichte gehört, die beim letzten Weg der ständigen Synagogenbesucher oft erzählt wird, nämlich, daß die Wände der Synagoge weinen, weil einer aus ihrer Mitte gerissen wurde. Ja, die Wände der Synagoge Pestalozzistraße werden lange weinen, denn niemals wieder wird die Orgel so klingen, wie unter den Händen und Füßen von Harry Foss.

Engagierte Demokraten: Heinz Galinski

„Als ich vor über vierzig Jahren im zerstörten Berlin der ersten Nachkriegsjahre mein Amt als Vorsitzender der Jüdischen Gemeinde antrat, hätte ich niemals geglaubt, daß in dieser Stadt, in welcher der Mord an europäischen Juden geplant und verwaltet worden war, eine Ausstellung wie die ‚Jüdischen Lebenswelten' jemals wieder präsentiert werden könnte. Und es berührt mich eigenartig, daß nun zahlreiche jüdische Kulturgüter und Kunstwerke, die damals aus Berlin verbracht wurden, um sie wichtigen Institutionen vor allem in den USA und Israel anzuvertrauen, nun umgekehrt ihren Weg zurück in die Stadt finden. Das Vernichtungswerk der Nationalsozialisten hat vor der Geschichte keinen Bestand."*

An der Wiege war es Heinz Galinski nicht gesungen, daß er einmal über vier Jahrzehnte Vorsitzender der größten Jüdischen Gemeinde Deutschlands werden würde. Auch als er im Alter von 26 Jahren vor der brennenden Synagoge in der Fasanenstraße stand, wäre niemand auf die Idee gekommen, seine Zukunft mit diesem brennenden Gebäude oder mit der jüdischen Gemeinschaft in Deutschland zu verbinden. „Am späten Abend des 9. November 1938, als die jüdischen Gotteshäuser in Brand gesteckt wurden, stand ich vor der brennenden Synagoge Fasanenstraße. Ich hörte viele Menschen, die ihrem Erschrecken Ausdruck gaben, ich sah aber auch andere, die mit dem hochgeschlagenen Mantelkragen an der brennenden Synagoge vorbeigingen, ohne ein Wort. Sie wollten nichts wahrnehmen, während andere wiederum ihrer Empörung Ausdruck gaben, daß man selbst vor Gotteshäusern nicht Halt mache."

Als er Anfang März 1943 an der Rampe in Auschwitz angekommen war, statt seines Namens eine Nummer zur Identifikation tragen mußte, schien sein Leben beendet. Er überlebte die Hölle, und sein

* Heinz Galinksi in seiner Rede zur Eröffnung der Ausstellung „Jüdische Lebenswelten" im Martin-Gropius-Bau, Berlin Januar bis April 1992

weiterer Lebensweg ist nicht zufällig, sondern die persönliche Konsequenz Heinz Galinskis aus dem Erlebten.

Die Eltern, Albert und Marie Galinski, unterhielten ein kleines Textilgeschäft in Marienburg (Regierungsbezirk Westpreußen) und wohnten in der Schmiedegasse 5. Hier ist Heinz Galinski auch aufgewachsen. Sein Vater war Frontsoldat im Ersten Weltkrieg, der wie viele seiner Glaubensgenossen in der Verteidigung des Deutschen Kaiserreiches eine patriotische Pflicht sah. Er kehrte schwer verwundet zurück und blieb zeit seines Lebens zu 70% kriegsbeschädigt. Nach Angaben eines Führers durch die Jüdische Gemeindeverwaltung und Wohlfahrtspflege aus dem Jahr 1932 hatte die Jüdische Gemeinde dieses 24.366 Seelen zählenden Ortes 170 Mitglieder. Dies deckt sich mit den Schilderungen Heinz Galinskis, der das „jüdische" Leben in diesem Provinzstädtchen als bescheiden einstufte. Am jüdischen Religionsunterricht beim Lehrer und Kantor der Gemeinde nahmen nur 18 Kinder teil, eine jüdische Jugendgruppe gab es in Marienburg nicht. Am Freitagabend und am Schabbattag wurden Gottesdienste abgehalten. Die Galinskis zählten zum aktiven Kreis der Gemeindemitglieder, davon legt der Jüdische Krankenpflege- und Beerdigungsverein *Chewra* Zeugnis ab, der 42 Mitglieder hatte und deren Vorsitzender Albert Galinski war. Drei weitere Vereine belebten das jüdische Leben in Marienburg, darunter der „Reichsbund jüdischer Frontsoldaten". Mit Sicherheit dürfte der schwer kriegsversehrte Vater Heinz Galinskis hier Mitglied gewesen sein.

Heinz Galinski schilderte seine Jugendzeit bis 1933 als im wesentlichen unbeschwert. Die jüdische Religionsschule hat er besucht und dort vom Vorbeter soviel Hebräisch gelernt, daß er am Schabbat seiner *Barmizwa* die Segenssprüche beim Vorlesen der Tora sowie den Text des Prophetenabschnitts vor der versammelten Gemeinde vortragen konnte. Im Dezember 1925 wurde er erstmals zur Tora aufgerufen. Heinz Galinski gehörte nach eigener Auskunft zu denjenigen der kleinen Jüdischen Gemeinde Marienburgs, die nahezu an jedem Schabbat zur Synagoge gingen, denn jüdisches Leben hatte dort keine Alternative zur Synagoge. In Marienburg hatte die Revolution von 1918 und die durch die Weimarer Verfassung garantierte Demokratisierung kaum Auswirkungen. Die „Rittergutsbesitzer" beherrschten nach wie vor das politische Leben in der Provinz. „Insbesondere in Erinnerung ist mir in diesem Zusammenhang die Abdankung des Kaisers, denn meine Mutter weinte und sagte: ‚Eine schlechte Zeit für uns Juden in Deutschland bricht nun an.' Viele jüdische Familien haben, so konnte ich Gesprächen entnehmen, die ich zu Hause gehört habe, im Kaiserreich eine sichere Bastion gesehen."

Heinz Galinski schilderte oftmals die allmähliche Ausgrenzung, die in einem Ort, wo jeder jeden kannte, offenbar stärker spürbar war, als in einer Großstadt wie Berlin. Besonders markant war in der Kleinstadt Marienburg aber auch der Prozeß der Ausgrenzung jüdischer Menschen aus dem allgemeinen gesellschaftlichen Leben nach dem 30. Januar 1933. Galinski schilderte dies als ein deutliches Zeichen, räumte jedoch zugleich ein, daß die jüdischen Menschen in Marienburg „damals doch alle mehr oder weniger Optimisten [waren]. Keiner von uns wollte so direkt die Gefahr sehen." Aus dieser Lektion hat er einen Teil seiner Handlungsphilosophie gewonnen: In seiner Zeit als Gemeindevorsitzender wehrte er den Anfängen. Heinz Galinskis Berufsentscheidung war von antijüdischen Umständen geprägt.

Er lernte den „praktischen" Beruf des Textilkaufmannes, weil er sich da im Gegensatz zu anderen Berufsrichtungen eine Zukunft versprach. Was am 1. April 1933 mit dem Boykott jüdischer Geschäfte und der Parole „Deutsche, kauft nicht bei Juden" begann, hatte seine Fortsetzung in der Bücherverbrennung und erreichte mit den „Nürnberger Gesetzen" einen vorläufigen Höhepunkt, denn den jüdischen Menschen wurden nahezu alle staatsbürgerlichen Rechte aberkannt.

Sein beruflicher Werdegang begann in Elbing, einer mit 70.000 Einwohnern – gemessen an Marienburg – wesentlich größeren Stadt mit einer Jüdischen Gemeinde von immerhin 500 Mitgliedern. Bald wurde jedoch sein Lehrbetrieb, wie viele andere jüdische Unternehmen, „arisiert". Eine Weiterbeschäftigung jüdischer Mitarbeiter kam unter diesen Umständen für die neuen Besitzer nicht in Frage. Heinz Galinski ging zunächst nach Marienburg zurück, 1937 siedelte er nach Rathenow über, wo er seine erste Ehefrau kennenlernte. Sie mußten jedoch feststellen, daß auch hier das Leben für jüdische Menschen nicht länger erträglich war und zogen nach Berlin. Dort waren auch seine Eltern kurz zuvor eingetroffen, weil das Leben in der Provinzstadt auch für sie nahezu unmöglich geworden war. Sie hofften, in der Anonymität der Großstadt untertauchen zu können. Eine Auswanderung kam für Heinz Galinski nicht in Frage, weil er seine Eltern, insbesondere seinen schwerkranken Vater hätte im Stich lassen müssen, was für ihn undenkbar war. Während die Eltern Galinskis eine Vorderhauswohnung in der Schönhauser Allee 147a bewohnten, fanden er und seine Verlobte im Hinterhaus eine Bleibe. Das hatte den Vorteil, daß Heinz Galinski bei der Betreuung seines schwerkranken Vaters helfen konnte.

Die antisemitischen Maßnahmen der NS-Regierung wurden immer prägender für das Leben jüdischer Menschen. In der Nacht vom 9. zum 10. November 1938 stand Heinz Galinski fassungslos vor der brennenden Synagoge Fasanenstraße, die etwa 25 Jahre zuvor seine Majestät der Kaiser wegen der Pracht ihrer Innenausstattung besucht hatte. „Eine Welt brach für mich zusammen" stellte Heinz Galinski im Rückblick fest.

Trotz der Ereignisse um den 9. November 1938 oder gerade deshalb heiratete Galinski nur wenige Tage nach dem Novemberpogrom. Es war keine Rücksichtnahme des Standesbeamten, daß er die Ehe im Namen des Volkes und nicht im Namen des Führers schloß, sondern Teil der Ausgrenzungspolitik der Nazis. Recht wird es den Galinskis gewesen sein, die dann am gleichen Tag in der Privatwohnung von Rabbiner Grab getraut wurden.

Schon bald mußten Heinz Galinski, seine Mutter und seine Frau in Berliner Rüstungsbetrieben Zwangsarbeit leisten. Lediglich dem schwerkranken Vater blieb diese täglich 12 Stunden währende Fronarbeit erspart. Es gab so gut wie keine öffentlichen Versammlungsmöglichkeiten für jüdische Menschen mehr, trotzdem fanden Zusammenkünfte im Familienkreis statt. Die Nachrichten des Londoner Rundfunks und der „Mundfunk" ließen ein düsteres Bild entstehen. Jetzt erwogene Auswanderungspläne hatten überhaupt keine Aussicht mehr auf Erfolg. Seit dem 1. September 1941 mußten auch die Galinskis den gelben Stern tragen. Heinz Galinski hat immer wieder darauf hingewiesen, daß in diesen Zeiten der Traum aller jüdischen Menschen ein Jüdischer Staat war – ein Staat, der keine Einwanderungsquote kennt und der in der Lage gewesen wäre, die hoffnungslose Situation der Juden in Deutschland durch seine Existenz entscheidend zu verändern. Heinz Galinski machte später in all seinen Reden immer wieder auf den Umstand aufmerksam, daß der aufrechte Gang jüdischer Menschen in der Diaspora untrennbar mit der Existenz Israels verknüpft ist. Diese Grundhaltung hat sicherlich in der Ausweglosigkeit dieser Zeit ihren Ursprung.

Etwa ein Jahr nach der Wannseekonferenz, am 28. Februar 1943, wurden Heinz Galinski, seine Mutter und seine Frau deportiert. Durch die unter der Bettdecke gehörten Nachrichten des Londoner Senders ahnten die jüdischen Menschen, was sie erwartete. Heinz Galinski berichtete, daß er selbst in dieser verzweifelten Situation versuchte, den Seinen Mut und Trost zuzusprechen. Seinen zur „Umsiedlung" nicht mehr transportfähigen Vater sah Heinz Galinski an diesem Nachmittag zum letzten Mal. Nach der Fahrt, zusammengepfercht in Viehwaggons, kamen dann in Auschwitz die üblichen Zäsuren: Frauen rechts, Männer links.

Danach sah Heinz Galinski seine Mutter und seine Frau nicht wieder.

Der nun folgende Leidensweg Galinskis kann nur in den wenigen Ortsbezeichnungen wiedergegeben werden, die allesamt für die größte Katastrophe stehen, die über jüdische Menschen hereingebrochen ist: Buna-Monowitz-Auschwitz, Todesmarsch im Januar 1945 nach Dora-Mittelbau bei Nordhausen und schließlich Bergen-Belsen. Dort wurde er am 15. April von britischen Truppen befreit. Da er nicht abwarten wollte, bis ihn die britische Behörde mit den entsprechenden Papieren ausstattete, machte er sich ohne Identitätsausweis in der Meinung auf den Weg, jetzt, nach der Befreiung, könne ihm nichts passieren. Er hatte es eilig, nach Berlin zu kommen, denn er hoffte, noch irgend jemanden aus seiner Familie wiederzusehen. Aber er wurde von einer sowjetischen Militärpatrouille aufgegriffen und in ein sowjetisches Lager zur Festsetzung von Nazis verbracht, da man es zunächst nicht für möglich hielt, daß Juden ein Konzentrationslager überlebt haben könnten.

Im August 1945 traf er dann endlich in Berlin ein und engagierte sich, nachdem er feststellen mußte, daß keiner seiner Familie überlebt hatte, sofort in der „Arbeit für die Gesellschaft".

Er wurde stellvertretender Leiter des Hauptamtes für die Opfer des Faschismus, Abteilung „Nürnberger Gesetze", beim Berliner Magistrat. Daneben begann seine Arbeit beim Vorstand der Jüdischen Gemeinde.

1947 heiratete Heinz Galinski seine Frau Ruth, die ihm zuliebe Auswanderungspläne nach Südamerika fallen ließ. Die Ehe war glücklich. Zwei Jahre später erblickte sein einziges Kind Evelyn als Frühgeburt das Licht der Welt und machte eine zwischenzeitlich nahezu perfekt vorbereitete Auswanderung nach Amerika zunichte.

Im März 1949 emigrierte Dr. Erich Fabian, der damalige Vorsitzende der Jüdischen Nachkriegsgemeinde, in die USA. Am 1. April 1949 wurde der damals 37jährige Galinski sein Nachfolger. Fabian und Galinski verkörperten zwei entgegengesetzte Pole jüdischer Menschen im Nachkriegsdeutschland. Fabian sah seine Tätigkeit und seinen Aufenthalt in Berlin als zeitlich begrenzt an, er wollte sein „geschenktes Leben" in einem anderen Land beginnen, während Heinz Galinski seine Tätigkeit in Berlin als den Beginn einer neuen Epoche ansah. „Wir waren damals der Meinung, daß jeder jüdische Mensch das Recht hat zu leben, wo er glaubt leben zu müssen oder zu wollen. So haben wir damals die ersten Voraussetzungen geschaffen für die Wiederbegründung einer Jüdischen Gemeinde, und dies wurde zunächst von der jüdischen Gemeinschaft in der Welt draußen nicht verstanden. [...] ich erinnere mich noch sehr wohl an ein Wort von General Clay bei einem Besuch hier im Jüdischen Gemeindehaus, er sagte: ‚Die Existenz einer Jüdischen Gemeinde ist der Gradmesser für die Bewährung der neuen Demokratie in Deutschland.' An dieses Wort denke ich immer zurück."

Die Lage der Berliner Juden nach dem Krieg war, trotz der Hilfe der internationalen Organisationen, ausgesprochen schlecht. Das beträchtliche Reichsmarkvermögen der „alten" Jüdischen Gemeinde war durch Alliiertenbeschluß vorläufig gesperrt. Die Finanzierung aller Ausgaben der Gemeinde konnte nur durch private Spenden erfolgen. Erst als sich die allgemeine politische Lage stabilisiert hatte, konnten beim Magistrat der Stadt Berlin Darlehen aufgenommen werden, um die wichtigsten Ausgaben der Gemeinde zu bestreiten.

Neben den finanziellen, persönlichen und räumlichen Nöten der Gemeinde mußten die führenden Persönlichkeiten der Berliner Gemeinde um Heinz Galinski und Jeanette Wolff erhebliche Anstrengungen aufwenden, um ihr Konzept einer neuen jüdischen „Aufbaugemeinde" in Berlin gegen die jüdischen Organisationen durchzusetzen, die die Berliner Gemeinde als „Liquidationsgemeinde" ansahen.

1954 setzte sich die Konzeption einer „Jüdischen Aufbaugemeinde" in Berlin endgültig durch. Zwar trat noch im Frühjahr 1954 der *Council for the Protection of the Rights and Interests of Jews from Germany* aus der JRSO *(Jewish Restitution Successor Organisation)* aus, weil die JRSO weder den Juden in Deutschland, noch den aus Deutschland emigrierten Juden mit deutscher Staatsangehörigkeit finanzielle Unterstützung gewährte, doch als im Mai 1955 der neu errichtete Sitzungssaal der Berliner Jüdischen Gemeinde in der Joachimstalerstraße übergeben wurde, nahm der Präsident des *Jüdischen Weltkongresses*, Dr. Nahum Goldmann, an der feierlichen Übergabe teil und machte damit deutlich, daß die Jüdische Gemeinde Berlin in seinen Augen nicht mehr als „Liquidationsgemeinde" anzusehen sei. Nur wenige Wochen nach diesem Ereignis wurde in der *Berliner Allgemeinen Wochenzeitung der Juden in Deutschland* diskutiert, ob die zerstörte Synagoge in der Fasanenstraße wieder aufgebaut oder an dieser Stelle ein Gemeindezentrum für die Berliner Juden errichtet werden sollte.

Namhafte Persönlichkeiten des öffentlichen Lebens, unter ihnen Otto Suhr, Willy Brandt, Franz Amrehn und Theodor Heuss, setzten sich für das geplante Gemeindezentrum ein.

Am 10. November 1957, 19 Jahre nach der „Reichskristallnacht", fand die feierliche Grundsteinlegung statt. Ein Jahr später, ebenfalls am 10. November, wurde das Richtfest begangen und am 27. September 1959 erfolgte die Einweihung des Hauses.

Seit dem Bestehen des Gemeindehauses werden an der Gedenkstätte regelmäßig Gedenkfeiern abgehalten: So an den Jahrestagen des Novemberpogroms und zum Gedenken des Aufstands im Warschauer Ghetto (19. April 1943). Hier ergriff Heinz Galinski regelmäßig das Wort, um „ein politisches Wort zu aktuellen Vorkommnissen in der Bundesrepublik sagen zu können". Im Anschluß an derartige Gedenkfeiern fanden Kranzniederlegungen statt, an denen jeweils führende Vertreter des öffentlichen Lebens, der Parteien und des Senats teilnahmen. In aller Regel hielt der Regierende Bürgermeister eine Ansprache. Auch zu den Unabhängigkeitstagen Israels fanden entsprechende politische Veranstaltungen statt.

„Ich erinnere mich sehr gut, daß ich damals mit dem Ersten Konsul, Karl Liebstein, im Jahre 1948 in Ost-Berlin in dem Zirkus Barlay im Zirkuszelt die erste Solidaritätskundgebung für Israel durchgeführt habe. Wir waren damals die beiden Sprecher, das war ein großartiges Gefühl [...]. Man kann sich heute nur schwer vorstellen, mit welcher Freude, mit welchem Enthusiasmus wir diesen Jüdischen Staat begrüßt haben."

Das Gemeindehaus in der Fasanenstraße war aber nicht nur der Sitz des Vorsitzenden der Jüdischen Gemeinde. Heinz Galinski legte großen Wert darauf, daß das Haus in die Jüdische Gemeinde und in die Stadt Berlin hineinwirkte.

Der Konzeption Heinz Galinskis entsprechend, sind alle Abteilungen der Jüdischen Gemeinde und besonders das Vorstandsbüro, der Öffentlichkeitsarbeit verpflichtet. Fragen und Probleme, die in einem Zusammenhang zum Judentum oder zum Staate Israel stehen, insbesondere aber antijüdische Tendenzen, wurden durch Heinz Galinskis Presseerklärungen kommentiert. Die Berliner Rundfunksender SFB und RIAS strahlten neben jüdischen Andachtstunden auch regelmäßig Interviewsendungen mit Heinz Galinski aus. Überhaupt kann man feststellen, daß Galinski als Vorsitzender der größten Jüdischen Gemeinde im Nachkriegsdeutschland durch seine häufigen Kommentare zum politischen und kulturellen Geschehen zum nicht gewählten, aber allseits anerkannten Sprecher der Juden in Deutschland geworden ist, lange bevor er Zentralratsvorsitzender war. Breiten Raum in der Arbeit der Jüdischen Gemeinde nahm der Dialog mit den beiden christlichen Kirchen ein.

Ein weiterer wichtiger Schritt zur Integration der Jüdischen Gemeinde in das Leben der Stadt Berlin gelang Heinz Galinski mit der 1971 abgeschlossenen „Vereinbarung zwischen dem Vorstand der Jüdischen Gemeinde zu Berlin und dem Senat von Berlin". Dieser Vertrag war in seiner Form bis dahin einzigartig: Hier schließt eine Kultusgemeinde mit einer Landesregierung eine Vereinbarung über die weitere Existenz ihrer Organisation. In diesem Vertrag wird ausdrücklich von „einem öffentlichen Interesse" an der Existenz einer Jüdischen Gemeinde in Berlin gesprochen. Hierzu erwähnt Heinz Galinski: „Wir wissen, was das bedeutet; denn die letzten Vorgänge – wie die in der Sowjetunion – beweisen uns, daß es auch in der Welt von heute leider nicht überall als Selbstverständlichkeit gilt, allen Menschen das Recht auf Freiheit zuzubilligen. Die jüdische Gemeinschaft weiß nach den furchtbaren Erfahrungen den Wert echter Menschlichkeit besonders zu schätzen. Sie wird deshalb stets ihre

Stimme gegen Unrecht erheben, wo immer und gleich unter welchen Vorzeichen dies geschieht.

Auf unserer Seite hat es nie an der Bereitschaft gefehlt, all die zu ermutigen und zu stärken, die bestrebt sind, dem Geist der Toleranz, der Humanität und der Demokratie Geltung zu verschaffen. Das bildete die Basis eines fruchtbaren und engen Zusammenwirkens, das mit der heute unterzeichneten Vereinbarung eine rechtlich verbindliche Form erhält und in Zukunft noch mehr vertieft und erweitert werden möge."

Zu seinem 70. Geburtstag verlieh die *Bar-Ilan Universität* (Tel-Aviv) Heinz Galinski die Ehrendoktorwürde, zu seinem 75. Geburtstag wurde er Ehrenbürger der Stadt Berlin (West). „Es ist [...] der gesellschaftliche Auftrag, den ich seit Jahren erfülle. Er besteht im Kern aus der Idee des Zusammenlebens gleichberechtigter und selbstbewußter Juden mit ihren nichtjüdischen Nachbarn, aus der Idee einer demokratischen Gesellschaft in Deutschland, die die Juden als einen selbstverständlichen Bestandteil ihrer selbst empfindet und von ihnen als eine Selbstverständlichkeit empfunden werden kann. Und vielleicht gilt ein Teil der Auszeichnung auch der Hartnäckigkeit, mit der ich die Verwirklichung dieser Idee verfolge."

Höchste Orden der Bundesrepublik waren ihm in den Jahrzehnten zuvor bereits verliehen worden. Galinski war auch in zahlreichen Beiräten Mitglied, so beispielsweise in dem vom ehemaligen Bundespräsidenten Carl Carstens geleiteten Gremium zur 750-Jahr-Feier Berlins und führte den Vorsitz im Selbsthilfebeirat des Senats, in dem Selbsthilfegruppen organisiert waren, um staatliche Zuschüsse und andere Belange in eigener Regie zu gestalten.

Seit 1988 war Heinz Galinski auch Zentralratsvorsitzender in der Nachfolge Werner Nachmanns. Allein der persönlichen Integrität Galinskis ist es zu verdanken, daß die hier zusammengeschlossenen Jüdischen Gemeinden der Bundesrepublik weiter durch diese Institution das Ohr der Öffentlichkeit fanden. Galinski blieb es verwehrt, anläßlich des 50. Jahrestages der Novemberpogrome im Deutschen Bundestag zu sprechen. Er wurde aber persönlich Zeuge der Rede des Präsidenten des Bundestages, Philipp Jenninger.

Als im Herbst 1989 die Berliner Mauer fiel, befand sich Heinz Galinski zusammen mit Bundeskanzler Helmut Kohl in Warschau, um den Bundeskanzler bei seinem Besuch in der Gedenkstätte Auschwitz zu begleiten. Galinski weinte dem antiisraelischen und in Teilen antisemitischen Regime in Ost-Berlin keine Träne nach und achtete bei der Vereinigung der Ostberliner Gemeinde mit der Westberliner strikt darauf, daß kein durch die zum Betrieb der Gemeinde in der DDR-Hauptstadt mit den DDR-Behörden verbundener Amtsträger in die vereinigten Körperschaften der Gesamtberliner Gemeinde übernommen wurde.

Da zum Zeitpunkt der Vereinigung etwa 200 Gemeindemitglieder einem in die Repräsentanz gewählten Mitglied entsprach, wurde aus der Gemeindevertretung der Ostberliner Gemeinde ein Vertreter zusätzlich aufgenommen. Erst bei der im März 1993 anstehenden Wahl wurde eine Repräsentanz installiert, die tatsächlich von allen Gemeindemitgliedern gewählt wurde.

Als Anfang Mai 1990 der *Jüdische Weltkongreß* in Berlin tagte, war dies für Heinz Galinski ein historisches Ereignis, denn er konnte bei seiner Ansprache feststellen, daß „seit 60 Jahren kein hohes internationales Gremium jüdischer Vertreter mehr in Berlin zusammengekommen war.“ Er stellte mit einigem Stolz fest, daß die „jüdische Gemeinschaft hierzulande durch ihre Arbeit überzeugte. Wir wandten uns immer gegen alle antidemokratischen Erscheinungen innerhalb des politischen Alltags, insbesondere jedoch gegen antisemitische und rechtsradikale Tendenzen. Wir wandten uns immer an alle Schichten der Gesellschaft, insbesondere jedoch an die junge Generation [...]. Wir erleben das Ende einer Epoche [...]. Was auch immer die neue Zukunft mit sich bringt, es wird nur Segen bringen, wenn die Lehren aus der finsteren Zeit der eben zur Neige gehenden Epoche Eingang finden in jedes Herz in Europa [...], daher erkläre ich bewußt und gerade in diesem Zusammenhang: Die Epoche ist zu Ende, aber nicht die Mahnung, nicht das Gebot, sich zu erinnern und niemals zu vergessen.“

Damit hat Heinz Galinski dem vereinigten Deutschland einen moralischen Imperativ mit auf den Weg der Vereinigung gegeben und gleichzeitig noch erlebt, daß sein Wiederaufbauwerk, die Jüdische Gemeinde zu Berlin, nun nicht mehr nur von der Jüdischen Gemeinschaft in aller Welt geduldet, sondern wieder anerkannt wurde.

Als im Oktober 1991 das Generalkonsulat des Staates Israel in Berlin seine Pforten öffnete, erfüllte sich für Galinski ein langjähriger Traum, denn er hatte über viele Jahre hinweg nicht nur die Interessen der Jüdischen Gemeinden in Berlin und Deutschland vertreten, sondern in zahllosen Statements immer wieder darauf hingewiesen, daß die Existenz des Staates Israel Rückgrat der Existenz Jüdischer Gemeinden in aller Welt sei und immer dann seine Stimme mahnend erhoben, wenn Kritik am Staat in antizionistische Kampagnen umschlug. So in der Nachfolge des Sechs-Tage-Krieges, während der Studentenrevolution und ganz besonders während und nach dem Libanonfeldzug 1982.

Als Heinz Galinski am 19. Juli 1992 starb, war dies eine Meldung, die von allen deutschen Rundfunk- und Fernsehsendern, Zeitungen und Zeitschriften an hervorragender Stelle gemeldet und kommentiert wurde. Vergessen waren Animositäten und Streitpunkte, Heinz Galinski wurde nach über 43 Jahren des Wirkens als Vorsitzender der

Jüdischen Gemeinde zu Berlin und als Vorsitzender des *Zentralrats der Juden in Deutschland* als historische Persönlichkeit im Nachkriegsdeutschland gewürdigt. Ein Aktenordner mit ca. 750 Blatt Zeitungsausschnitten aus Deutschland und Meldungen seines Tods in allen führenden internationalen Blättern, von den Tageszeitungen Israels bis zur *New York Times* und der *Los Angeles Times,* bezeugen dies. Drei Aktenordner mit ca. 2200 persönlicher Beileidsschreiben lagen neben den im Jüdischen Gemeindehaus und im Berliner Rathaus ausgelegten Kondolenzlisten aus.

Am 24. Juli 1992 fand im Jüdischen Gemeindehaus der Trauerakt für Heinz Galinski statt.

Etwa 800 Trauergäste nahmen an der Totenfeier teil. Um auch denjenigen, die im überfüllten Gemeindesaal keinen Einlaß mehr fanden, die Teilnahme an der Trauerfeier zu ermöglichen, wurde das Geschehen im Saal auf eine Viodeowand vor dem Gemeindehaus übertragen. Auch im Stadtfernsehen SFB III wurde die Trauerfeier live ausgestrahlt. Für den Ehrenbürger Berlins waren am Beerdigungstag die öffentlichen Gebäude halbmast geflaggt. Die Beisetzung selbst fand in einem kleineren Kreis, der noch immer mehrere Hundert umfaßte, auf dem Friedhof Scholzplatz statt. Der Freitagabend-Gottesdienst in der Synagoge Pestalozzistraße, geleitet von Rabbiner Stein und Oberkantor Nachama, wurde zum Trauergottesdienst, denn der linke Platz der ersten Reihe in „seiner“ Synagoge Pestalozzistraße wurde nun nicht mehr von dem eingenommen, dessen Stimme über vier Jahrzehnte für die Juden in Deutschland gesprochen hatte.

Als am 27. November 1998, einen Tag vor seinem 86. Geburtstag, die Straße am Jüdischen Krankenhaus zu Berlin in Heinz-Galinski-Straße umbenannt wurde, würdigte Wolfgang Thierse, der Präsident des Deutschen Bundestages, Heinz Galinski als einen Eckpfeiler der bundesdeutschen Nachkriegsdemokratie und sprach damit das aus, was die eigentliche Bedeutung jüdischer Holocaust-Überlebender am Wiederaufbau einer demokratischen Republik nach dem „Dritten Reich“ gewesen war.

Das Engagement und die Integrität Galinskis werden in der Rückschau auf seine Lebensleistung noch deutlicher als in den vielen Kontroversen, die er um den Aufbau der Demokratie und im Kampf gegen Neonazismus geführt hat und führen mußte. Denn seine Äußerungen waren in der Situation oftmals provokant – aber immer der Demokratie verschrieben.

Heinz Galinski gehört zu meiner Kinder und Jugendzeit. „Heinzchen“ oder „HaGe“ genannt, tauchte er am Rande vieler Unterhaltungen auf, deren Zeuge ich – mit Spielzeugautos mich beschäftigend – immer wieder zufällig wurde, wenn sich meine Eltern untereinander oder auch mit anderen unterhielten.

Meine frühesten Erinnerungen an Heinz Galinski reichen in die späten 50er Jahre zurück. Wenn von ihm die Rede war, dann klang darin immer ein Stück Furcht mit: Er sprach in aller Öffentlichkeit aus, was andere hinter vorgehaltener Hand, aber niemals einem Nichtjuden und schon gar nicht in der Öffentlichkeit sagen würden. Andererseits war er kein Ankündigungsminister: Wenn er etwas tat, dann schien es spontan, kam praktisch über Nacht, war oftmals überraschend. Er wurde angefeindet, weil er das aussprach, was die anderen eben nur hinter vorgehaltener Hand meinten sagen zu können und zu dürfen. Er bezog seine Kraft für Zukünftiges aus der Vergangenheit; indem er über das Erreichte redete, machte er sich Mut für die Zukunft. Von außen wurde er angefeindet, weil er eben gegen jene Vorurteile anredete, die angeblich längst der Vergangenheit angehörten und von innen vor allem, weil er sich nicht zum Büttel irgendwelcher Interessen machen ließ. Er hatte zu allen Dingen Distanz. Manchmal schien es, als hielte er zu sich selber Distanz, obwohl er nicht unnahbar war: Er war immer streng. Lange Zeit meinte ich, Heinz Galinski wäre Rechtsanwalt, denn er sprach so, wie ich mir in meinen Kindertagen immer Anwälte vor Gericht vorstellte. Als ich dann erfuhr, daß er Kaufmann von Beruf war und keine Universität besucht hatte, wurde er für mich zum Phänomen. Es schien das Gefühl für *Risches und Rosches* zu haben – heute würde man sagen, für Antisemitismus und Antisemiten. Die Agitation dagegen kam vom Kopf, glasklar und eiskalt. Das war seine Autorität, gefürchtet von den einen, bewundert, auch schaudernd bewundert, von den anderen.

In den Sommerferien der 60er Jahre, die ich mit meinen Eltern oft in Lido de Jesolo zubrachte, besuchten wir meist am 19. Juli die Galinskis in ihrer Ferienwohnung in Lignano. An diesem Tag, der später der Sterbetag Heinz Galinskis werden sollte, hatte Ruth Galinski Geburtstag. Die Galinskis hatten dort ein eher bescheidenes Appartment mit Blick über die Lagune. Heinz Galinski war gern mit seiner Frau, und solange Evelyne zuhause wohnte, auch mit seiner Tochter zusammen. Nicht nur im Urlaub, sondern auch im Rahmen seiner vielen Tätigkeiten versäumte er es nie, wann immer möglich, seine Ruth einzubeziehen. Auch im Urlaub an der Mittelmeerküste war er immer korrekt gekleidet, sprach von politischen Entwicklungen, die er in Zeitungen und Radio intensiv verfolgte und kommentierte. Seiner Aufmerksamkeit entging nichts, was für die jüdische Gemeinschaft von Interesse war.

Ende der 60er Jahre traf ich ihn auf einer Reise mit meinen Eltern in Tel Aviv. Er saß in Gesprächen versunken in der Halle des Hilton und ging seiner Lieblingsbeschäftigung nach: Er engagierte sich für Israel. Für ihn war es kein Gegensatz, Vorsitzender eine Jüdischen Gemeinschaft und gleichzeitig Zionist zu sein. Für ihn gehörte es unmittelbar zusammen – das Engagement für Israel und seine Gemeinde. Manchmal trat er so auf, als wäre er Botschafter jenes Jüdischen Staates.

In den 70er Jahren war er plötzlich das Ziel linksextremer Terroristen geworden. Er konnte nun nicht mehr, wie es seiner bescheidenen Lebensweise entsprach, mit dem Bus aus seiner kleinen Wohnung in der Geisenheimer Straße im Bezirk Wilmersdorf, die er seit Ende der 40er Jahre bewohnte, in die „Gemeinde“ fahren, sondern stand unter Personenschutz und mußte ein gepanzertes Fahrzeug benutzen. Ich traf ihn eines schönen Vormittags zusammen mit seiner Frau auf der Schloßstraße, einer regionalen Einkaufsstraße Berlins. Er freute sich sichtlich, mich zu sehen und erklärte mir, daß er seinen Bewachern, also dem Personenschutz, durch den Hinterausgang des Wohnhauses entwichen sei, um ein paar Einkäufe zu tätigen. Fast eine Schweiksche List, die aber auf den Menschen Galinski ein bezeichnendes Licht wirft.

Nach meinem Studium traf ich ihn einige Male, ich interviewte ihn anläßlich seines 70. Geburtstags, aber auch zu anderen Ereignissen. Er hatte den Zenit seiner physischen Leistungskraft längst hinter sich gelassen, schien ruhiger geworden, nicht mehr Anwalt, sondern eher Richter. Er sprach langsamer, ja selbst eine nichtssagende Redewendung wie „und so weiter“ erhielt eine wichtige Bedeutung, denn er wußte seinen Gesprächspartnern immer auf direkte Weise zu vermitteln, worum es ging und was er zu sagen hatte. Er war längst vor der Zeit, als er zum Zentralratsvorsitzenden gewählt wurde, ein von allen anerkannter Sprecher der Juden in Deutschland.

Als er 1987 Ehrenbürger Berlins wurde, bin ich, damals verantwortlich für die gerade stattfindende 750-Jahr-Feier, zur Zeremonie der Verleihung ins Rathaus Schöneberg gegangen. Zufällig traf ich Heinz Galinski, als er gerade mit seinem schweren gepanzerten Fahrzeug vor dem Rathaus Schöneberg eintraf. Es ist ein Bild, das ich nie vergessen werden: Ich sah schon viele an dieser Stelle ihrem Dienstwagen entsteigen, aber noch keinen, der den „Aufbau nach dem Untergang“, der Auschwitz und jüdisches Leben im Nachkriegsdeutschland so in seiner Haltung, in seinem Gang, in seinem Gesichtsausdruck verband. Aufmerksam hörte er sich, neben seiner Frau Ruth sitzend, die Laudatio an, ihm gegenüber saßen die drei westlichen Stadtkommandanten, und dann ging ein Ruck durch den kleinen, zierlich wirkenden Mann, und er ging, nein, er schritt zum Rednerpult im Parlamentssaal und war in seinem Element: Er hielt eine seiner Reden, in denen er, tibetanischen Gebetsmühlen gleich, immer das Gleiche sagte, ohne jemals dasselbe zu sagen; er schaffte es, immer wieder gute Reden zu halten, nicht wie einige andere jüdische Honoratioren sich bei den Zuhörern anzubiedern, sondern die auf den Nägel brennenden Probleme beim Namen zu nennen. Auch im Zusammenwirken mit starken Rednern hielt Heinz Galinski meist die beste Ansprache.

Gerne ging Galinski zu freudigen Hochzeiten und *Barmizwas* seiner Gemeindemitglieder. Auf allen Familienfeiern meiner Familie ließ er es sich nicht nehmen, eine Ansprache zu halten, die immer zum Höhepunkt einer solchen Begebenheit wurde. Während er seine Reden im politischen Feld gründlich und oft über Wochen vorbereitete, an den Redetexten durch Änderungen, Kürzungen und Einschübe feilte, konnte er hier ohne Manuskript, aber mit Witz und Charme druckreif fünfzehn Minuten und länger sprechen. Er verstand es meisterhaft, den persönlichen Charakter einer solchen Familienfeier und die allgemeine politische Lage der jüdischen Gemeinschaft in Beziehung zu setzen.

In seinem bescheidenen Büro war er zuhause. Wie an einer Nabelschnur war er mit dem Telefon verbunden, ständig in Kontakt mit denen, über und mit denen er für die jüdische Gemeinschaft versuchte, Dinge zu erreichen.

Es war nicht leicht, mit Heinz Galinski zu diskutieren. Sehr präzise wußte er seine Meinung darzulegen, oft in einem Tonfall, der es einem schwer fallen ließ, auf der eigenen Meinung zu beharren. Aber blieb man standfest, wußte man seine Argumente mit Überzeugungskraft vorzutragen, dann konnte man mit Heinz Galinski anregende Streitgespräche führen, deren Ausgang offen war.

Ich traf ihn dann Mitte bis Ende der 80er Jahre zunächst bei der Vorbereitung der 750-Jahr-Feier Berlins. Aus diesen Kontakten entstanden dann die Jüdischen Kulturtage und die Unterstützung für die Idee einer Ausstellung jüdischer Weltkulturen, die dann als „Jüdische Lebenswelten“ von ihm im Martin-Gropius-Bau eröffnet wurde. Heinz Galinski vermied es, von der Zukunft zu sprechen. Als wir 1987 von der Ausstellung sprachen, meinte er, er würde sie nicht mehr im Amt erleben – fünf Jahre, das war mehr, als er sich vorzustellen in der Lage war. Er reagierte, agierte und regierte jetzt und gleich: Jeder, der ihn einmal in seinem Büro in der Fasanenstraße erlebt hatte, weiß, was damit gemeint ist. Er griff sofort zum Telefonhörer, um wen auch immer anzurufen und ein Problem möglichst auf der Stelle zu lösen. Dr. h.c. Galinski war in den letzten Jahren seines

Lebens eine Institution geworden, aber Mensch geblieben. Als seine Frau schwer erkrankt war, traf ich ihn in der Synagoge im Gespräch mit meiner Mutter, die sich nach ihrem Befinden erkundigte – und der stets distanzierte alte Herr hatte Tränen in den Augen, als er vom angegriffenen Zustand seiner Ruth sprach.

Das letzte Mal traf ich ihn am 12. Juni, um mit ihm Details der Jüdischen Kulturtage zu besprechen. Auf seinem Tisch lagen die wichtigsten Tageszeitungen, wie immer hatte er Anstreichungen vorgenommen. Aber zum ersten Mal hatte er mich darauf aufmerksam gemacht, daß es in der Zeit, in der er nicht „verfügbar" sei, eine Vertretung gäbe, die in diesem Zimmer und unter seiner Telefonnummer erreichbar sei.

Heinz Galinski starb am 19. Juli 1992.

Ignatz Bubis

Ignatz Bubis war der Inbegriff eines Liberalen. Auch wenn er als Zentralratsvorsitzender seine Stimme erhob. Ob er immer und überall als FDP-Mann angesehen wurde, wage ich zu bezweifeln. Aber darin liegt sowohl die Größe als auch die Problematik dieser Partei, daß sich viele mit ihr und ihren Zielen identifizieren, ohne sie als politisch zählbare Münze auch immer gleich zu wählen. Bubis wußte das und hat immer dafür gesorgt, daß die, die ihn wählen sollten, auch verstanden, was er wollte. Insofern war er nicht typisch liberal, aber sehr erfolgreich. Ignatz Bubis war Tag und Nacht unterwegs, brachte oftmals das Kunststück fertig, zwei sich überschneidende Termine wahrzunehmen, wenn er es für wichtig hielt, daß er dort für den Zentralrat oder für die FDP oder für beide präsent sein sollte.

Ignatz Bubis war ein ständig reisender Geschäftsmann. Noch lange vor seiner Zeit als Zentralratsvorsitzender konnte man ihn am ehesten auf Flughäfen antreffen, denn er führte seine Geschäfte nicht vom Schreibtisch aus, sondern vor Ort. Seine Reisetätigkeit verstärkte sich noch einmal, nachdem er im Spätsommer 1992 Zentralratsvorsitzender wurde. Er nahm die Dinge in Augenschein, verließ sich nicht auf Akten oder Aussagen anderer. So war er als Zentralratspräsident in der gesamten Bundesrepublik präsent – er jettete nahezu täglich hin und her ohne seine Gesundheit zu schonen. Es heißt, er habe mit über 600.000 Schülern in den sieben Amtsjahren Schulklassengespräche, Podiumsdiskussionen und Begegnungen gehabt. Er wollte, daß die Meinungsbildner und Wähler von morgen ihn und sein Schicksal kennenlernen, damit sie einem Schoahüberlebenden, einem Juden, einem deutschen Juden, einmal in ihrem Leben persönlich begegnet sind. So wurde er zum Pfadfinder der Beziehungen zwischen Menschen unterschiedlicher Herkunft, weil er immer den Weg zu den Menschen suchte.

Ich zitiere hier einige Eckdaten aus Ignatz Bubis' Leben:

12. 1. 1927	Geburt in Breslau.
1935	verläßt die Familie wegen des zunehmenden Nazi-Terrors Schlesien und zieht in die polnische Kleinstadt Deblin.
1940	stirbt seine Mutter an Krebs. Er selbst kommt wenig später mit seinem Vater ins Ghetto.
1942	wird der Vater deportiert und in Treblinka umgebracht. Bubis überlebt verschiedene Zwangsarbeitslager.
16. 1. 1945	wird er von Einheiten der Roten Armee befreit. Ein Bruder und eine Schwester kommen während der NS-Verfolgung ums Leben.
Kriegsende	Bubis kehrt nach Deutschland zurück.
1953	Heirat mit Ida Rosenman.
1956	Bubis betreibt in Frankfurt am Main einen Schmuck- und Edelmetallgroßhandel und investiert die Gewinne in Immobilien, bis er schließlich diese Branche zu seinem Hauptberuf macht.
1969	Eintritt in die Freie Demokratische Partei (FDP).
70er Jahre	Während des „Häuserkampfes" in Frankfurt richtet sich der Haß der linken Szene in antisemitischer Agitationsweise gegen den „Spekulanten Bubis", weil er eines seiner Westend-Häuser gewaltsam räumen ließ.
1980	In Rainer Werner Fassbinders Stück: „Der Müll, die Stadt und der Tod" liefert Bubis unfreiwillig die Vorlage für die Figur des großen angeblichen Volksfeindes, eines jüdischen Spekulanten. Im November 1985 befindet sich Bubis unter den jüdischen Bühnenbesetzern in den Frankfurter Kammerspielen, die eine Uraufführung verhindern.
1983	Wahl zum Vorstandsvorsitzenden der Jüdischen Gemeinde in Frankfurt.
20. 9. 1992	Nach dem Tod Heinz Galinskis Wahl zum Vorsitzenden des Zentralrats der Juden in Deutschland.
1993	Bubis veröffentlicht seine Memoiren „Ich bin ein deutscher Staatsbürger jüdischen Glaubens", eine „autobiografische Bestandsaufnahme".
3. 11. 1994	Wahl zum Vorsitzenden des Internationalen Stiftungsbeirats des Berliner Dokumentationszentrums „Topographie des Terrors".

22. 1. 1995	Bei der Wiederwahl zum Vorsitzenden des *Zentralrats der Juden in Deutschland* bestätigen die anwesenden Direktoriumsmitglieder Bubis einstimmig.
11. 6. 1995	Wiederwahl zum Beisitzer im FDP-Bundesvorstand.
13. 4. 1996	Bubis erhält den „Theodor-Heuss-Preis“ für seine Verdienste um den Dialog zwischen Juden und Nicht-Juden.
8. 10. 1996	Verleihung des „Großen Verdienstkreuzes des Verdienstordens der Bundesrepublik Deutschland“.
19. 1. 1997	Erneut einstimmige Wiederwahl zum Präsidenten des *Zentralrats der Juden in Deutschland.*
15. 5. 1997	Wahl zum ehrenamtlichen Stadtrat in Frankfurt. Bubis war im Wahlkampf erfolgreich als FDP-Spitzenkandidat angetreten.
5. 6. 1998	Bubis ist Mitbegründer der „Deutsch-Türkischen-Stiftung“ in Hamburg.
19. 10. 1998	Wahl zum Präsidenten des *European Jewish Congress.*
29. 12. 1998	Bubis bezichtigt Martin Walser der „geistigen Brandstiftung“. Walser hatte in seiner Dankesrede für den *Friedenspreis des deutschen Buchhandels* in der Frankfurter Paulskirche die ständige Thematisierung der Judenvernichtung mit einer „Moralkeule“ verglichen, die das Gegenteil erreiche, vor einer „Instrumentalisierung“ von Auschwitz gewarnt und das geplante Holocaust-Mahnmal in Berlin als „Monumentalisierung der Schande“ abgelehnt. Die Äußerungen bilden den Auftakt zu einer bundesweiten Kontroverse.
Juli 1999	Bubis zieht enttäuscht die Bilanz seiner Amtszeit.
13. 8. 1999	Ignatz Bubis verstirbt in Frankfurt.

Als ich an diesem Freitag, dem 13. August, am Ende des Schabbat-Gottesdienstes bekanntgeben mußte, daß Ignatz Bubis vor wenigen Stunden verstorben sei, zitierte ich aus dem 5. Buch Moses die Stelle, in der der große Prophet Gott anfleht und ihn bittet, doch noch das Land sehen zu dürfen, für das er die Israeliten unter so vielen, auch tragischen Umständen aus Ägypten geführt hatte. Wir alle wissen, Gott sagte nein, aber von einem Berg aus wird er am Horizont das Ziel seiner Wanderung erahnen dürfen. Ich wollte damit Ignatz Bubis nicht mit Moses, dem Propheten, vergleichen, aber wie oft haben wir beobachtet, daß Politiker, also Menschen mit Visionen, etwas in die Öffentlichkeit bringen: Sie legen den Grundstein, aber zur feierlichen Eröffnung kommt bereits der Amtsnachfolger, weil es länger als eine oder zwei Legislaturperioden dauert, bis große Gebäude errichtet sind oder Visionen Wirklichkeit werden. Daß Ignatz Bubis die Früchte seines Schaffens nicht einmal aus dem Ohrensessel heraus mit Genugtuung sehen kann, schmerzt alle, die ihn in seinem Amt, das er so sehr liebte, getroffen haben. Ja, aus seinen letzten Interviews sehen wir, daß er offenbar nicht einmal auf jenem entfernten Berg am Horizont eine Idee von dem erblicken konnte, was er erreichen wollte.

Israels Oberrabbiner, Rav Lau, hat in seiner Trauerrede interessanterweise auf die gleiche Bibelstelle verwiesen, sie allerdings in einen ganz anderen Zusammenhang, nämlich in Hinblick auf Ignatz Bubis Beerdigung in Israel, einem Land, das er kennenlernen durfte, gestellt.

Für viele Bemerkungen, übrigens auch in unseren Kondolenzbüchern, hat die Äußerung Ignatz Bubis' gesorgt, er hätte „fast nichts erreicht": Es ist an vielen Stellen gesagt worden, und soll auch hier zu diesem Abschied von Ignatz Bubis bekräftigt werden: Ich glaube, Ignatz Bubis hat als Zentralratspräsident viel bewegt und hinterläßt eine bleibende Spur, denn er verfolgte die Wege seines Vorgängers Heinz Galinski weiter, indem er den Zusammenschluß der Jüdischen Gemeinden in Deutschland nicht als eine reine Interessensvertretung ansah, sondern als eine politische Aufgabe. So ergriff er wie sein Vorgänger das Wort, genauso wenn es um das Vergessen und Verdrängen der Vergangenheit, als auch um das Ausgrenzen von gesellschaftlichen Randgruppen ging. Bubis war ein leidenschaftlicher Liberaler und Demokrat und setzte sich für sachliche politische Auseinandersetzungen ein, ja forderte diese ein, wenn eine Debatte einmal zu überborden schien – und unterschied sich auch hierin nicht von seinem Amtsvorgänger. Inhaltlich setzte Ignatz Bubis das fort, was Heinz Galinski in den vier Nachkriegsjahrzehnten begonnen hatte. An anderer Stelle habe ich einmal festgestellt, daß die beiden lediglich im Stil kontrastierten. Heute glaube ich hinzufügen zu können, es war das parteipolitische Engagement, das beide unterschied. Galinski, der allen demokratischen Parteien gleich nahe stehende parteipolitisch Heimatlose, Ignatz Bubis, der Liberale. Ja, ich glaube sogar, sein vehementes Plädoyer für eine bessere Integration der jüdischen Funktionäre in das politische Leben unserer Republik war ein Plädoyer für mehr Engagement in politischen Parteien.

Mit dem Tod unseres Sprechers haben wir Juden in der Bundesrepublik, in Europa, einen herben Verlust erlitten. Erinnert sei an dieser Stelle nochmals, daß Bubis seit dem letzten Herbst auch Präsident des *European Jewish Congress*, also des Zusammenschlusses Jüdischer Gemeinden in Europa war. Indem wir sein Werk fortsetzen, setzen wir ihm hier ein Denkmal. Und es ist allemal sein Vermächtnis, dafür zu kämpfen und zu wirken, daß jüdisches Leben in einer liberalen Bundesrepublik zu etwas wird, was von niemandem ernsthaft in Frage gestellt wird, nicht hierzulande und nicht andernorts.

Auf Ignatz Bubis letztem Flug kündigte der Flugkapitän an, die Durchsagen auf die Hinweise zu beschränken, die gesetzlich vorgeschrieben sind: An Bord war neben seiner Frau und Tochter, der hessische Ministerpräsident Roland Koch, die stellvertretende Ministerpräsidentin und Parteifreundin Ruth Wagner, die Frankfurter Oberbürgermeisterin Petra Roth, der ehemalige OB Walter Wallmann, der ehemalige OB Volker Hauff, der von seinem Diplomatenposten endgültig mit diesem Flugzeug nach Tel Aviv zurückkehrende israelische Botschafter Avi Primor, Mitglieder des Vorstandes und der Rabbiner der Jüdischen Gemeinde Frankfurt, Zentralratsmitglieder, Geschäftsfreunde, Weggefährten, Kamerateams und Journalisten. Als die Maschine zur Landung in Tel Aviv ansetzte, sagte Ida Bubis zu Frau Wallmann, sie wünschte sich, der Flug ginge noch lange weiter. Sie sprach aus den Herzen aller, die Ignatz Bubis auf diesem seinem letzten Weg begleiteten. Als die Lufthansa-Maschine neben dem großen Luftwaffenairbus des Bundespräsidenten Johannes Rau und dem kleinen Jet, mit dem Innenminister Otto Schily aus dem Urlaub nach Israel gekommen war, zum Stehen kam, chaotische Szenen: Journalisten, Mitarbeiter des israelischen Außenministeriums, Bodyguards. Wie oft habe ich Ignatz Bubis in solchen Szenen gesehen und getroffen: Er war in seiner bescheidenen Art immer dabei, wenn jemand zu ehren war, wenn es von jemandem Abschied zu nehmen galt oder wenn, wie in Sachsenhausen oder Rostock, der Neonazipöbel seine feuerbrünstige Spur gelegt hat. Ignatz Bubis hat immer hingesehen: Nicht in die Kameras, sondern den Ereignissen oder den Menschen ins Auge, um dann ohne Manuskript nahezu druckreif in die Mikrofone zu sprechen und allen, die es hören wollten, aber auch denen, die es nicht hören wollten, zu sagen, was eigentlich die Aufgabe nichtjüdischer Politiker gewesen wäre. Er dramatisierte nicht, er hob nicht den Zeigefinger, ja meist auch nicht die Stimme. Wenn es irgend vertretbar war, machte er sogar einen Witz. Was er sagte, hinterließ tiefen Eindruck, denn meist war es nicht weniger, aber auch nicht mehr als nur die Wahrheit.

In der von der Sommerhitze nahezu unerträglich aufgeheizten Trauerhalle des Friedhofs vor den Toren von *Bene Brak* trafen weitere politische Weggefährten Ignatz Bubis ein, um ihn zu seiner letzten Ruhe zu geleiten: Ezer Weizman, der israelische Staatspräsident, Spitzenpolitiker wie Shimon Peres oder Angela Merkel, die CDU-Bundesgeschäftsführerin, Klaus Kinkel, der ehemalige deutsche Außenminister, Wolfgang Gerhard, der FDP-Vorsitzende, Teddy Kollek, der langjährige Oberbürgermeister Jerusalems, Deutsche, deutsche Juden, Israelis, Mischpacha, und wie man heute weiß, auch ein bösartig Verrückter. Israels Oberrabbiner Meir Lau, den Ignatz Bubis gewinnen konnte, auf der Gedenkveranstaltung des Zentralrats zum 60. Jahrestag der Novemberpogrome in der Berliner Synagoge Rykestraße zu sprechen, formulierte auf hebräisch das *Hesbeth,* die Traueransprache: Er erinnerte sich seiner Worte vom vergangenen November in Berlin, er erinnerte auch an die Worte Ezer Weizmans bei dessen Staatsbesuch in Berlin, wo jener sein Unverständnis über die Existenz Jüdischer Gemeinden in Deutschland zum Ausdruck brachte und er interpretierte Ignatz Bubis Wunsch, in Israel bestattet zu werden, nicht so sehr als eine Rückversicherung gegen Attentate auf sein Grab, sondern als den ins Herz eingepflanzten Wunsch des jüdischen Volkes auf Rückkehr in seine Heimat. Familienangehörige ergänzten in *Jiddisch*, wie es hieß „seiner Muttersprache", und auf Englisch ihre sehr persönliche Sicht auf den Verstorbenen. Die angereisten Politiker und Funktionäre des Zentralrates respektierten den Wunsch von Frau Bubis, die Beerdigung nicht zum Forum ihrer Nachrufe zu machen. Als die Beerdigung zu Ende war, wurde endgültig klar, daß die jüdische Gemeinschaft ihren Sprecher verloren hatte. Seine Stimme wird fehlen: Nicht nur als Zeuge dieses Jahrhunderts, nicht nur als Präsident der Jüdischen Gemeinden in Deutschland und seit 1998 auch des *European Jewish Congress,* sondern insbesondere als einer, der zu den Orten des Geschehens hinfuhr, hinsah und hinhörte, um dann das zu sagen, was notwendig war. Vielleicht wird trotz seiner großen Verdienste um die Jüdische Gemeinde in Frankfurt, deren Vorsitzender er seit 1983, des Zentralrates, dessen Präsident er seit Heinz Galinskis Tod 1992 war und des Frankfurter Stadtrates, in den er 1997 gewählt wurde, den nichtjüdischen Deutschen am meisten fehlen, denn er sagte ihnen oft, was sie selber sich nicht zu sagen getrauten: die Wahrheit.

Nach Bubis

Als der legendäre Berliner Rabbiner Leo Baeck Sprecher des deutschen Judentums war, standen die Zeichen auf Sturm, versank Deutschland in nationalsozialistischer Diktatur, wurde allem jüdischen Leben in Deutschland der Garaus gemacht. Damals wäre es aber unvorstellbar gewesen, daß der führende Repräsentant kein Gelehrter gewesen wäre. Die Generation der Sprecher der Jüdischen Gemeinden nach der Schoah haben eine andere Erfahrung als die der *alma mater* oder einer *Jeshiva*, eines Rabbinerseminars, in ihr Amt eingebracht. „Auschwitz war ihr Daseinskompaß" wie es Heinz Galinski, der von 1954–1963 und dann noch einmal von 1988 bis zu seinem Tod 1992 Zentralratsvorsitzender gewesen war, formulierte. Ähnliches galt für Ignatz Bubis, über dessen Intelligenz Michael Wolffsohn einmal richtig anmerkte: „Hätte er die Chance eines Hochschulstudiums gehabt, so hätte er sicherlich in jedem Fach eine

Nobelpreischance gehabt". Dazwischen lag noch die lange Zeit des Werner Nachmann, über den man eigentlich nicht mehr berichten kann, als daß es über ihn nichts anzumerken gäbe, sowie von 1963–1968 Lewin. Einer der führenden jüdischen Denker hat einmal kurz vor seinem Tod angemerkt, die geistige Armseligkeit des Judentums nach der Schoah läge darin, daß die politischen Führer eben nicht mehr wie Chajim Weizman, Abba Ebban oder Ben Gurion zugleich Menschen größter jüdischer Gelehrsamkeit seien, sondern politische Macher. Wir kennen dieses Problem auch aus der allgemeinen Politik, es fehlen die Carlo Schmidts, Karl-Hermann Flachs, also warum nicht auch in der Interessensvertretung der Jüdischen Gemeinden? In den USA hat man daraus Konsequenzen gezogen und so ist es kein Zufall, daß der Generalsekretär des *World Jewish Congress*, Israel Singer, ein Rabbiner ist oder der gerade neugewählte Präsident der *World Union for Progressive Judaism*, Rick Bloch, ebenfalls Rabbiner. Zwar wird gelegentlich danach gefragt, wer kennt denn den Präsidenten des Zentralkomitees deutscher Katholiken, aber Zentralrat und Zentralkommittee sind nur scheinbar vergleichbare Organisationen, denn Sprachrohr der katholischen Kirche ist der Vorsitzende der Bischofskonferenz, Kardinal Lehmann. Umgekehrt ist der Sprecher der Rabbinerkonferenz außerhalb der Jüdischen Gemeinden etwa so bekannt, wie eben jener Zentralkomiteevorsitzende außerhalb der katholischen Gemeinden. Folgte man dem amerikanischen Trend und der Tradition bis zur Schoah, so müßte das Profil des neuen Zentralratspräsidenten ein sehr gelehrtes sein. Und nun kommt mit Paul Spiegel einer, dessen Markenzeichen die „*gentlemanlike* Gelassenheit" ist, der eher durch seine ruhige und allzeit freundliche Umgangsart auffällt, als durch Bissigkeit wie der unvergessene Heinz Galinski oder durch entwaffnende Schlagfertigkeit wie Ignatz Bubis oder durch unumstrittene Lehrkompetenz wie Leo Baeck. Aber glücklicherweise sind die Zeiten auch andere: Der Aufbau nach dem Untergang, der untrennbar mit der Generation der Überlebenden verknüpft war, steht heute auf einigermaßen sicherem Grund, die Fragen der Gegenwart und Zukunft müssen nicht durch Einzelpersönlichkeiten gelöst werden, sondern könnten, so wie Paul Spiegel sich das vorstellt, durch kollektiv zusammengetragene Mosaiksteine zu einem Bild zusammengefügt werden, das hoffentlich das Markenzeichen unseres neuen Jahrhunderts wird: Gemeinsamkeit und Gemeinschaftlichkeit. Gerade als Betreiber einer Agentur weiß Spiegel nur zu gut, daß man, um Dinge in Gang zu setzen, sie nicht unbedingt selbst machen muß.

Blickt man auf die Jüdischen Gemeinden, so wird ständig über die Integration der ca. 50.000 in den letzten 10 Jahren zugewanderten, russischsprachigen Juden gesprochen. Tatsächlich ist dies ein drängendes Problem, aber nicht der Kern der Schwierigkeiten. Dieses ist ein weltweites, alle Jüdischen Gemeinden, ja alle Glaubensgemeinschaften betreffendes Problem. In Wirklichkeit geht es darum, wie man religiöses Leben überzeugend in den Jahrhunderten nach der Aufklärung organisieren kann.

Jüdischkeit ist sein Daseinskompaß

Im Jüdischen Gemeindehaus Fasanenstraße wirkt Jerzy Kanal seit 1992 von dem Platz aus, von dem einst Heinz Galinski den Aufbau der jüdischen Gemeinschaft nach dem Untergang vorantrieb: Ein treuer Weggefährte des langjährigen Vorsitzenden, der sich niemals als Alternative oder Nachfolger Galinskis gesehen hat. Er wurde vor 75 Jahren am 20. Juli 1921 im polnischen „Schtetl“ Blazki geboren, aber schon ein Jahr nach seiner Geburt siedelte seine Familie nach Warschau über, wo sein Großvater Rabbi Izchak Meir Kanal als Vorsitzender des Vaad Rabanim amtierte. Er wuchs in Warschau in einer vom Judentum osteuropäischer Tradition geprägten Atmosphäre auf, gehört zu jenen wenigen, die im Elternhaus gelebte und im *Cheder* vertiefte jüdische Bildung ganz selbstverständlich verkörpern und zugleich doch mit beiden Beinen im von einer nichtjüdischen Umwelt geprägten Leben stehen. Für Jerzy Kanal ist Jüdischkeit nicht etwas, was man sich leisten könnte, wenn man mehr Zeit dazu hätte, sondern ganz selbstverständlicher Teil des Alltagslebens. Aus diesem Verständnis heraus resultiert sein jahrzehntelanges Engagement für den *Keren Hayessod,* aber auch sein Einsatz für die Jüdische Gemeinde.

Die Verfolgung durch die Deutschen überlebte er im Warschauer Getto, in Auschwitz und verschiedenen anderen Konzentrationslagern. Nach der Befreiung kam er über München, Warschau, Prag und Paris 1953 nach Berlin, wo er als erfolgreicher Leder- und Pelzkaufmann tätig war, bis er sich aus dem Geschäftsleben zurückzog, um sich ganz seinen auf die jüdische Gemeinschaft ausgerichteten ehrenamtlichen Tätigkeiten widmen zu können. 1948 heiratete er in Prag seine Frau Serena, die 1975 nach 27jähriger Ehe verstorben ist. Die beiden Töchter kamen in Paris zur Welt, eine lebt in Israel, die andere in Berlin. Er ist sechsfacher Großvater und liebt seine Enkel über alles.

Seit 1969 ist Jerzy Kanal im Vorstand der Jüdischen Gemeinde, deren Vorsitz er seit dem Tod Heinz Galinskis übernommen hat. Er betrachtet sich als Mann des Übergangs, der das von Galinski begonnene Werk weiterführt und mit Leben füllt. So ist es denn kein Wunder, daß das erste große Werk unter seinem Vorsitz im November

1992 die Grundsteinlegung des Neubaus der 1995 eingeweihten Heinz-Galinski-Schule war. Nach seiner Bestätigung im Amt 1993 konnte er im August desselben Jahres dann die erste Jüdische Oberschule Deutschlands im alten Schulgebäude der Jüdischen Gemeinde in der Großen Hamburger Straße der Gemeinde übergeben. Im gleichen Jahr konnte er den von ihm ausgehandelten Staatsvertrag mit dem Senat von Berlin unterzeichnen. Vorläufiger Höhepunkt seines Wirkens jedoch war die Einweihung der Neuen Synagoge als *Centrum Judaicum* anläßlich des 50. Jahrestages der Befreiung Europas von der Hitlerdiktatur. Hier verband sich für Jerzy Kanal seine Vorstellung von historischem Ort, der Vermittlung von Jüdischkeit in der Gegenwart und der Option für eine hiervon geprägte Zukunft.

Ganz nebenbei ist Jerzy Kanal auch seit mehr als zehn Jahren im Zentralrat, dessen stellvertretender Vorsitzender seit mehr als vier Jahren. Sein Amtsstil als Vorsitzender seiner Jüdischen Gemeinde, mit der er sich vollständig identifiziert und der er in Liebe dient, unter deren Last er insbesondere bei gesundheitlichen Problemen manchmal zusammenzubrechen droht, ist geprägt von großem zeitlichen Einsatz und intensiver Ernsthaftigkeit. Aber Jerzy Kanal hat zugleich einen feinen Humor und kann sich mit großer Herzlichkeit freuen. Auch im Detail geht Jerzy Kanal den Dingen auf den Grund, jedes eingehende Schriftstück wird gewissenhaft gelesen; wenn es von allgemeiner Bedeutung sein könnte, wird es in der Runde der Vorstandskollegen verlesen und erörtert. Zwar hat er seine eigene Vorstellung von der Gestaltung der Gemeindearbeit, aber ihm ist auch daran gelegen, die Sicht seiner Mitstreiter im Vorstand nicht nur zu hören, sondern auch zum Zug kommen zu lassen – soweit es nicht fundamental seinen Ansichten widerspricht. Wie man an dem von ihm zu Beginn dieses Jahres geäußerten Rücktrittsgedanken sieht, läßt er sich zuweilen auch umstimmen, wenn es seinem an Jüdischkeit orientierten Daseinskompaß entspricht.

Hermann Simon zum 50.

Am 25. April 1982 traf ich Hermann Simon anläßlich eines Konzertes in der Synagoge Rykestraße auf den Treppen zum Hof der Großen Synagoge zum ersten Mal bewußt.

Ich notierte in mein Tagebuch: dunkelblaue Baskenmütze, gedeckter Mantel und – wie alle DDR Bürger – eine Aktentasche in der Hand. Im Gespräch konzentriert, sehr aufmerksam zuhörend und mit berlinischem Mutterwitz.

Diese Markenzeichen gelten noch heute.

Wann immer man mit Hermann Simon spricht, kann man davon ausgehen, daß er sich auf den Gesprächspartner einstellt. Zuhört – aufmerksam zuhört. Und sollte das Gespräch wider Erwarten eine kritische Wendung nehmen, gibt er seine entwaffnenden, meist mit einer Prise Humor versehenden Sprüche von sich, die sich immer als elementare Wahrheiten entpuppen.

In seinem Lebenselement ist Hermann Simon dann, wenn es darum geht, allgemeine historische Wahrheiten auf ihren wirklichen faktischen Bestand hin zu überprüfen. Oft bleibt dann von der Annahme der historischen Wahrheit nur noch die Erkenntnis, daß erst Wissen um die Dinge, der Akten oder der Zeitungsartikel die wirkliche Wahrheit ist.

Seine Lebensaufgabe ist die Idee, das Konzept, die Realisation und der Betrieb des *Centrum Judaicum.*

Unter ganz anderen politischen Voraussetzungen, zu einer Zeit, als keiner einem solchen Projekt eine Realisierungschance einräumte, etwa Mitte der 80er Jahre, entwickelte er die Idee für ein Jüdisches Zentrum in der DDR, das Vergangenheit, Gegenwart und Zukunft in repräsentativer Weise in der Mitte der damaligen DDR-Hauptstadt verbinden sollte. Und mit allen Mitteln der List, der Geduld und vor allem der Beharrlichkeit, brachte er dieses Zentrum in das vereinigte Deutschland und vereinigte Berlin und machte die goldene Kuppel zum jüdischen Wahrzeichen der Bundeshauptstadt.

Daneben scheinen seine Publikationen wie Fußnoten und doch sind sie Bausteine, die für ein neues intellektuelles jüdisches Leben in dieser Stadt stehen.

Vor elf Jahren war es seine Ausstellung „Und lehrt sie Gedächtnis“, die das Ephraim Palais nach seiner Rekonstruktion erstmals wieder mit einem jüdischen Inhalt füllte und die den – über Jahrzehnte nahezu abgerissenen Dialog zwischen der Ost- und Westberliner Gemeinde wieder mit Leben füllte. Die Ausstellung war so außergewöhnlich sehenswert, daß Heinz Galinski den Berliner Senat davon überzeugen konnte, sie als erste Ausstellung aus dem Ostteil der Stadt in den Martin-Gropius-Bau einzuladen. Und die Ausstellung, vor deren Toren in Ost-Berlin sich lange Schlangen bildeten, wurde auch in West-Berlin zu einem großen Publikumserfolg und schlug in der Endzeit der DDR ein erstes großes Loch in die Mauer.

Man muß einmal erlebt haben, wie hilfreich er Menschen gegenübertritt, die Mischpochologie betreiben. Das heißt denjenigen, die ihr durch die Schoah verschütteten Wurzeln der jüdischen Existenz suchen, sei es um damit irgendwelche, für Behördennachweise notwendigen Urkunden zu finden, oder um für die eigene Identität wichtige Familienquellen aufzuspüren. Oftmals ist es so, daß er erst Jahre später bei Recherchen für ganz andere Dinge auf einen gedruckten

Nachweis trifft. Dann erinnert er sich und gräbt aus seinem Kalender Namen und Anschrift der Suchenden aus, um sie zu benachrichtigen.

Hermann Simon würde, wenn er an meiner Stelle wäre, nachgeschaut haben, was in den Berliner Tageszeitungen am 21. April 1949 gestanden hat und würde – wie auch immer und wo auch immer – ein Exemplar dieser Zeitung auftreiben und dem Jubilar schenken. Ich bin zwar auch Historiker, aber ich wüßte nicht, wo man alte Zeitungen bekommt.

Ich will auch lieber darüber berichten, was vor 50 Jahren nicht in der Zeitung stand. Nämlich, daß auf der Geburtsstation des Jüdischen Krankenhauses in der heutigen Heinz-Galinski-Straße Hermann Simon geboren wurde. Als Kind von Eltern, die zum einen versteckt im Berliner Untergrund, zum anderen zurückkehrend aus der Emigration, aber seit über 300 Jahren in Berlin verwurzelt, damals vom Großen Kurfürsten als Flüchtlinge aus Wien aufgenommen wurden und sich geschworen hatten, ein neues Deutschland mit aufzubauen, um doch gleichzeitig dem Judentum, ja der Wissenschaft des Judentums verschrieben zu bleiben. Obwohl es doch in einer Zeitung stand: im WEG. Dem Vorläufer der *Jüdischen Allgemeinen*. Und ganz mit leeren Händen komme ich auch nicht. Hier ist die Reproduktion. Das Original liegt im *Centrum Judaicum*.

Wenn er also heute zum Vorstand der Synagoge Rykestraße gehört und aktiver, ja gläubiger Jude ist, dann hat das nichts damit zu tun, daß er irgendwann in seinem Leben eine Kehrtwendung vollzogen hätte, sondern daß er in dieser Tradition aufgezogen und großgeworden ist und immer in ihr gelebt hat und lebt.

Hermann Simon hat an der Humboldt-Universität studiert und promoviert und ist heute der Vorsitzende der Repräsentantenversammlung der Jüdischen Gemeinde. Ohne in die Politik unserer Gemeinde einzugreifen, glaube ich feststellen zu dürfen, daß es Ausdruck der Integration der Ost- und Westberliner Gemeinde ist, daß er jenseits dieser Mauer groß wurde. Genauso wie ich, der diesseits der Mauer aufgewachsen ist, will er, daß Jüdisches Leben in dieser Stadt in vielen unterschiedlichen Szenen bunter und vielfältiger wird, als es viele Jahrzehnte unseres Lebens hüben oder drüben sein konnte.

Zu Hause ist Hermann Simon in Pankow. Und das ist mehr für ihn als eine Wohnanschrift. Zusammen mit seiner Frau, die sein intellektueller Austauschpartner ist, und den Kindern steht er einem Haushalt vor, der durch deutsch-jüdische Traditionen geprägt ist. Jeder, der diese Traditionen verinnerlicht hat, weiß, daß man hier nicht orthodox sein muß, um jüdische Traditionen vollständig zu erfüllen.

Vor kurzem haben wir in den *Pessach*tagen sooft das *Hallel* gesungen:
Ewen maaßu habonim, hajta lerosch pina.

Oder sollte ich lieber sagen:
Ewen maaßu habaunim, hoißo lerausch pino.

Den Stein, den die Erbauer verwarfen, ist zum Eckstein geworden.

Wer hätte gedacht, daß ein 1949 in Berlin geborener jüdischer Junge, dessen Eltern eben nicht vorhatten aus Europa, aus Deutschland oder aus Berlin wegzugehen, sondern sehr konkret am Aufbau eines neuen Deutschland mitwirken wollten, daß aus diesem Knaben nicht nur ein gestandener Mann, sondern allen Erwartungen der jüdischen wie nichtjüdischen Umwelt zum Trotz ein bewußter jüdischer Familienvater und eine der bedeutendsten jüdischen Persönlichkeiten dieser Stadt geworden ist. Wer eine solche Erwartung bei der *Britmila* geäußert hätte, wäre als Phantast bezeichnet worden. Und doch ist es so gekommen, lieber Hermann: Du bist eine Persönlichkeit, die Jüdischkeit nicht nur auf den Lippen, sondern im Herzen und im Kopf hat, ja im Leben repräsentiert.

Verleihung des Heinz-Galinski-Preises

Dr. Hans-Jochen Vogel

Wir werden dieser Tage Zeuge einer mit Schärfen und Emotionen geführten Debatte um die Zukunft und das Selbstverständnis dieser Republik, denn es geht – ich möchte sagen wieder einmal – ‚gegen das Vergessen', und immer wenn es ‚gegen das Vergessen' geht, geht es in Wirklichkeit um unsere Demokratie. Wir sind heute abend hier zusammengekommen, um einen Demokraten mit dem Heinz-Galinski-Preis auszuzeichnen, der sich in seiner jahrzehntelangen Tätigkeit als Politiker bewährt hat, weil er seine Erfahrungen aus den 12 Jahren, 4 Monaten und 8 Tagen, die sich Tausendjähriges Reich nannten, nicht verdrängen wollte.

Als der Krieg zu Ende ging, war Hans-Jochen Vogel neunzehn Jahre alt. Der etwa gleichaltrige langjährige Fernsehchef des WDR, Günter Rohrbach, hat die Eindrücke dieser Generation trefflich formuliert: „Als im Frühsommer 1945 der ganze Umfang der Nazibarbarei nach und nach bekannt wurde, war ich [...] der festen Überzeugung, nie mehr in meinem Leben aus Deutschland herauszukönnen, nie mehr irgendwo in der Welt geduldet zu werden. Wenige Jahre später [... wurden] an den Stränden des Mittelmeers die Tische für deutschen Urlauber eingedeckt. So gesehen, [findet Günter Rohrbach ...] sind wir gut weggekommen." Hans-Jochen Vogel würde die letzte Formulierung wohl nicht unterschreiben, denn ihm ging es nie darum „wegzukommen", sondern sich einzumischen. Das begann bereits 1950 mit seiner Dissertation, die strafrechtliche Probleme des Widerstands gegen die Staatsgewalt thematisierte.

Er gehörte also zu jenen jungen Männern und Frauen in Deutschland, deren Leben bis dahin so gut wie ausschließlich geprägt waren von Krieg, Flucht, Gefangenschaft und von dem Erlebnis einer totalen Niederlage. Eine ganze Generation mußte sich damit auseinandersetzen und damit fertig werden, daß sie in einem verbrecherischen System aufgewachsen war. Viele ließen sich in jugendlichem Eifer von einer amoralischen Realität anstecken, an die sie geglaubt hatten und dabei – ohne dies unbedingt gewollt zu haben – wurden sie mitverantwortlich für die größten Verbrechen des 20. Jahrhunderts. Diese Generation mußte einen schmerzhaften Läuterungsprozeß durchmachen – schmerzhafter vielleicht noch als die Vorgängergeneration, die Hitler zwar zugelassen, jedoch noch anderes gekannt hatte und auch eigene Erfahrungen mit der Demokratie gemacht hatte. Die Generation, die wie Hans-Jochen Vogel erst Ende der 20er Jahre geboren wurde, kannte nichts anderes als das Leben im NS-Staat, hatte diesen nicht gewählt und war doch in ihn eingespannt gewesen. Sie war mißbraucht worden und mußte trotzdem fortan die Bürde der Schuld für die in deutschem Namen begangenen Verbrechen mit tragen.

Jetzt wurde er Zeuge der Schaffung des Grundgesetzes, eines neuen freiheitlichen Staates und entschied sich zur Einmischung: Er trat einer politischen Partei bei.

Daraus wurde eine Erfolgsgeschichte: 1960 wurde er mit einer Zweidrittelmehrheit von den Bürgerinnen und Bürgern direkt zum Oberbürgermeister in München gewählt und 1966 mit einer mir sonst nur aus der DDR bekannten Prozentzahl von nahezu 80% in seinem Amt bestätigt. Gleichwohl war Hans-Jochen Vogel eben kein bayerischer Populist, sondern zu allen Zeiten ein bedachter Vertreter demokratischer Werte. Die Auseinandersetzung mit der deutschen Vergangenheit prägte auch seine Amtsjahre in München, denn seine Idee, die Olympischen Spiele in die bayerische Metropole zu holen, war auch der Versuch, die martialischen Spiele von 1936 durch heitere zu überbieten. Daß durch den Überfall eines palästinensischen Terrorkommandos auf das israelische Olympiateam eine blutige Spur diese Spiele überschattete, hat Hans-Jochen Vogel tief getroffen. 1972 wurde er von Willy Brandt zum Bundesminister für Raumordnung und Städtebau berufen, um seine Fähigkeiten als ein im Wiederaufbau kriegszerstörter Strukturen erfahrener Kommunalpolitiker bundesweit zu nutzen. 1974 wurde er im Kabinett Helmut Schmidts Bundesjustizminister. Anders als viele Deutsche befürchteten und seine Lebenserfahrung in der unmittelbaren Nachkriegszeit es hätte erwarten lassen, erlangte die Bundesrepublik aufgrund des demokratischen

Bekenntnisses von Persönlichkeiten wie Hans-Jochen Vogel alsbald internationale Achtung. Nicht nur durch das gelebte demokratische Bekenntnis mit großen Worten, sondern durch die dazugehörende Kleinarbeit in dieser Gesellschaft.

Hans-Jochen Vogel, der für seine Arbeitsdisziplin bekannt ist, fiel als Justizminister zugleich für seine liberale Grundhaltung auf, die sich vor allem in der Toleranz gegenüber Andersdenkenden ausdrückte. Die aus dieser Haltung resultierende Achtung war wohl der Grund für seine kurze Mission in Berlin, wo er im Chaos der frühen 80er Jahre für kurze Zeit Regierender Bürgermeister wurde. Mit ungewöhnlicher Arbeitsintensität ergriff Vogel in Berlin die Zügel und erreichte binnen kurzem Anerkennung und Respekt, auch über die Grenzen der eigenen Koalition hinaus. Die damalige Konfrontation mit der Hausbesetzer-Szene nahm er durch seine berühmt gewordene „Berliner Linie“ die Schärfe, indem er gegen die Hausbesetzer nicht mit Härte und Unwillen auftrat, sondern sie mit entsprechenden Nutzungs- und Mietverträgen in die Gesellschaft integrierte.

Das Bestimmende an dieser politischen Laufbahn ist nicht die Gradlinigkeit der Erfolgsleiter – im Gegenteil, Hans-Jochen Vogel hat genauso Momente des Scheiterns und lange Jahre in der Opposition erlebt – zunächst als nicht gewählter Kanzlerkandidat 1983, dann als Fraktionsvorsitzender der SPD im Bundestag und ab 1987 als Parteivorsitzender. Das Bestimmende an dieser Laufbahn ist die Folgerichtigkeit, mit der er sich in der Regierung ebenso wie in der Opposition, aber auch nach dem Ausscheiden aus dem Bundestag stets dem Thema Gerechtigkeit – im moralischen wie im juristischen Sinne verpflichtet hatte – indem er zum Beispiel gegen die Verschärfung der Asylgesetzgebung auftrat. Er arbeitete als SPD-Obmann in der vom Bundestag eingesetzten Verfassungskommission mit und ist mit Ernst Benda und Werner Maihofer Autor des zum Klassiker gewordenen „Handbuches des Verfassungsrechts“.

Die Zeit nach seiner Tätigkeit im Bundestag führte wieder zum Ausgangspunkt seines politischen Bewußtseins zurück – die Erfahrung von Krieg, Niederlage und Demoralisierung – und die moralische Verpflichtung gegenüber den Opfern der Schoah. Als ehemaliger Minister nutzt er sein hohes Ansehen über alle Parteigrenzen hinaus für die Erinnerungsarbeit. Der von ihm initiierte Verein „Gegen Vergessen – Für Demokratie“ geht Partei übergreifend das Problem extremistischer Gewalt an und hält die Erinnerung an die unter dem braunen Terror, aber auch unter kommunistischer Gewaltherrschaft begangenen Verbrechen wach. Hans-Jochen Vogel sagte dazu: „Diejenigen, die nicht wissen, wessen Menschen in ihrem Fanatismus und in ihrer Mordlust fähig sind, die nichts von der Verführbarkeit des Menschen erfahren haben und die nicht die Warnzeichen erkennen, die auf das drohende Unheil hinweisen, sind neuerlichen Gefahren gegenüber weniger wachsam und weniger widerstandsfähig als diejenigen, denen Verbrechen der Vergangenheit und die Katastrophen unserer jüngeren Geschichte vor Augen stehen." Hanna-Renate Laurien, die zusammen mit Pfarrer Friedrich Schorlemmer seine Vizin ist, schreibt in der Festschrift zum 70. Geburtstag von Hans-Jochen Vogel: „In der Arbeit für den Verein ‚Gegen Vergessen – für Demokratie' zeigt Hans-Jochen Vogel, wie er seine Kenntnisse von Institutionen und Menschen, Fachleuten und Sponsoren einzubringen weiß. Und es wird deutlich, worin vermutlich Antriebe für sein politisches Leben stecken: Freiheit, die sich in selbstgewählter Bindung verwirklicht; Geschichte als Verpflichtung für Gegenwart und Zukunft; Umgang mit dieser Geschichte so, daß nicht das Entsetzen über die Untaten, das nicht zum Handeln befähigt, dominiert, daß vielmehr menschliche Vorbilder des Einsatzes für Recht und Menschlichkeit im Alltag sichtbar werden. Wie der beherzte Reviervorsteher Krützfeld das Abbrennen der Berliner Synagoge 1938 verhinderte, wie Otto Weidt die jüdischen Bürstenbinder schützte, auch Inge Deutschkron beim Untertauchen half, wie Schindler Menschen rettete, das darf nicht vergessen werden. Zeitzeugen zu ermitteln, Dokumente zu sichern, falschen ‚Ehrungen' – und sei es bei der Benennung von Kasernen – zu widersprechen, Zivilcourage vielfältig zu stärken, macht Inhalt und Ziel dieser Arbeit aus." Die Initiative unter Leitung von Hans-Jochen Vogel scheut sich nicht, den Finger auf wunde Punkte zu legen, zum Beispiel indem sie fordert, daß eine Bundesstiftung zur Entschädigung früherer Zwangsarbeiter gegründet werden muß, an der sich zum einen die sich schuldig gemachten Unternehmen, aber zum anderen auch die Kommunen und Städte beteiligen müssen, da ja viele Städte ebenfalls von der Zwangsarbeit der im Zweiten Weltkrieg nach Deutschland verschleppten Menschen profitiert haben.

Hans Jochen Vogel ist als Politiker so erfolgreich gewesen, weil er immer zugleich Anwalt der Bürgerinnen und Bürger war. Kurz vor dem Fall der Mauer, gab er in einem vielbeachteten Gespräch mit der Zeitschrift Tribüne fast prophetisch zu Protokoll: „Schon vor dem Auftauchen der sogenannten ‚Republikaner' haben manche die Gefahr des Rechtsextremismus unterschätzt. [...] Auch die Zahl der Terroranschläge von Rechts und der dabei Getöteten ist lange bagatellisiert worden. [Erinnert sei] nur an den Anschlag auf dem Münchner Oktoberfest im Jahr 1980, bei dem 13 Menschen starben. Jetzt kommen die sogenannten ‚Republikaner' hinzu. [...] Aber man muß zwischen den Anführern, die durchaus auch neonazistische Parolen verwenden, und den Verführten unterscheiden. Zwischen der Parole ‚Juden raus!' der dreißiger Jahre und den jetzigen Parolen ‚Ausländer raus!' gibt es eine schlimme Parallele. Das muß man aufs Schärfste bekämpfen. Die Wählerinnen und Wähler dieser Parteien kann man hingegen nicht alle als Rechtsextremisten charakterisieren. Das sind in ihrer ganz überwiegenden Zahl keine Neonazis; es sind Leute, die aus vielen Gründen unzufrieden sind und ihren Protest auf diese Weise zum Ausdruck bringen. Man muß die Gründe dieser Unzufriedenheit herausfinden und man muß sich bemühen, dort, wo die Gründe verständlich sind, den Übelständen abzuhelfen. [...]."

Politik für Demokratie, Politik gegen das Vergessen, zwei Seiten der gleichen Medaille, die Hans-Jochen Vogel als Anwalt der Bürgerinnen und Bürger seit mehr als vier Jahrzehnten verkörpert. Wie man aus dem eben zitierten Sätzen sehen kann: Er gibt niemanden auf, nur weil er politisch verführt wurde, weil er selbst die bittere Jugenderfahrung machen mußte, von unverantwortlichen Unmenschen verführt worden zu sein. Diese Gesellschaft, in der wir leben, ist von Persönlichkeiten wie Hans-Jochen Vogel geprägt. Und sie hat Initiativen, wie die „Gegen Vergessen – für Demokratie", die die so wichtige Basisarbeit bewirken, ohne die kein Denkmal, so groß, so aktiv, so mächtig wie nur denkbar, funktionieren kann.

Auch weil wir uns jetzt in einem neuen Kapitel der Debatte über ein zentrales Mahnmal für die ermordeten europäischen Juden befinden, das vom Deutschen Bundestag im Benehmen mit dem Berliner Senat zu einem allseits akzeptierten Ergebnis führen möge, möchte ich Klaus Töpfer, einen Nachfolger Hans-Jochen Vogels als Bundesbauminister zitieren, der anläßlich der Grundsteinlegung der „Topographie des Terrors" am 8. Mai 1995 im Plenarsaal des Berliner Abgeordnetenhauses sagte: „Das beste Mahnmal ist eine demokratische Gesellschaft."

Hans-Jochen Vogel ist einer jener unermüdlichen Bauleute, die dieses Denkmal, das täglich neu geschaffen werden muß, errichten, denn es geht täglich „Gegen das Vergessen und für Demokratie!"

Dietmar Schönherr

Dietmar Schönherr war als Comander McLane des Raumschiffes „Orion" Idol des deutschen Fernsehpublikums. Wie viele Idole haben wir seitdem gesehen, gehabt und vergessen? Wie viele Künstler haben ihre Leistungen allein für sich und durchaus in verdienter Weise, aber doch allein in ihre Tasche gesteckt oder sich an die Brust geheftet. Nicht so Dietmar Schönherr. Dietmar Schönherr stand und steht immer zu gleich auch für gesellschaftliches Engagement. Und das ist nicht selbstverständlich. In Drehpausen nicht nur die Zeitung zu lesen, sondern auch zu begreifen, daraus die richtigen Konsequenzen zu ziehen, sich hier oder in Mittelamerika zu engagieren, dort wo Menschen unter unwürdigen Lebensbedingungen dahin vegetieren. So gründete Dietmar Schönherr 1985 die Stiftung „Hilfe zur Selbsthilfe", die verschiedene Projekte, wie zum Beispiel den Bau von Schulen, Wasserleitungen und Wohnhäusern in Nicaragua unterstützt. Sich zu engagieren ist eben nicht „there is no business as show business", sondern ist die gesellschaftliche Verantwortung für das eigene Tun und dieses in die verantwortungsvolle Hand zu nehmen.

Dietmar Schönherrs Biographie ist die eines deutschen Österreichers oder österreichischen Deutschen, geboren in den Mittzwanzigern, wechselvoll, doch geprägt von politischer Gradlinigkeit. Er, der Sohn eines Generals, der Gedichte gegen den Krieg schrieb und nach dem sogenannten Anschluß Österreichs an das „Großdeutsche Reich" mit seiner Familie nach Potsdam übersiedelte, machte in eben dieser Stadt 1943 Abitur. Im selben Jahr drehte er seinen ersten Film: „Junge Adler" – ein Propagandastreifen. Aus dem Militärdienst desertierte er im April 1945, kam in Gefangenschaft und arbeitete zunächst bei einem Bauern im Oberinntal.

1946 begann er sein Architekturstudium, das er zugunsten eines neuen Filmprojektes abbrach. Bis 1952 arbeitete Dietmar Schönherr als Sprecher, Schauspieler, Regisseur, Reporter und Autor beim Österreichischen Rundfunk. Zum Westdeutschen Rundfunk nach Köln gewechselt, war Schönherr hier als Hörfunkdramaturg und Moderator tätig. Seinen Durchbruch als Filmschauspieler gelang ihm 1955 mit „Rosenmontag".

Es folgten unzählige Kino- und Fernsehfilme im In- und Ausland, stellvertretend seien hier nur einige genannt: „Made in Germany – Ein Leben für Zeiss", „Der schwarze Blitz", „Schachnovelle", „Der längste Tag", „Ferien mit Piroschka", „Madame Bovary", „Der Mann, der den Eiffelturm verkaufte", den er mit Wolfgang Völz drehte, „Lachotzky" und „Kain", bei beiden Filmen führte er auch Regie, „Otto John – Eine deutsche Geschichte", sein Kurzauftritt im Tatort: „Tod aus dem All" und der Thriller „Der Kopp". Die Talkshow „Je später der Abend", die er von 1972 bis 1974 moderierte, gilt als „Urahn" aller deutschen Talkshows. Die Quizreihe „Wünsch Dir was", die er mit seiner Frau Vivi Bach zusammen moderierte, zog zwischen 1970 und 1972 ein Millionenpublikum an. Er moderierte das ARD-Kulturmagazin „Arena", drehte die Bildschirmserie „Welt der Tiere" und spielte unter der Regie von Rolf Hädrich zusammen mit Jon Laxdal die Hauptrolle im NDR-Dreiteiler „Das wiedergefundene Paradies". Seine unverwechselbare Stimme lieh er als Synchronsprecher dem großartigen, viel zu früh verstorbenen James Dean, dem Marcus Clavius in dem US-Monumentalfilm „Spartacus" und dem amerikanischen Superstar Sydney Poitier. Und das Theater: Dietmar

Schönherr ist Mitinitiator der Tiroler Volksschauspiele in Telfs, für die er 1983 Karl Schönherrs – ein Vorfahr unseres diesjährigen Preisträgers – Drama „Der Weibsteufel" inszenierte und die er fünf Jahre lang leitete. Er spielte unter anderem am Theater in Wien, am Renaissance-Theater in Berlin, am Habimah-Theater in Tel Aviv und am Schauspielhaus Zürich, an dem er in 15 Jahren 20 Rollen spielte. Alles zusammen rund 1800 Vorstellungen.

Aber nicht nur der Schauspieler, Regisseur, Autor, Dokumentarfilmer und Fernsehmoderator Dietmar Schönherr, sondern der politische, der aufmüpfige, der unbequeme, der seine Stimme erhebt, auch wenn es nicht populär ist, auch dieser Dietmar Schönherr soll heute geehrt werden. 1969 machte er Wahlkampf für Bruno Kreisky, den sozialdemokratischen Kandidaten für das Amt des österreichischen Bundeskanzlers. Seine Kritik an US-Präsident Ronald Reagan führte im November 1981 zum plötzlichen Ende des Moderatorengastspiels in der Fernsehsendung „Rendez-vous". Er nahm 1983 an der „Prominentenblockade" am US-Stützpunkt Mutlangen teil und bezeichnete Ronald Reagan wegen seines aggressiven Rüstungsprogramms als „Verbrecher". Er war aktiv in der Friedensbewegung in den 80er Jahren und nahm an Kirchentagen teil. Er gründete das Kulturzentrum „Casa de los tres Mundos", eine Begegnungsstätte mit einer integrierten Kunst- und Musikschule in Nicaragua. Jedes Jahr leistet Dietmar Schönherr in Mittelamerika auch selbst Hilfe vor Ort.

Herbst 1998. Ein Friedenspreis wird vergeben und gesellschaftlicher Unfrieden gestiftet. Der Preisträger in seiner Dankesrede geht unverantwortlich, bedenklich mit den Konsequenzen aus dem Zivilisationsbruch Auschwitz um. In der Frankfurter Paulskirche erhielt er dafür von den Anwesenden „Standing Ovations". Nur Drei bleiben betroffen sitzen. Friedrich Schorlemmer, Ida und Ignatz Bubis. Die sich daran anschließende Kontroverse ist bekannt und hat die Bundesrepublik mit einer unsichtbaren Mauer in zwei Lager gespalten, denen, die aus der Geschichte gelernt haben und denen, die nicht hinsehen wollen. Am 9. Februar 1999 wurde ein anderer Preis vergeben, die „Goldene Kamera" der „Hör Zu", den er bereits 1976 einmal erhalten hatte. In seinen Dankesworten sagte Dietmar Schönherr klar und unmißverständlich: „Er *(Martin Walser, d. A.)* sprach davon, daß das Gewissen eine ganz persönliche Angelegenheit sei. Mag er damit recht haben; ich möchte mir, und ich glaube, ich spreche im Namen von sehr vielen in diesem Saal und ganz bestimmt im Namen des großen Axel Springer, ich möchte mir weder von Herrn Walser noch von irgendjemandem vorschreiben lassen, wie ich mit meinem Gewissen umzugehen habe." Weiter sagte Dietmar Schönherr in seiner sehr persönlichen und eindrucksvollen Rede: „Ich möchte mich immer – und das ist die Feierstunde – erinnern dürfen, im Schmerz und im Bewußtsein des wegschauenden Versagens, an die vielen Kollegen, die von einem menschenverachtenden Mörderregime um ihr Leben gebracht worden sind, ganz besonders an:

- Joachim Gottschalk, Schauspieler,
- Stefan Zweig, Schriftsteller,
- Kurt Tucholsky, Satiriker und Schriftsteller, von den Nazis in den Selbstmord getrieben.
- Erich Mühsam, Schriftsteller, in Oranienburg ermordet.
- Jura Soyfer, Schriftsteller, in Buchenwald ermordet, und so wie er auch
- Paul Morgan, Filmschauspieler,
- Fritz Grünbaum, Filmschauspieler und Kabarettist, in Dachau ermordet.
- Alice Dorell, Schauspielerin,
- Kurt Gerron, Regisseur, Kabarettist und Schauspieler,
- Dora Gerron, Schauspielerin,
- Willy Rosen, Kabarettist und Filmkomponist,
- Otto Walburg, Kabarettist und Filmschauspieler, alle in Auschwitz ermordet.

Sie alle waren unserem Medium auf's tiefste verbunden. Sie alle waren berühmt damals und beliebt und wurden trotzdem umgebracht. Und einige von ihnen hätten ganz bestimmt nicht nur eine, sondern mehrere „Goldene Kameras“ verdient und auch bekommen. Die Normalität, meine Damen und Herren, die wir uns alle offenbar so sehr wünschen, kann für die deutsche Nation und auch für uns Österreicher nur dann eintreten, wenn wir lernen, den aufrechten Gang zu gehen, wenn wir alle fähig sind zu trauern, unsere historische Verantwortung in unserem Bewußtsein festschreiben, wenn wir und die nachkommenden Generationen erlernen, mit unserer Vergangenheit zu leben.“

Die richtigen Worte, zum richtigen Zeitpunkt, am richtigen Ort.

Israel Singer

Wir sind heute hier zusammengekommen, um einen Mann zu ehren, dessen Leben von der Schoah und von den nachfolgenden Ereignissen beeinflußt wurde. Wie der Namensgeber unseres Preises, Heinz Galinski, steht Israel Singer für die Erfahrung der Juden der Generation, die von der Schoah geprägt wurden, obwohl sie sie selbst nicht erlebten. Heinz Galinski machte, wie Ralph Giordano es im Nachruf auf unseren Vorsitzenden zusammenfaßte „Auschwitz zu seinem Daseinskompass.“ Jüdisches Leben sollte nie mehr von anderen fremdbestimmt werden, sondern als ein selbstverständlicher Teil der Weltkultur für diejenigen, die aus dieser Tradition stammen, gelebt werden können. Israel Singer vertritt jüdische Positionen, also aus der intimen Kenntnis der Tradition, wie aus der erlebten unmittelbaren Nachkriegsgeschichte.

Unser Preisträger, Rabbiner Israel Singer, 1942 in Brooklyn / New York geboren, ist der Sohn Wiener Juden, denen die Flucht vor den nationalsozialistischen Terrorbanden aus seiner Heimat nach Amerika gelang. Vor dem „Anschluß" Österreichs an das „Dritte Reich" war sein Vater, Kalman Singer, seligen Angedenkens, aktiv in der zionistischen Bewegung tätig . Er mußte nach dem „Anschluß" 1938 unter dem Hohngelächter und Schmähungen der Nazis in Wien die Bürgersteige scheuern. Dies bestärkte ihn lediglich in seiner zionistischen Haltung, die er auf seine Kinder übertrug. Nach dem vollen Bekanntwerden der Schoah entzündete Kalman Singer für jedes ermordete Familienmitglied eine Kerze. Es waren 113. Diese 113 Kerzen werden Israel Singer stets in Erinnerung bleiben. Seinen Sohn Israel mahnte der Vater immer wieder: „Unser Volk ist seit jeher Verfolgungen ausgesetzt gewesen, du hast daher als Jude die Pflicht, alles zu tun, um es zu beschützen."

Israel Singer studierte in den USA und Israel politische Wissenschaften und machte überdies 1964 sein Rabbiner-Examen in der *Yeshiva Torah voDaath*. Er war Hochschullehrer an der *City Universität* in New York und lehrte von 1969 bis 1971 an der *Bar-Ilan-Universität* in Tel Aviv. Er engagierte sich in Menschenrechtsbelangen und jüdischen Fragen. „Ich bin immer für den Ausgleich widerstrebender Interessen", sagte Israel Singer 1985 auf die Frage nach seinem Lebensmotto, „aber nicht um jeden Preis". Israel Singer arbeitete in den 70er Jahren in der Administration des New Yorker Oberbürgermeisters Lindsay mit und engagierte sich 1976 im Wahlstab von US-Präsident Gerald Ford. Seit 1981 arbeitet Israel Singer beim *Jüdischen Weltkongreß*, in einer der jüdischen Dachorganisationen für mehr als 80 Länder rund um den Erdball. 1983 berief ihn der gerade frisch gewählte Vorsitzende Edgar Bronfman zum Exekutivdirektor. Seitdem hat sich einiges in der Strategie des Weltkongresses verändert. Im Gegensatz zu dem bisherigen langjährigen Vorsitzenden des *Jüdischen Weltkongresses*, Nahum Goldmann, vertraute Israel Singer nicht mehr ausschließlich auf die Wirkung „stiller Diplomatie", um die Interessen der Juden in aller Welt zu vertreten. Israel Singer ist durchaus auch bereit, laut gegen Diskriminierung und Verfolgung vorzugehen. Anfang der 80er Jahre reiste Israel Singer nach Moskau. Wir erinnern uns: Juden in aller Welt waren ein Jahrzehnt lang unter dem Motto *Let my people go* auf die Straßen gegangen, um gegen die Diskriminierung der Juden in der Sowjetunion zu protestieren. Schließlich war seit dem Ende des Zweiten Weltkrieges, in dem Zehntausende Juden in der Roten Armee gegen Hitlerdeutschland gekämpft und erheblichen Anteil an der Befreiung Europas vom Hitlerfaschismus hatten, jüdische Religion und Kultur zum Zielpunkt sowjetischer Diskriminierung geworden. Als äußeres Zeichen dieses Kampfes Stalins sind uns allen die Slánsky-Prozesse in Erinnerung, und ich gebrauche hier den Plural, weil es nicht nur den einen Prozeß in Prag gegeben hat, sondern vergleichbare Justizmorde in fast allen Satellitenstaaten der Sowjetunion. Dabei hatte es nicht sein Bewenden. Im Kontext einer in den 50er Jahren sich entwickelnden Israelfeindschaft der Sowjetunion bekam der Antisemitismus auch unter den Nachfolgern Stalins in Form eines militanten Antizionismus eine neue Gestalt, die mit den gleichen diskriminierenden Mitteln wie der Antisemitismus jüdisches Leben in der Sowjetunion nahezu unmöglich machte. Es ist das große Verdienst von Israel Singer – in seiner Funktion als Generalsekretär des Jüdischen Weltkongresses – dieses große Unrecht der jüdischen Welt, wie auch der Weltöffentlichkeit bewußt gemacht zu haben, aber sich nicht mit Worten begnügt, sondern den jüdischen Menschen in der Sowjetunion eine Perspektive gegeben zu haben, in dem er sich darum bemühte, das Motto *Let my people go* in konkrete politische Schritte umzusetzen.

Israel Singer reiste also in die Sowjetunion, um mit den Sowjets die Verhandlungen vorzubereiten, die dann später dazu führten, daß sowjetischen Juden unter der Gorbatschow-Regierung die Ausreise gestattet wurde. Es war der erste offizielle Besuch eines hochrangigen Vertreters einer internationalen jüdischen Organisation in der Sowjetunion. Temperamentvoll setzt sich Israel Singer für mehr Gerechtigkeit ein und scheut auch starke Worte nicht.

Mitte der 90er Jahre – ein anderes Beispiel, und es können hier nur Beispiele sein, die wir aus der rastlosen Tätigkeit unseres Preisträgers vorstellen, wird eine Jahrhundertlüge wie eine Seifenblase zerplatzen. Ich meine das jahrzehntelange Leugnen der Schweizer Banken, zu den berühmten Nummernkonten eine Konkordanz der Besitzernamen zu haben. Wie viele Holocaust-Überlebende sind in der Nachkriegszeit ohne ein Pfennig aus ihrem eigenen Besitz oder dem Besitz ihrer ermordeten Verwandten geblieben, weil es für die Schweizer Banken äußerst profitabel war, sich an dem Besitz der Holocaust-Opfer zu bereichern. Israel Singer machte sich, so wie es Heinz Galinski hier in Berlin und in Deutschland auch gemacht hatte, zum Sprecher der Opfer und ihrer Nachkommen und versuchte erfolgreich für das Recht und gegen die Lüge zu kämpfen. Israel Singer stand also in erster Reihe, als es darum ging, die Mitschuld der Schweizer Banken an der Schoah aufzudecken und zu benennen. 1998 kam es zur Einigung mit der Schweiz. In der „Sonntagszeitung“ sagte Israel Singer auf die Frage, was die Einigung für ihn bedeute: „Sie hat für mich nur eine moralische

Bedeutung. Der finanzielle Teil ist zwar sehr wichtig und wird das Leben von Holocaust-Überlebenden und jüdischen Gemeinschaften verändern. Aber das ist für mich sekundär. Historisch ist der nationale Kniefall. Den USA-Vorsitzenden einer Schweizer Bank sagen zu hören, dies sei eine moralische Verpflichtung für sein Unternehmen und für die ganze Schweiz – das war für mich das Wichtigste und das Wertvollste."

Ende der 90er Jahre begann Israel Singer sich für die Entschädigung der Zwangsarbeiter durch die deutsche Wirtschaft zu engagieren. Wahrscheinlich hat kaum jemand eine Vorstellung mehr von der Situation, die die Wirtschaft zu Beginn der 40er Jahre traf. Was Beine hatte, wurde an die Front geschickt, um den Wahnsinn von hier aus über den ganzen europäischen Kontinent auszubreiten und aus Polen, Russen, Tschechen, Rumänen, aus europäischen Nachbarn Untermenschen zu machen. Und wo das Recht zum Recht des Stärkeren geworden war, wurden nun aus Arbeitern Zwangsarbeiter. All das geschah vor aller Augen. Leitgedanke war, alles dem deutschen Wesen unterzuordnen. Eine der Konsequenzen der Väter unseres Nachkriegsgrundgesetzes hieß dann auch folgerichtig „vor dem Gesetz sind alle Menschen gleich". Dies wurde dann auch der Ausgangspunkt der Zwangsarbeiterentschädigung – soweit man ein solches Unrecht, eine solche Versklavung „entschädigen" kann.

Eine „schreiende Schande" nannte Israel Singer die Vorstellung, frühere KZ-Häftlinge aus Osteuropa könnten sterben, ohne einen Pfennig Entschädigung für ihre Leiden gesehen zu haben. Daß die harten und zähen Verhandlungen mit der Bundesregierung und der deutschen Wirtschaft zu einem einvernehmlichen Ende geführt werden konnten und ca. 1,2 Millionen jüdische und nicht-jüdische ehemalige Zwangsarbeiter auf eine Entschädigung hoffen dürfen, ist nicht zuletzt Israel Singer zu verdanken. Wieweit wir noch immer von einer Umsetzung dieser Entschädigung entfernt sind, hat etwas damit zu tun, daß unsere „Leitkultur" nach dem Krieg von der Ausrede geprägt war „davon habe ich nichts gewußt". Zuweilen denke ich angesichts des Selbstmitleids eines Teils unserer Gesellschaft über die 40 Jahre entgangener Konsummöglichkeiten, wie gut und schön diese Ausrede war, denn hätte man sich in den 50er und 60er Jahren so sehr mit dem „Dritten Reich" identifiziert, wie man heute 40 Jahre sowjetische Besatzung und DDR-Wirklichkeit für selbstbemitleidende Ausreden benutzt, stünden wir noch immer stramm vor den auf jedem Meter mit Ermordeten gepflasterten Autobahnen. Auf die Frage, ob es einen Schlußstrich unter weitere Forderungen an Deutschland geben wird, antwortete Israel Singer Ende 1999 im *Stern*: „Einen Schlußstrich kann und wird es niemals geben. Deutschland wird für immer die Verantwortung für die Verbrechen der Nazis zu tragen haben. Deutschland hat eine bleibende Verantwortung gegenüber dem jüdischen Volk und dem Staat Israel. Die historische und moralische Verantwortung werden nie verlöschen. Niemals!" Die Einrichtung eines Zukunftsfonds im Rahmen der Stiftung zur Wiedergutmachung für die Zwangsarbeiter während der NS-Diktatur ist ihm ein besonderes Anliegen. Vielleicht können in naher Zukunft die Enkel ehemaliger Zwangsarbeiter von diesem Fonds profitieren, auch dieses ist ein besonderer Wunsch Israel Singers. Wäre es nicht schön und tröstlich, wenn die Enkel und Urenkel der Zwangsarbeiter und Opfer zusammen mit den Enkeln und Urenkeln der Täter an einer aus der Erfahrung der Schoah und des Zweiten Weltkrieges gemeinsam entwickelten Zukunft lernen würden und diesem Kontinent, wie auch Amerika, Israel und anderen Plätzen, an denen die in alle Herren Länder verstreuten ehemaligen europäischen Familien heute leben, die mit ihrem Leben bezahlten, Erfahrungen ihrer Vorfahren weitergeben könnten an eine Welt, von der Heinz Galinski sagte: „Ich habe mir gedacht, daß eine Welt entstehen würde, in der nicht nur Frieden und Freiheit herrschen würden, sondern ich habe mir eine Welt vorgestellt, in der die Menschheit aus dieser schrecklichen Situation nicht nur einiges, sondern viel lernen würde. Daß der Krieg, daß die Auseinandersetzung mit Waffen abgelöst werden würde durch die Liebe unter den Menschen ... daß Verständnis unter den Völkern herrschen würde, daß die Welt einsehen würde, daß nach diesen Millionen von Opfern jetzt eine Zeit anbrechen würde, in der der Krieg nicht das geeignete Mittel sei, um Differenzen aus der Welt zu schaffen."

Auch zum gesellschaftlichen Streit in Deutschland um das Mahnmal für die ermordeten Juden Europas nahm der streitbare Israel Singer Stellung. In der „Frankfurter Allgemeinen Zeitung" im Juli 1995 sagte er: „Die Juden brauchen das Mahnmal nicht. Wir Juden erinnern uns an die Schoah persönlich und als Volk ohne Denkmäler. Wenn ich aber ein junger Deutscher wäre, würde ich für mich selbst ein Mahnmal als Lehr- und Lernort gerade in Berlin wollen." Und weiter sagte Singer: „Es kann nicht darum gehen, nun ein Denkmal zu bauen auf Kosten der vielen real vorhandenen historischen Orte des Schreckens. Für mich ist ganz Deutschland ein großes Denkmal."

Ist alles über Israel Singer gesagt, was ein Laudator in der Kürze der ihm zur Verfügung stehenden Zeit sagen kann? Ja, fast alles. Aber da bleibt die persönliche Begegnung mit jenem Mann, der bei der Eröffnung des Lauder-Lehrhauses in akzentfreiem Deutsch die ihm gebannt Zuhörenden aufrüttelt und dann im besten New York geprägten Amerikanisch fortfährt und in eben jener Mischung der Sprachen seine Distanz zu seiner Familienherkunftsumgebung ausdrückt. Israel Singer war in den letzten Jahren oft in Deutschland, auch in Berlin, aber ich glaube beobachtet zu haben, daß er sich hier trotz der großen Erfolge nicht richtig wohl gefühlt hat. Auch wenn wir uns zum Beispiel zusammen mit seiner ihn oft begleitenden Frau Evelyne und Maram Stern, seinem europäischen Konterpart, am *Erew Shabbat* zu einem Schabbatessen getroffen haben. Dann, ganz der Rabbiner, ganz der Familienvater von fünf Kindern und sieben Enkelkindern, selbst den *Kiddusch* – das Weinsegnungsgebet – rezitierend. Ich kenne Israel Singer, immer mit einer *Kippa* auf dem Kopf, nur als bewußten Juden, aber zugleich immer als einen, dem es nicht nur um das Ganze, sondern zugleich auch immer um das Persönliche geht. Wie oft mußten wir in den letzten Monaten Begegnungen verschieben, weil es seiner Mutter gesundheitlich nicht gut ging. Dann ist der Generalsekretär auf einmal der Sohn. Diese ihm eigene, zutiefst menschliche Note macht ihn, unseren Preisträger, zu dem, was er in allererster Linie für uns alle ist, ein Vorbild, das geprägt ist vom Erleben des 20. Jahrhunderts, seiner für uns Juden so schweren Geschichte, zugleich aber von jüdischer Tradition und Religiosität. Israel Singer ist der Träger des Heinz-Galinski-Preises und ich, als Vorsitzender dieser Jüdischen Gemeinde, bin glücklich darüber, nicht nur diese Laudatio gehalten haben zu dürfen, sondern Israel Singer als ein leuchtendes jüdisches Vorbild kennengelernt zu haben.

Allein gegen alle

Einem Millionenpublikum wurde Hans Rosenthal mit seiner 1971 bis zu seinem Tod ausgestrahlten Sendung „Dalli-Dalli" bekannt und vertraut. Am 2. April 1925 in Berlin als Sohn eines Bankangestellten geboren, durchlebte Rosenthal die Nazizeit in seiner Geburtsstadt. Von 1940 bis zur Fabrikaktion Ende Februar 1943 war er Zwangsarbeiter, zwei Jahre und drei Monate überlebte er versteckt in einer Gartenlaube. Sein damaliges Motto „Allein gegen alle" wurde später zu einer erfolgreichen Radiospielshow. Gerne erzählte er aus seiner direkt nach der Befreiung beginnenden Volontärszeit beim Berliner Rundfunk. Sollte etwa ein Skript für eine in wenigen Minuten bevorstehende Produktion nochmals ins Reine geschrieben werden, verkürzte er die Zeit für die Schreibarbeiten, indem er das Manuskript, an dem eine Produktionssekretärin möglicherweise stundenlang getippt hätte, auf die Schreibkräfte zahlreicher Abteilungen verteilte. Mit seinem Charme und seiner Durchsetzungskraft bat er alle, jeweils dieses eine Blatt innerhalb kürzester Zeit abzutippen. So wurde die erste Seite fertig, wenn er die letzte gerade verteilt hatte und die Produktion konnte rechtzeitig mit einer Reinschrift beginnen. 1948 wechselte er zum Rundfunk im amerikanischen Sektor, dem RIAS, wo er unter anderem mit seiner Sendung „Wer fragt, gewinnt", einer

Radio-Show, Hörfunkgeschichte gemacht hat. Auch hinter den Kulissen wirkte Rosenthal, der dort von 1962 bis 1980 Abteilungsleiter für Unterhaltung gewesen war. Bis heute sendet das *Deutschland-Radio*, der Nachfolgesender des RIAS, sonntags das „klingende Sonntagsrätsel", eine von Hans Rosenthal eingerichtete musikalische Preisfrage, die noch immer eine der höchsten Einschaltquoten dieses Senders hat.

Rosenthal war dem Sport zugetan, nicht nur, wenn er seine legendären Luftsprünge zum vom Publikum skandierten „Spitze" machte, sondern auch als langjähriger Vorsitzender des Berliner Fußballvereins *Tennis Borussia*. Von seinen Freunden „Hänschen" genannt, schrieb er aber nicht nur Entertainmentgeschichte in Hörfunk und Fernsehen. Der immer gute Laune versprühende Rosenthal war kein Clown, sondern ein in der persönlichen Begegnung ernster und überaus fleißiger, allen Starallüren abholder Mensch. Er engagierte sich für die jüdische Gemeinschaft, nicht nur bei Versteigerungen im jährlichen WIZO-Basar, sondern durch Basisarbeit. So war er über Jahrzehnte Mitglied, dann Vorsitzender der Repräsentantenversammlung der Jüdischen Gemeinde zu Berlin, Mitglied im Direktorium des *Zentralrates der Juden in Deutschland*. Schon Ende der vierziger Jahre heiratete er Traudel. Aus der Ehe gingen zwei Kinder hervor, sein Sohn Gerhard tritt in die Fußstapfen seines Vaters im liberal-jüdischen Block, der den Vorstand der Jüdischen Gemeinde stellenden Partei in Berlin. „Allein gegen alle" versuchte er auch seine schwere Krebserkrankung zu überwinden, aber die tückische Krankheit ließ ihm keine Chance. Sein Grab in der Ehrenreihe des jüdischen Friedhofs am Scholzplatz wird noch heute, mehr als acht Jahre nach seinem Tod, von zahllosen Berlinern besucht. Am 2. April 1995 wäre Hans Rosenthal 70 Jahre alt geworden.

Sachor – Gedenke der sechs Millionen

Joseph Wulf ist für seine Arbeit vielmals geehrt worden: 1961 erhielt er den Leo-Baeck-Preis des *Zentralrates der Juden in Deutschland*, 1964 die Carl-von-Ossietzky-Medaille der Internationalen Liga für Menschenrechte, 1967 den Heinrich-Stahl-Preis der Jüdischen Gemeinde zu Berlin und im selben Jahr die Plaque Lion de St. Marc *(Medaille des Löwen von St.Marco, d. A.)* der 12. Internationalen Buchausstellung anläßlich der Biennale zu Venedig. 1970 wurde ihm die Ehrendoktorwürde der Philosophischen Fakultät der Freien Universität Berlin verliehen. Ehrungen für einen, der das Wort *Sachor – Gedenke der sechs Millionen* – als ständige Mahnung in seinem Arbeitszimmer hängen hatte. Rabbiner Nathan Peter Levinson hat in seinem Nachruf auf Wulf, dem er seit den späten 40er Jahren freundschaftlich verbunden war, gesagt: „Du sollst es dem Vergessen entreißen!“. Wulf war ein Schriftsteller zunächst jiddischer Sprache, der eine traditionelle jüdische Kindheit genossen, also den Talmud mit der Muttermilch in seinen Geist eingesogen hatte. Die Methode, authentische Texte quasi unkommentiert zu lernen, ihnen allenfalls Zuspitzung durch Auslassungen, Überschriften und durch Textzitate zu geben, wandte er auf seine Quellensammlung über das „Dritte Reich“ an. Bald kritisierten die Hochschulhistoriker die ihnen unerwünschte, ja lästige Konkurrenz, da sie die historisch-kritische Methode und quelleneditorische Neutralität vermißten. Walther Benjamin zitierend stand Wulf dazu: „Geschichte ist immer Konstruktion aus der Jetztzeit.“ Und so habe ich ihn auch kennengelernt. Das war 1972 oder 1973 im Institut für Hermeneutik der FU Berlin. Jakob Taubes, Professor für Judaistik und Hermeneutik, stellte ihn mir mit den Worten vor: „Das ist ein Historiker und nicht einer dieser Fußnotenpisser.“ In dem sich daran anschließenden Gespräch kamen wir sehr schnell dahinter, daß Geschichtswissenschaft auch heute oder sagen wir einschränkend noch 1972, sich vorwiegend als Legitimationswissenschaft für Könige, Dynastien und neuerdings für Staaten versteht. Wulf vertrat die Auffassung, nach Auschwitz müßte Geschichtswissenschaft dafür sorgen, den Ermordeten dadurch ein Denkmal zu setzen, daß man die diabolischen Strukturen, die Auschwitz möglich gemacht hatten, aus der unübersehbaren Masse von schriftlichen Hinterlassenschaften des „Dritten Reiches“ herausbricht und plakativ sichtbar macht, damit zukünftigen Generationen das erspart bleibt, was ihm und seiner Generation angetan wurde. Er war sich in diesem Gespräch sehr sicher, daß Geschichte weder Heraldik noch Numismatik und auch nicht Urkundenkunde zu sein, sondern einzig und allein der Frage nachzugehen habe, wie man eine Gesellschaft so organisiert, daß Auschwitz nicht wieder möglich wird. Und er war angesichts der Weltkrisen der späten sechziger und frühen siebziger Jahre, angesichts von Vietnamkrieg und Ost-West-Konflikt sehr besorgt, daß es für einen Staat oder ein Bündnis wieder Legitimationsgründe geben könne, wo unschuldige Kinder, Frauen und Greise für den scheinbar guten Zweck der Sache auf dem Altar der scheinbaren Notwendigkeit geopfert werden. Jakob Taubes, der Hermeneutiker, blickte auf einen von Wulf aufgeschlagenen Quellenband des „Dritten Reiches“ und fragte Wulf, wie denn eine Textstelle zu verstehen sei. Wulf zuckte mit den Achseln und sagte zu Taubes : „Lesen sie es laut!“ Taubes laß den Text vor und erschrak. Sie blickten beide einander an und ich hatte verstanden, was Geschichte ist. Nicht mehr und nicht weniger, als sich der Opfer zu erinnern. Sachor hing in seinem Arbeitszimmer und heißt nach Peter Levinson: „Dem Vergessen entreißen!" Daß die Wannsee-Villa heute hier steht und das Konzept eines Lernhauses hat, geht nicht zuletzt auf diejenigen zurück, die, wie Gerhard Schoenenberner, Joseph Wulfs Anliegen nicht nur nicht vergessen, sondern realisiert haben.

Wir gedenken heute abend dem Historiographen der Schoah.

Seine Bücher leben

„Die Verfolgung hat mich aus dem Land meiner Geburt getrieben, aber der Kompaß meines Herzens hat mich nach dem Land meiner Herkunft gebracht." Schalom Ben-Chorin, zu deutsch etwa: Fried Freiheitssohn, der jetzt 85jährig in Jerusalem verstarb, wurde in München als Fritz Rosenthal geboren. Nach Verhaftung und Mißhandlung durch die Nationalsozialisten glückte es ihm, nach Palästina zu gelangen. Seine hebräische Neunamensgebung spiegelt seinen Gemütszustand wider: „In sprachlicher, in wirtschaftlicher Hinsicht war es eine Emigration, aber in einem ideellen und nationalen Sinne keine und wiederum in einem individuellen und praktischen Sinne doch eine Emigration, denn ich war ein Schriftsteller deutscher Sprache. Nun glaube ich, daß man aus einem Lande auswandern kann, aber nie aus seiner Sprache. Und obwohl ich das Hebräische erlernt habe und es mir aneignen konnte, blieb doch die Sprache meines Herzens und damit die Sprache meiner dichterischen Produktion vor allem meine deutsche Muttersprache."

Es ist fast auf den Tag 20 Jahre her, daß ich ihn zum ersten Mal in seiner Jerusalemer Wohnung besuchte. Schalom, jener zierliche, weißhaarige Mann, strahlte Güte und Weisheit aus und erzählte gern von seinem Weg nach Jerusalem. Auf der Suche nach der eigenen Form hat er sich als Schriftsteller und Dichter verstanden, der Legenden und Lyrik publizierte, dessen große lyrische Vorbilder Rilke und George waren, dessen Legenden von Martin Buber geprägt wurden. Aber die Gestalten, die er uns nahe gebracht hat, waren die großen biblischen Gestalten der hebräischen Bibel wie des Neuen Testaments. Er begegnete ihnen in Jerusalem und schrieb über sie und ihr Denken, als hätte er sie gestern getroffen. „Aus der Begegnung mit dem Land Israel hat sich aber vieles in meiner Thematik geändert. Hier ist meine Trilogie ‚Bruder Jesus. Der Nazarener in jüdischer Sicht', ‚Paulus. Der Völkerapostel in jüdischer Sicht', ‚Mutter Miriam in jüdischer Sicht' entstanden. In meinem Buch ‚Ich lebe in Jerusalem', wo ich vierzig Jahre Jerusalemer Erlebnisse schildere, geht vieles hervor, was zu äußerer und innerer Wandlung geführt hat, aber darüber habe ich die

Vergangenheit in Deutschland und im ‚Dritten Reich' nie vergessen oder verdrängt, ganz im Gegenteil."

So war die Begegnung mit Schalom immer mehr als das Treffen mit einem würdigen Gelehrten, es war immer das Treffen mit einem, der sich durch die Topographie des Altneulandes zu einem emporgeschwungen hat, der scheinbar jenen biblischen Gestalten an den historischen Plätzen begegnet ist und doch in der Sprache und im Denken von jenem geprägt blieb, was an der Isar sein Zuhause hat. Als ich ihn zum letzten Mal in Jerusalem traf, erzählte er von den Auszeichnungen, die er hierzulande erhalten hat. Ehrenmitglied der Jüdischen Gemeinde *or chadasch* in München, Ehrendoktor seiner Universität in München, Bundesverdienstkreuz, Professor ehrenhalber. Aber mehr als alle Auszeichnungen freute sich der alte Herr über die hohen Auflagen seiner Bücher und merkte glücklich an: Mein Weg führt nach Jerusalem, doch meine Bücher werden von vielen jungen Leuten in Deutschland gelesen.

Sein Weg auf dieser Erde ist zu einem Ende gekommen, aber wir können seine Bücher weiter lesen.

Von Taschen und Vorträgen

Erstmals begegnete ich Walter Grab 1978 in Duisburg. Julius Schoeps hatte ihn an die Universität zu einem Gastsemester eingeladen. Walter Grab lehrte über Freiheitsbewegungen und Freiheitsbeweger in Deutschland, die in der Tradition der französischen Revolution standen. Eine ganze Generation von jungen Historikern hing an seinen Lippen, denn seine Vorlesungen waren nicht trockene Berichte über die Forschungslage, sondern immer spannende Zeit- und Menschenbilder, gefüllt mit überraschenden, zuweilen erheiternden Zitaten. Privat war Walter Grab ein äußerst umgänglicher, heiterer, ja zu scharfsinnigen Witzen allzeit bereiter Mann, der trotz seiner Korpulenz äußerst bescheiden wirkte und war. Nicht nur für Zitate hatte er ein unerschöpfliches Gedächtnis, sondern auch für Kleinigkeiten, wie Telefonnummern. Als ich ihn wenige Jahre später im wissenschaftlichen Beirat für die Preußen-Ausstellung, die 1981 im Martin-Gropius-Bau stattfand, wiedertraf, fragte er mich, ob die Berliner Telefonnummer, die er sofort auswendig aufsagte, noch stimme.

Walter Grab liebte es vor allem, Geschichte gegen den Strich zu lesen, natürlich auch die Preußische. So merkte er mit größter Genugtuung an, nachdem einer seiner Kollegen ein Mausoleum für den großen Friedrich eingefordert hatte, „weil doch Preußen ein Hort der Toleranzpolitik gewesen sei, solle man doch die Gelegenheit nützen, um die Homosexuellen zu rehabilitieren, indem man durch einen entsprechend inszenierten Friedrich-Raum dessen Beziehung zu seinem Kammerdiener Katte in der Ausstellung groß herausstelle".

Wieder einige Jahre später – ich arbeitete inzwischen als Kulturmanager bei den *Berliner Festspielen* und hatte oft in den USA zu tun – begegnete ich Walter Grab in allen möglichen Goethe-Instituten, wo er Vorträge über deutsche Revolutionäre, Jacobiner und andere dem Fortschritt zugetane, historische Persönlichkeiten hielt. Manchmal wunderte ich mich, wie eine einzelne Person so viele Vorträge halten kann, denn aus eigenem Erleben weiß ich, wieviel Arbeit in einem Vortrag steckt, ganz zu schweigen von jenen mit soviel wunderbaren Zitaten und unerwarteten Wendungen gespickten Vorträgen wie Walter Grab sie hielt.

Eines Tages begegnete ich Walter Grab auf dem Flughafen von Chicago. Er auf dem Weg via Frankfurt zu einem seiner nächsten Vorträge, ich auf dem Rückweg via Frankfurt ins geteilte Berlin. Wie das Schicksal es wollte, brachte uns ein Schneesturm für viele Stunden auf engstem Raum, in einem Wartesaal, zusammen. Ich fasste mir ein Herz und fragte ihn, wie er es denn bewerkstelligen könne, die vielen Vorträge auszuarbeiten. Walter Grab schaute mich lange an, deutete auf meinen Cassettenrecorder und sagte leicht ironisch: „Schalten Sie ihn ein, damit Sie etwas Bleibendes für Ihren Reisebericht haben – die Geschichte ist zwar einfach, aber nicht kurz." Walter Grab hob zu einem Vortrag an, der noch heute auf meinem Tape ist:
„Für mich war ja der Einmarsch der Nazis in Österreich so, wie wenn man heute in der Zeitung liest, alle Brillenträger werden umgebracht – ich bin Brillenträger, ich kann nichts dafür, so ist es nun mal: Ich werde umgebracht. Darunter steht eine ganz kleine Notiz: ‚Die Hottentotten retten dich'. Dann geht der Brillenträger zu den Hottentotten. – So ging ich nach Palästina."

Dort angekommen gelang es Walter Grab, der mit viel Glück an der Hebräischen Universität studieren durfte, als 19jähriger Student kurz nach dem Novemberpogrom seinen 64jährigen Vater, der über Nacht seine Existenz als Besitzer einer Lederwarenfabrik verloren hatte und von den Nazis eingekerkert worden war, nach Palästina zu retten. „Ich mußte ja die Eltern irgendwie ernähren, das waren ja alte Leute, die Mutter hat die ganze Zeit geweint, weil ihr Bruder [im Novemberpogrom] umgekommen ist, der Vater hat natürlich keine Ahnung gehabt vom Land, von der Sprache, von den Menschen. Ich als Zwanzigjähriger hab also alles an den Nagel gehängt, die ganze Karriere, die ganzen akademischen Hoffnungen und bin Handwerker geworden, das war das Allerprimitivste, was Sie sich vorstellen können. So habe ich vom Sommer 39 bis Winter 42/43 als Handwerker für Lederwaren, wovon ich natürlich keine Ahnung hatte – die Taschen kamen krumm und schief heraus –, meine Eltern und mich irgendwie am Leben gehalten, mehr schlecht als recht.“ Walter Grab verkaufte die Lederwaren, vorwiegend Taschen, die sein Vater irgendwie zusammennähte. „Das ist natürlich alles sehr deklassierend, aber dennoch waren wir nicht unglücklich, denn es ging ja den anderen nicht besser als uns dort und dann hatten wir ja das Gefühl, das Leben gerettet zu haben und nicht in Auschwitz oder einem anderen Lager zu sitzen.“ Walter Grab gab mir eine Lektion in Demut, trotzdem wagte ich den Einwurf, ich hätte doch nach der großen Zahl seiner Vorträge gefragt. „Ich war also jahrelang Taschenkaufmann in Tel Aviv – Es gibt ja schlechtere Existenzen, aber es war nicht mein Leben.“ Aber solange sein Vater noch lebte, wollte und konnte ihn Walter Grab nicht enttäuschen. 1958, vier Jahre nach dem Tod des Vaters fing er wieder an zu studieren, promovierte und habilitierte sich. „Ja und heute verkaufe ich Vorträge und keine Taschen mehr. Was ist der Unterschied zwischen einem Vortrag und einer Tasche? Eine Tasche kann man nur einmal verkaufen, dann ist sie weg. Aber einen Vortrag ?“

Am 17. Dezember verstarb Walter Grab in Tel Aviv. Mit ihm ging einer der bedeutendsten Vertreter der in der Emigration ausgebildeten jüdischen Historiker deutscher Herkunft aus dieser Welt.

Kybernetisches Modell für Kulturmanager

Erstmals traf ich Hinrich Gieseler im Januar 1980, im für die Filmfestspiele hergerichteten Sitzungssaal der ehemaligen Festspielverwaltung, der heutigen Außenstelle der *Hochschule der Künste* in der Bundesallee. Zu der Regiesitzung des Vorbereitungsteams der Preußenausstellung erschien Hinrich Gieseler sportlich gekleidet und begann den Haufen junger, inhaltlich motivierter Wissenschaftler darauf hinzuweisen, daß es neben der inhaltlichen auch eine organisatorische und finanzwirksame Dimension gäbe. Mit pädagogischem Langmut versuchte er klar zu machen, daß bewilligte Teilprojekte bei Veränderung der Zielvorgaben vollständig neu kalkuliert werden müßten und verteilte dazu ein sorgfältig vorbereitetes Papier, auf dem ein kybernetisches Organisationsmodell aufgezeichnet war. Wann immer ich in den folgenden eineinhalb Jahrzehnten der Zusammenarbeit mit Hinrich Gieseler ein Projekt neuen inhaltlichen Vorgaben anzupassen hatte, wies er alle Beteiligten auf diese Grundkonstellation hin, zeichnete auf der Rückseite eines Projektpapiers sein kybernetisches Modell, legte in der ihm so typischen Weise seinen ganzen Kopf in Falten und enthädderte das Knäuel von Problemen, indem er die Sachverhalte in seinem Notizbuch festhielt. Wenn die Besprechungszeit schon abgelaufen war, die Teilnehmer ratlos der Tür zustrebten, gab er mit leichtester Hand, schon im Stehen, den Beteiligten die Lösung der Probleme mit in den Aufbruch. Der inhaltliche Erfolg der Festspielprojekte hatte immer viele Väter und das „Väterchen Dr. Eckardt". Daß auch scheinbar unmögliche Probleme, organisatorische und finanzielle, bei den *Festspielen* in den letzten 20 Jahren nie zu einem Thema für die Öffentlichkeit wurden, ist Hinrich Gieseler und seinem kybernetischen Modell zu verdanken. Dabei blieb die mitmenschliche Fürsorge nie auf der Strecke. Hoffen wir für die *Festspiele*, für Hinrich Gieseler und für alle, die sich an den Festspielveranstaltungen erfreuen, daß er noch viele Jahre sein Gesicht in Sorgenfalten legen kann, um Probleme zu lösen.

Grand Lady in der Jüdischen Gemeinde

Eine Jüdische Gemeinde lebt von ihren Mitgliedern. Das ist eine Binsenweisheit, aber sie trifft auf eine Person ganz besonders zu: auf Sylva Franke.

- Seit über einem Jahrzehnt in der Repräsentatenversammlung, unserem Gemeindeparlament, aktiv, Vorsitzende des Sozialausschusses,
- Vorsitzende des *Magen David Adom*, der deutschen Unterstützungsgesellschaft für die Rotkreuzgesellschaft Israels,
- stellvertretende Vorsitzende des *Keren Hayessod*, der wahrscheinlich effektivsten Unterstützungsgesellschaft Israels.

Sicherlich ließen sich noch viele andere Ehrenpositionen innerhalb der Gemeinde anführen. Aber Sylva ist auch Honorarkonsulin von Paraguay und auf dem Berliner politischen Parkett eine *grand lady*, die ohne eigene Parteipräferenz Politiker unterstützt, die das Herz am rechten Fleck hat.

Wer vom Engagement Sylvas spricht, der redet nicht über heiße Luft, denn Sylva spricht in aller Regel wenig und tut sehr viel. Als vor kurzem für unsere Synagoge in der Pestalozzistraße ein Gebetbuch für die Hohen Feiertage fehlte, war es Sylva, die tief in die Tasche griff, um eine Neuproduktion eines vollständigen, 600 Seiten umfassenden Gebetbuches, die erste Neuproduktion nach dem Krieg, im Andenken an ihren viel zu früh verstorbenen Mann Kurt zu finanzieren. Als in unserem Altersheim für Behinderte Badezimmer umgebaut werden mußten, aber unser Budget dafür nicht reichte, fand Sylva dafür nicht nur tadelnde Worte für den Vorstand, sondern griff ganz selbstverständlich in die eigene Tasche und machte es möglich, daß den Menschen schnell und effektiv geholfen werden konnte. Die Beispiele ließen sich beliebig mehren. Sylva ist also der Prototyp des Gemeindemitglieds, von dem die Gemeinde lebt. Leider ist sie einmalig. Aber deshalb stehen wir heute hier und dürfen diese Ordensverleihung miterleben, die hervorragende Bürger und Bürgerinnen auszeichnet. Mit diesen Worten sei Sylva auch im Namen der Jüdischen Gemeinde gedankt. *Mazzel tov*!

Was haben Sie denn heute zu ‚Verschiedenes' mitzuteilen?

Als Kind registrierte ich Max Wolffsohn in der Synagoge Pestalozzistraße immer wegen seines „Schiffchens" auf dem Kopf – einer *Kippa*, die etwas länglich auf dem Kopf sitzt. Er hatte ein schwarzes „Schiffchen" für den Schabbat und ein weißes für die Feiertage. Diese Kopfbedeckung faszinierte mich. Er trug sie als einziger in der Synagoge, und ich habe nirgends gesehen, daß es so etwas zu kaufen gibt. Ich fragte mich, ob dieses „Schiffchen" eine geheimnisvolle Erklärung berge. Später sah ich dann auf historischen Fotos, daß viele deutsche Juden solche „Schiffchen" in der Synagoge getragen hatten, daß dies vor der Schoah die übliche Kopfbedeckung in den bürgerlichen jüdischen Kreisen in Deutschland gewesen war. Da wurde mir bewußt, daß Max Wolffsohn der einzige Übriggebliebene der „Schiffchenträger" war, einer der letzten deutschen Juden, die nicht nur in der geistigen Tradition der deutschen Juden standen, sondern auch seine äußerlichen Anzeichen trugen. Heute wirft man den deutschen Juden oft vor, daß sie sich so sehr assimiliert hätten, daß sie sich nicht mehr von ihrer Umgebung unterschieden – deutscher als die Deutschen geworden wären. Das „Schiffchen" auf Max Wolffsohns Haupt jedoch signalierte mir fast trotzig, daß es „bewußte deutsche Juden" gab , die ihr Jüdischsein keineswegs aufgegeben hatten.

Wenn ich mich an Max Wolffsohn erinnere, und wie ich ihn in meiner Kindheit erlebte, dann fällt mir auch immer die große Legende seines Vaters ein. Es ist natürlich ungerecht – und das sage ich selbst als Sohn eines legendären Vaters – beim Sohn immer über den Vater zu sprechen, aber Kinder sind nun einmal ungerecht und lieben Mythen. Karl Wolffsohn, Max' Vater, war eine der schillernden jüdischen Persönlichkeiten in der Zeit vor Hitler – ein erfolgreicher Verleger, er gab die Filmfachzeitschrift *Lichtbildbühne* heraus und war derart besessen von seiner Liebe zu Filmen, daß er eine Kopie des „Panzerkreuzer Potemkin" vergraben hatte, um sie vor Hitler zu retten.

Während der Vater es geschafft hatte, seine Träume zu verwirklichen und dabei zu Wohlstand zu gelangen, wuchs Max Wolffsohn zwar in einer großbügerlichen Atmosphäre auf, erlebte jedoch die

Vergänglichkeit von all dem, was sich die Eltern gesellschaftlich aufgebaut hatten. Als die Nazis 1933 an die Macht kamen, war er 13 Jahre alt. Wie viele Juden seiner Generation konnte er die Schule nicht beenden, er ging auf das renommierte Bismarck-Gymnaisum, das auch Ranicki und Weizsäcker besucht hatten, mußte aber vor dem Abitur abgehen. Januar 1939, zwei Monate nach dem Novemberpogrom, flüchtete er nach Palästina, wo erst einmal kein deutsch-jüdisches Großbürgertum angesagt war. Hier mußte er mit anderen Werten leben lernen: Dem Verzicht auf die berufliche Karriere und vor allem der materiellen Bescheidenheit. Heute machen sich wenige klar, daß die jüngeren Menschen, die rechtzeitig flüchteten und von denen man meinte, daß sie ja alles noch „vor sich" hatten, häufig mit einen ganz starken sozialen Bruch kämpfen mußten. Eigentlich wollte Max Wolffsohn Fotograf werden, doch die wirtschaftlichen Umstände in Palästina und Israel zwangen ihn zu allen möglichen Arbeiten, zeitweilig war er sogar Diamantenschleifer. Er war sich aber für nichts zu schade, hat „gemacht, was gemacht werden mußte" und sich über sein Schicksal nicht beklagt. Aus dem Schock, alles verloren zu haben, und gerade mit der nackten Haut davongekommen zu sein, entwickelte er jene unverträumt realistische Lebenseinstellung, mit der wir ihn alle heute kennen – keine großen Ansprüche stellen, Leistung zeigen und dies ohne Phantastereien.

Als er in den 50er Jahren mit seiner Frau, Thea Wolffsohn, geborene Saalheimer, nach Deutschland zurückkam, hat er auch „gemacht, was gemacht werden mußte", seinem damals erkrankten Vater bei den Rückerstattungsprozessen geholfen und beim Aufbau der Jüdischen Gemeinde mitgewirkt. Für unseren Gemeindevorsitzenden, Heinz Galinski s. A., war Max Wolffsohn ein liebsamer Widersacher. Obwohl ebenfalls Mitglied im liberal-jüdischen Block und sogar stellvertretendes Vorstandsmitglied, zuständig für Finanzen, bildete Wolffsohn eine Art Opposition in der Regierung. Der Tagesordnungspunkt, bei dem er sich am liebsten entfaltete war „Verschiedenes", nachdem die eigentlichen Themen schon abgehandelt waren. Bei „Verschiedenes" meldete sich Max Wolffsohn zu Wort, berichtete von Mißständen, die ihm aufgefallen waren und eröffnete unverhofft eine völlig neue Diskussionsrunde für die meist schon ermüdeten Repräsentanten. Galinski fragte immer, wenn man die Sitzung schon für fast beendet hoffte und nur noch „Verschiedenes" drankam: „Na Herr Wolffsohn, was haben Sie denn heute zu Verschiedenes mitzuteilen."

Ein solches „Verschiedenes" habe ich selbst sogar in Erinnerung. Ich war schon Generalsekretär der Jüdischen Gemeinde zu Berlin, als in einer der Repräsentantenversammlungen Max Wolffsohn sich plötzlich zu Wort meldete. Wie immer ging es auch in dieser RV um die wirtschaftliche Situation der Gemeinde und wie man Geld einsparen könne. Max Wolffsohn erzählte den Repräsentanten, er sei unlängst durch alle Hausflure der Gemeindeeinrichtungen – die Synagoge Pestalozzistraße, das Altersheim, die einzelnen Abteilungen – gelaufen und ihm sei dabei aufgefallen, daß überall 60 Watt-Birnen brannten. Er habe sich sodann die Mühe gemacht auszurechnen, wieviel die Gemeinde sparen könne, wenn sie nur 15 Watt-Birnen benuzte.

Äußerste Sparsamkeit, zugleich aber auch wider den Stachel zu löcken, waren seine allen Repräsentanten bekannten Merkmale. Galinski meinte sogar, die männliche Linie der Wolffsohns stehe in einer Tradition des „Nein-Sagens". Denn auch sein Sohn Michael entpuppte sich früh zu einem Widersacher, der keineswegs gewillt war, politisch korrekt dem Gemeindeestablishment nach dem Munde zu reden. Zu Recht ist Max Wolffsohn stolz auf seinen Sohn, der – mit seinen auch für uns Juden kantigen Positionen – einen wichtigen Platz im intellektuellen Leben der Bundesrepublik eingenommen hat.

Max Wolffsohn war lange Jahre Mitglied der Repräsentantenversammlung, heute ist er Gemeindeältester. In Erinnerung an das sparsame Wirtschaften, für das er immer eintrat, und auch in bezug auf seine eigene Genügsamkeit, fällt mir immer eine chassidische Geschichte ein:

Es lebte einmal ein Mann mit seiner Frau und den sieben Kindern in einer Einzimmerwohnung. Wegen der unerträglichen Enge ging er zum Rebben und sagte ihm, er wisse nicht, was er tun solle. Eine größere Wohnung könne er nicht bezahlen. Aber so wie es jetzt sei, könne er es auch nicht aushalten. Der Rebbe empfahl ihm: Geh auf den Markt und kauf' dir ein Huhn. Der Mann tat dies, fortan lebte jetzt auch noch das Huhn bei der Familie. Eine Woche später ging der Mann wieder zum Rebben. Es sei jetzt noch unerträglicher in der Wohnung geworden, weil ja das Huhn hinzugekommen sei. Der Rebbe empfahl ihm: Geh auf den Markt und kauf' dir ein Zicklein. Der Mann tat dies, das Zicklein lebte jetzt mit dem Huhn bei der Familie. Eine Woche später ging der Mann wieder zum Rebben. Es sei inzwischen schrecklich. Der Rebbe empfahl ihm: Kauf dir ein Lämmlein. So sind 10 Wochen vergangen, jede Woche kaufte der Mann ein weiteres Tier, das nunmehr mit seiner Frau, seinen sieben Kindern und den anderen Tieren in einem Zimmer lebte. Nach 10 Wochen ging der Mann schließlich wütend zum Rebben: Rebbe, ich konnte es nicht mehr aushalten. Ich habe alle Tiere verkauft. Jetzt, wo sie alle weg sind, ist es so angenehm in der Wohnung, wie es noch nie zuvor gewesen ist.

Lieber Max Wolffsohn – alles Gute zum Geburtstag – *ad mea we'esrim!*

Väterchen Dr. E.

Zum erstenmal traf ich ihn im Januar 1980 im alten Sitzungssaal der *Berliner Festspiele,* im Erdgeschoß des vormaligen Joachimstalschen Gymnasiums, der heutigen Außenstelle der *Hochschule der Künste* in der Bundesallee. Dort bereitete gerade ein Team von jungen Wissenschaftlern die Preußenausstellung vor. Ulrich Eckhardt saß in jenem, für die Berlinale als Sitzungs- und Filmvorführraum holzgetäfelten Saal an der Spitze des langen Tisches und begrüßte die jede Woche neu dazukommenden Mitarbeiter mit einem freundlichen *handshake.* Ich wurde vom wissenschaftlichen Leiter der Ausstellung, Professor Manfred Schlenke, vorgestellt. Dr. E. kam auf mich zu und sagte eher tadelnd: „Sie sind sicher ein Historiker."

Wochen später traf sich das gesamte Team zu einer Plenarsitzung in der Heimvolkshochschule Glienicke, um die vielen Einzelkonzeptionen für Themen, Zeitabschnitte und gelegentlich sogar Räume – ein Gesamtkonzept – zusammen zu diskutieren. Ulrich Eckhardt verfolgte die Diskussionen aufmerksam, er plazierte einen abgenutzt wirkenden Aktenkoffer vor sich auf dem Tisch und schrieb mit grünem Filzstift Anmerkungen in die Drehbuchblätter und gelegentlich Bemerkungen in ein kleines Oktavheftchen. Als die Veranstaltung zu Ende war, stoben alle Autoren, Wissenschaftler und Hilfskräfte auseinander und ließen den Intendanten und das Modell des Gropius-Baus zurück. Als ich nochmal zurück kam, stand der Intendant neben dem Modell. Es war klar, daß es unmöglich dort zurückbleiben könnte. So legten wir beide Hand an, zerlegten das Modell soweit als möglich in seine Einzelteile und verluden es in den Mercedes des Intendanten. Vor dem Joachimstalschen Gymnasium angekommen, begannen wir mit dem Ausladen. Ein Pförtner kam zur Hilfe, als er uns, die sperrigen Lasten balancierend, auf den Eingang zukommen sah. Dr. E. ließ sich nicht davon abbringen, Hand anzulegen, und wir schafften gemeinsam das Modell in das Ausstellungsbüro. Zu Beginn der nächsten Sitzung bekamen die Wissenschaftler dann eine Lektion in „praktischer Festivalologie", die besagte, daß der liebe Gott im Detail säße, jedermann für alles Verantwortung mittrage und Arbeit, auch Handarbeit, nicht schade ....

Ulrich Eckhardt und ich trafen uns irgendwann im Frühling 1980 vor dem Gropius-Bau wieder, der damals noch eingerüstet im Bau war. Wir standen fassungslos vor jenem Schuttplatz, auf dem Bauschutt aus Kreuzberg recycled und auf dem „Fahren ohne Führerschein" praktiziert wurde. Er fragte mich, ob ich wüßte, was nach 1933 in der Kunstgewerbeschule gewesen sei. Ja, ich wußte es: Die Gestapo, und erzählte ihm die Geschichte vom Tag meiner Einstellung bei den *Berliner Festspielen*, als ich meinen Eltern stolz berichtete, daß ich für die Preußenausstellung im ehemaligen Kunstgewerbemuseum eine Anstellung erhalten hätte und meine Mutter trocken sagte: „Mein Gott, die schrecklichste Adresse in Berlin". Sie hatte im Abstand von vier Jahrzehnten Kunstgewerbemuseum und Kunstgewerbeschule miteinander verwechselt – sie waren durch eine Hausnummer voneinander getrennt. Dr. E. und ich liefen durch das Gelände und wußten, daß hier Geschichte unter den Schutthügeln lag. Während ich wollte, daß dies irgendwie sichtbar wird, wußte er, daß es sichtbar werden mußte. 1981 widmete die Preußenausstellung einen Raum der Sichtbarwerdung des Geländes, zur 750-Jahr-Feier entstand auf Dr. E.'s unablässiges Insistieren das, was heute „Topographie des Terrors" genannt wird und was der Regierende Bürgermeister Eberhard Diepgen damals einen Schandfleck nannte.

Im Frühsommer 1981 sperrte die DDR nach einem S-Bahnstreik einen Großteil der Berliner S-Bahnstrecken. Inzwischen betreute ich neben sieben Themenräumen auch einen Teil der Ausstellungs-PR. Dr. E. rief mich in sein mit Flötotto-Möbeln ausgestattetes Büro, das bescheidener nicht sein konnte und das, abgesehen von einer Ergänzung des Regals und mit der Zeit wechselnden Bildern, über all die Jahre bis zu seinem Ruhestand unverändert blieb. „Was steht auf den Flyern und Plakaten den S-Bahnanschluß Anhalter Bahnhof betreffend?" Ich konnte ihn beruhigen, denn ich hatte es bereits nachgeprüft.

Jahre später bereiteten wir gemeinsam die 750-Jahr-Feier für Berlin (West) vor. Dr. E. war eine feste Größe in meinem Leben geworden. Ulrich Eckhardt wurde 50. Zum Ende des Theatertreffens 1984 wurde ihm, der dann später immer öfter „Väterchen" genannt wurde, von den Mitarbeitern ein großes Fest beschert. Eine Tafel stand am Eingang des Spiegelzelts. Ich pinselte eingedenk der Tatsache, daß Dr. E. bereits Stein, Löffler, Sauberzweig, Kewenig und Hassemer als Kultursenatoren erlebt hatte, in Anlehnung an Väterchen Stalin: „Kultursenatoren kommen und gehen, Ulrich Eckhardt bleibt". Wie lange er bleiben würde, und wie prägend er auch noch im Jahrzehnt danach bleiben sollte, hat damals wohl keiner geahnt. Allen war nach diesem Abend klar: Die 750-Jahr-Feier mußte ein großes Fest mit allen Zelebritäten werden, ohne auch nur den Hauch des Provinziellen. Wir besuchten zusammen nahezu alle Berliner Kulturinstitutionen, alle Bezirksbürgermeister und führten auf dem Weg dorthin – meist chauffierte er – Gespräche über Berliner Götter und die Berliner Welten. So ergab es sich, daß die Idee aufkam, Berliner Künstler Stadtlandschaften zur 750-Jahr-Feier malen zu lassen, die als Poster für das Stadtfest in aller Welt Werbung machen sollten. Uns war klar, daß nur größte Sorgfalt bei der Auswahl der Künstler und intensive Gespräche zu einem befriedigenden Ergebnis würden führen können. Und so ergab es sich von selbst, daß Jo Eckhardt, seine Frau, für Videographie zuständige Kuratorin des *Neuen Berliner Kunstvereins*, und ich jene wohl interessanteste Stadtreise unternahmen, die man im eingemauerten West-Berlin überhaupt unternehmen konnte, nämlich durch die Ateliers der Berliner Künstler. Zwei Jahre später eröffnete Ulrich Eckhardt zusammen mit Volker Hassemer eine Ausstellung mit den Originalen zu den Plakaten in einer Amsterdamer Galerie.

Kulturmanager gingen bei Dr. Eckhardt durch eine harte, aber sehr lehrreiche Schule. „Es sind die Kleinigkeiten, die entscheidend sind", wurde er nicht müde zu sagen, und wies gleichzeitig darauf hin, daß das Unglück öffentlicher Verwaltung sei, daß sich niemand persönlich verantwortlich fühle, daß bei Begehungen oder sonstigen Treffen mit der Verwaltung letztere immer in Schwadronsstärke erschiene, und somit die Verantwortung auf alle verteilt sei, d. h. auf keinen. Vor der Eröffnung der Berliner Stadtlandschaften fuhr ich daher selbst nach Amsterdam. Als ich vom Flughafen kommend ausstieg, streifte mein Blick den Giebel des Hauses in der Gracht, in der die Ausstellung vom Berliner Kultursenator eröffnet werden sollte, und ich sah eine schwarze Flagge. Die freundliche Leiterin des Goethe-Instituts bestätigte, ja natürlich sei dies ein besetztes Haus. Vor meinem geistigen Auge sah ich bereits die Überschriften in den Berliner Zeitungen: „Hassemer eröffnet Berlin-Ausstellung in besetztem Haus!" Im Sinne besagter Kleinigkeiten, die über Erfolg oder Mißerfolg entscheiden, entschloß ich mich schweren Herzens mit den Besetzern zu verhandeln. Glücklicherweise waren sie völlig damit einverstanden, an jenem Abend die Flagge abzunehmen. Ulrich Eckhardt kam, sah und lobte das Team, so wie er es unzählige Male tat, wissend, daß seine Erfolge ohne seine Mitarbeiter unmöglich sein würden. Nach der Ausstellung veranstaltete das Goethe-Institut ein wunderbares Abendessen. Einer der Teilnehmer war Volker Hassemer. Ich trug ihm ein schon seit längerem von mir verfaßtes Konzept vor – die „Jüdischen Lebenswelten". Der Senator hielt eine solche Ausstellung in Berlin für völlig ausgeschlossen. Dr. E. begann aber Bücher über Judentum und Judaistik zu lesen und mich über den jüdischen Gott und die jüdischen Welten zu befragen. Daß daraus die wichtigste Ausstellung unmittelbar nach der Vereinigung der Stadt werden sollte, hat damals keiner geahnt.

Gefürchtet war bei allen Mitarbeitern der *Festspiele*, von Dr. E. mit dem Verfassen einer publikumswirksamen Broschüre betraut zu werden, denn der Text den man schrieb, sollte, ja mußte gut sein, aber jeder wußte, Ulrich Eckhardt würde ihn lediglich als Knochen benutzen, und etwas ganz anderes daraus machen, eben einen Eckhardt-Text. Das wäre nicht so schlimm gewesen, wenn man den eigenen Text nicht von oben bis unten mit grünen Verbesserungen zurückerhalten hätte. Es gab nur einen Trost. Wenn man all die Verbesserungen in die, wie man meinte, endgültige Textfassung eingefügt hatte und diese zum „Absegnen“ an Dr. E. sandte, erhielt man eben diese Fassung mit der gleichen Anzahl an Verbesserungen wieder. Wie dann überhaupt ein Festspieltext entstand? Man mußte nur das Herz in beide Hände nehmen und den Text zum Druck freigeben. Es ist nicht überliefert, daß Dr. E. Druckmaschinen angehalten hätte, aber gedruckte Texte landeten immer mit grüner Tinte für die zweite Auflage verbessert auf dem Schreibtisch desjenigen, der das grüne Licht zum Druck gegeben hatte. Eines aber kann man festhalten: Die Verbesserungen waren immer zum Guten des Textes und des Kommunikationszieles.

Noch gefürchteter als die Textkorrekturen waren die quadratischen Zettelchen, die Dr. E. seinen Mitarbeiter zukommen ließ. Sie waren schier unerschöpflich, bestanden in frühen Jahren der *Festspiele* aus unbrauchbar gewordenem Briefpapier, das keine Verwendung mehr finden konnte, weil der Kuratoriumsvorsitzende, der Bundesinnenminister oder der Senator für Kultur, pardon kulturelle Angelegenheiten, wieder einmal gewechselt hatte und Dr. E. das solchermaßen unbrauchbar gewordene Papier nicht in die Mülltonne geben wollte. Auf diesen nun in praktische Quadarate à 10 x 10 cm zerlegte Papierzettel schrieb Dr. E. seine Regieanweisungen, die von seinem Sekretariat fotokopiert und in der Wiedervorlageschublade aufbewahrt wurden. Setzte man jene nicht in praktisches Handeln um, wurde man bei der nächsten Regiesitzung liebevoll inquisitorisch darauf angesprochen.

Ulrich Eckhardts Neugier kennt keine Grenzen. Er glaubt keinem. Das habe ich manchmal schmerzlich zur Kenntnis nehmen müssen. Ulrich Eckhardt liest und forscht und fragt. Und nimmt selbst in Augenschein. An einem schönen Sommertag 1991 saßen Ulrich Eckhardt und ich zusammen in seinem schönen natürlichen Garten. Ja, jetzt gibt es auch all die Orte jüdischen Lebens in Ost-Berlin vor der Haustür, in Köpenick, Prenzlauer Berg und Weißensee. Dr. E. hatte einen seiner „kleinen“ Gedanken. „Wie wäre es, wenn wir an den nächsten zwei Sonntagen diese jüdischen Orte aufsuchen und zusammen mit der Fotografin Elke Nord eine kleine Fotoreportage produzieren würden?“ 800 Orte haben wir in einigen Jahren besucht und 400 davon im Buch „Jüdische Orte in Berlin“ beschrieben.

Der Kontakt zu Dr. E. riß nie ab, auch nicht in meiner Zeit als Gemeindevorsitzender. Nicht oft, aber doch immer wieder bin ich in Stunden der Verzweiflung zu ihm ins Büro gegangen, um mit ihm zu sprechen.

Neben meinem Vater, Rabbiner Zalman Schachter-Shalomi und Rabbiner Leib Tropper war und ist er mein wichtigster Lehrer und Freund.

Dr. E. ist die Berliner Kultur. Mehr als zwei Jahrzehnte war und blieb er die Triebfeder. Heute, am 31. Dezember 2000, tritt er in den Ruhestand. Auch ohne ihn wird es Berliner Kultur geben, die Frage ist nur: wie?

Der Mann der ersten Stunde nach 1945

Erich Nelhans, geboren am 12. Februar 1899, war einer jener Berliner Juden, die vom 27. Februar 1943 bis zu ihrer Befreiung am 2. Mai 1945 vor der Gestapo verborgen gehalten wurden und bis Kriegsende ohne Lebensmittelkarten überlebt hatten. Es war im Mai 1947, als der damals junge Estrongo Nachama in der Synagoge Pestalozzistraße eine Probe seines Könnens als *Chasan* geben sollte, damit der Gemeindevorstand prüfen könnte, ob er als Kantor eingestellt werden könnte. Das für Kultusangelegenheiten zuständige Vorstandsmitglied, Erich Nelhans, wohnte in der Prenzlauer Allee 35, etwa zwei Stunden Fußweg von der Charlottenburger Synagoge entfernt. Traditionsverpflichtet wie er den Schabbat hütete, machte er nicht etwa den Versuch, im zerbombten Berlin ein Verkehrsmittel zu finden, sondern machte sich ganz selbstverständlich zu Fuß auf den weiten Weg, den er alle 20 Minuten für eine Sitzpause unterbrach, in der er auswendig Psalmen rezitierte, denn auch das Laufen über weite Strecken wäre eine Entweihung des Schabbat gewesen. Voller Hochachtung sprach noch Jahrzehnte später der dann schon ergraute Oberkantor von Erich Nelhans, der zwar orthodox war, sich aber mit größter Hingabe auch für die liberalen Synagogen mühte.

Erich Nelhans gehörte zu denjenigen, die unmittelbar nach der Befreiung daran gegangen waren, jüdisches Leben in Berlin wiederaufzubauen. Zunächst hatten sich offenbar einige Bezirksgemeinden rund um zerstörte Gemeindeliegenschaften gebildet, die irgendwie behelfsmäßig wieder genutzt wurden[97]. Aber schon im Mai 45 hatte der sowjetische Stadtkommandant Bersarin die Anregung gegeben, die Jüdische Gemeinde wiederaufzubauen. Ergebnis war, daß etwa ab Juni 1945 Erich Nelhans Vorsitzender des in der Oranienburger Straße 28 ansässigen Vorstands der Jüdischen Gemeinde wurde. Er war es, der den Begriff der „Einheitsgemeinde“, in der orthodoxe, konservative und liberale Juden unter einem Dach wirkten, wiederbelebte, und sich darum bemühte, die in der Zwischenzeit entstandenen Bezirksgemeinden in der Zentralgemeinde zu integrieren.

Schon die ersten Berichte über die Situation der Juden in Berlin nach der Befreiung[98] erwähnten das von den Alliierten gesperrte Vermögen der Jüdischen Gemeinde, für das sich Erich Nelhans und Dr.

Erich Fabian[99] sehr engagierten. Tatsächlich war die Eigentumsfrage der Kern der Debatte um die „Aufbau-oder Liquidationsgemeinde“: War die von Nelhans und wenigen Mitstreitern begründete Gemeinde Rechtsnachfolgerin der 1943 liquidierten Gemeinde oder eine Neuschöpfung? Wenn sie eine Nachfolgeorganisation war, so stand ihr der umfangreiche Immobilienbesitz der Vorkriegsgemeinde zu, war sie es nicht, dann mußte darüber nachgedacht werden, wem der ehemalige Gemeindebesitz zufiel[100].

Die frühesten auffindbaren Dokumente der rekonstituierten Jüdischen Gemeinde unter Erich Nelhans’ Führung beschäftigen sich ausschließlich mit der schlechten Versorgungslage der jüdischen Menschen in Berlin und befinden sich in den Archiven der Hilfsorganisationen, an die sie gerichtet waren. Sie geben zum Ausdruck, daß nach der Befreiung die Lebensmittelversorgung noch schlechter geworden sei[101] und bitten um Hilfe für die überlebenden Juden Berlins.

Die Situation der Holocaust-Überlebenden in Europa stellte für die US-Armee zunehmend ein Problem dar. Deshalb ernannte General Eisenhower Rabbi Judah Nadich, einen amerikanischen Armeegeistlichen, zu seinem Sonderberater[102] und beauftragte ihn, einen Bericht über die Situation der Juden im besetzten Deutschland anzufertigen. Nadich sprach mit dem Vorsitzenden Erich Nelhans sowie mit dem als Generalsekretär bezeichneten Julius Meyer, besuchte die von der UNRRA angelegten Sammellager in Berlin[103] und informierte sich anschließend ebenso über das gesperrte Bankvermögen der Jüdischen Gemeinde von 3,5 Millionen RM wie über die für den 1. Oktober 1945 angesetzten Wahlen innerhalb der Jüdischen Gemeinde, die den kommissarisch tätigen Vorstand legitimiert ablösen sollten. Aus dieser Wahl ging Dr. Erich Fabian als Vorsitzender hervor, während Erich Nelhans sich auf das von ihm bis dahin bereits betreute Kultusressort zurückzog.

Von Rabbi Judah Nadich stammt ein Bericht vom 2. Oktober 1945, der bemerkenswerte Fortschritte bei der Versorgung der jüdischen Bevölkerung Berlins konstatiert[104] und ebenfalls auf ein Gespräch mit Erich Nelhans zurückgeht. Erstmals wurde auch über Antisemitismus im befreiten Deutschland berichtet: „Herr Nelhans sagt, daß Antisemitismus in seiner brutalen Form des Rassenhasses mit dem Einzug der Roten Armee im Mai verschwunden, oder in den Untergrund ausgewichen sei. Er meint aber, daß er in Form von oftmals nicht artikulierten Vorurteilen weiterbestehe. Die Jahre der gnadenlosen Verfolgung müssen jedoch seiner Meinung nach einen lang andauernden Einfluß auf den deutschen Geist genommen haben.“

Als am 1. März 1946 die erste Ausgabe der *Zeitschrift für Fragen des Judentums Der Weg* erschien, begann innerhalb der Jüdischen Gemeinde selbst die Diskussion über die weitere Entwicklung dieser

Gemeinde. Zahlreiche Beiträge erörterten die praktischen Schritte, die heute als „Aufbau nach dem Untergang“ bezeichnet werden können. So wurde beispielsweise in der ersten Ausgabe die Tätigkeit der Dezernenten beschrieben. Hier findet sich auch eine Tätigkeitsbeschreibung für den Kultusdezernenten Erich Nelhans, die ihn als jemanden kennzeichnet, der sich nicht vorstellen konnte, in Deutschland dauerhaft wieder jüdisches Leben einzurichten. Erich Nelhans schreibt 1946:

> „Nach den Jahren grausamer Verfolgung und erbarmungsloser Vernichtung jüdischer Menschen beginnt nun die kleine Schar der Überlebenden, ihr Leben aus den Trümmern neu aufzubauen. Dieses Zurückfinden ins Leben kann aber nicht allein durch die Gründung und Sicherung der materiellen Existenz erreicht werden; wir Juden im *Galluth* können unser Leben nur innerhalb einer jüdischen Gemeinschaft wieder wertvoll und inhaltsreich gestalten. Diese Erkenntnis leitet uns bei der Arbeit für die Gemeinde. Unsere Gemeinde soll eine kleine Heimat für jüdische Menschen sein, bis unsere große Heimat Palästina die Tore öffnet und wir das Land der Verheißung betreten. Sie will die Schwachen stützen und ihnen Halt geben im Streit mit der noch immer von Vorurteilen und Haß erfüllten Umwelt. Wir wollen unsere Brüder zu wahrer Religiosität zurückführen und ihnen den Weg zu einem Leben als bewußte Juden weisen.
>
> Nach unserer Befreiung fanden wir nur noch Trümmer. Unsere Gotteshäuser waren von frevelnder Hand zerstört worden, aber schon nach kurzer Zeit konnte die erste Synagoge eingeweiht werden. Heute wird in 7 Bethäusern und Synagogen Gottesdienst abgehalten. Leider ist es uns noch nicht gelungen, einen Gemeinderabbiner zu gewinnen, aber wir hoffen, daß die Stelle in kurzer Zeit besetzt wird.
>
> Der Religionsunterricht für Kinder ist wieder eingerichtet worden. Auf dem Friedhof in Weißensee wird an der Beseitigung der Zerstörungen gearbeitet. Die große Zahl der Anträge um Wiederaufnahme in die Gemeinde erfordert eine genaue Bearbeitung, bis dann jeder einzelne Fall der Kommission zur Entscheidung vorgelegt werden kann. Täglich werden Hunderte von Besuchern beraten. So bemühen wir uns in jeder Weise, den altwürdigen Kultus wieder aufzurichten und die Gemeinde zu befähigen, ihre vielseitige Aufgabe für die Judenheit zu erfüllen.“[105]

Bleibend in Erinnerung ist mir ein Foto aus dem Jahr 1946. Der damalige US Militärchaplain Rabbi Friedman hat es in seinem Fotoalbum. Über Nelhans Kopf steht mit weißem Stift auf den schwarzen Fotokarton geschrieben „Nelhans, president Berlin Gemeinde“: Es zeigt eine Gruppe von Männern an einem liebevoll gedeckten Tisch mit vielen Coca-Cola-Flaschen. Unter ihnen war Erich Nelhans, schmales Gesicht, Oberlippenbart, sehr hohe Stirn, wenn nicht Glatze, Nickeldrathbrille, Krawatte, Anzug, *Kippa*.

Es wird berichtet, daß Erich Nelhans jüdische Soldaten der Roten Armee in seinem Büro in der Oranienburger Straße mit US-Uniformen versah und den abgelegten Drillich in dem Ofen verbrannte, der sein Büro mit einem Abzug durch eine Fensterscheibe beheizte. In den Bereich der Legende gehört, daß nach seiner Verhaftung die Reste einer solchen Uniform noch in seinem „Kanonenöfchen" schmauchten. Soweit solche Legenden von der Wirklichkeit entfernt seien mögen, so sehr hat sich Erich Nelhans für seine Befreier eingesetzt und war davon überzeugt, daß nur in einem Jüdischen Staat in Palästina eine Zukunft für jüdisches Leben liege. „Nelhans hat vielen Russen geholfen," sagte Rabbi Friedman und versprach mir eine Kopie seiner Fotografien. Friedman hatte auf verwegenen Wegen über das Berliner UNRRA-Lager wehrfähige Holocaust-Überlebende und jüdisch-sowietische Überläufer der *Bericha*[106], der zum Aufbau Israels von Ben-Gurion befehligten jüdischen Organisation Palästinas, zugespielt. Wahrscheinlich wurde es Erich Nelhans zum Verhängnis, daß er im sowjetischen Sektor Berlins in der Nähe „seiner" Synagoge Rykestraße und auch nicht zu weit entfernt von der Oranienburger Straße 28, dem damaligen Verwaltungszentrum der Jüdischen Gemeinde, wohnte, und eben wegen dieser Nähe nicht bereit war, in eine für solch riskante Tätigkeit sicherere Gegend in einen der Westsektoren zu ziehen.

Gedankt hat es ihm niemand, im Gegenteil, einige Altstalinisten sahen und sehen in ihm hinter vorgehaltener Hand einen Verräter „an der großen Sache der ruhmreichen sowjetischen Befreiungsarmee". So wurde er am 13. März 1948 letztmalig von seinen Nachbarn gesehen: Er wurde in seiner Wohnung Prenzlauer Allee 35 von der sowjetischen Militärpolizei verhaftet und ist seitdem verschollen. Ungesicherte Informationen sagen, er wäre nach einem Aufenthalt im Speziallager Nr. 7 (Sachsenhausen) in die Sowjetunion deportiert und dort umgekommen.

Seit einiger Zeit befindet sich das Büro des Vorsitzenden der Jüdischen Gemeinde wieder in der Oranienburger Straße. Dort fand ich 1997 bei meinem Amtsantritt ein Dienstzimmer vor, das schon Heinz Galinski 1990 wieder eingerichtet hatte. Im Zentrum steht ein Schreibtisch, von dem es heißt, an ihm hätten bis zu ihrer Deportation Heinrich Stahl, dann Leo Baeck gesessen, und bis zur Teilung der Gemeinde 1953 auch Heinz Galinski. Denkt man die Kette zu Ende, dann muß auch Erich Nelhans in der Zeit seines Vorsitzes nach der Befreiung an ihm gesessen haben.

Am 11. Februar 1999 stehen sein Großneffe und weitere Familienmitglieder neben einer Anzahl von Mitgliedern der Jüdischen Gemeinde und mir auf dem Friedhof Scholzplatz rund um das Ehrenmahl, um Erich Nelhans gedenkend zu ehren. Estrongo Nachama, seit über 50 Jahren Vorbeter der Gemeinde, erinnert sich an seinen Förderer früher Tage, singt das *El Male Rachamim* und betet, daß Erich Nelhans' „Seele aufgenommen sei in den Bund des ewigen Lebens". Andächtig steht die Gedenkgesellschaft rund um eine beachtliche Gedenktafel für den Wiederbegründer jüdischen Lebens im Nachkriegsberlin. Sein Andenken sei zum Segen!

34 Jahre Rabbiner in Berlin

Die Jüdische Gemeinde in Berlin dankt für 34 Jahre Dienst.

Am 27. Juni 1995 verabschiedete die Jüdische Gemeinde Rabbiner David Weisz. Gerührt und ergriffen nahm er die Abschiedsworte des Gemeindevorsitzenden Jerzy Kanal und des schon seit einem Jahr verabschiedeten Rabbiners Ernst Stein entgegen. Nicht nur die Mitbeter seiner orthodoxen Synagogengemeinde, sondern Gemeindemitglieder aller Synagogen verabschiedeten sich von einem Mann, der über drei Jahrzehnte für seine Beter wirkte.

David Weisz, 75, hatte das Glück vor der Schoah nach England emigrieren zu können. Er entging also der unmittelbaren Verfolgung, aber die Kriegsjahre in England waren bekanntlich auch von vielerlei Beschwernis gekennzeichnet. In Manchester studierte er Judaistik, schloß seine akademische Laufbahn mit dem *Masters of Arts* ab und erwarb sein Rabbinerdiplom; ein solches haben sowohl seine beiden bei der eindrucksvollen Emeretierungsfeier anwesenden Söhne, als auch seine beiden Schwiegersöhne. Er ist im übrigen stolzer Großvater von 24 Enkelkindern.

David Weisz ist ein überaus warmherziger Rebbe; besucht man ihn in seiner Wohnung, die etwa 20 Minuten Fußweg von seiner Synagoge entfernt liegt, so sitzt er in einem Studierzimmer, das diesem Namen alle Ehre macht. Talmud, Tora, Responsenliteratur – alles was der Toragelehrte braucht, um zu lernen, zu lehren und rabbinische Entscheidungen zu fällen, füllt die Regale. Rabbiner Weisz' Trauungen, Scheidungen und sonstige rabbinische Entscheidungen werden weltweit anerkannt, er erwähnte in seiner kurzen Abschiedsansprache, daß er in der Welt der orthodoxen Rabbiner als der „Berliner" bezeichnet wird und daß es hierbei wohl auch bleiben werde. Er erzählte auch von besonderen Merkwürdigkeiten seiner Amtstätigkeit in Berlin, zu denen der testamentarisch verfügte Wunsch eines verstorbenen deutschen Juden gehörte, mit einer Trauerfeier von Rav Weisz beigesetzt zu werden. Es stellte sich heraus, daß dies deshalb unmöglich war, weil der Betroffene sich hat verbrennen lassen. Rabbiner Weisz versuchte dies den Angehörigen klarzumachen, die dann schließlich konterten, vielleicht könnte die „Frau Rabbiner“ die Beisetzung vornehmen, um dem Wunsch des Verstorbenen möglichst nahe zu kommen. Obwohl Rav Weisz immer versucht, die jüdische Tradition für jüdische Menschen zu interpretieren: hier war keine Hilfe möglich. „Frau Rabbiner“ ist tatsächlich eine richtige Rebbezen, denn sie stammt aus einem Generationen alten Rabbinerhaus und trägt zum Leben und Wirken ihres Mannes nicht nur durch eine koschere Haushaltsführung bei, sondern nimmt aktiven Anteil, indem sie seine immer in einem gepflegten *Jiddisch* gehaltenen Ausführungen wenn nötig ins Deutsche überträgt.

Tagtäglich hat Rav Weisz seinen *Minjan*; mit Wehmut erinnerte er sich an die frühen Jahre seiner Tätigkeit, als eine große Zahl von jüdisch-gelehrten Mitbetern sein Talmud-Tora-Lernen zu einem Anlaß jüdischer Gelehrsamkeit machten. Seine Ansprachen hält er frei formulierend, allein ein winziges fahrscheingroßes Papier enthält einige Stichworte, an denen er sich gelegentlich orientiert. Dabei versteht er es durchaus, gegenwärtiges politisches Geschehen in seine Ausführungen aufzunehmen: Als der Sozialismus Anfang der 90er Jahre von der politischen Landkarte verschwand, legte er dar, daß die theoretischen Überlegungen, wie die soziale Fürsorge für alle Menschen, durchaus etwas Sympathisches gewesen sei, etwas, daß auch in der Tora gelehrt werde; daß das ganze System allein dadurch korrumpiert wurde, daß ihm das Entscheidende gefehlt habe: nämlich der Glaube an Gott.

Als im Rahmen der Jüdischen Kulturtage 1993 Rabbi Hier und Rabbi Landes vom *Simon Wiesenthal Center* in Los Angeles in Berlin weilten, veranstaltete der Vorstand ein Essen zu Ehren der Gäste aus den Vereinigten Staaten. Sehr spät erst wurde bemerkt, daß zu den Eingeladenen auch Rabbinerin Laura Geller aus L. A. gehörte. Man instruierte mich, dafür zu sorgen, daß Rav Weisz und Rabbinerin Geller nicht direkt zusammentreffen, da befürchtet wurde, daß der orthodoxe Rabbiner seine Sicht der Dinge angesichts eines Fotos im Kulturtage-Journal, das die Rabbinerin mit *Tallit* aus einer Torarolle lesend zeigte, deutlich machen könnte. Aber der Lauf der Dinge ließ sich nicht beeinflussen, kaum war die Warnung ausgesprochen, die beiden mögen nicht aufeinandertreffen, standen sie einträchtig neben mir. Es blieb mir also nichts anderes übrig, als sie einander vorzustellen. Rav Weisz fragte, ob Laura Geller am Schabbat bei Kantor Nachama im liberalen Gottesdienst gewesen sei. Sie verneinte und erklärte, sie wäre in seiner Synagoge gewesen. Der unübertreffliche Humor Rav Weisz’, der niemals zulasten von Menschen geht, zeigte sich in seiner spontanen Antwort: Er bedauerte es außerordentlich, dies nicht gewußt zu haben, denn sonst hätte er seinen Synagogenvorstand gebeten, sie zur Tora aufzurufen. Rabbiner Weisz erklärte mir nach dem Essen, daß er ein Leben lang seine Rebbezen kenne, aber hier zum erstenmal eine Person getroffen habe, die sich als Rabbinerin bezeichnete.

David Weisz ist ein überaus gründlicher Rabbiner. Als es zum Beispiel darum ging, bei der Einweihung des großen Saales der Neuen Synagoge die *Mesusa* anzuschlagen, hat er Tage vor der Zeremonie den Ort aufgesucht, um den optimalen Platz und die richtige Höhe für die *Mesusa*, die er selbst spendete, herauszufinden, denn er fürchtete, daß in der Hektik der Einweihungsveranstaltung wohlmöglich nicht alles so vollbracht werden könnte, wie es die von ihm allzeit gelebte und geliebte jüdische Tradition erfordert. Auseinandergesetzt hat sich Rabbiner Weisz auch mit der jüdischen Tradition Berlins, namentlich mit Moses Mendelssohn, den er für den großen Verlierer jüdischen Denkens hält – nicht weil er aus seiner Sicht ein Häretiker oder wohlmöglich ein nicht alle Ge- und Verbote beachtender prominenter jüdischer Mensch war – die, so meint Rav Weisz, gab es schon immer, sondern weil er „die Häresie zum System" erklärt habe. Das Ergebnis war dann in Rav Weisz' Sicht, daß Mendelssohns Kinder und Enkel zum Christentum konvertierten, denn in Mendelssohns System verwischen die Trennungslinien zwischen der jüdischen Tradition und der Umwelt. 34 Jahre, solange wie kein Rabbiner im Nachkriegsberlin und wohlmöglich überhaupt auch keiner vor ihm, hat Rabbiner Weisz mit seiner ganzen Kraft dafür gelebt, diese Trennungslinien seinen Mitbetern und seiner Familie bewußt zu halten. Die Jüdische Gemeinde in Berlin wünscht ihm genauso viele Jahre als Emeritus wie als Rabbiner, im Kreis seiner Kinder und Enkel und wann immer ihm danach ist, im Kreis seiner Gemeinde.

Unfaßbar, aber wahr

Es ist weit mehr als 12 Stunden von Haus zu Haus – der Weg von Berlin zu Rabbiner Zalman Schachter-Shalomi, von Berlin via Frankfurt, Chicago, Denver schließlich nach Boulder, Colorado. Als ich ihn, den alle seine Schüler respektvoll Reb Zalman nennen, das erste Mal persönlich treffen sollte, rief ich ihn wie per e-mail verabredet nach dem Eintreffen vom Hotel aus an. „Du bist bestimmt abgespannt und müde", klang es liebevoll mit leichter Wiener Tonfärbung in bestem Hochdeutsch durch das Telefon. Natürlich wußte ich, daß Reb Zalman, der seine *Smicha*, seine rabbinische Lehrbefähigung vom legendären Lubwitscher Rebben Menachem Schneerson erhalten hatte, in Wien geboren war, natürlich wußte ich von seinen Lehraufenthalten, aber ich war dann doch überrascht, mitten in Colorado am Fuß der Rocky Mountains von einem der bedeutendsten jüdischen Gelehrten unserer Zeit auf deutsch angesprochen zu werden. Als wir dann am nächsten Morgen von seinem Haus zu einem Spaziergang um einen paradiesischen See aufbrachen, war nicht klar, daß unser Gespräch über Gott und die Welt, über meine Biographie und meine Vorstellung von der Arbeit in Jüdischen Gemeinden, zu der Stelle führen würde, die über die Jüdischkeit der Zukunft entscheiden würde: Nach dem Israelismus der 50er und 60er Jahre, die Jüdische Gemeinden über die gewonnene Staatswerdung Israels vergessen ließ, daß es auch eine spirituelle Dimension des Judentums gibt, und mitten im Holocaustismus, der nur wenig mit Gedenken an die Opfer und einer Rekonstruktion ihrer zerstörten Lebenswelten als vielmehr einem scheinbar präzisen Abbilden des NS-Systems und seiner Protagonisten sich erschöpft, gilt es das wiederzubeleben und zu entdecken, was das Herz jüdischer Existenz über Jahrtausende war: *Jüdische Spiritualität.* Die warme Januarsonne spiegelte sich im See, Reb Zalman in einem waldmeistergrünem Trenchcoat mit einer ebenso grünen Baskenmütze hörte aufmerksam zu, als ich aus meinem Reisevortrag *Die Juden sind ein singendes Volk*, den ich auf unzähligen Konzertveranstaltungen meines Vaters vorgetragen habe, zitierte. Keine Lektion von Reb Zalman ohne *Nigun* und kein *Dawenen* (Beten) ohne *Nussach* als Reisebegleiter zu Gott.

Wie leicht ist es, aus einem heiligen Text aus dem Jahrtausende hunderte von Generationen Lebensquellen zogen, einen Torso zu machen, ihn wissenschaftlich zu erledigen, statt ihn auf seine eigentliche Weisheit, auf seine das Leben erschließende und veredelnde Botschaft durchzusehen. Was für die Naturwissenschaften richtig ist, muß für den Umgang mit dem Seelenleben des Menschen längst nicht stimmen. In jedem Rabbinerseminar lernen die Studenten heute einen Text zu zerfleddern, aber von den Bedürfnissen der Menschen lernen sie nichts. Ich erzählte von den Gottesdiensten meines Vaters, der singend für und mit den Menschen betet, die mit ihm sind. Nein, nicht das Abschneiden und Weglassen von den in den Bräuchen und Gebetstexten versteckten Traditionen ist bei Erneuerung gefragt, nicht eine Fortsetzung des auf Verrationalisierung des Judentums ausgelegten Reform des 19. Jahrhunderts, sondern das Erschließen der Dimensionen, die hinter den Buchstaben der heiligen Schriften stehen. „Vielleicht müssen wir lernen, das Weiße zu lesen, auf dem die Buchstaben der Tora stehen," sagte Reb Zalman in Anlehnung an eine chassidische Lehre.

Am Nachmittag saßen wir zwischen seinen beiden Computern, einem Mac und einem Dos-Maschinchen, zwischen unzähligen Manuskripten, Büchern und Akten und lernten. Hier eine Verdeutschung des „Jedid Nefesch", dort ein Manuskript, das es wirklich verdient hätte, ins Deutsche übertragen zu werden. Am nächsten Abend *Kabbalat Schabbat* ....

Bekocht von Eva, die in einen bestickten schwarzen Kittel gewandet, auf ihre eigene Weise Würde und Wissen ausstrahlte, versammelte sich Familie und Gast um den Esstisch: Traditoneller *Kiddusch* mit Reb Zalmanschen Wandlungen verlieh dem Abend die ihm eigene Würde. Ein Mahl ohne Lehre, Reb Zalman und Eva ergänzten sich und machten den Schabbat zu einem Grenzgang zwischen Paradies, Ruhe und Weisheit...

Angekommen in der Synagoge saßen Reb Zalman, Eva und ich mitten unter einer ausgelassenen Beterschar, die mit Kastagnetten, Tamburinen und anderem Schlagwerk mit größter „Frehlechkeit" dem Schabbat einen herrlichten Willkommensgruß boten. Selten hatte ich in meinen Leben Menschen erlebt, die so konzentriert und doch fröhlich ausgelassen auf dem Weg zum Beten sangen, gelegentlich trommelte und zuweilen tanzten. Reb Zalman gab mir einen kleinen Stoß in die Seite und wies mich flüsternd darauf hin, daß hier zwei verschiedene „Stämme" beieinander säßen. Meinte er Juden und Nichtjuden, Juden und *gerej hazadik*, also kürzlich Konvertierte, traditionellere Juden und solche die *ba'alej teschuwa* (Rückkehrer zum Glauben der Väter) sind? Es gab keine weitere Aufklärung vom großen *Zaddik*, er überließ es dem Schüler, seine Worte richtig zu verstehen.

Zurück im Hotelzimmer wurde der von der Gemeindegeschäftsführerin schon bei der Ankunft ins Hotel gebrachte Luftbefeuchter zum Segen. Boulder ist extrem trocken. Jeder nuckelte an einer Wasserflasche und ein im Hotelzimmer vor sich hin brummender Luftbefeuchter machte das Schabbatessen bei Reb Zalman und den Gottesdienst mit den Mit*pallelim* (Mitbetern) zum ultimativen Schabbat. Querliegend auf dem Kingsizebett entspannten sich die ausgetrockneten Atmungsorgane: Gut Schabbes – gut Schabbes – gut Schabbes ....

Ausgeschlafen traf man sich zum Morgengottesdienst. Langsam, im Verlauf der Gebete, tröpfelte die Gemeinde ein. Reb Zalman und Eva kamen, hüllten sich in den *Tallit* (Gebetsschal) ein. Kurz vor der Toralesung stand Reb Zalman neben mir. Seine Hand auf meine Schulter legend blickten wir uns lange tief in die Augen. Er legte ein Ende seines *Tallit* auf meinen Kopf, sang murmelnd den jahrtausendealten hebräischen Priestersegen (Der Ewigen segne und behüte dich, ... erleuchte und begnade dich, ... wende sein Antlitz dir zu und gebe dir von seinem Frieden). Leise fügte er in deutsch hinzu: „und lasse Dich zu einem guten Rabbiner werden“. Fast unhörbar mich auffordernd einzustimmen: „Ken jehi razon“ (So sei sein Wille!).

Orts- und Zeitwechsel: *Eilat Chajim* im US-Staat New York. Reb Zalman lehrte allmorgendlich in einen schwarzen Kittel gekleidet, auf einem auf einem Podest plazierten, ehrwürdigen Lehnstuhl sitzend, chassidische Texte des 18. und 19. Jahrhunderts. Fast 200 *Talmidim* hingen an seinen Lippen, Videokameras zeichneten seine Lektion auf, die, eingeleitet und unterbrochen von *Niggunim*, zu einem religiösen Erlebnis *per se* wurde. Alle klagten über den seit Wochen ausbleibenden Regen. Reb Zalman, über Moses Chajim Luzzattos Schriften lehrend, unterbrach plötzlich seine Lektion und begann den traditionellen Regensegen *birkat hageschem* zu intonieren. 200 Schüler stimmten ein, und ein gewaltiger Chor zelebrierte den jahrtausende alten Brauch. Wie oft habe ich zu *Schemini Azeret* (dem im Herbst gelegenen Schlußfest) von meinem Vater diese traditionelle Melodie gehört: Er hat sie gesungen und gebetet – auch für mich – hier waren es plötzlich alle, auch ich. Das Gebet war am Ende: Eine Handbewegung und Reb Zalman kehrte zu seiner Lektion zurück. Noch etwa eine halbe Stunde bis zum vom Stundenplan der *advanced study week* gesetzten Ende. Unfaßbar aber wahr: Als die *Talmidim* aus dem Hörsaal traten, begann es zu regnen.

Tagträume und Tagebucheintragungen

Sie fahren weiter durch Deutschland

„Sie fahren weiter durch Deutschland“ stand auf einer schwarz-rot-goldenen Hinweistafel an dem Autobahngrenzübergang Hof, wenn man von „Westdeutschland“ über die Transitstrecke nach Berlin fuhr. Daß Hof an der Saale eher in Süddeutschland, konkret in Bayern liegt, hat den Westberliner mit seiner Gedanken- und Begriffswelt genauso wenig gestört, wie jene unsäglich unfreundlichen Grepos und Zöllner der DDR, die mit professionellster Unfreundlichkeit vorschriftsmäßig ihren Dienst versahen. Man wußte, wenn man dieses Schild passiert hatte, daß einem alles passieren konnte, wenn man auch nur die kleinste Ordnungswidrigkeit „made in DDR“ beging. Wenn man also auf jener holprigen Piste, die höchste Anforderungen an das Fahrgestell und die Gesäßmuskeln stellte, fuhr, war die Vorstellung, dies könnte das gleiche Deutschland sein, wie das, das man gerade eben verlassen hatte, ein Alptraum. Wenn ich die Vopos sah, die mit den großen Wartburgpolizeifahrzeugen auf dem Mittelstreifen stehend, mit Ferngläsern nach Verkehrsteilnehmern Ausschau hielten, die möglicherweise ein paar hundert Meter nach dem Überholmanöver noch auf der Überholspur fuhren, stellte ich mir oft vor, ein Westberliner Polizist würde einen so tyrannisieren. Da das nicht vorstellbar war, war mir klar, daß ich weder in der spießbürgerlichen Weimarer Republik noch im tyrannischen „Dritten Reich“, sondern in der Bundesrepublik lebte. Aber dennoch: „Sie fahren weiter durch Deutschland.“

Als ich 1977 für einige Wochen die Erlaubnis hatte, in die Außenstelle des DDR-Staatsachivs nach Merseburg in die König Heinrich Straße, die ein Feldweg am Rande eines Bahndammes war, zu fahren, um für meine Dissertation über den toleranten Großen Kurfürsten Akten aus dem 17. Jahrhundert einzusehen, wurde ich natürlich immer an einen Tisch plaziert, an dem kein anderer Gast saß und jeder DDR Bürger, der auch nur den Versuch unternahm, von weitem an mich heranzukommen, wurde abgefangen. Trotz dieser fürsorglichen Belagerung, fragte mich der Kellner im Gasthof zur Sonne, der schon lange kein Licht mehr gesehen hatte, allabendlich, was von der schier endlosen Karte ich zu bestellen wünschte. Es gab immer nur ein oder zwei Gerichte, aber das wurde mir erst nach fünf oder sechs vergebens aufgegebenen Bestellungen gesagt. Dem Ober fehlte selbst für diese kleine Eigenmächtigkeit, nämlich das Eingeständnis, daß die Speisekarte nur ein Propagandafähnlein war, das Rückgrat. – „Sie fahren weiter durch Deutschland!“

Als in der Nacht vom 9. zum 10. November die Mauer fiel, war klar, daß nichts so bleiben würde, wie es war. Ich sah Wartburgpolizeiautos auf dem Kurfürstendamm und Kellner ohne Rückgrat bei McDonalds. Wie würde fortgefahren in Deutschland?

In den Jahren 1984 bis 1987 hatte ich zusammen mit dem „Beauftragten des Senats für die 750-Jahr-Feier Berlins“ den kritischen Fragen der Journalisten über das geteilte Jubiläum entgegengehalten, Berlin sei „zwei Welten und doch eine Stadt.“ Wie wenig diese damals sehr ernst gemeinte Feststellung der Wirklichkeit standhielt, bemerkte ich in den folgenden Monaten. Dienstgänge in den östlichen Stadtteil wurden häufiger, ja auch Theater-, Museums- und insbesondere Besuche bei Freuden gehörten schon bald zu einer Tagesordnung, die eben nicht mehr von den Regelungen des Passierscheinabkommen begrenzt war. Aber jetzt zeigte sich, daß ich die Stadt nur vom S-Bahnhof Friedrichstraße aus kannte. London, Jerusalem und New York waren mir in den unmittelbaren Monaten nach der Vereinigung wesentlich vertrauter, als der von meinem 10. bis zu meinem 37. Lebensjahr hinter der Mauer verborgene Stadtteil meiner Heimatstadt. Befragt, wie ich zu dieser oder jener Institution meinen Weg gefunden hätte, erntete ich oft mitleidiges Lächeln. „Ja, weißt Du denn nicht, wie man von Kreuzberg, vom Wedding oder von Tiergarten über diese oder jene Straße direkt hierher kommt?“ Nein, ich wußte es eben nicht. „Sie fahren weiter durch Deutschland.“

Und dann kamen die vielen Anfragen von ehemaligen Berlinern. „Fahr doch bitte mal in die „Sowieso“-Straße, dort hatte mein Großvater ein Geschäft. Steht das Haus noch? Schick doch bitte ein Polaroid.“ Aber auch umgekehrt: Adressen, wie etwa die „Große Hamburger Straße“ als Synonym für Verfolgung, weil die Gestapo dort, wo heute der mehrfach geschändete Gedenkstein für die ermordeten Berliner Juden steht, das Altersheim der Jüdischen Gemeinde zur Sammelstation für die Deportationen aus Berlin in die Konzentrationslager und Zwangsghettos pervertiert hatte, bekamen eine neue positive Bedeutung, weil seit Sommer 1993 dort die Jüdische Oberschule ihren Platz hat. „Sie fahren weiter durch Deutschland.“

Und dann kam im Nachgang zu der Ausstellung „Jüdische Lebenswelten“ das Bedürfnis, jene „jüdischen Orte“ aufzusuchen, die Geschichte gemacht hatten. Zusammen mit Ulrich Eckhardt und Elke Nord erkundeten wir 800 Orte jüdischen Lebens, von denen ca. 400 in dem gleichnamigen Buch dokumentiert und erläutert sind. Undenkbar ein solches Projekt zu Zeiten der DDR. Die 30 Tage Besuchsmöglichkeit hätten es unmöglich gemacht, auch abgelegene Orte in Köpenick zu erkunden, abgesehen davon, daß die in einem solchen Fall von irgendeiner Behörde einzuholende Fotoerlaubnis eher einem Journalisten aus Australien, als einer Gruppe von Westberlinern erteilt worden wäre. So wurde Sonntag um Sonntag, Ortsgeschichte um Ortsgeschichte der andere Stadtteil, der eben nicht nur eine andere Welt, sondern auch eine eigene Stadt geworden war, zu einem Teil meiner Heimat: Berlin. „Sie fahren weiter durch Deutschland.“

Als ich Mitte 1997 Vorsitzender der Jüdischen Gemeinde wurde, begutachtete ich die beiden von meinem Vorvorgänger Heinz Galinski eingerichteten Amtszimmer: Eines mit dem Schreibtisch des legendären Berliner Rabbiners Leo Baeck in den repräsentativen Räumen des wiederhergerichteten *Centrum Judaicum* in Mitte, eines im Schuhschachtel-Format der späten 50er Jahre in der Charlottenburger Fasanenstraße. Unbefangen äußerte ich die Vorstellung, mein Büro könnte und sollte in Mitte sein. Was da alles für Bedenkenträger ihre Stimme erhoben! „Der Polizeipräsident wird unglücklich darüber sein, wenn Dein Büro im Osten liegt". Darauf später angesprochen hatte er nicht einmal sein vornehm-freundliches Lächeln aufsetzen können, sondern mußte lauthals lachen. „Die Politiker und Journalisten werden Dich nicht mehr besuchen kommen!" – sie kommen zahlreicher und häufiger denn je, denn die Kaffeehäuser rund um die Oranienburger Straße sind wesentlich bunter, als in der zwischenzeitlich reichlich ausgestorbenen Fasanenstraße. „Die Gemeinde wird ihre Identität verlieren! – Das Gegenteil ist der Fall. Das *Centrum Judaicum* ist Wahrzeichen der Stadt und neu ankommende Gemeindemitglieder oder Touristen vermuten ganz selbstverständlich, daß der Gemeindevorsitzende dort seinen Sitz hat. „Sie fahren weiter durch Deutschland."

Wartburgpolizeiautos gibt es nicht auf dem Kurfürstendamm, die Bedienung bei McDonalds hat ihre Identität auch nicht verloren. Seit der Vereinigung hat die Jüdische Gemeinde mit dem Berliner Senat einen Staatsvertrag geschlossen, ein neues Grundschulgebäude in Betrieb nehmen können, teilhaben dürfen an der Umwandlung der jüdischen Abteilung im Berlin Museum zu einem Jüdischen Museum in einem Gebäude von Weltrang, Härtefallreglungen für die hinzuziehenden russischsprachigen Juden erwirkt, Sicherheitsabkommen über die Verantwortung der Stadt für die Sicherheit der Gemeindeeinrichtungen schließen können, einen ersten Jahrgang mit Abiturienten auf dem Jüdischen Gymnasium begrüßen können, in der internationalen Presse lesen dürfen, Jüdische Kulturtage, jüdische Kneipen und Restaurants, eine Klezmerszene in der Stadt, der größte jüdische Buchmarkt außerhalb des Staats Israel und den USA hätten zu einer Renaissance jüdischen Lebens beigetragen. – „Sie fahren weiter durch Deutschland."

Als der legendäre erste Ministerpräsident Israels seinen ersten Wahlkampf durchführte, kam er auch in einen kleinen Kibbuz. Wie immer erzählte er von den großen Errungenschaften, die die Regierung in den wenigen Monaten seit Gründung des Staates erreicht hatte. Als der große Ben Gurion geendet hatte, meldete sich der kleine Moische aus der ersten Reihe und fragte. „Herr Ministerpräsident, wenn alles so gut ist, wie sie sagen, warum ist es dann so schlecht?"

Wenn also alles so gut und schön wie hier erzählt ist, warum wird dann die Zukunft jüdischen Lebens im wiedervereinigten Deutschland so vernehmbar skeptisch beäugt? Weil es da noch jenes andere Deutschland gibt, von dem angeblich keiner weiß, wo es liegt, wer es verkörpert. Aber da sind eben die Söhne jener unsäglich unfreundlichen Grepos, statt Uniform aus Stoff tragen sie Glatzen, statt professionellster Unfreundlichkeit, sind sie brutal. Und so nimmt es kein Wunder, wenn seit der Vereinigung allein in meiner Amtszeit seit Mitte 1997 etliche Male unsere jüdischen Friedhöfe geschändet, in der Nacht vom 3. zum 4. Oktober 1999 103 Grabsteine umgestürzt und demoliert, am 18. Dezember 1998 das Grab Heinz Galinskis sogar mit Sprengstoff zerstört wurde. Der Gedenkstein in der „Großen Hamburger Straße" wurde mehrfach angegriffen, und in den Tagen des Abfassens dieser Zeilen das Sprengstoffattentat auf sieben russischsprachige Juden in Düsseldorf verübt. Keine Spur von den Urhebern, aber eines ist sicher: „Sie fahren weiter durch Deutschland!"

Kerzen und Kohlen für Kirchen und Synagogen

Als sich in der ersten Hälfte des Jahres 1945 mit dem Vorrücken der alliierten Befreier Europas die Tore der Konzentrationslager für die wenigen Überlebenden öffneten, meinten viele – wie Heinz Galinski, „wenn man in einer solchen Situation lebt und doch die vage Hoffnung hat, eines Tages da rauszukommen, dann glaubt man, es wird sich eine Welt auftun, in der Menschenliebe und Verständnis unter den Völkern herrschen werde", in der so etwas, wie ein fabrikmäßiger Völkermord sich nie wieder wiederholen würde. In der Stadt Berlin, die einem Schutthaufen glich, und von der aus das Böse und Verderben koordiniert und befohlen worden war, schlossen sich Christen und Juden in einer Arbeitsgemeinschaft der Kirchen zusammen, um gemeinsam so profane Dinge zu organisieren, wie Kerzen für Gottesdienste oder Kohlen, um Synagogen und Kirchen zu heizen. Aus dieser Initiative, der gemeinsamen Not im alltäglichen Leben Herr zu werden, entstand unter Mitwirkung von Siegmund Weltlinger, Prof. Dr. Joachim Tiburtius, Heinrich Keul und Dr. Heinrich Vockel die Gesellschaft für „Christlich-Jüdische Zusammenarbeit". Wohl keiner der damals Anwesenden hätte geglaubt, daß in den 60er Jahren zur Eröffnung der Woche der Brüderlichkeit, die sich von der „Gesellschaft für Christlich-Jüdische Zusammenarbeit" als publikumswirksamstes Instrument, jeweils in der ersten Märzwoche beginnend, entwickelt hatte, die Deutsche Oper sich bis auf den letzten Platz mit über 1.800 Plätzen füllen würde, um etwa den Eröffnungsvortrag des greisen Rabbiners Georg Salzberger gebannt zuzuhören, oder daß sich an der Freien Universität im intellektuellen Austausch zwischen dem Judaistik- Professor Jacob Taubes, dem Professor für Evangelische Theologie, Helmut Gollwitzer, dem Religionswissenschaftler Klaus Heinrich und dem Islamwissenschaftler Fritz Steppard ein interreligiöses Studienprogramm entwickeln würde, das Pastoren, Rabbiner und Religionslehrer der abremitischen Religionen zum gemeinsamen Unterricht, aber auch zu gemeinsamen Gottesdiensten zusammenbringen würde – nicht nur während der „Woche der Brüderlichkeit".

„Gesellschaften für Christlich-Jüdische Zusammenarbeit" nach dem Berliner Vorbild entstanden in der gesamten Bundesrepublik und christlich-jüdische Aktivitäten gehören zum ständigen Programm der christlichen Kirchen, wie der Jüdischen Gemeinden. Der Dialog findet auf unterschiedlichen Ebenen statt, von den Hochschulen bis hin zu Einzelkontakten von Kirchengemeinden – vieles ist der Koordination der „Gesellschaften für Christlich-Jüdische Zusammenarbeit" entwachsen. Gleichwohl bilden sie zusammengefaßt im deutschen Koordinierungsrat die Säule, um die herum diese mannigfachen Denkanstöße und gemeinsamen Aktivitäten immer wieder neu entstehen. Man könnte meinen, die aus der Schoah entstandene Gemeinsamkeit von Christen und Juden könnte auch aus ihr heraus bestehen, wenn nicht die Existenz von „ewig Gestrigen" immer wieder deutlich machte, wie notwendig auch die verfaßtc Form der christlich- jüdischen Gesellschaften ist.

Wir wünschen der Gesellschaft für Christlich-Jüdische Zusammenarbeit für die nächsten 50 Jahre, daß sie eine lebendige Säule des interreligiösen Dialogs und der Zusammenarbeit bleibe und der begonnene Dialog dazu beiträgt, daß die Toleranz des anderen zu einer Selbstverständlichkeit des gesellschaftlichen Lebens, nicht nur in Berlin, nicht nur in der Bundesrepublik, sondern in ganz Europa werde. Daß sich also christlich-jüdische Gesellschaften nach dem Berliner und bundesdeutschen Muster in ganz Europa bilden, und der deutsche Koordinierungsrat bald auch auf europäischer Ebene seine Entsprechung finden wird.

Der 9. November 1989

Alljährlich findet im Jüdischen Gemeindehaus zum Gedenken an die November-Pogrome eine Veranstaltung statt, auf der neben dem Gemeindevorsitzenden der Regierende Bürgermeister eine Gedenkrede hält. Bis zu seinem Tod 1992 hat Heinz Galinski diese Veranstaltung genutzt, um in einer öffentlichen Rede über aktuelle Anliegen der Jüdischen Gemeinden in Deutschland, über aufkeimenden Rechtsradikalismus zu sprechen. „Wie oft sind wir hier in der leidgeprüften Fasanenstraße zusammengewesen. Wie sehr wird uns seine mahnende und helfende Stimme fehlen!“ So faßte der damalige Bundespräsident Richard Weizäcker seine Erinnerungen an diese Veranstaltungen bei der Trauerfeier anläßlich des Abschieds von Heinz Galinski am 24. Juli 1992 zusammen.

1989 fand die alljährliche Gedenkveranstaltung schon am 8. November in Anwesenheit des Vorsitzenden des *Zentralrates der Juden* und Berliner Gemeindevorsitzenden Heinz Galinski und des damaligen Regierenden Bürgermeisters Walter Momper statt. Am 9. November 1989 befand sich Heinz Galinski mit dem damaligen Bundeskanzler Helmut Kohl in Warschau, um dort der Pogrome zu gedenken.

Ich selber war auf einer Mahnwache vor der ehemaligen Synagoge in der Kantstraße 125. Als ich gegen 20.30 Uhr nach Hause kam, war es zunächst ein ruhiger Abend. Gegen 22.30 Uhr wollte ich dann in den *Tagesthemen* sehen, wie das Ereignis in Warschau in den Nachrichten reflektiert werden würde. Statt der erwarteten Reportage wurde ich dann jedoch Zeuge einer Liveübertragung vom Grenzübergang Invalidenstraße, die belegte, daß die DDR aufgehört hatte zu existieren.

Die Mauer, die letzte noch sichtbare Nachkriegsfolge der Naziherrschaft, die Deutschland und Berlin getrennt hatte, war offen.

Der 13. Mai 1999

Reb Ehrenberg sprach mich am Rand der RV am 12. Mai gegen Mitternacht an, und bat mich, am folgenden Tag gegen 17 Uhr zum Abschluß des Zusammentreffens des ersten orthodoxen *Beth Din* im Rahmen der europäischen Rabbinerkonferenz in unserem Gemeindehaus in der Fasanenstraße zu erscheinen. Das paßte recht gut in meinen Terminplan, weil an diesem Christi-Himmelfahrtstag ausnahmsweise nur die Eröffnung von *Beth Dvora,* der ersten Rabbinerinnenkonferenz im Nachkriegsberlin, auf meiner Agenda stand, ansonsten aber die Jüdische Gemeinde, wie an christlichen Feiertagen üblich, geschlossen blieb.

Lord Jacobovitz, der Vorsitzende der europäischen Rabbinerkonferenz begrüßte mich herzlich – auf deutsch – und erzählte mir, daß er auf dem Weg zum Jüdischen Gemeindehaus einen kurzen Stop in der Synagoge Kottbusser Ufer gemacht habe, wo die heutige Synagoge im ehemaligen Trausaal auch schon zu seiner Kinderzeit als Wochentagssynagoge genutzt wurde. Seine Begleitung, alles orthodoxe Rabbiner, die schon am Tag zuvor in Berlin eingetroffen waren, ließ verlauten, wie beeindruckt sie von unseren Schulen wären, wie sehr sie vom jüdischen Leben in Berlin angetan seien. Lord Jakobovitz ist eine sehr eindrucksvolle Erscheinung: Schmal, ja fast zierlich, etwas gebeugt, seit einem Schlaganfall unter einer Sehfeldeinengung leidend, schaut er seinen Gesprächspartnern mit einem festen Blick in die Augen und spricht leise, aber sehr bestimmt. Dunkel gewandet, aber nicht im Outfit der *Mea Shearim* – oder *Bene Brakorthodoxen*, macht auch sein Äußeres einen Ehrfurcht erweckenden Eindruck. Er erzählte weiter, daß sein gottseeliger Vater bis zu seiner Emigration 1939 der letzte *Dajan* der Jüdischen Gemeinde zu Berlin gewesen sei und daß er am heutigen Tag auch versucht habe, den Friedhof von *Adass Jisroel* zu besuchen, daß dies leider nicht möglich gewesen wäre, weil man ihn nicht eingelassen hätte. Er verstand aus seiner Kenntnis des Alten Berlin, daß es sinnlos sei, sich bei der Jüdischen Gemeinde zu Berlin über die andere Gemeinde zu beschweren und es gäbe anscheinend Strukturen, die annähernd gleich blieben. Sprachs und verabschiedete sich mit allen guten Wünschen und Gottes Segen.

Szenenwechsel: Das übliche Szenario: Neue Synagoge Oranienburger Straße: Dort angekommen, die Freunde aus der liberalen Bewegung: Rabbiner Albert Friedländer, Rabbiner Walter Homolka, Rabbinerin Daniela Thau und viele andere mehr, die ich nicht kannte. Und es galt eine Rede zu halten. Natürlich erwähnte ich, daß ich gerade Zeuge eines historischen Augenblicks gewesen sei, weil sich hier in der Stadt, in der das Reichssicherheitshauptamt sein Zuhause hatte, wieder eine orthodoxes *Beth Din* etabliert habe und daß ich von dort zu den „Nachfahrinnen" von Rabbinerin Regina Jonas gekommen sei, daß die Jüdische Gemeinde zu Berlin die einzige Einheitsgemeinde in Deutschland sei, während die anderen allenfalls als „non observoing orthodox" zu bezeichnen wären. Expressis verbis ging es hier darum, einen neuen Ansatz jüdischen Lebens und jüdischen Engagements zu bekräftigen, ohne ihn auf Kosten bestehender Institutionen zu plazieren.

Zwischendrin fragte mich vor laufender Kamera ein Journalist, wann Männer und Frauen in der Synagoge Pestalozzistraße beten werden. Die Antwort war, daß wir eben eine Einheitsgemeinde sind, daß diejenigen, die schon einmal ihre Synagogen verloren haben, diese nicht wieder verlieren sollen und daß es für diejenigen, die etwas anderes wollen, die Synagoge in der Oranienburger Straße gibt.

Größer hätte der Unterschied zwischen zwei Terminen in der Fasanenstraße und in der Oranienburger Straße nicht sein können, und doch war er so groß nicht. Einheitsgemeinde Berlin. Berlin, jüdisches Leben im Mai 1999.

Die wiedergewonnene Schönheit

Auguststraße in Berlin Mitte: Eine jener Gassen des alten Berlin, die noch erahnen lassen, wie es hier vor siebzig oder hundert Jahren ausgesehen haben mag. Hier lebte die ostjüdische Bevölkerung, Trödler und Rebellen, Talmudgelehrte und Schriftsteller, jüdisches Proletariat – und hier mordete der Pöbel am 5. und 6. November 1923 im ersten Novemberpogrom dieses Jahrhunderts. Nur eine Ecke weiter an der Oranienburger Straße hatte das jüdische Großbürgertum, die Mäzene und Ärzte, die Verleger und Großkaufleute ihr nach allen Seiten sichtbares Wahrzeichen geschaffen: Die Neue Synagoge. In der Spandauer Vorstadt hat jüdisches Leben eine lange Geschichte und viele noch zu entdeckende Spuren. Durch einen Torbogen, der bescheidener kaum sein kann, tritt man auf einen Hof, durch seine Einzigartigkeit beeindruckt. Hier steht jenes Haus, das als Haus der „Nächstenliebe", hebräisch AHAWA, ursprünglich einmal als Krankenhaus errichtet worden war. In seiner sachlichen Schönheit verschlägt es jedem Betrachter den Atem. Und dann, wenn er die sieben oder acht Stufen hinaufgeht und der Geruch eines abgestandenen Hauses ihm entgegenschlägt, verbunden mit jenem urtypischen DDR-Bohnerwachs, der auch nach 10jährigem Lüften noch nicht entwichen ist, befindet er sich in einer ursprünglichen, neuen, ganz frischen jüdischen Künstlerszene. Man tritt in riesige Säle, in denen die Spuren der letzten Nutzer, einer Blindenschule, gerade behelfsmäßig übertüncht worden sind. Wer hier nicht von Geschichte und Gegenwart unseres Jahrhunderts berührt wird, ist blind und taub, stumm und geruchslos.

Als in der Mitte des letzten Jahrhunderts die Jüdische Gemeinde daran ging, ihr Spital in ein modernes Krankenhaus zu verwandeln, beauftragte sie Eduard Knobloch, den (späteren) Baumeister der Neuen Synagoge, mit der Bauausführung. Das Ergebnis war eines der fortschrittlichsten Krankenhäuser Berlins: lichtdurchflutete Krankensäle für das, was sich damals modernste Behandlungsmethoden nannte. Als zu Beginn dieses Jahrhunderts die Medizin einen Quantensprung weitergekommen war, wurde das heutige Jüdische Krankenhaus im Wedding errichtet und kurz vor dem ersten Weltkrieg in Betrieb genommen.

Vor kurzem hat die Jüdische Gemeinde ihr altes Krankenhaus, dessen traurige und zuweilen atemberaubende Geschichte Regina Scheer in ihrem Buch über „AHAWA. Das vergessene Haus" dokumentiert hat, wiedererstattet bekommen. Noch ist nicht endgültig entschieden, wie es genutzt werden wird, ob es ein Erweiterungsbau der Jüdischen Oberschule in der Großen Hamburger Straße oder ein Internat für die Oberschule wird. Sicher ist, nachdem sich das

Gebäude jetzt wieder im Besitz der Jüdischen Gemeinde befindet, daß es einer seiner Geschichte angemessenen Zukunft engegen sieht.

Zwischenzeitlich haben sich in Berlin lebende Künstlerinnen und Künstler zu einer Initiative zusammengeschlossen, um die AHAWA zu einem Zentrum ihres Schaffens zu machen. Die Spandauer Vorstadt, vor Zeiten einmal denunziatorisch, heute eher liebevoll „Scheunenviertel“ genannt, die in nächster Zeit ganz sicher als Brennpunkt der „Szene“ und Seismograph künstlerischer Entwicklungen bezeichnet werden kann, ist um einen Hinterhof mit Patina, Geschichte und Zukunft reicher. Wenn man aber nicht nur dieses Gebäude erkundet, trifft man zugleich auf jene, deren Vorfahren den Henkern von der Schippe gesprungen sind. In jenen von Knobloch damals für die Kranken konzipierten, lichtdurchfluteten Sälen trifft man heute auf das, was der Aufbau nach dem Untergang in Berlin und anderenorts erzeugt hat: Eine neue jüdische Szene, geschaffen von jüdischen Künstlerinnen und Künstlern, die für sich selbst sprechen und offenkundig versuchen, sich in der wieder angeeigneten Welt des alten Krankenhauses von jenem Jahrhundertverbrechen zu gesunden, das jüdisches Leben nach der Schoah zeichnet und das etwa von eben hier ausging: Wenige Kilometer von der AHAWA entfernt, dem Haus der Nächstenliebe: auch die wiedergewonnenen Schönheit auf dem Hof der Neuen Synagoge war Teil jener Topographie des nationalsozialistischen Terrors. Regina Scheer dokumentiert: „Und eines Tages standen da die Mütter mit den leeren Kinderwagen, die Kinder waren weggeholt worden, zusammen mit den Pflegeschwestern. Die Mütter haben geheult und wollten nicht gehen.“ Dies geschah im Februar 1943 im Zusammenhang mit der sogenannten Fabrik-Aktion. Keine Gedenktafel kann dieses Leid jemals festhalten und doch spürt jeder das unvorstellbare Leid in der wiedergewonnenen Schönheit auf dem Hof der Auguststraße 14-16 .

Russischsprachige Juden in Berlin – eine Erfolgsstory?

Als sich im November 1989 die DDR langsam zu einem demokratischen Staat veränderte, beschloß der sogenannte „Runde Tisch“ russischsprachigen Juden den Zuzug in die DDR zu ermöglichen. Nach der Vereinigung erwirkte Heinz Galinski im Zusammenspiel mit der damaligen Bundesregierung die „Kontingentflüchtlingsrelgung“. Mehr also 50.000 neue Mitglieder konnten die Jüdischen Gemeinden in der Bundesrepublik seit damals verzeichnen. Viele Gemeinden entstanden gänzlich neu, andere wurden entscheidend wiederbelebt. Es grenzt an ein Wunder, daß jüdisches Leben in der

Bundesrepublik so lebendig ist, wie nie zuvor im Nachkriegsdeutschland. Eine Erfolgsstory? Leider nicht ganz! Wie alles in Deutschland wirkten sich hier die bürokratischen Hürden für die Einwanderer besonders ungünstig aus: Anerkennungen von Berufsabschlüssen und Diplomen gestalteten sich schwierig, Einbürgerungen nahezu als „mission impossible". Bleibt abzuwarten, wie das neue Staatsbürgerschaftsrecht wirken wird. Aber auch intern knirscht es: russischsprachige Juden haben oft andere Vorstellungen vom Judentum, als die in der jüdischen Tradition stehenden Gemeinden in Deutschland, sind eher geprägt von der Vorstellung jüdischer Kulturvereine als von Kultusgemeinden. Grund zur Sorge? Ja, bestimmt, wir Alteingesessenen müssen uns darum kümmern, daß Integration in Deutschland, aber auch in unseren Gemeinden keine leere Worthülse bleibt. Wie man das macht? In Berlin sind seit Mitte der 70er Jahre bis 1989 schon etwa 2500 russischsprachige Juden zugewandert und in der Gemeinde, in der Stadt, ja in unserem Leben als ein Teil von uns angesehen. Mit der beruflichen Integration wächst die soziale, mit der sozialen Integration die sprachliche, mit der sprachlichen der Wunsch nach einer religiösen Identität. Wir alle müssen uns noch ein Stück strecken, um das *happy end* dieser Erfolgsgeschichte gemeinsam zu bewirken.

„Was gibt's Neues vom Krieg?"

1999 jährte sich zum 54. Mal der 8. Mai 1945. Die Alliierten haben Deutschland und Europa von der Nazidiktatur befreit. Gleichzeitig begannen in Berlin die Feiern zum 50. Jahrestag der Gründung der Bundesrepublik Deutschland, denn am 8. Mai 1949 beendete der parlamentarische Rat seine Beratungen über das Grundgesetz. Dies war ganz sicher ein von den Vätern des Grundgesetzes gewolltes symbolisches Datum, enthält diese Verfassung doch etliche Artikel, die gegen den Mißbrauch demokratischer Bestimmungen durch die Nationalsozialisten gerichtet sind, ja man könnte sagen, das Grundgesetz ist eine Reaktion auf die Weimarer Republik und ihrer Vernichtung durch die Nationalsozialisten, die die Weimarer Verfassung bewußt mißbrauchten, um so ihre Diktatur zu errichten. Jetzt wird in Feierstunden, Symposien und Vorträgen das ins kollektive Gedächtnis zurückgerufen, was den die Bundesrepublik und ihr politisches System Tragenden geläufig und bewußt ist und doch zu Beginn der Berliner Republik der öffentlichen Manifestation bedarf: Daß die Berliner Republik in der Tradition der Bonner Republik steht, also sich auch versteht als ein neues Deutschland, das mit dem militaristischen, rassistischen, undemokratischen Deutschland jener 12 Jahre,

4 Monate und 8 Tage nichts gemeinsam hat. Daß mit dem Beginn der Berliner Republik der Wiedereintritt der Bundesrepublik in ein Kriegsgeschehen steht, dringt weit weniger ins öffentliche Bewußtsein, als die Baukräne und Glas-Stahlfassaden des „Neuen Berlin". Daß die Bundesrepublik Deutschland zusammen mit alten und neuen Nato-Bündnispartnern in einen Krieg verwickelt ist, ist kaum im allgemeinen Bewußtsein.

Zwar ist der Krieg mit seinem militärischen und politischen Geschehen täglich auf den Titelseiten der politischen Tageszeitungen, die Boulevardpresse beschäftigt sich jedoch eher mit den Konsequenzen des neuen Privat-TV-Vertrages für die Fußballchampionsleague. In Ostdeutschland gibt es eine merkbare Solidarität mit dem alten Bündnispartner, den Serben, in Westdeutschland reibt man sich die Augen und fragt, wo denn der Kosovo sei, ob man vor Jahren auf seiner Urlaubsreise nach Jugoslawien durch das heutige Kriegsgebiet gefahren sei oder nicht. An Stammtischen wird darüber spekuliert, ob man nicht durch den Luftkrieg Schuldige und Opfer gleichermaßen trifft, ob es besser sei, die Flüchlinge vor Ort zu versorgen und ob diejenigen, die Aufnahme fern der Heimat bekommen, jemals wieder repatriiert werden. Der Innenminister der neuen Bundesregierung, Otto Schily, der zunächst in den 70er Jahren durch die Verteidigung von Linksterroristen bekannt geworden war, dann durch sein Engagement in der Bundestagsfraktion der Grünen, schließlich nach einem Parteiwechsel zur SPD ein profilierter rechtspolitischer Kopf, bremst merklich, wenn es darum geht, Flüchtlinge in Deutschland aufzunehmen, wohl auch, weil er befürchtet, damit Milosovic unbeabsichtigt in die Hände zu spielen. Die Kommentarspalten der Tagespresse lassen anklingen, daß es wohl doch politisch richtiger gewesen wäre, wenn in Rамboulliet weiter verhandelt worden wäre und fragen, wie man, nachdem man in das Kriegstheater eingetreten ist, wieder hinaus gelangt. Inwieweit die politischen Parteien ihre angestammten Plätze einnehmen, sei dahingestellt. Den Grünen wird Solidarität mit ihrem Außenminister abverlangt, die SPD hält zu ihrem Kanzler und Verteidigungsminister, die CDU übt sich lustlos in Staatsräson und doch gibt es in allen Reihen Querdenker, die alles ganz anders sehen. Daß sie sich in allerschlechtester Gesellschaft von Rechtsradikalen befinden, die mit antisemitischen Flugblättern gegen den „Nato-Krieg" agitieren, der von Albright und Cohen im Rahmen einer „jüdischen Weltverschwörung" organisiert wird, weiß kaum jemand, weil diese Propaganda bisher glücklicherweise nicht wirkt. Die Jüdische Gemeinde flüchtet in historische Parallelen und meint, wäre Europa in den 30er Jahren Adolf Hitler und seiner Machtpolitik so militärisch konsequent entgegengetreten wie jetzt den Serben, hätte viel Leid vermieden werden können – aber es wird besonders in Ostdeutschland auch die

Frage gestellt, wo Europa und die NATO waren, als die Kroaten Anfang der 90er Jahre die Serben vertrieben haben. Daß Deutschland aktiv am Kriegsgeschehen beteiligt ist, bleibt eher marginal: Die Spenden der Jüdischen Gemeinden zugunsten der Flüchtlinge gehen an das *European Jewish Community*. Die Jüdischen Gemeinden Europas zeigen also Flagge und verlassen sich nicht allein darauf, daß die großen amerikanisch-jüdischen Organisationen es schon richten werden.

Bleibt die bange Frage, ob nach der Überwindung der Ostwest-Spaltung nun wieder ethnische Konflikte Europas Zukunft determinieren werden, ob eine „Balkanisierung" Mittel- und Westeuropas ansteht. Ein Blick auf schwelende ethnische Konflikte im Baskenland, auf Korsika, zwischen Flamen und Wallonen in Belgien und schließlich den religiösen Konflikt in Nordirland zeigt, daß selbst Westeuropa nicht so stabil ist wie die Europäische Union das gerne darstellt. Auch hier gibt es trotz der sich langsam vollendenden wirtschaftlichen und langsam voranschreitenden politischen Union noch immer eine unheilvolle Verbindung zwischen Blut und Boden. Blickt man auf das immer weiter zerfallende und zerbröselnde ehemalige Sowjetimperium, treten noch andere innenpolitische Konflikte hinzu, die womöglich auch ethnische Aspekte haben. Hinzu kommen offener Antisemitismus in Rußland und eine Krise eines politischen Systems, das in der Mentalität der ehemaligen Sowjetunion und aller seiner Nachfolgestaaten keinerlei Verankerung hat.

Es gibt also genügend Faktoren, um gänzlich pessimistisch zu werden, aber augenblicklich keinen wirklichen Grund. Die Konflikte nach dem Ende des „Dritten Reiches" und nach der Überwindung der Ostwest-Spaltung sind sichtbar, aber sie werden kaum wahrgenommen. Die Bundesrepublik feiert ihr 50. Bestehen und die Fertigstellung des Grundgesetzes am 8. Mai 1949 und schließt in das Gedenken auch die Allierten Soldaten ein, die Europa befreit haben. Was gib's Neues vom Krieg?

Deutschland ist daran beteiligt, aber weder stolz, noch glücklich, noch besonders damit beschäftigt.

Was fällt Ihnen zum Bagel ein?

Mir begegnete zum erstenmal ein *Bagel* vor etwa 28 Jahren bei einem Stehempfang, den die Jüdische Gemeinde der US-Armee in Berlin im Anschluß an einen Schabbatgottesdienst abhielt. Ich fragte mich, warum er so sperrig sei, daß beim kräftigen Zubiß der fingerdick aufgetragenen „Philadelphia"-Cremecheese so austrat, daß man ihn, wie bei einem schmelzenden Eis, an der Seite ablecken mußte. Die *Bagels* hatten eine weite Reise hinter sich, in New York gebacken und tiefgekühlt und zusammen mit vielen anderen koscheren Lebensmitteln per Luftfracht zu den „Occupationel Forces in Germany" verfrachtet worden. Hier in Berlin hatte man sie dann, zusammen mit seinen Schicksalsgenossen, nach dem Auftauen in einen Ofen geworfen und aufgebacken. Deshalb war mein erster *Bagel* auch etwas zäh. Daß er nur mit Cremecheese und nicht auch mit Lachs gefüllt war, lag daran, daß für die Proviantierung von GI's Lachs nicht vorgesehen war.

Mitte der 80er Jahre gab es auch außerhalb der US-Armee direkt importierte *Bagel*. Seit Beginn der 90er Jahre werden sie im wiedervereinigten Berlin frisch und täglich hergestellt.

Wenn ich ganz schlechte Laune habe, kaufe ich mir einen dieser Lieblinge und frage ihn, woher er kommt.

Ballroom 1997

Downtown New York: Ein Musikschuppen in einem ehemals als Industriegelände genutzten Viertel, endlose Fassaden mit Feuerleitern, heruntergekommene Backsteingebäude und auf der Straße herumlungernde Jugendliche. Nachdem man sein Eintrittsgeld bezahlt hat, betritt man, den obligatorischen Stempel auf dem Handrücken, das Etablissement und sieht bei schummerigem Licht alle Besucher stehen und brabbeln. Neben dem *Drumset* steht einer von den Piamentas und bei näherem Hinsehen erkennt man: Er hält ein Gebetbuch in der Hand – die ganze Gemeinde verrichtet das Abendgebet. Nach dem letzten Amen greift Piamenta zur Gitarre, der Drummer nimmt seinen Platz ein, und innerhalb weniger Sekunden verwandelt sich die Szene zu einem *Jewish Rock Stakkato*. Gelebte jüdische Musikszene am 12. Mai 1997, dem Unabhängigkeitstag Israels. Es bilden sich Gruppen von männlichen und weiblichen Besuchern, die miteinander, aber nicht zusammen tanzen.

Brooklyn, ein koscherer McDonalds namens „Jerusalem 2": Andy Statman, Piamenta und Avraham Fried sitzen zusammen und stellen fest, daß sie sich sonst nur auf der Bühne oder in der *Mikweh*, dem rituellen Tauchbad treffen. Man spricht über die Teilnahme an den Jüdischen Kulturtagen 97 in Berlin. CD's werden ausgetauscht, Pläne für gemeinsames Musizieren geschmiedet und die bange Frage gestellt, was für ein Publikum sie in Berlin erwarten wird. Das Ende der gemeinsamen Mahlzeit bildet das traditionelle Tischgebet. Jüdisches in New York – Jüdisches in Berlin. *A touch of ballroom*. Gelebte jüdische Religiosität ist für diese Musiker der Ausgangspunkt und der Kern ihrer Musik. Erst wenn die Klezmer-Musiker in Deutschland auch jüdisches Leben praktizieren, wird ihre Musik authentisch sein.

Hasidic New Wave

Frank London gehört zur „Knitting Factory“, zu jener downtown, very downtown – jüdischen Künstlerwelt, in der die jüdisch-traditionelle Musik des *Jiddisch Radio* der 30er Jahre ins nächste Jahrtausend katapultiert wird.

Pessach 1996: In der „Knitting Factory“ sitzen auf 100 qm mehr als 200 jüdische Menschen, um auf avantgardistische Weise jenes Buch zu lesen, das in jüdischen Familien seit Jahrtausenden zur Nacherzählung und Nachempfindung des Auszuges aus Ägypten gelesen wird. Und da sind sie alle, die Musiker der „Hasidic New Wave“: Der Trompeter Frank London, der bei den „Klezmatics“, John Zorn, der „They might be giants“ spielte, der Saxophonist Greg Wall, an der Gitarre der Virtuose David Fiuczynski, der Bassist Kenny Davis, bekannt durch seine Arbeit mit Herbie Hancock, und am Schlagzeug Aaron Alexander.

Der eine bläst auf der Trompete die Geschichte jenes unverständigen Kindes, das die dümmste aller denkbaren Fragen stellt. Der andere schlägt auf dem *Drumset* die Frage des bösartigsten aller denkbaren Kinder und plötzlich wird ein Video projiziert: „Martin Luther King by belief...“ als Aufbruch aus der Zeit der Sklaverei in Ägypten proklamiert.

Die Musiker der „Hasidic New Wave“ verbinden traditionelle jüdische Inhalte mit politischen Aussagen und künstlerischen Ausdrucksformen des 20. Jahrhunderts. Was dabei herauskommt, ist kein Potpourri, sondern etwas ganz Neues: Jüdisches, das altbekannt und doch revolutionär ist.

Piamenta

Yossi Piamenta lebt in Brooklyn. Mit Avraham Fried und Andy Statman trifft er sich allwöchentlich in der *Mikweh*, dem jüdischen Ritualbad. Alle halbe Stunde wird in ihrer *Medine*, Lebensumgebung, von Mittag an *Mincha*, das Nachmittagsgebet der orthodoxen Juden, gesprochen. Auch hier treffen sie oftmals im gleichen Zeittakt zusammen.

Yossi Piamenta fährt einen riesigen, jahrzehntealten amerikanischen Straßenkreuzer. Er ist Kettenraucher. Nur am Schabbat raucht er nicht. Sein Wagen ist mit Musikkassetten überladen. Gestartet werden kann das Auto nur, indem er mindestens zwei von zahlreichen lose herumhängenden Kabeln mit größter Sicherheit und göttlichem Vertrauen verbindet. Dieses Vertrauen hat er auch, wenn seine Finger über die Saiten seiner Gitarre gleiten. Keiner spielt Gitarre so wie er. Stilistische Vergleiche mit Rockmusikern der 60er und 70er Jahre haben ihm den Titel eines jüdischen Jimi Hendrix eingebracht.

Yossi Piamenta kann keinen Augenblick ohne jüdische Inspiration sein. Vor einem Geschäft für jüdische Bedarfsartikel, auf einen Freund wartend, holt er aus dem Handschuhfach seines Straßenkreuzers ein Buch und liest, leise brabbelnd, laut rezitierend, *Tehillim*, Psalmen. Kein Augenblick soll verloren gehen für die Lobpreisung Gottes. Das ist alles, was er zu sagen und auf seiner Gitarre zu spielen hat.

Besuch bei Gideon Taylor am 19. 1. 1999

Im Aufzug steht neben mir eine Afroamerikanerin mit einem jener Pappformtabletts in der Hand, in denen man bei MacDonalds Getränke zum Mitnehmen überreicht bekommt. Darin stecken aber keineswegs eisgekühlte Sodas, sondern „Waldenbrooks Cafes". Wie ein Wegweiser geht sie mir voran, stracks durch die etwas abgenutzte Tür mit jenem Türschild aus den 50er Jahren. Dahinter ein schäbiger Vorraum. Hinter einer Fensterglasscheibe vor einem riesigen Großraumbüro sitzt eine russischsprachige ältere New Yorkerin, die in bestem russoenglisch nach meinem Begehren fragt. Sie verschwindet, um eine mir aus dem *Joint* bekannte Amerikanerin zu rufen, und bittet mich, auf einem der fünf Stühle in jenem Vorraum Platz zu nehmen. Keine Panzerglasscheiben wie beim *Joint*, keine elektrisch gesicherte Sicherheitstür, kein Telefonapparat für die interne Kommunikation. Eine Zeitreise zurück in die Bürowelt der 50er Jahre. Leise klappern die mechanischen Schreibmaschinen vor sich hin. Die Minuten vergehen. Ältere Frauen gehen ein und aus. Sie begrüßen sich auf russisch. In mein Blickfeld geraten die abgeschabten Stellen der Wände. Plötzlich geht die Tür auf, hinter der sich das Großraumbüro erstreckt und Gideon steht im Oberhemd vor mir. Er lacht mich an, streckt mir die Hand entgegen und sagt: „Wir haben keinen Kühlschrank, wir haben keine Kaffeemaschine, wir haben keine Computer, aber ich hab ein offenes Herz. Wir gehen vorbei an den Schreibtischen, die schon bessere Zeiten erlebt haben und steuern auf ein Verließ in der Ecke des Großraumes zu. „Wollen Sie eine Tasse Kaffee, Tee oder ein Soda?" fragt die mir aus dem *Joint* bekannte Sekretärin, um sich vor den Kopf zu schlagen, und sich zugleich zu entschuldigen. „Ach, hier gibt es ja nichts. Tut mir leid!" Gideon vermittelt: „Tee werden wir ja noch zusammenbringen!" Sie bringt heißes Wasser mit einem Teebeutel und pulveresiertes Sacharin. Dann tritt der Gau ein. Ich reiße die Sacharinbeutel auf und schütte sie in den Tee. „Gewaltiger Gott, wir brauchen jetzt einen Löffel!" Sie bringt mir einen Brieföffner. Nachdem ich bemerke, daß mir Zucker nicht so wichtig sei, nimmt sie den Brieföffner leicht indigniert wieder an sich. Als der Styroporbecher halb ausgetrunken war, kommt sie mit einem Plastiklöffel an und bemerkt: „Das nächste Mal, wenn Sie kommen, haben wir einen Service."

Gideon zeigt auf das Fenster und merkt mit trauriger Miene an, daß dies bisher verklebt war, weil man hier keine Sonne sehen wollte. Er fügt mit etwas resignierendem Blick hinzu, daß er von den 14 Tagen seiner Tätigkeit hier nur eine gute Botschaft habe: Trotz des Organisationszustandes der 50er Jahre könnten alle Renten und Verpflichtungen abgewickelt werden und er versprach, daß er diese Insel der 50er Jahre im nächsten halben Jahr reorganisieren würde. Dazu wird er wohl mehr brauchen, als sein alter Ego in Form der auf ihn eingespielten Sekretärin des *Joint*. Aber in wenigen Monaten bin ich wieder in NY. Dann werden wir sehen, was aus der Büroinsel der 50er Jahre geworden ist.

Sei bezuhlen schon, Leipzig anno 1966

„Leipzig einundleipzig" war ein geflügeltes Wort meiner Mutter für Dinge aus der Zopfzeit. 1966 wurde der Berliner Oberkantor in die Messestadt eingeladen. Samt Klavierbegleiter aus Westberlin, Frau und Sohn. So kamen wir im weißen VW 1500 in die Stadt der Buckelwartburgs und Trabis. An den Namen des Vorsitzenden der Jüdischen Gemeinde Leipzig kann ich mich nicht mehr erinnern, seine Stellvertreterin hieß Ella Wittmann, aber er hatte einen unvergeßlichen Spruch auf den Lippen. Was immer passierte, er ließ sich durch nichts aus der Ruhe bringen und sagte: „Nachuma, sei bezuhlen schon!", was heißen sollte: Herr Nachama, sie (d. h. die Regierung) bezahlt schon die Rechnung.

So trafen wir ein und wohnten am ersten Hotel am Platz. Willi Lege, ein in Westberlin lebender begnadeter Korrepitor der Komischen Oper in Ostberlin, Lilli, meine Mutter, Eto, der Oberkantor und ich, der Schüler der 8. Klasse einer Westberliner Oberschule.

Nach dem Empfang beim Oberbürgermeister nahm das Unglück seinen Lauf, der Oberkantor wurde heiser. „Sei bezuhlen schon" sagte der Vorsitzende, das sei kein Problem. „Wir haben hier Ärzte, die heilen alles! Sofort! Wir sind doch im Sozialismus." Der Oberkantor war von der Idee angetan, Eto blieb skeptisch. Willi sagte, er könnte den Konzertabend im wesentlichen durch Klaviervariationen der *Chasanut*stücke bestreiten, Eto bräuchte die Texte nur zu sprechen.

Wir kamen zum Arzt. Er hatte in seinem Behandlungszimmer eine Hammondorgel. Der Oberkantor war begeistert. Ein HNO (Hals-,

Nasen-, Ohrenarzt) mit Musikinstrument war ihm noch nicht untergekommen. *Dottore* fragte, was der Oberkantor denn singen könnte und legte die Töne auf der Orgel fest. Danach setzte er sich nieder und begann eine komplizierte Berechnung mit Rechenschieber, mehreren Seiten Papier und schließlich einem mehrere Seiten umfassenden Rezept. Der Oberkantor war beeindruckt. Der Sozialmus ist wirklich überlegen. Mit dem Rezept ging der Oberkantor in die nächste Apotheke. Die Apothekerin war außer sich. „Kommen Sie in fünf Tagen wieder. Bis dahin habe ich das Rezept umgesetzt." Der Oberkantor sprach von seinem am gleichen Abend stattfindenden Konzert und bestach die Apothekerin mit liebevollen Blicken sowie zwei Eintrittskarten für sie und ihren Mann. Der Cocktail wurde gemischt, der Oberkantor sang, exakt in der Tonlage, die er auch schon singen konnte, als er zum sozialistischen Wunderdoktor kam und Willi hatte ein Klavierkonzert wie es sich die Korrepitorten der Komischen Oper in ihren schlaflosen Nächten wünschen.

Auf dem Weg nach Berlin (West) sagte Eto, die Ostdoktoren kochen auch nur mit Wasser, aber das ganze lief ohne Krankenkasse. Insofern hatte jener recht: Sei bezuhlen schon!

Germany – seen with my jewish eyes

Cornelia Street Café in Greenwich Village. Einen Steinwurf entfernt tagt ein exklusiver Zirkel, von Hendryk Broder über Daniel Cohn-Bendit, Anetta Cahane, Julius Schoeps bis John Peck, um sich tiefgreifende Gedanken über die Zukunft jüdischen Lebens in Berlin und New York zu machen. *Panel Discussion*. Engagierte Zwischenrufe aus dem Publikum sorgen sich um jüdische Identität zum *fin de siècle*. Ein Hauch von Weltuntergangsstimmung wabert durch den hehren Senatssaal der New York City University.

Eine junge jüdische Schauspielerin betritt Robin Hirsch's *Cornelia Street Café*. Sie breitet ihre Pressetexte, Videos und Manuskripte aus. Springt auf, setzt einem völlig unbeteiligten Kaffeehausbesucher, der gerade *scrambled eggs* und *decaf* verschlingt, ihren Hut auf und beginnt – zum Entsetzen, Staunen und Vergnügen der restlichen Gäste – Texte aus ihrer Show zu rezitieren, zu spielen und zu musizieren. Innerhalb weniger Minuten ist Hirschs Café zur Synagoge geworden. Die Besucher werden zum Gebetsquorum; nicht einmal der zehnte Mann fehlt.

Wenige Augenblicke später kommt eine auch im fernen Berlin bekannte Jiddischlied-Sängerin, legt ihre CD vor und begreift nicht, warum die Blicke aller Gäste erwartungsvoll auf sie gerichtet sind. Ja, man erwartet eine neue *breakfast-show*, die es dann leider nicht gibt, denn das Gespräch am Frühstückstisch wird unter vier Augen geführt. Ein paar Augenblicke später kommt eine mit einem großem Rucksack beladene jüdische Filmemacherin, die sich nicht setzen kann, weil sie mit dem großen *backpack* keinen Platz in dem inzwischen völlig überfüllten Kaffeehaus findet. Sie legt schweigend eine Videokassette auf den Tisch, sieht sich irritiert um und fragt sich, warum das Café zu dieser frühen Stunde überfüllt ist. Schließlich begreift sie, daß hier ein zufälliges Publikum die Vorbereitungen und Vorgespräche für die „Jüdischen Kulturtage“ in Berlin erlebt, nimmt im Gedränge ihren Rucksack ab, zerrt ihre Videokamera heraus und hält die Situation fest, denn sie ist eine jüdische Dokumentarfilmerin der off-Szene. Augenblicke später kommt eine hier offenbar bekannte Schauspielerin, springt ohne Vorankündigung auf einen freigewordenen Stuhl und rezitiert aus ihrem *d-book*.

Im Senatssaal der New York City University werden starke Zweifel daran geäußert, ob jüdisches Leben diesseits und jenseits des Atlantik im nächsten Jahrhundert oder sogar Jahrtausend die Möglichkeit eines Fortbestehens haben könne. Die Teilnehmer der Diskussion ahnen nichts von der Existenz von Robin Hirsch' s *Cornelia Street Café*.

Am Nachmittag, beim Kosten eines vorzüglichen Rotweins, sagt Robin, daß sein Buch „Last Dance at the Hotel Kempinski“, in dem er die Geschichte seiner Eltern aus Berlin nach New York und im Geist auch wieder zurück, oder auch nicht, daß jedenfalls diese Geschichte auch im Hotel Kempinski hätte spielen können. Das ist so wahr, wie die 400 Meter, die zwischen der New York City University und dem *Cornelia Street Café* liegen.

Die Reihe „Germany – seen with my jewish eyes“ ist der Versuch, Deutschlandbilder von Menschen zu zeigen, die nicht hier geboren wurden und doch hier leben – oder vielleicht auch nicht.

Hauptstadtkultur
Berliner Luft ist sprichwörtlich …

Berlin ist eine Stadt, in der Provinzpossen und Weltbühnen zu Hause waren und sind. Die Philharmonie, das Deutsche Theater, große und kleine Klangkörper haben hier ihren Standort. Gastspiele aus der Sowjetunion in der Zeit des Kalten Krieges, Auftritte von Ensembles aus aller Herren Länder in der Zeit der Insellage und Denkanstöße in der Zeit der Vereinigung waren und sind das Markenzeichen einer Institution: Der *Berliner Festspiele*. Nur zuweilen in Frack und Smoking, immer aber mit dem offenen Ohr und Auge des auf gesellschaftlichen Fortschritt bedachten Kulturkonsumenten wurden hier Kapitel deutscher, europäischer, ja weltweiter Kulturgeschichte eröffnet. Kein Programm eines noch so renomierten Schallplattenlabels und nicht die Ambitionen eines gerade noch so geschätzten Regisseur, Dirigenten oder Medienstars, sondern das konsequente, beharrliche Suchen nach Neuem und zugleich das Entdecken des verschütteten, verdrängten und vergasten Erbes. Das ist es, was die Berliner Festwochen und *Berliner Festspiele* in den letzten Jahrzehnten – nicht immer ernst, aber doch konsequent – versuchten und darstellten. Anders als Cannes, anders als Bayreuth, anders als Salzburg.

Der Berliner Weg zur Kultur der Hauptstadt und Metropole Berlin.

Jüdische Oberschule

Als nach den Sommerferien 1993 in der Aula des Gebäudes der alten jüdischen Knabenschule in Berlin die neue Oberschule unserer Gemeinde mit Schülerdarbietungen und hoffnungserweckenden Vorträgen gegründet wurde, saß ich in jenem altehrwürdigen Gebäude und dachte mir, wie schön es doch zukünftige jüdische Schülergenerationen haben werden, die sich entscheiden können, ob sie in eine Schule ihrer Nachbarschaft oder in unsere jüdische Oberschule gehen wollen.

Diese Entscheidungsmöglichkeit hatte ich nicht. Schwer genug war es, sich neben der allgemeinen Schulausbildung, quasi im Selbststudium, jüdische Traditionen und ihren *background* zu erarbeiten.

Jetzt gibt es schon seit einigen Jahren mit wachsendem Erfolg dieses Schulkonzept von allgemeinem, im Rahmenplan des Landes Berlin vorgeschriebenen Schulwissens, Judaistik und Hebräisch, und wir investieren hier nicht in Sozialarbeit oder Krankenpflege, sondern es geht um das Herzstück der Integration von russischsprechenden Zuwanderen, alteingesessenen Juden und jüdisch nicht Interessierten. Wir wissen, daß aufgrund der komplexen Situation jüdischer Menschen in der ehemaligen Sowjetunion viele ihrer jüdischen Wurzeln entfremdet waren und also hier die Eltern von ihren Kindern jüdische Traditionen lernen, die sie zuvor in der Schule vermittelt bekommen haben.

Wir setzen darauf, daß dieses große Erziehungswerk unserer Gemeinde in die Zukunft führt, indem sie unsere fünf Jahrtausende währende Geschichte lehrt, vermittelt und in die Herzen bringt.

Wir wollen keine Diskussion um die Zukunft unserer Schulen. Anders als am 30. Januar 1933, als in Berlin der Gemeindevorstand tagte, um die bestehenden Jüdischen Schulen in Berlin aufzulösen. Im weiteren Verlauf der 30er Jahre wurden so viele jüdische Schulen eingerichtet wie nie zuvor, da immer mehr jüdische Schüler aus den öffentlichen Schulen herausgeekelt wurden. Als im Jahr 1986 die Jüdische Grundschule in Berlin eingerichtet wurde, und konsequenter Weise sieben Jahre später 1993 die Jüdischen Oberschulen – Gymnasium und Realschule – war kein jüdischer Schüler von Antisemiten bedroht, seine Schule zu verlassen, sondern es ging darum, in einer nichtjüdischen Umwelt einen Ort zu schaffen, an dem jüdisches Wissen und jüdische Tradition denjenigen, die sie in sich aufnehmen wollten – freiwillig in sich aufnehmen wollten – zu vermitteln. Jerzy Kanal, der Vorsitzende der Jüdischen Gemeinde ab 1993, hat in seiner Eröffnungsansprache zum Ausdruck gebracht, daß er sich vorstellen würde, daß aus dieser Schule nicht nur gläubige Juden, sondern eines Tages auch jüdische Religionslehrer, Kantoren und Rabbiner hervorgingen. Gleichzeitig wurden auch nichtjüdische Schülerinnen und Schülern in dieser Schule aufgenommen, denn nie wieder sollten jüdische Schulen in Berlin, eingedenk der historischen Erfahrungen der 30er Jahre, Ghettoschulen sein.

Die Jüdische Gemeinde zu Berlin stellt sich diesem riesigen Experiment, das einen nicht unerheblichen finanziellen Zuschuß aus der Gemeindekasse bedarf, um das in die Zukunft zu bringen, was jüdisches Leben zu allen Zeiten war: Lernen.

Das wichtigste Buch nach der Bibel ist, der jüdischen Tradition nach, der Talmud – „L“ „M“ „D”, die drei Wurzelbuchstaben des Talmud heißen: Lernen.
Lernen ist das Rückgrat jüdischer Tradition, jüdischen Lebens und jüdischer Zukunft.

Wir hoffen und beten, daß die jüdischen Schüler unserer Schulen mit ihren nichtjüdischen Klassenkameraden jüdisches Wissen nicht nur eine Generation weiter bringen, sondern so in sich aufnehmen, daß es für sie das ist, was Heinrich Heine das „portative Heimatland“ genannt hat.

Die Weihnachtsgeschichte der Bunkerkirche

In Düsseldorf lebte noch in den achtziger Jahren in einem zu einer Kirche umgebauten Luftschutzhochbunker Monsignore Klinkhammer. Meterdicke Wände und mit ganz dünnem Fensterglas verschlossene Schießscharten machen diese Kirche zu einem surrealen Ort. Vor der Tür ist ein ampelgeregelter Verkehrsknotenpunkt. Im Takt der Ampelschaltung jaulen die Motoren der anfahrenden Autos auf und vermitteln den Eindruck, man säße auf der Kreuzung und nicht im Bunker.

Die Vergangenheit dieser ungewöhnlichen Kirche gemahnt gleichermaßen an den Frieden wie an das Leben des dort noch Ende der 70er Jahre tätigen Geistlichen. Wenn in diesem alten Bunker in den Nachkriegsjahrzehnten Weihnachtslieder gesungen wurden, dann dachte Monsignore Klinkhammer immer an die folgende Geschichte:

> "Es waren nur einzelne Leute, die in der katholischen Kirche Widerstand leisteten, keine eng geschlossene Bewegung, wie sie mit der ‚Bekennenden Kirche' auf der evangelischen Seite entstanden ist. Obwohl ich katholischer Geistlicher bin und ich nach 1933 im ganzen mehr als zwei Jahre im Gefängnis und im Untergrund gewesen war, wurde ich dann zur Strafe als Soldat eingezogen. Ich habe damals meinen Generalvikar gefragt, wie es denn mit dem Wehrgesetz sei. Es heißt doch darin, daß ‚Wehrunwürdige', also Straftäter und geistig nicht zurechnungfähige Menschen und katholische Geistliche, und diese Reihenfolge ist auch so angegeben im Gesetz, vom Wehrdienst befreit seien. Da hat mir der Generalvikar gesagt, ‚ja, das gilt für Friedenszeiten', aber in Kriegszeiten, es war gerade der Beginn des Jahres 1941, würde das nicht gelten. ‚Sie werden soviel Gutes bei Ihren soldatischen Kameraden tun können, auch als Seelsorger, daß Sie froh sein können, daß Sie jetzt mit fürs Vaterland in den Krieg ziehen dürfen'."

Als ich eingezogen wurde, nach einer Ausbildung, kamen wir nach Rumänien. Und da war mir klar, daß wir einen Angriffskrieg gegen Rußland inszenierten. Und das haben wir damals schon zum Ausdruck gebracht, was mir von meinen militärischen Vorgesetzten sehr verübelt wurde, weil sie es nicht glaubten; dann kam es doch.

Ich wurde dann Sanitäter und als ich dann dort zu dem betreffenden Sanitätslazarett kam, war schon bekannt, daß ich ein Widerstandskämpfer war, denn es ging mit meiner Personalakte der sogenannte ‚Rote Bogen', d.h. man beobachtete mich besonders usw. So kam es schon, als wir auf der Krim waren und ich im Auftrag meines Stabsarztes eine Weihnachtsfeier vozubereiten hatte, daß man das sehr beobachtete. Es war bei dem Flughafen Saki, wo Stalin früher seine Moorbäder zu nehmen pflegte, daß ich dort diese Weihnachtsfeier durchzuführen hatte. Ich erzählte, weil wir ja keine Bücher bei uns hatten, diesen Kameraden eine Geschichte, die ich ein Jahr zuvor in Köln, wo ich nur als nichtpredigender Kaplan ein kurze Zeit angestellt war, dort der Jugend erzählt hatte. Der Dichter dieser Geschichte war der Flame Philip de Pellecin und die Geschichte hieß: ‚Der Sternorden von Bethlehem'. Eine humorige Geschichte, in der z. B. Petrus einen Soldaten, der im Krieg gefallen war, so abfertigt im Himmel: ‚Was suchst Du denn hier, in dieser dreckigen Uniform im Himmel' und da sagt der: ‚Ich komm' doch aus dem Krieg' und da antwortet Petrus: ‚Krieg – was? Ist denn da unten immer noch Krieg? Haben die sich denn nicht schon lang genug ihre Köpfe blutig geschlagen?‘ Ein Soldat kam also in der Christnacht zu Petrus. Er war von seinen eigenen Kameraden erschossen worden und mußte nun vor Petrus ausführlich über sein Leben berichten. Nachdem Petrus von diesem Soldaten all die Schlechtigkeiten erfahren hatte, die dieser Mann in seinem Leben und besonders während des Krieges begangen hatte, erzählte der Soldat eine Begebenheit aus seiner letzten Nacht auf Erden – aus der Christnacht.

Er sagte: ‚Es ist Sünd‘ und Schand, daß die Christnacht an der Front genauso ist, wie all die anderen Nächte auch:
Man schießt und schimpft und flucht wie immer. Aber plötzlich war es in dieser Christnacht ein lange Zeit still. Und dann hörte ich auf einmal ein leises Wimmern; die Worte selber verstand ich nicht, aber es war ein leises Klagen. Als ich näher hinkroch, hörte ich, wie jemand immer nur ganz leise ‚trinken, trinken‘ stöhnte. Ich gab diesem Menschen zu trinken und merkte, daß er ein feindlicher Soldat war. Aber auch den konnte man doch nicht da so einfach in der Nacht liegen lassen. Ich zog ihn dann ganz langsam zu unserem Unterstand. Plötzlich, wir waren schon ganz kurz vor dem Ziel, begann jemand von meinen Leuten zu schießen. Ich schrie noch: ‚Paß‘ doch auf, laß das sein...’. Aber es war für mich schon zu spät. Und nun stehe ich hier bei dir im Himmel, lieber Petrus.‘ Als Petrus diese Geschichte gehört hatte, konnte er dem Soldaten den Zutritt in den Himmel nicht mehr verwehren, obwohl der Soldat sonst in seinem Leben auch viel Böses getan hatte.

‚Und so ähnliche Dinge kamen in der Geschichte vor, und daß wurde mir als Zersetzung der Wehrkraft ausgelegt. Und dann kam ich vors Kriegsgericht, nachdem ich Monate lang in der Kasematte gelegen hatte, und wurde schließlich nach einem anfänglichen Todesurteil begnadigt zur Strafkompanie. Nach einer Verwundung kam ich da heraus und wurde dann an die Nordfront geschickt nach Leningrad, und da mußte ich dann einen Divisionspfarrer, der erkrankt war, vertreten. Ich sagte aber damals dem General: ‚Ich bin aber der ungeeignetste Mann für Weihnachtsfeiern, denn deswegen bin ich ja ins Gefängnis gekommen.‘ Da sagte er: ‚Dann sind Sie mein Mann.‘ Und so war damals schon dieser Mann ein Kämpfer und ich dachte: ‚Wären nur meine Bischöfe auch so mutig, daß sie mich angestellt hätten damals.‘ Man hätte mich vor der Teilnahme am Krieg bewahren können, indem man mich zum Rektor gemacht hätte. Mein Bischof konnte mich nicht gebrauchen, aber der General wohl. Ich bin monatelang von Unterstand zu Unterstand geklettert und habe meinen Kameraden Weihnachtsfrieden und Weihnachtsfreude vermitteln können, bis ich dann schließlich wegen meines Alters von der Front zurückgezogen wurde. Ich bin nie zur Ruhe gekommen – ich bin heute alt geworden, trotzdem sehe ich mit einem Rest Genugtuung auf diese Zeit des Kampfes gegen die Diktatur des Nationalsozialismus zurück. Heute kommen die Menschen in meinen Bunker um zu beten, aber ich weiß, daß auch die, die hier saßen, als die Bomben fielen und nichts mit der Kirche am Hut gehabt haben, viel intensiver gebetet haben, als irgendjemand heute."

Sagt Monsignore Klinkhammer und merkt an, daß diejenigen, die Bunker bauen, zuallererst im Sinn haben, Bomben zu werfen.

An diese Geschichte soll man denken, wenn jetzt in der Düsseldorfer Bunkerkirche Weihnachtslieder gesungen und die Weihnachtsgeschichte mit der Frohen Botschaft verkündet werden, denn Waffen, Bunker und Bomber werden noch immer gebaut.

LBI – welcome

Seit einigen Monaten habe ich mein Büro in diesem geschichtsträchtigen Haus. Viele Besucher, die hierher kommen, berichten mir, daß sie schon in den Jahren 1949 oder 1950 an eben diesem Tisch Heinz Galinski sitzen sahen, und dann erzähle ich den Besuchern, daß nach einer schönen Legende an diesem meinem Schreibtisch schon der große Rabbiner Leo Baeck in seiner Zeit als Vorsitzender der Reichsvertretung der deutschen Juden gesessen habe. Ich gebe diese Geschichte gerne weiter, denn als Historiker hat man es gerne, wenn der Mantel der Geschichte auf dem eigenen Schreibtisch vorbeigeflattert ist. Das historische Stück wird wohl nicht Leo Baecks Schreibtisch gewesen sein, denn wir Historiker wissen, daß Leo Baecks Schreibtisch in der Kantstraße stand, eben im Büro der Reichsvereinigung, wo heute „Karstadt Sport" steht. Aber mein Schreibtisch wird der von Heinrich Stahl gewesen sein, dem letzten Vorsitzenden der Jüdischen Vorkriegsgemeinde, immerhin einem der wichtigsten Verbündeten Baecks in seinem Kampf für die deutschen Juden.

Ich weiß noch ziemlich genau, daß es Ende der 60er Jahre war, als mir erstmals eine Leo-Baeck-Institute-Publikation in die Hände fiel – ich war noch Gymnasiast: Es war ein Band von Selma Sterns' „Der Preußische Staat und die Juden", Quellenedition.

Aber Leo Baeck war nicht nur ein ferner Name für uns hier im Nachkriegsberlin aufgewachsenen und lebenden Juden. Wie oft hat sich unser unvergessener Vorsitzender Heinz Galinski auf Leo Baeck bezogen, wenn er über den Stellenwert der Nachkriegsgemeinde bestimmen wollte, wenn er den berühmten Satz Baecks nach der Befreiung aus Theresienstadt oder dem Beginn der 30er Jahre zitierte,

„die 1000jährige Geschichte der Juden in Deutschland wäre vorüber“, den er bei seinem Besuch im Nachkriegsberlin 1951 modifizierte. Für was? Um zu beschreiben, daß der Aufbau nach dem Untergang, daß das jüdische Leben im Nachkriegsberlin, und ich darf sagen auch heute, nur ein ferner Abglanz jener Periode ist, für die Leo Baeck und sein „Wesen des Judentums“ steht.

Kürzlich erhielt ich einen besorgten Anruf der Enkelin Leo Baecks aus New York, die sich nach der Friedhofsschändung in Weissensee besorgt erkundigte, was denn mit dem Grab ihrer Großmutter geschehen sei. Wir wissen, daß Leo Baecks Frau hier in Berlin begraben wurde, während sein Grab in London ist. Ich konnte sie beruhigen, denn das geschändete Feld lag ein Stück weit von der Ehrenreihe entfernt. Aber es war ein schwacher Trost und ein Stück der traurigen Wirklichkeit in Berlin und in Deutschland.

Zurück zu Leo Baeck und unseren Beziehungen zu ihm: Der *Zentralrat der Juden in Deutschland*, der an einem anderen Wirkungsort Leo Baecks, nämlich im Gebäude der ehemaligen „Hochschule für die Wissenschaft des Judentums“ heute seinen Verwaltungssitz in der Bundeshauptstadt hat, gab dem Gebäude den Namen Leo Baecks und auch der von ihm verliehene Preis trägt seinen Namen.

Und schließlich und vielleicht am wichtigsten: Das liberale Rabbinerseminar Europas in London steht nicht nur in Baecks Nachfolge, sondern ist auch nach ihm benannt. Obwohl bereits drei unserer zum Teil bereits pensionierten Rabbiner Absolventen dieses Rabbinerseminars sind, ist das College in Deutschland weit weniger bekannt, als die Institute.

Und das hat einen Grund:
Weil Leo Baeck nicht nur der Namenspatron der drei Leo Baeck Institute ist, sondern eben auch untrennbar mit der Geschichte und Gegenwart der Jüdischen Gemeinde in Berlin verbunden war und ist: Er ist ein Stück von uns Juden hier in Berlin, ja auch ein Stück von mir, unabhängig davon, daß ich jetzt gerade Vorsitzender dieser Gemeinde bin. Aber eben deshalb ist er auch Namenspatron der Institute – sie haben sich vorrangig zum Ziel gesetzt, die deutsch-jüdische Geschichte von der Aufklärung bis zur Schoah zu dokumentieren.

Wer hätte in den 50er Jahren gedacht, was für eine Erfolgsgeschichte die LBIs verzeichnen würden: Aufsätze, Publikationen zu einzelnen Aspekten jüdischer Geschichte und Geistesgeschichte, Jahrbücher und eine mehrbändige „Deutsch-jüdische Gesamtgeschichte der Neuzeit“, eine Schatzkammer deutsch-jüdischer Archivalien und Sachzeugen in New York, die es zum „muß“ für nahezu jeden Doktoranden dieses Fachgebiets macht, einige Monate dort zu forschen.

Die Jüdische Gemeinde ist stolz, daß es Doktorandenprogramme und Aktivitäten der LBIs auch hier gibt und würde sich sehr freuen, wenn es gelänge, ein – und jetzt muß ich bei der Wortwahl sehr vorsichtig sein – also sagen wir in bestem Neudeutsch einen *Stronghold* in Berlin zu haben. Wir hören, daß Professor Blumental Chancen sieht, hier etwas nach Berlin zu bewegen, aber da wir auf unsere Einladung noch keine Absage bekommen haben, will ich diese erneuern, *just in case.* Denn auch die Jüdische Gemeinde hat mit dem *Centrum Judaicum* eine wissenschaftliche Institution, die in der Tradition des Gesamtarchivs der deutschen Juden steht und immerhin von einem Nachkommen jener bis zu 50 Familien geleitet wird, die der Große Kurfürst Friedrich Wilhelm 1671 nach Berlin eingeladen hat.

Warum erzähle ich das alles?

Um ihnen auf das herzlichste Willkommen zu sagen: *Bruchim habaim* heute und wann immer und wie immer sie mit uns, neben uns, aber wie ich sicher bin, immer auch für uns hier in Berlin, in London, in Jerusalem und in New York das dem Vergessen entreißen, was Leo Baeck als das „Wesen des Judentums“ bezeichnet hat.

Raum der Stille

Im 1. Buch Samuel wird von Chana, der Mutter des späteren Königs Samuel, berichtet, daß sie in einem stillen Gebet ihre Unfruchtbarkeit in einem Tempel zu Jerusalem beklagte. Ihr stilles Gebet wurde gehört, sie gebar ihren Sohn Samuel[107]. In den Sprüchen der Väter[108] heißt es: „Alle meine Tage bin ich unter Weisen groß geworden und habe nichts Besseres für den Körper gefunden, als Schweigen. Nicht die Forschung ist die Hauptsache, sondern die Ausführung, und wer viel redet, führt Sünde herbei.“

„Worte von Weisen, in Stille vernommen, sind wertvoller als eines Herrscher Geschrei unter Toren“, Prediger (Kohelet) 9,17. Und das wichtigste Gebet, das „18 Gebete – 18 Verse umfassende Gebet“ wird vor der öffentlichen Rezitation zunächst schweigend von den Betern einer Synagoge gebetet.

Stille ist also im Judentum nicht Ausdruck des Schweigens, sondern tiefster Hingabe. Und stilles Gebet wird – wie man am biblischen Beispiel der Chana sieht – von Gott erhört. Daß in der Mitte Berlins ein Raum der Stille eben an jenem Ort entstanden ist, der am 30. Januar 1933 ein Raum des unsäglichen Grölens gewesen war, gegründet von Menschen aus verschiedenen Religionen und Weltanschauungen, wie, um nur einige zu nennen, Rabbiner Ernst Stein, Pater Peter Kegebein, Pfarrer Johannes Hildebrandt und Dr. Hanna-Renate Laurien, sagt vielleicht mehr über das Neue Berlin und das

Neue Deutschland aus, als noch so laute Reden von Politikern, Denkern und solchen, die sich dafür halten.

Hoffen wir, beten wir und schweigen wir.

Unsere nicht wahrgenommenen Brüder

10 Jahre deutsche Einheit wurde landauf landab gefeiert. Haben wir Juden in der Bundesrepublik Grund zum mitfeiern? Hier soll nicht erörtert werden, wie die Einigung der Deutschen die Jüdische Gemeinschaft beschwert, oder was sie ihr beschert hat, auch nicht, daß als wesentlichste Mitgift des Einigungsprozesses für die jüdische Gemeinschaft die Kontingentflüchtlingsregelung geschaffen wurde, sondern schlicht und ergreifend einmal die Frage nach der Befindlichkeit unserer jüdischen Brüder und Schwestern gestellt werden, die in der DDR gelebt haben. Was wissen wir eigentlich von ihnen? Kann man denn sagen, daß sie zum WIR dazugehören und nicht nur Teil unserer Gemeinden geworden sind? Oder sprechen wir auch von Ossis? Mir ist kein jüdischer Ossi begegnet, obwohl ich auch aus der Zeit vor dem Fall der Mauer nicht nur in Ost-Berlin, sondern auch in der übrigen DDR Freunde hatte.

Viele der jüdischen DDR-Menschen, meinten wirklich, zu jenen zu gehören, die ein besseres Deutschland aufbauten. Sprach man mit ihnen über die Bevormundung jüdischen Lebens in der DDR durch die SED, die DDR-Regierung oder auch die persönlichen Unfreiheiten, die das sozialistische System auszeichneten, näherten sich gerade die Älteren von ihnen der Idee, daß sie persönlich eine liberale demokratische Gesinnung hätten, diese aber in den nur wenigen Jahrzehnten seit dem Faschismus nicht bei allen Zeitgenossen vorausgesetzt werden könnte. Dieses Stück Bevormundung und Einschränkung der Freiheit brächte „on the long run“ die wahre und wirkliche sozialistische Freiheit. Sie machten immer wieder deutlich, daß der Sozialismus nicht eine „Schlacht“ verlieren dürfte, denn dann wäre er verloren. Sie sollten auf merkwürdige Weise recht behalten. Heute kann man viele dieser aufrechten jüdischen Zeit-Genossen mit von Sorge zerfurchten Gesichtern auf dem Aktionstag gegen Fremdenfeindlichkeit und Rassismus treffen, einige von ihnen haben sich zwischenzeitlich auch entschlossen, ihre Identität als sozialistische Atheisten soweit zu modifizieren, daß sie Mitglieder der Jüdischen Gemeinde wurden, gelegentlich erscheinen sie auf jüdischen Kulturveranstaltungen, bei Buchpräsentationen jüdischer Autoren, bei geselligem Zusammensein, und wenn es eine Familienfeier so mit sich bringt, auch in der Synagoge. Mit dem Blick auf die goldene Kuppel des *Centrum Judaicum* stellen sie gerne fest, daß der Beschluß zum Wiederaufbau unserer Neuen Synagoge noch in der DDR getroffen wurde und freuen sich darüber, daß der jetzige Gemeindevorsitzende das Gebäude zu seinem Dienstsitz gemacht hat. Vergleicht man dies mit den operettenhaften Versuchen alteingesessener, Westberliner Gemeindemitglieder, zu verhindern, daß ihr Vorsitzender im „Osten" den Dienstsitz nimmt, oder den Argumenten, mit denen man versucht, das traditionelle Schulgebäude, das die Verfolgungszeit und den Verschleiß in der DDR-Zeit überstanden hat, zugunsten eines leerstehenden Charlottenburger Schulgebäudes zu tauschen, um aller Vernunft zum Trotz nur nicht die „Kinder" (tatsächlich 13 bis 20-jährige Jugendliche) in den „fremden" Osten senden zu müssen, dann weiß man, die jüdische Gemeinschaft im Westen hat gar nicht wahrgenommen, daß es auch jüdisches Leben und jüdische Menschen im Osten gab und gibt.

Etwas anders stellt sich die Situation außerhalb der Bundeshauptstadt dar. An den Orten, an denen es Jüdische Gemeinden in der DDR gab, hat sich die Zahl der Mitglieder durch den Zuzug von Kontingentflüchtlingen vervielfacht. Die aus den Nachfolgestaaten der Sowjetunion stammenden, russischsprechenden Juden haben ihre eigenen Probleme des Eingewöhnens in eine ihnen fremde Gesellschaft. Folglich fehlt das Mikrosensorium, um zu verstehen, daß es da auch etwas zwischen Juden aus der DDR und BRD gibt, was sich simpel auf „unterschiedliche Gemeinsamkeiten" reduzieren läßt.

Wuchsen die einen in einer Umgebungsgesellschaft auf, in der es Faschismus nie gegeben haben kann, weil man auf der Seite der Sieger stand, so wuchsen die anderen in einer Umgebungsgesellschaft auf, in der es Faschismus nicht gegeben hat, weil doch für jedermann klar war „Davon haben wir nichts gewußt!" Lebten die einen in einer Gesellschaft, die keinerlei Beziehungen zum Staat Israel und seinen vermeintlichen Agenturen unterhielt und sich im Rahmen des Antikolonialismus einen gepflegten, als Antizionismus getarnten Antisemitismus leistete, so war es bei den anderen umgekehrt. Konnten die einen den immer wieder aufflammenden Antisemitismus im Kapitalismus brandmarken, so konnten die anderen den zu beklagenden Antizionismus im Sozialismus beklagen.

Also alles entsprechend? Kein Unterschied? Und doch! Durch die Reisebeschränkungen, die staatlich geförderte Religionsfeindlichkeit und den Antizionismus war das jüdische Leben in der DDR von den Zentren jüdischen Lebens abgeschnitten, durch die ökonomische Rückständigkeit der DDR kamen nur sehr wenige Remigranten nach dem Bau der Mauer 1961 in die DDR. Folglich schrumpften die Gemeinden, denn viele im Nachkriegsdeutschland Heranwachsende hatten zwar eine jüdische Herkunft, aber keine jüdisch-religiöse Identität. Jetzt könnte man einwenden, daß dies die Mehrzahl der nach dem Krieg in West-Deutschland aufgewachsenen auch nicht hat. Also wieder kein Unterschied? Wohl die Mehrzahl der in Ost-Deutschland aufgewachsenen Juden hat sich mit eben jenem Neuen Deutschland identifiziert, hat nach absolviertem Hochschulstudium oft systemnah gehandelt und nach der Vereinigung mehr verloren, als nur den Arbeitsplatz.

Ob die nun viel mehr zum gesellschaftlichen Leben zählende Synagoge, der unbeschränkte Zugang zu Büchern aus aller Welt, die Reisemöglichkeit nach Israel, die unterschiedlichen Judentümer made in USA, die potentiell gewonnenen beruflichen Freiheiten, die arbeitsplatzgesicherte und durch eine Mauer von allen unliebsamen Einflüssen abgeschirmte DDR aufwiegen – danach hat kein Funktionär aus dem Westen gefragt. Man fühlte sich mit den Segnungen der Konsumgesellschaft doch so überlegen. Gebetbücher wie ein Kleinod pflegen? „Unnötig, wir bestellen sie im Dutzend!“ Andere religiöse Artikel von Generation zu Generation weitergeben? „Unnötig, wir bestellen sie !“ Von den DDR-Gemeinden ist kein Funktionär im Präsidium des *Zentralrats*, Siegmund Rotstein hat Sitz und Stimme im zweithöchsten Gremium, dem Direktorium, und Irina Knochenhauer, die Potsdamerin, vertrat nicht die alte DDR-Welt, obwohl sie schon einige Jahre vor der Vereinigung dort lebte, sondern jenen anderen Typ bundesdeutscher Postvereinigungsgemeinden, der erst durch den Zuzug russischsprachiger Juden entstanden ist. Man könnte also die deutsche Vereinigung Jüdischer Gemeinden in Deutschland so beschreiben: Die einen leben weiter in ihrem Westen und haben (außer durch den brutalen Rechtsradikalismus) nicht wahrgenommen, daß es da auch etwas hinter der Mauer gab, was jüdisches Leben war, und die im Osten leben, müssen wie alle anderen mit den Folgen der Übernahme der DDR durch die BRD kämpfen und freuen sich, wenn die eine oder andere von ihnen erstrittene Institution sich mit jüdischem Leben füllt.

So wie Deutschland in zwei Welten geteilt war, so war es auch die Jüdische Gemeinde. Und so gab es neben dem *Zentralrat der Juden in Deutschland* auch den *Landesverband Jüdischer Gemeinden* in der DDR mit seinen Mitgliedsgemeinden z. B. in Berlin (Ost), in Leipzig, Erfurt, Magdeburg. Was ist denn aus denen geworden, die unter unbeschreiblich schwierigen Bedingungen versucht haben, jüdisches Leben aufrechtzuerhalten? Was ist geblieben von den jüdischen Einrichtungen, die ihnen wichtig waren?

Wir haben nicht gefragt, weil wir uns um die große Zahl der Kontingentflüchtlinge gekümmert haben, weil wir den deutschen Vereinigungsprozeß gar nicht mitvollzogen haben. Jetzt ist es an der Zeit, zu unseren Brüdern und Schwestern zu gehen, um herauszufinden, ob sie nicht nur ein Teil unserer Gemeinden sind. Aus meiner Sicht gehören sie weit mehr zum WIR als der Osten Deutschlands.

Weniger Internationalität und Progressivität: Berlin zwei Jahre nach dem Abzug der US-Streitkräfte

Zwei Jüdische Gemeinden gab es in West-Berlin: Die große, Mitte der achtziger Jahre mehr als 6.000, heute 10.000 Mitglieder zählende Jüdische Gemeinde zu Berlin, und die kleine jüdische Gemeinde der US-Armee in Berlin, die im Chaplain-Center seit 1945 ihr Domizil hatte. Seit Mitte der 50er Jahre verband sich mit jeder dieser Gemeinden ein Name: So wie die große Einheitsgemeinde untrennbar mit dem Lebenswerk von Heinz Galinski verbunden ist, so stand über Jahrzehnte Dr. Louis Fischer für „die Amerikaner". Seit Mitte der 50er Jahre war er an jedem Freitagabend da, um Soldaten, amerikanischen Zivilangestellte des Konsulats und anderen um das amerikanische Engagement in Berlin herum Beschäftigten als Seelsorger in kleinen und großen Dingen zu helfen: Von den fehlenden Möbelstücken für das Apartment über das Gebetbuch, den *Bar*-oder *Batmizwa*-Unterricht für die heranwachsenden Kinder bis hin zur Konversion des in Berlin gefundenen Ehepartners. Louis Fischer wußte immer Rat und half. Im Chaplain-Center fand ein Reformgottesdienst statt, den Louis Fischer zusammen mit Estrongo Nachama, dem Oberkantor der Jüdischen Gemeinde, der nach seinem Dienst in der Synagoge Pestalozzistraße für die Amerikaner einen zweiten Gottesdienst gestaltete, abhielt. Aber nicht nur „Amerikaner" waren es, die es dorthin zog. Es waren auch Mitglieder der großen Jüdischen Gemeinde zu Berlin, die Gefallen daran fanden, hier Teil einer wirklich progressiven jüdischen Gemeinschaft sein zu können.

Bis Mitte der 70er Jahre, solange die amerikanische Armee nicht nur aus Berufssoldaten bestand, waren zwischen 80 und 120 jüdische Amerikaner in Berlin stationiert, in den letzen Jahren vor dem Abzug mitte 1994 waren es kaum mehr als eine Handvoll. Trotzdem gab es fast allwöchentlich ein *Minyan*, das nicht nur jüdische Männer zählte, denn hier waren Männer und Frauen weitestgehend gleichgestellt. Solange zehn halbwegs erwachsene jüdische Menschen anwesend waren, wurde gebetet. Teile des Gottesdienstes wurden im Wechsel zwischen Reb Fischer und der Gemeinde in englisch gelesen, es gab keine gesonderte Empore für Frauen, sondern alle Gottesdienstbesucher saßen so, wie sie Platz fanden, nebeneinander. Wenn es etwas zu rezitieren gab, etwa am *Pessachseder*, konnten alle Anwesenden partizipieren, lasen Frauen wie Männer einzelne Abschnitte der *Haggada.*

Louis Fischer war immer auf dem laufenden, was neuere und neueste Entwicklungen des jüdischen Lebens in den USA anlangte, obwohl er selbst aus einer traditionellen Familie stammend, eine altfromme *Jeschiwa* besucht hatte. Aber für ihn war es eher wichtig, daß alle, die am Gottesdienst partizipieren wollten, es auch konnten. Er schloß niemanden aus und akzeptierte es, wenn ein orthodoxer Armeeangehöriger sich nicht neben eine Frau im Gottesdienst setzen wollte. Reb Fischer war nur nebenamtlich jüdischer Seelsorger, hauptamtlich war er über viele Jahrzehnte hinweg Chef der Versorgung der US-Armee in Berlin; er starb kurz nach seiner Pensionierung 1992. Rabbi Rohmer, Army-Chaplain aus Heidelberg, leitete am 3. Juni 1994 den letzten Gottesdienst im Chaplain-Center am Zehlendorfer Hüttenweg zusammen mit Oberkantor Nachama. In seiner Predigt zitierte Rabbi Rohmer den Berliner Gemeinderabbiner Stein mit den Worten, daß die Juden Berlins sich gewünscht hätten, die US-Präsenz in der Bundeshauptstadt hätte weitere 50 Jahre gedauert. Ganz sicher waren darunter etliche, die dies nicht nur wegen der politisch-historischen Situation so sahen und fühlten, sondern die auch wegen des Verlustes eines progressiven Gottesdienstes den Abzug der Amerikaner aus Berlin betrauerten.

Das Mobiliar der Synagoge ging an das *Centrum Judaicum* über. Dort entsteht auch eine neue Synagoge, wie zu hören ist, jedoch mit altfrommem Ritus. Zwischenzeitlich sind im Rahmen der Jüdischen Gemeinde, auf Initiative einiger Engagierter, zwei von einander unabhängige Gebetsquoren entstanden, die regelmäßig für Männer und Frauen gleichberechtigte Gottesdienste abhalten. Neben der wachsenden Zahl an ständigen Beterinnen und Betern sind es gerade jüdische Gäste Berlins, die diese Gottesdienste besuchen. Aber die Brücke zu aktuellem jüdischen Leben in den USA ist seit dem Ende des amerikanischen Engagements in West-Berlin gekappt. Bleibt zu hoffen, daß es kein schlechtes Omen für die entstehende Bundeshauptstadt ist, daß die progressivste und internationalste Synagoge geschlossen wurde.

Berliner Dom am 31. 12. 2000

Fragte einmal einer Reb Joshua ben Chanaja: „Wie kommt es, daß die Schabbatspeise so wunderbar duftet?"

Antwortete der Rebbe: „Wir besitzen ein Gewürz, Schabbat genannt, das wir hineintun, dadurch erhält die Speise ihren unverwechselbaren Duft." Da sprach dieser: „Gib mir was davon ab."

Antwortete der Reb Joshua ben Chanaja: „Bei dem, der den Schabbat beachtet, wirkt es, bei dem, der den Schabbat nicht beachtet, wirkt es nicht!“

Das, was gläubigen Menschen in ihrer Tradition überliefert wird, kann nur dann auf ihr Leben wirken, wenn sie sich darauf einlassen. Nicht wie in einem Supermarkt kann man sich Spiritualität, unser Eingebundensein in das, wovon unsere Seele lebt, kaufen, sondern man muß sich darauf einlassen. Daß das nicht erst seit heute und für unsere Generation so schwierig ist, lesen wir im 5. Buch Moses Kapitel 8, Vers 3. Der große Prophet erläutert: „Not und Hunger hat Gott dir auf der Wüstenwanderung gesandt und dich wiederum mit Manna gespeist, das dir und deinen Vätern unbekannt war. Er wollte dir damit andeuten, daß der Mensch nicht allein vom Brot lebt, sondern daß er von allem lebt, was aus dem Munde des Ewigen kommt.“ Wir sehen also: Es war zu allen Zeiten nicht leicht, sich auf jenen Dialog mit dem ganz anderen einzulassen, auf dessen Suche wir immer sind. Wir sind aber auch auf der Suche nach dem anderen hier unter uns, nach dem anderen Menschen nämlich, nach dem Nachbarn, nach dem Gast, kurz, nach dem DU. Ich finde es wunderbar, einem anderen von Gott in Seinem Ebenbild geschaffenen Menschen in die Augen blicken zu dürfen oder gemeinsam mit anderen dafür Verantwortung zu tragen, daß die Schöpfung, die in unsere Hände gelegt wurde, nicht von unserer Generation vernutzt wird, sondern erhalten bleibt für künftige Generationen. Adam, der erste Mensch, wurde aus *Adana*, dem hebräischen Wort für „Erde“ geschaffen. Wir sind aber mehr als Erdlinge, eben Menschen im Ebenbild Gottes, die nicht alleine davon leben, was aus der Erde kommt, dem Brot, sondern die erst dadurch zu Menschen werden, daß wir unsere Einbindung in die Suche nach Gott in unser tägliches Leben integrieren. Dann wird es so sein, wie in der eingangs erzählten Geschichte. Der Duft der Schabbatspeise öffnet den Weg zum Himmel für all die, die den Schabbat halten. Wollen wir hoffen, daß jeder gläubige Mensch den Duft in seiner Tradition findet, der seinen Weg aus dem Profanen ins Heilige öffnet!

Das ist der Tag, den der Ewige gemacht hat, wir wollen jubeln und uns seiner freuen

Das ist der Tag, den der Ewige gemacht hat, wir wollen jubeln und uns seiner freuen (Psalm 118, Vers 24)! Diesen Vers hat der Synagogenchor am *Schawuot* 1947 gesungen, als mein Vater s. A. als Vorbeter in die liberale Synagoge Berlins eingeführt wurde, obwohl das Gebäude gerade wiederhergestellt wurde. 1972, als er sein 25jähriges

Jubiläum feiern konnte, sagte er, daß man damals zwar den richtigen Psalm, aber besser den Vers „Den Stein, den die Erbauer verwarfen, ist zum Eckstein geworden (Vers 22)“ ausgewählt hätte. Dieser Vers könnte tatsächlich Überschrift über die Geschichte der Holocaust-Überlebenden in Mitteleuropa sein. Wie viele haben wie er ihre Eltern, ihre Geschwister und ihre Heimat verloren. Aber er und seine Generation hatten irgendwie den Mut, oder sollte man besser sagen, die *Chuzpe*, jüdisches Leben im Zentrum des Bösen nach der Befreiung zu wagen. 52 Jahre später, als er in seine Welt gegangen ist, war er tatsächlich zum Eckstein der einzigen liberalen Synagoge geworden, die die Naziverfolgung überstanden und die Nachkriegsintoleranz innerhalb der Jüdischen Gemeinden überdauert hat. Im Dezember 1964 wurde ich das erste Mal zur Toralesung aufgerufen. Der damals amtierende Rabbiner Prof. Cuno Lehrmann sagte, im Jahr 2000 würde ich einer von 800 Juden in Berlin sein. Heute hat die Jüdische Gemeinde 7 Synagogen, ca. 12.000 Mitglieder und 2 junge Studenten, die mir hier im *Aleph*-Studienprogramm für Rabbiner und Kantoren nachfolgen werden. Und fast keine Woche vergeht, in der nicht ein amerikanischer Journalist oder ein Fernsehteam ein Interview mit mir machen will, das vom *jewish revival* handelt. Was lehrt uns dies? Es lehrt, daß die Prophetie in Israel seit 2000 Jahren ausgestorben ist, aber gleichzeitig beweist es, daß der Stein, den die Bauleute verworfen haben, zum Eckstein geworden ist ....

Aber es ist eben nicht genug, ein Eckstein zu sein. Denn wir lesen auch im Psalm 118: „Öffne mir die Tore der Gerechtigkeit, ich werde durch sie eintreten.“ Und das heißt: Wir Juden tragen nicht nur die Verantwortung dafür, daß die Opfer der Schoah nicht vergessen werden, sondern auch die Verantwortung für den Dialog mit anderen Religionen. Am 2. Januar 2000 stand ich zum letzten Mal in einer öffentlichen Veranstaltung außerhalb der Synagoge neben meinem Vater. Juden, Christen, Muslime, Hinduisten und Buddhisten versuchten einander und einem aufmerksam zuhörenden, großen Publikum zu erklären, was im Laufe der 365 Tage den Sonnenumlauf ausmacht, wie sie Neujahr feiern und sie dieses Neujahr begehen und sie zu diesem Anlaß zusammenkommen, um zu beten. Und tatsächlich ist dies ein in allen Religionen bisher zuwenig beachtetes Tor der Gerechtigkeit: Religiöse Menschen sollen einander nicht nur tolerieren, sondern respektieren und auch voneinander lernen. „Öffne mir die Tore der Gerechtigkeit“ – wir müssen lernen, daß wir nur Hand in Hand mit unseren Brüdern und Schwestern der anderen Religionen gemeinsam eintreten können, oder alleine davor stehen bleiben müssen.

In diesen Tagen beklagen wir die Zerstörung der Tempel in Jerusalem vor ca. 2000 und ca. 2500 Jahren. Als das Heiligtum letztmalig zerstört wurde, wußten unsere Vorfahren, daß es auf sehr lange Zeit unmöglich sein würde, sie materiell wieder herzustellen. Aber sie erdachten das Prinzip, das nun jedes jüdische Haus ein kleines Heiligtum werden und sein könnte, in dem z. B. Schabbatkerzen angezündet, in dem Segenssprüche emporgesandt werden, in dem Jüdischkeit Wirklichkeit ist. So wurde also aus dem *beit mikdasch* ein *beit mikdasch meat* (aus dem Tempel ein häusliches Tempelchen).

Dies führt bis in die Tage unserer Generation. Wir singen *Jibane et Hamiksdasch* (erbaue das Heiligtum) und wie jede Generation müssen wir unser kleines Heiligtum errichten. Ein Heiligtum, in dem wir die Ideen des europäischen Judentums zu erneuern und wiederzubeleben haben. Was heißt das? Es heißt zum Beispiel, Martin Bubers Idee des „DU" zu verstehen im Kontext dessen, was Emanuel Levinas die „Suche nach dem Anderen und nach dem ganz anderen, nämlich Gott" genannt hat. „Dies ist das Tor zum Ewigen, nur Gerechte dürfen hier einziehen" (Vers 20). Die anderen, das sind zuweilen auch andere Minoritäten: Die aus anderen Ländern stammenden Werktätigen, die unzähligen ethnischen und religiösen Minoritäten auf dem Balkan, in Nordirland, im Baskenland, in Kurdistan, die Türken in Deutschland usw. Zu einer historischen Dimension haben Juden auf Dauer immer nur so viel oder wenig Recht gehabt, wie die schwächste Minorität in der Gesellschaft, die uns umgibt. *Bejisrael Arewim se la se*, unter den Juden haftet der eine für den anderen – laßt uns diesen, von Resli im 12. Jahrhundert formulierten Satz so aktualisieren, wie es unsere gewachsene historische Erfahrung nahelegt: Wir engagieren uns für diejenigen, die in der uns umgebenden Gesellschaft wegen ihres Glaubens oder ihrer ethnischen Herkunft nicht vollständig akzeptiert werden – dies ist unser lebendes Denkmal für unsere ermordeten Großeltern und Urgroßeltern.

Laßt uns durch das Tor einziehen, in Zeiten wie diesen, wo die Sonne scheint, aber auch wenn es denn nötig ist, in Zeiten wie 1947, als die Dunkelheit noch sichtbar war. In Zeiten, in denen Bauleute den Eckstein willig legen, aber auch in Zeiten wie die, die Leo Baeck erlebt hat, als er nach seiner Befreiung aus Theresienstadt von einem „Ewigen Dennoch" sprach, das eben auf die Zeit Bezug nimmt, in der die Bauleute den Eckstein verwarfen. Sei es dunkel oder hell, wir wissen, daß es da eine unendliche Kraft gibt, die uns die Tore der Gerechtigkeit öffnet – ständige Erneuerung ist der Schlüssel, um eintreten zu können. Das „Es werde Licht – *Jehi Or*" findet jeden Morgen statt. Das heißt, jeden Morgen wird ein Sonnenaufgang geschaffen. So ist es auch mit dem jüdischen *revival* nach dem Holocaust: Die Einrichtung eines Jüdischen Staates, ohne den Juden in aller Welt nach der Schoah nicht aufrecht gehen könnten, war auch die Renaissance jüdischer Frömmigkeit. So eint uns hier, daß wir gemeinsam einen Eckstein legen für jüdisches *revival.* Wir sollten uns aber darüber im Klaren sein, daß das Judentum in den letzten fünf Jahrzehnten seit der Befreiung von der Schoah wohl eben so viele Menschen durch Agnotizismus, Atheismus und Desinteresse verloren hat, wie vor der Schoah. Deshalb sollte unsere wichtigste Aufgabe sein, dafür zu arbeiten, daß nicht noch mehr verloren gehen. Diejenigen, die ermordet wurden, können wir in dieser Welt nicht mehr wiederbeleben. Sowenig, wie unsere Vorfahren nach der Zerstörung der Tempel diese wieder erbauen konnten. Aber in einer geistigen Dimension können wir es, und zwar so, wie damals aus dem großen Tempel in Jerusalem das spirituelle „häusliche Tempelchen" geworden war:

„Das ist der Tag, den der Ewige gemacht hat, wir wollen jubeln und uns seiner freuen!"

Quellen

Die Bedeutung der Bibel im Jüdischen Leben
in: Joachim Rogge, Wolfgang Triebler (Hg.), *Stimmen. Erfahrungen von Menschen um die Jahrtausendwende* (Reihe BRENNPUNKTE: Die Bibel), o.O. 1999, S.65-74

Die Juden sind ein singendes Volk
in: Jörg Albertz (Hg.), *‚Judenklischees' und jüdische Wirklichkeit* (Bd.4, Schriftenreihe der Freien Akademie), Wiesbaden 1985, S.113–116

Religion als Grundlage jeder Ethik
in: Eugen Biser (Hg.), *Interreligious Dialogs Christians, Jews, Muslims* (Annals of the European Academy of Sciences and Arts, Vol 24, X), Salzburg 2000, S.103–109

Jerusalem und die jüdische Gebetskultur
in: Hendrik Budde, Andreas Nachama (Hg.), *Die Reise nach Jerusalem. Eine kulturhistorische Exkursion in die Stadt der Städte*, Berlin 1995, S.76-79

„Räumt die Steine hinweg": Der Pfad aus dem Tal des Todes
in: Erwin Möde u.a.(Hg.), *AN-DENKEN Festgabe für Eugen Biser* Graz, Wien, Köln 1998, S.355-364

Die erste Weltkonferenz der *World Union for Progressive Judaism* 1928
in: Michael Grüttner u.a.(Hg.), *Geschichte und Emanzipation, Festschrift für Reinhard Rürup*, Frankfurt, New York 1999, S.376–382

Der Mendelssohn der Synagogalmusik. In Memoriam Louis Lazarus Lewandowski
in: *bar-Ilan Universität.* Zeitschrift für Deutschland, Luxemburg. Österreich und die Schweiz, Nr. 8, 1995, S.115–118

Auferstanden aus den Ruinen und der Zukunft zugewandt
in: *Tribüne. Juden in Deutschland nach 1945: Bürger oder „Mit"-Bürger?*, Frankfurt 1999, S.98-107

Zur Geschichte der Jüdischen Gemeinde 1945-1998
in: *50 Jahre IM GESPRÄCH. Gesellschaft für Christlich-Jüdische Zusammenarbeit, Eine Festschrift*. Berlin 1999, S.177-184

Christlich-Jüdischer Dialog und die Zukunft der Jüdischen Gemeinden in der Bundesrepublik Deutschland
in: Hans Erler, Ansgar Koschel (Hg.), *Der Dialog zwischen Christen und Juden. Versuche des Gesprächs nach Auschwitz*. Frankfurt, New York 1999, S.59–64

Jüdisches Gemeindeleben an der Jahrtausendwende
in: *SOLI, Zeitschrift für gewerkschaftliche Jugendarbeit*, Nr.44, 1994, S. 32-35

50 Jahre Israel: Ein Salut aus Berlin
Aus der Ansprache zur Eröffnung einer Israelwoche anläßlich des 50. Jahrestages des Staates Israel in der Akademie der Künste zu Berlin, Mai 1998

Mahnmalsdiskussion-Zweierlei Gedenken
in: *Jüdische Allgemeine Wochenzeitung*, Nr.11, 1999

Nach der Katastrophe-Jüdische Formen der Gedenkkultur unter dem Titel: „Prolegomena zu einer jüdischen Erinnerungskultur"
in: *Orte des Erinnerns. Das Denkmal im Bayerischen Viertel. Beiträge zur Debatte um Denkmale und Erinnerung* (Reihe Deutsche Vergangenheit), Berlin 1994, Band 118, S.156-160

Abwarten
Der Tagesspiegel, 7.1.1998

Mahnmale am Lernort
Der Tagesspiegel, 5.6.2000

Gegen Rassenhaß und Völkermord-Opfer aus dem Volk der Sinti 1936-1945
aus der Ansprache am Gedenkstein für Sinti und Roma in Berlin-Marzahn am 27.6.1999

Die offene Wunde der Bundeshauptstadt. Von der nationalsozialistischen Terrorzentrale zum Lernort
in: *Durchblick, Forum für Museumspädagogik in Berlin und Brandenburg*, Nr.5, 1996, S.3-7

30. Januar 1933
aus der Ansprache bei der Jahrestagung der Internationalen Vereinigung der Verfolgten des NS Regimes am 30. Januar 2000

Staatlich sanktionierterRaub-Historische Aspekte der Arisierung
Ansprache zur Ausstellungseröffnung „M 3" im Auditorium Maximum der Humboldt-Universität Berlin am 16.6.2000

Der 9. November 1938
Ansprache anläßlich des Gedenkens an die Opfer der Novemberpogrome 1938 im Jüdischen Gemeindehaus am 9. November 1997

Bahnhof Grunewald Gleis 17
Ansprache am Holocaust-Gedenktag anläßlich der Einweihung der Gedenkinstallation am Gleis 17 am 27. Januar 1998

Jüdischer Widerstand gegen die deutsche Vernichtungsmaschinerie
Ansprache anläßlich des Gedenkens an den Warschauer Ghettoaufstand im Jüdischen Gemeindehaus am 19. April 1999

Eto ist im Krankenhaus
Tagebucheintrag vom 22. Januar 2000

Gedenkfeier für Estrongo Nachama
Ansprache in der Synagoge Pestalozzistraße am 20. Februar 2000

Chanukkakonzert in Paderborn
Ansprache anläßlich einer Gedenkfeier für Harry Foss im Jüdischen Gemeindehaus am 17. November 1996

Nachruf auf Harry Foss
in: *Jüdische Allgemeine Wochenzeitung*, Nr.2, 1996

Engagierte Demokraten: Heinz Galinski
in: Claudia Fröhlich u.a.(Hg.), *Engagierte Demokraten. Vergangenheitspolitik in kritischer Absicht*, Köln 1999

Persönliche Erinnerungen an Heinz Galinski
in: Andreas Nachama, Julius Schoeps (Hg.),*Aufbau nach dem Untergang.In Memoriam Heinz Galinski*, Berlin 1992, S.39-43

Ignatz Bubis
Ansprache in der F.D.P.-Bundesgeschäftsstelle Thomas-Dehler-Haus am 11. Oktober 1999

Nach Bubis
Frankfurter Allgemeine Zeitung, 10.1.2000

Jüdischkeit ist sein Daseinskompaß
Allgemeine Jüdische Wochenzeitung, Nr.14, 1996

Hermann Simon zum 50.
Laudatio zum 50. Geburtstag von Dr. Hermann Simon im historischen Repräsentantensaal des *Centrum Judaicum* am 21. April 1999

Dr. Hans-Jochen Vogel
Verleihung des Heinz Galinski Preises, Ansprache im Jüdischen Gemeindehaus Berlin am 28. November 1998

Dietmar Schönherr
Verleihung des Heinz Galinski Preises, Ansprache im Jüdischen Gemeindehaus Berlin am 28. November 1999

Israel Singer
Verleihung des Heinz Galinski Preises, Ansprache im Jüdischen Gemeindehaus Berlin am 28. November 2000

Allein gegen Alle
Allgemeine Jüdische Wochenzeitung, Nr.7, 1995

Sachor – Gedenke der sechs Millionen
Ansprache anläßlich einer Gedenkfeier am 25. Todestag Joseph Wulfs im Haus der Wannseekonfererenz am 11. Oktober 1999

Seine Bücher leben
Der Tagesspiegel, 9.5.1999

Von Taschen und Vorträgen
Der Tagesspiegel, 9.1.2000

Kybernetisches Modell für Kulturmanager
Tagebucheintrag anläßlich seines 20. Dienstjubiläums bei den *Berliner Festspielen* im Mai 1999

Grand Lady in der Jüdischen Gemeinde
Ansprache anläßlich der Verleihung eines Bundesverdienstkreuzes an Sylva Franke am 25.10.1998

Was haben Sie denn heute unter ‚Verschiedenes' mitzuteilen?
Ansprache anläßlich des 80. Geburtstags von Max Wolffsohn am 9.6.1999

Väterchen Dr. E.
Tagebucheintrag am 31.12.2000

Der Mann der ersten Stunde nach 1945
Ansprache am Gedenkstein für Erich Nelhans auf dem Friedhof Scholzplatz am 12.2.2000

34 Jahre Rabbiner in Berlin
Jüdische Allgemeine Wochenzeitung, Nr.13, 1995

Unfaßbar, aber wahr
Tagebucheinträge Januar 1994, Juli 1998

Sie fahren weiter durch Deutschland
in: Eberhard Diepgen (Hg.), *Deutsche Einheit*, Berlin 2000, S. 173 – 182

Kerzen und Kohlen für Kirchen und Synagogen
Geleitwort zu: *50 Jahre IM GESPRÄCH. Gesellschaft für Cristlich-Jüdische Zusammenarbeit. Eine Festschrift.* Berlin 1999, S.9

9. November 1989
 in: Hans Hermann Hertle, Kathrin Elsner (Hg.), *Mein 9.November. Der Tag an dem die Mauer fiel. Berlin 1999, S.129*

13. Mai 1999
 Tagebucheintrag vom 13.5.1999

Die wiedergewonnene Schönheit
 Tagebucheintrag November 1999

Russischsprachige Juden in Berlin – eine Erfolgsstory?
 Jüdische Allgemeine Wochenzeitung, Nr.21, 1999

Was gibt's Neues vom Krieg?
 Der AUFBAU, Nr.14, 1999

Was fällt Ihnen zum Bagel ein?
 Antwort an Peter Körthe, *Frankfurter Rundschau*, 16. August 1999

Ballroom 1997
 Journal der Jüdischen Kulturtage, 1997

Hasidic New Wave
 Beilage der Jüdischen Kulturtage im *TAGESSPIEGEL* 1998

Piamenta
 Beilage der Jüdischen Kulturtage im *TAGESSPIEGEL* 1998

Besuch bei Gideon Taylor am 19.1.1999
 Reisebericht vom Januar 1999

"Sei bezuhlen schon", Leipzig anno 1966
 Tagebucheintrag vom Januar 1990

Germany – seen with my Jewish eyes
 Beilage der Jüdischen Kulturtage im *TAGESSPIEGEL* 1999

Hauptstadtkultur
 Tagebucheintrag vom Januar 1999

Jüdische Oberschule
 Tagebucheintrag am 18.6.1999

Die Weihnachtsgeschichte der Bunkerkirche
 Beitrag für den RIAS Kirchenfunk, Dezember 1979

LBI –welcome
 Grußwort zur Tagung des LBI in Berlin am 30. Oktober 1999

Raum der Stille
 Grußwort anläßlich des 5-jährigen Bestehens, Mai 1999

Unsere nicht wahrgenommenen Brüder
 Jüdische Allgemeine Wochenzeitung, Nr.19, 1999

Weniger Internationalität und Progressivität
 Jüdische Allgemeine Wochenzeitung, *Nr.12, 1994*

Berliner Dom 31. 12. 2000
 Gastwort auf Einladung von Bischof Wolfgang Huber im Berliner Dom

Das ist der Tag, den der Ewige gemacht hat, wir wollen jubeln und uns freuen
 deutsche Fassung der Predigt bei der Ordination durch Rabbiner Zalman Schachter-Shalomi in Akkord(N.Y.) am 16. 7. 2000

Anmerkungen

1 Finkel, Avraham Yaakov: *The great Tora Commentators*, London 1990 Scherman, Nosson / Zlotowitz, Meir: *Rashi. The Torah: With Rashi's commentary, translated, annotated, and elucidated*, 5 Vol., Brooklyn 1997

2 Shereshevsky, Esra: *Rashi, The Man and His World*, London 1996

3 Bamberger, Selig: *Raschis Pentateuchkommentar*, Vollständig ist Deutsche übertragen, Hamburg 1922, ND Zürich o. J.

4 Hertz, Joseph Herman: *Pentateuch und Haftaroth*. Hebräischer Text und deutsche Übersetzung mit Kommentar, 5 Bde Berlin 1929, ND Zürich o. J.

5 Plaut, W Gunther: *The Torah. A Modern Commentary*; ders. The Haftarah Commentary

6 Hertz, a. a. O., S. VI

7 Schneerson, Menachem Mendel: *sichos, talks 1950–92* (Yiddish, Hebrew), 100 vol; In the Garden of Torah, insights in the weekly Torah Readings, 2 vol, 1994–95

8 1971 feierte die Jüdische Gemeinde zu Berlin ihr 300-jähriges Bestehen. Zu den aus diesem Anlaß aus aller Welt nach Berlin gekommenen ehemaligen Rabbinern der Gemeinde gehörte auch Steven S. Schwarzschild, der viel zu früh verstorbene Philosophieprofessor aus St. Louis. Als einziger brachte er in seinem Vortrag keine historische Reminiszenz, sondern das Buch *Totalité et Infini* des damals in Deutschland nahezu unbekannten jüdischen Gelehrten Emmanuel Lévinas mit. Steven Schwarzschild sei dieser Versuch in dankbarer Erinnerung gewidmet.

9 *Jüdisches Lexikon*. Ein enzyklopädisches Handbuch jüdischen Wissens in vier Bänden, Berlin 1928; Bd. 2 D-H verweist auf den Artikel über jüdische Moralliteratur; Enzyklopaedia Judaica, Das Judentum in Geschichte und Gegenwart, Bd. 6 verweist auf die Artikel über Moralliteratur und Religionsphilosophie. Das Lexikon erschien nur bis zum Buchstaben Lyra. In der 1972 in Jerusalem erschienenen *Enzyklopaedia Judaica* wird Ethics in Bd 6 Sp. 932-943 abgehandelt. Auch in dem Handbuch *Contemporary Jewish Religious Thoughts.* Original essays on critical concepts, movements, and beliefs ed. Cohen, Arthur A. / Mendes-Flohr, Paul, New York 1987) findet sich ein Artikel, der allerdings über methodische Positionen nicht hinausgeht.

10 Cohen, Hermann: *Das Problem der Jüdischen Sittenlehre*. Eine Kritik von Lazarus' Ethik des Judentums in: ders: *Jüdische Schriften*. Bd. 3: Zur jüdischen Religionsphilosophie und ihrer Geschichte. Berlin 1924, S. 1

11 Cohen, Hermann: *Das Problem der Jüdischen Sittenlehre*. a. a. O., S. 1

12 Cohen, Hermann: *Das Problem der Jüdischen Sittenlehre*. a. a. O., S. 3

13 Cohen, Hermann: *Das Problem der Jüdischen Sittenlehre*. a. a. O., S. 5

14 Cohen, Hermann: *Das Problem der Jüdischen Sittenlehre*. a. a. O., S. 6

15 Cohen, Hermann: Die Errichtung von Lehrstühlen für Ethik und Religionsphilosophie an den jüdisch-theologischen Lehranstalten in Bd 2: *Zur jüdischen Zeitgeschichte*, Berlin 1924, S. 108-141

16 vgl. dazu z. B.: Ben-Chorin, Schalom: *Die Erwählung Israels*. Ein theologisch-politisches Traktat, München 1993, S. 16

17 Cohen, Hermann: *Das Problem der Jüdischen Sittenlehre*. a. a. O., S. 30

18 Dieser Gottesbegriff im Umfeld der *Noachidischen Gebote* ist zwar nicht genau definiert, aber vorhanden. Diese Position wird m.E. auch von Grotius und Selden im Naturrecht vertreten.

19 Wenn im Folgenden von Ethik gesprochen wird, könnte man auch von

Lehren des Judentums sprechen und umgekehrt.

20 Heißt es in der jüdischen Überlieferung zur *Teschuwa* (Umkehr), daß Gott am *Jom Kippur* Sünden, die man gegen ihn begangen hat, vergibt, wenn man reuig ist, so muß man Sünden, die man gegen Mitmenschen begangen hat, selbst wiedergutmachen.

21 vgl. Ben-Chorin, Schalom: *Die Erwählung Israels.* a. a. O.

22 *Philo-Lexikon.* Handbuch des jüdischen Wissens. Berlin 1935, Sp. 177f

23 Nemo, Philippe in: Engelmann, Peter (Hg.): *Emmanuel Lévinas.* Ethik und Unendliches. Gespräche mit Philippe Nemo, Wien 1992, S. 11

24 Schwarzschild, Steven in dem in Fußnote (2) erwähnten Vortrag

25 Engelmann, Peter (Hg.): a. a. O., S. 78f

26 Engelmann, Peter (Hg.): a. a. O., S. 72

27 Engelmann, Peter (Hg.): a. a. O., S. 87

28 Lévinas, Emmanuel: a. a. O., S. 18

29 Engelmann, Peter (Hg.): a. a. O., S. 89

30 Psalm 132, 13

31 Midrasch Tanchuma, Kedoschim 10

32 2. Sam 24, 18

33 2. Chr. 3, 1

34 1. Moses 22,2

35 5. Moses 12,5ff

36 Talmud, Sab.119b.

37 Siddur Sefat Emet. Mit deutscher Übersetzung von Rabbiner Dr. S. Bamberger. Basel 1967, S. 45 (Re'ze)

38 Siddur Sefat Emet. Mit deutscher Übersetzung von Rabbiner Dr. S. Bamberger. Basel 1967, S. 44 (W'liruschalajim)

39 Talmud, Taan 5a

40 Jesaja 64, 10

41 Petuchowski, Jakob J.: *Prayerbook Reform in Europe.* The Liturgy of European Liberal and Reform Judaism, New York 1968, S. 53

42 *Gebetbuch für die neue Synagoge in Berlin*, Teil 1. Wochentage, Schabbate und Festtage. Nebst drei Anhängen. Berlin 1927, S. 53

43 *Gebetbuch für die neue Synagoge in Berlin*, Teil 1. Wochentage, Schabbate und Festtage. Nebst drei Anhängen. Berlin 1927 14, S. 315

44 Biale, David: *Kommt der Erlöser? Kommt die Erlösung?* Zum Verhältnis von Messianismus und Orthodoxie in: *Jüdische Lebenswelten.* Essays. Frankfurt/M. 1992, S. 50-67

45 Mindestens 7 Millionen Menschen jüdischer Herkunft wurden ermordet oder haben als aktive Mitglieder der alliierten Armeen, die Europa von dem nationalsozialistischen Terror befreiten, ihr Leben gelassen.

46 Sanhedrin 92b

47 Auf die anderen Beziehungen dieses Textes zur Tradition des *Pessach*, wie zum Beispiel der Erwartung des Propheten Elias, der als Vorbote des Messias somit auch die Wiederauferstehung der Toten ankündigen wird, will ich hier nicht weiter eingehen.

48 *Aufbau nach dem Untergang.* Deutsch-jüdische Geschichte nach 1945. In memoriam Heinz Galinski. Hg.: Andreas Nachama, Julius H. Schoeps, Berlin 1992, S.62

49 a. a. O., S. 67f

50 Awerbuch, Marianne: *Christlich-jüdische Begegnung im Zeitalter der Frühscholastik*, München 1980 (= Abhandlungen zum christlich-jüdischen Dialog; Bd. 8)

51 gemeint ist der 1996 erstmals begangene und kurz zuvor von Bundespräsident Roman Herzog proklamierte Gedenktag für die Opfer des Nationalsozialismus

52 gemeint ist das in Berlin geplante Mahnmal für die ermordeten Juden Europas

53 Wolf Vostell, Cadillacs, Berlin 1987

54 1. Moses 12,1

55 *First Conference of the World Union for Progressive Judaism*, S. 41

56 *First Conference of the World Union for Progressive Judaism*, S. 1

57 Vossische Zeitung (Sonntagsausgabe); Sonntag, den 19. August 1928

Vossische Zeitung (Abendausgabe); Montag, den 20. August 1928

Berliner Tageblatt (Abendausgabe); Montag, den 20. August 1928

58 Martin Riesenburger (1896–1965): *Das Licht verlöschte nicht*, Autobiographie, 1984, S. 53

59 Vgl. Hermann Simon: *Die Jüdische Gemeinde Nordwest*. Eine Episode aus der Zeit des Neubeginns jüdischen Lebens in Berlin nach 1945, in: Andreas Nachama / Julius H. Schoeps (Hg.), *Aufbau nach dem Untergang*. Deutsch-jüdische Geschichte nach 1945. In memoriam Heinz Galinski, Argon Verlag, Berlin 1992

60 1914 von prominenten Juden deutsch-jüdischer Abstammung gegründet, leistete der *Joint* nach 1945 die umfangreichste Hilfe für die jüdischen Überlebenden, wobei der Schwerpunkt der Arbeit 1945 bis 1956 auf der Lösung des Problems der *Displaced Persons* lag.

61 Zwangsorganisation der Nationalsozialisten, in der die Jüdische Gemeinde aufgegangen und 1944 von der Gestapo nach Berlin zurückgeholt worden war, um die Vermögensabwicklung der Reichsvereinigung profitabel für den NS-Staat zu organisieren

62 Vgl. *Der Weg*, 19. August 1951

63 *VVN:* Vereinigung der Verfolgten des Naziregimes

64 *Der Weg*, Nr. 43, Oktober 1948

65 Rudolf Slánsky: Generalsekretär der KPC, Hauptangeklagter im antisemitischen Schauprozeß in der CSR im November 1952, am 3. Dezember 1952 hingerichtet.

66 Offenberg, *Seid vorsichtig gegen Machthaber*, S. 81

67 Vgl. Nathan Peter Levinson, *Ein Ort ist, mit wem du bist*. Lebensstationen eines Rabbiners, Edition Hentrich, Berlin 1996, S. 135

68 Hermann Simon aus *Aufbau nach dem Untergang*. Hrsg. Andreas Nachama und Julius H. Schoeps

69 Schoenberner, Gerhard: *Der Gelbe Stern*, München 1978 (Bertelsmann, rev. und erg. Neuauflage)

70 Milton, Sybil: *In Fitting Memory*, the Art and politics of Holocaust Memorials, Detroit 1991

71 *„Historikerstreit"*. Die Dokumentation um die Einzigartigkeit der nationalsozialistischen Judenverfolgung, München 1987, S. 230: Ernst Nolte führt hier aus, daß „nicht nur die Deutschen eine ‚schwierige Vergangenheit' haben und daß die schwierige Vergangenheit nicht bloß eine deutsche sei."

72 Adorno, Theodor W.: *Erziehung zur Mündigkeit*. Vorträge und Gespräche mit Hellmut Becker 1959–1969. Hg.: Kadelbach, Gerd, Frankfurt 1970

73 Friedlander, Saul: *Reflections of Nazism*. An Essay on Kitsch and Death. New York 1984

74 Märthesheimer, Peter / Frenzel, Ivo: *Im Kreuzfeuer: Der Fernsehfilm ‚Holocaust'*. Eine Nation ist betroffen. Frankfurt 1979

75 *Jüdisches in Kalifornien*. Hg. Nachama, Andreas. Text: Niroumand, Mariam / Fotografie Aron, Bill. Heidelberg 1993, S. 38

76 *Ladino* ist eine auf dem mittelalterlichen Spanisch basierende jüdische Sprache, die die 1492 aus Spanien vertriebenen Juden in ihre neue Diaspora mitgenommen haben. Wenn auch aus einem romanischen Sprachgebiet stammend, unterliegt *Ladino*, das auch *Judeoespagnol* genannt wird, ähnlichen Sprachmustern wie das *Jiddisch*.

77 5. Jesaja 5-6. An dieser Stelle sei meiner akademischen Lehrerin, Marianne Awerbuch, für den Hinweis auf diese Textstelle gedankt

78 Young, James E.: *The Texture of Memory*. Holocaust Memorials and Meaning. New Heaven / London 1994, S. 90 vgl. Auch: *The Art of Memory*. Holocaust Memorials in History. Katalog. The Jewish Musem, Deutsches Historisches Museum, Münchner Stadtmuseum, New York 1994 [Deutsche Ausgabe]

79 Yerushalmi, Yosef Hajim: *Sachor: Erinnere Dich!* Jüdische Geschichte und Jüdisches Gedächtnis, Berlin 1988, S. 17 Roskies, David G. (Hg.): *The Literature*

of Destruction. Jewish Responses to Catastrophe. O.O. [= USA] 1989

80 vg. z. B. 10. Genesis 1-32

81 Yerushalmi: *Sachor* a. a. O., S. 21f

82 Yerushalmi: *Sachor* a. a. O., S. 20

83 vgl. 2. Maccabäer 22, 39-45

84 vgl. zum *Kiddusch Haschem*: Battenberg, Friedrich: *Das europäische Zeitalter der Juden*, Darmstadt 1990 (2 Bde), Bd. 1, S. 22

85 unveröffentiches Manuskript für die 7. Jüdischen Kulturtage in Berlin im November 1993

86 *Der Denkmalstil-das Denkmal?* Die Debatte um das „Denkmal für die ermordeten Juden Europas". Eine Dokumentation. Philo-Verlag, 1999

87 Bundesbauminister Klaus Töpfer anläßlich der feierlichen Enthüllung des Bauschildes für den Neubau der Stiftung „Topographie des Terrors" am 8. Mai 1995 im Plenarsaal des Berliner Abgeordnetenhauses.

88 Bekiers, Andreas/Schütze, Karl Robert: *Zwischen Leipziger Platz und Wilhelmstraße*. Das ehemalige Kunstgewerbemuseum zu Berlin und die bauliche Entwicklung seiner Umgebung von den Anfängen bis heute. Berlin 1981.

89 Dokumentation, Offener Wettbewerb Berlin, Südliche Friedrichstadt, Gestaltung des ehemaligen Prinz-Albrecht-Palais, Berlin 1985

90 Horstmann, Bernhard: *Eine teuflisch-deutsche Ordnung*. In: 38. Berliner Festwochen 88. Magazin. Berlin 1988, S. 118f.

91 Frankfurter Allgemeine Zeitung, 27. September 1987

92 *Zum Umgang mit dem Gestapo-Gelände*, Gutachten der Akademie der Künste Berlin, Dezember 1988: Beiträge von Stefanie Endlich, Leonie Baumann, Robert Frank

93 Die Zukunft des Berliner Prinz-Albrecht-Geländes („Gestapo-Geländes"). Zum Abschlußbericht der „Fachkommission zur Erarbeitung von Vorschlägen für die künftige Nutzung des Prinz-Albrecht-Geländes. Gespräche und Abstimmungen mit Vertretern von Organisationen und Initiativen sowie Gedenkstättenleitern und Experten aus dem In- und Ausland, vorgelegt von Stefanie Endlich im Auftrag der Senatsverwaltung für Kulturelle Angelegenheiten und der *Berliner Festspiele GmbH* für die „Topographie des Terrors", Berlin im Dezember 1990

94 Ausschreibungsunterlagen

95 Oliver G. Hamm, Der Tagesspiegel 26.3.1993

96 aus: *Memoiren eines Moralisten*, Frankfurt am Main 1990.

97 Simon, Hermann: Die Jüdische Gemeinde Nordwest. Eine Episode aus der Zeit des Neubeginns jüdischen Lebens in: *Aufbau nach dem Untergang*. a. a. O., S.274 - 284

98 Report Nadich über Berlin: United Nations Archives, New York, UNRRA PAG 4/3.0.11.0.1.3:4 -15.4, Berlin Area Record.

99 Dr. Erich Fabian war bis zu seiner Deportation nach Theresienstadt 1943 Leiter der Finanz-und Vermögensabteilung der Reichsvereinigung (eine Zwangsorganisation der Nationalsozialisten, in der die Jüdische Gemeinde aufging)und wurde 1944 von der Gestapo nach Berlin zurückgeholt, um die Vermögensabwicklung der Reichsvereinigung profitabel für den NS-Staat zu organisieren.

100 Vgl. hierzu Mario Offenberg, *Adass Jisroel*, die Jüdische Gemeinde in Berlin (1869-1942). *Vernichtet und Vergessen*, Berlin 1986, S. 262 ff.

101 Archiv AJDC, Shelf 36, Schreiben des Vorstandes der Jüdischen Gemeinde an das AJDC vom 9. Juli 1945; unterschrieben vom Vorstand: Erich Nelhans, Moses Fernbach.

102 Major Judah Nadich war „Consultant on Jewish Activities to the Theater Commander".

103 Judah Nadich, *Eisenhower and the Jews*, New York 1953, S. 102-111; Report Nadich über Berlin: United Nations Archives, New York, UNRRA PAG 4/3.0.11.0.1.3:4 -15.4, Berlin Area Record. Der Bericht ist überschrieben mit „Combined Displaced Persons Execu-

tive", datiert auf den 16.9.1945. Nadich besuchte diesem Bericht zufolge das Jüdische Krankenhaus, zwei von der Jüdischen Gemeinde unterhaltene Sammellager in der Iranischen Straße 3 und in der Rykestraße und das Jüdische Kinderheim in der Moltkestraße 10-11 in Pankow.

104 Archiv AJDC, Shelf 36 H, Nr. 446, *Localities in Berlin 1945-1946*. Jewish Central Information Office: The Jews of Berlin II, 2.10.1945: This is the second report received from our correspondent in Berlin. The facts are based on another talk with the Chairman of the Jewish community, Mr. E. Nelhans. The report is dated September 27, 1945.

105 DER WEG, Nr. 1 (1. März 1946)

106 Die *Bericha* war eine von 1944 bis 1948 auf Europa ausgerichtete Organisation, die illegale Einwanderung jüdischer Holocaustüberlebender nach Israel organisierte.

107 Vgl. Samuel 1.1

108 Vgl. Samuel 1.17